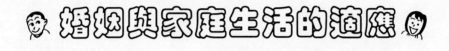

婚姻與家庭生活的適應

王以仁策畫主編

王以仁、李育奇、林慧芬、洪雅真、連惠君、潘婉如合著

作者簡介

王以仁（本書策畫主編，並撰寫一、九、十一、十四章）

　　學歷：政治大學心理系學士，政治大學教育研究所碩士、博士

　　　　　美國密西西比州立大學諮商員教育研究所研究

　　現職：嘉義大學輔導與諮商系所專任教授

　　　　　嘉義大學家教所、管研所、國防與國家安全所兼任教授

　　　　　台灣家庭教育專業人員認證委員會委員

　　　　　嘉義縣衛生局心理衛生中心諮詢委員

　　　　　中華民國家庭教育學會監事

李育奇（撰寫二、八章）

　　學歷：台灣師範大學英文系學士，嘉義大學家庭教育研究所碩士

　　現職：嘉義市大業國中教師

林慧芬（撰寫四、十章）

　　學歷：東吳大學社會工作系學士，嘉義大學家庭教育研究所碩士

　　現職：台北縣集美國小教師

洪雅眞（撰寫三、七章）

　　學歷：台灣大學中文系學士，嘉義大學家庭教育研究所碩士

　　現職：台北市南湖國小教師

連惠君（撰寫五、六章）

　　學歷：東海大學政治系學士，嘉義大學家庭教育研究所碩士

　　現職：台北市三興國小教師

潘婉茹（撰寫十二、十三章）

　　學歷：東吳大學英文系學士，嘉義大學家庭教育研究所碩士

　　現職：台北市蓬萊國小教師

序言

　　只要打開各種媒體，常常可以看（聽）到許多有關婚姻與家庭的不幸消息，可見在此科技進步、生活富裕的社會中，埋藏著多少感情與親情方面的各種問題。我們的社會、婚姻及家庭到底是怎麼了？

　　本人有幸從民國八十年起，先後在台南縣家庭教育中心、嘉義縣家庭教育中心擔任諮詢顧問，藉此機會得以貢獻個人綿薄之力，亦可獲得家庭教育與家庭諮商方面的實務經驗。自八十八年開始，個人受本校家庭教育研究所林淑玲所長之邀，前往該所碩士班開授「家庭心理學」、「婚姻與家族治療」、「團體諮商理論與實務」等課程；由教學相長的過程中，確實獲得頗豐碩的收穫。

　　今邀請當年修過上述課程且已獲得碩士學位的五位學生，將婚姻與家庭生活中的重要主題一一列出，彼此分工合作、相互勉勵，現今終於撰寫完成《婚姻與家庭生活的適應》一書。師生共同寫書對我而言不是一件易事，要感謝的人多到無法在此一一列名，但心中真是充滿了感謝！

　　作者們因才疏學淺，在本書的撰寫過程中難免會有些疏漏，還盼望各位先進不吝指正。

王以仁

謹識於嘉義大學輔導學系

二〇〇一年十月

目次

認識家庭

第一章 \ 緒論

　　隨著時代的變遷，家庭的結構與形式也有頗大的改變。然而，家庭對個人發展之影響，卻仍然是萬分的重要。家庭是個人發育成長的搖籃，人自出生後就在家庭中接受長期的培育，也在此奠定其一生發展的重要基礎；人一生自幼到老的生涯成長過程中，幾乎都脫離不了家庭因素的影響。

　　即使在一個人成家立業之後，其舊有的原生家庭（original family），仍然會以直接或間接的方式來影響他往後的一切發展。由此也呈現出大多數人理想的一生過程都有以下之循環模式：出生、長成於原有的父母家庭，長大獨立後追求個人感情的歸宿，繼而透過婚姻建立屬於自己的家庭並生兒育女，多年之後介入、影響兒女們成年後所建立的新家庭，最後完美無憾地走完人生。

　　二十世紀是人類發展變化劇烈且快速的百年，社會的主體形式由農業轉變到工商業，人們的聚集由鄉村部落散居進入大都會區的人口密集，家庭型態由數代同堂的大家庭轉變成人口簡單的核心家庭。隨著時代腳步跨入二十一世紀，資訊科學的蓬勃發展與個人自我追求的極端需求，必然導致在這新的世紀中，家庭產生的問題與困擾將更趨嚴重。

　　本書將從心理的角度來探究婚姻與家庭生活各層面的困擾，以及如何

因應的策略與技巧。其內容分為認識家庭、感情與婚姻的發展、婚姻與家庭中的問題、婚姻與家庭困擾的調適,及對家人多方面的照顧等共五篇計有十四章。在此第一章緒論中,則分為家庭與婚姻——從心理的角度剖析、家庭生命週期及家中個人的改變與因應,以及現代婚姻與家庭中的適應問題等三節分述如下。

第一節　家庭與婚姻──從心理的角度剖析

一、何謂「家庭」?

　　「家庭」(family)可算是一古老的制度,其存在已超過數千年之久。但因著時代社會的迅速變遷,在討論「家庭」的定義時,應可從傳統與現代的觀點,分別加以說明(黃迺毓,民77;謝秀芬,民75;Goode, 1982;Goodman, 1993;Roper Organization, 1992)。

㈠傳統的觀點

　　家庭是由一群人藉著血緣、婚姻或收養(adoption)關係而緊密結合,生活在同一個建築物內,並依照其相關角色(如:夫妻、父母、兒女、手足等)彼此親密地互動與溝通,共同創造和維持其生活所需與共有之組織次文化或特色。

㈡現代的觀點

　　對家庭給與較自由、彈性而寬廣的界定,不再局限於合法的婚姻、血緣或收養關係。除上述傳統觀點外,同時接納非婚姻的異性同居、同性戀的一對、老年人和照顧者一起生活,或殘障人士彼此照顧共同生活者,均可視為一個家庭。也就是強調家庭成員間共同生活、有相互依存的經濟關

係、彼此承諾長期相互照顧者,即可被視為一個家庭。

二、家庭的功能

今日家庭的主要功能在於滿足成員的各種需求,並給與孩子適當的社會化教導。而家庭的功能常會隨著社會的變遷或其類型的不同,所產生的功效也會有所改變。但就一般觀點而言,家庭常具備有以下八項功能(黃暉明,民 83;Zimmerman, 1988)。

(一)合法的性關係(legitimizing sexual relations)

兩性之間透過婚姻所形成的家庭,最顯著的一點就是公開而合法的性關係,及隨之而可能發生的懷孕、生子,並因而產生的合法繼承權等。

(二)經濟的合作(economic cooperation)

家庭成員不論是夫妻或親子,都生活在同一個屋簷下,成為一個實質的經濟生命共同體,任何一位成員出了問題需要額外的經費支出時,都將會影響到其他家人的經濟生活面。

(三)兒童的社會化(socialization of children for future adult behavior)

孩童通常都生長於家庭中,家必然會成為他們最早學習如何與人相處,以及接受社會化學習的場所。

(四)宗教的教導(religious teaching)

在西方社會,一般家庭到了星期日早上都會全家上教堂作禮拜,孩子從小在家中受父母影響,自然會有宗教方面的教導。在台灣的家庭,雖然沒有如此鮮明的宗教色彩,但跟著家中大人初一、十五(或初二、十六)拜拜,或是參加神明繞境等活動,同樣也是宗教性質的教導。

(五)情緒的供養（emotional nurturance）

兒童幼小時期，在情感上對父母或其他照顧他的家人，有相當程度的依賴。因幼兒絕大多數的時間都在家中，故家庭也扮演其情緒供養的主要角色。

(六)教育性（education）

家庭教育是個人一生當中最早接受的教育，不管父母是否安排了一系列有意義的學習活動，孩子因自幼在家庭中成長，天天接觸、耳濡目染，必能發揮某種程度的教育功能。

(七)娛樂性（recreation）

家庭中家人一同生活、彼此互動，許多的趣事與遊樂也同時發生。週休二日實施以後，全家人一起出動遊山玩水、露營烤肉等活動中，將可充分展現其娛樂性。

(八)保護性（protection）

兒童幼小時非常的孱弱，無法自我保護；故幼兒在家中成長的同時，也接受了家庭的保護。

三、家庭的類型

因著時代社會的快速變遷，家庭的類型也產生了相當的變化。在此僅列舉目前常被認知到的家庭類型，扼要說明如后（黃明堅譯，民70；Arcus, 1992）。

(一)傳統家庭

這是指三代同堂的傳統式家庭，一般在台灣的鄉村，尤其是家中長子

結婚以後仍然與父母同住，有了孩子之後就成了典型的三代同堂。

㈡隔代家庭

　　許多夫妻在大都市討生活，因二人均有工作無暇照顧年幼的子女，而將孩子送回老家交由祖父母或外祖父母來教養，就形成了隔代家庭；當然也有一些是因夫妻關係產生變化而分離，負責養育孩子的單親無力單獨撫養，而交由祖父母（或外祖父母）來撫養。

㈢核心家庭（nuclear family）

　　指的是目前最普遍的一種小家庭，係由父母及一、二位孩子共同生活在一起所組成的家庭類型。

㈣雙生涯家庭（dual-earner family）

　　所強調的是家中夫妻二人都上班，各有自己的工作，通常也被稱之為「雙薪家庭」。

㈤單親家庭（single-parent family）

　　指的是夫妻雙方已離異，而由其中的一方帶著兒女單獨生活的情形，就稱為單親家庭。

㈥重組家庭（blended family）

　　兩位各自過去都離過婚的男女，彼此結婚組成一個新家庭的情形，家庭成員往往也會包括夫妻各自與離異配偶過去所生的小孩。

㈦自願不生育孩子家庭（voluntarily childless family）

　　夫妻二人單獨生活在一起，在他們婚前或結婚時就已商量好，結婚之後不要生孩子也不要養孩子（而非想生卻無法懷孕的情形）。

(八)同性戀家庭（homosexual family）

由二位相同性別者因相愛而生活在一起並組織成一個家庭。西方這種情形不少，在台灣也由同志戀人在大力鼓吹，要求政府修改相關法律，以允許同志戀人可組成合法家庭，甚至得收養兒女。

(九)單身者家庭（single individuals）

指的是有薪資的成年人，自己一個人單獨居住；或由幾位單身者一同居住生活（並無同居的男女關係），故被稱為單身者家庭。

四、從系統觀點透視家庭

系統理論（system theory）是近來探討家庭或婚姻主題時，最常使用的一個理論模式。系統理論特別重視家庭（一個系統）內每一組織成員彼此間的共存、互動與相互回饋；家是一個整體系統，家人間彼此互動產生的影響頗大。茲將其理論之重點扼要說明如下（Goldenberg & Goldenberg, 1996; Worden,1994）：

(一)直線因果論對循環因果論（linear causality versus circular causality）

傳統上探討二個事件之間的關係時，常會採用直線因果論（linear causality），例如：甲事件導致乙事件的發生，我們會認為甲事件是因，而乙事件則為果。依此觀點，若我們認為在某一個家庭中，老么能不違背父母且停止其抗拒的行為，則這個家庭就會一切圓滿。若是如此，只要經由個別諮商或治療，針對老么加以改變，就可解決所有的問題。

然而在家庭中，問題的產生往往不是如此單一的直線因果關係，而是必須以循環因果論來加以看待。因為家人彼此之間係處在一種「循環回饋圈」（circular feedback loops）中，彼此互動也相互影響，相當地錯綜複

雜。

因此，在循環因果論的觀點下，必然會去除家中所謂「壞傢伙」（bad guy）的假設性說法；因按照直線因果論的看法，家中就是因有這個壞傢伙才會不得安寧，這個成員也就成了所謂的「家庭替罪羔羊」（family scape-goat）。循環因果論不認為家中有任何一位成員是「壞傢伙」，家庭的問題係因成員彼此間溝通與互動的不良，才會產生家庭功能不良之結果。

(二)靜態不變對動態改變（morphostasis versus morphogenesis）

家庭這個整體系統，為因應內外在環境的改變，有時需要設法保持穩定，而產生所謂的「靜態不變」；但另有些時候卻需要改變其結構，亦即所謂的「動態改變」，以確實達到內外在的要求。

當在家庭中有某些問題產生時，整個家庭系統及結構，是否必須有所改變或是應保持穩定而不變，確是一個值得深思的問題。家庭不斷的改變會造成混亂而不適應，若是一成不變又恐過於僵化；如何做到有所變、有所不變，以充分發揮家庭的正向功能，這是今日研究與探討家庭問題時，最值得深思與拿捏的一大課題。

(三)內容對過程（content versus process）

由家庭系統的觀點來看，在家庭問題的諮商晤談過程中，當然會討論某些成員的具體行為問題或症狀，這就是所謂「內容」的部分；但若考慮到隱藏在問題內容背後家人間的互動形式，就屬於所謂「過程」的部分。

換句話說，「內容」部分討論的問題是什麼（what）？而「過程」部分則指的是問題係如何（how）形成的？其主要原因為何（why）？

如果說弄清楚問題是什麼有其重要性，而釐清問題是如何形成的就更形重要了。

五、婚姻的內涵及其功能

㈠婚姻的定義

　　婚姻的意義往往會因個人觀點的不同，而有不盡相同的論點。國內學者歸納出「婚姻」中，基本的三層內涵（彭懷眞，民85；簡春安，民85）：

　　1.婚姻是一種公開宣告最親密的兩性關係。

　　2.婚姻是一種動態關係，男女雙方需要經常學習獨立、相互平衡，並扮演適當的角色行為，好讓彼此間的感情可以經得起考驗。

　　3.婚姻關係中男女雙方可以享受自我、法律及社會認定之歸屬感，但是二人也必須為此歸屬感負責。

　　Broderick於一九八四年曾詳細的列出婚姻的九項主要特質（葉肅科，民89；藍采風，民85）：

　　1.婚姻是一種人口事件，並構成一個社會單位。

　　2.婚姻是兩個家庭及其相關社會網絡的結合。

　　3.婚姻是一種配偶與政府之間的法定契約。

　　4.婚姻是一種經濟的結合體。

　　5.婚姻是一種兩性成人間同居的最普遍模式。

　　6.婚姻是人類性行為最常發生的合法關係。

　　7.婚姻是一種生兒育女的基本單位。

　　8.婚姻是提供子女社會化的重要單位。

　　9.婚姻提供一種發展親密關係與分享人生經驗的機會。

㈡婚姻的功能

　　婚姻可說是一種社會體制下的基本單位，其功能主要有以下五方面

（宋鎮照，民 86；黃德祥，民 86）：

1. 繁衍的功能：經由婚姻制度生兒育女，使得種族得以延續下去。

2. 性需求功能：透過婚姻制度可合法滿足性需求，並可防止性關係混亂。

3. 經濟的功能：婚姻的建立就是財產的共享，也是維持家庭生活之基礎。

4. 心理的功能：透過婚姻可滿足人類愛情的需求，也可形成生命共同體。

5. 社會的功能：透過婚姻可以維持夫妻雙方的社會地位，或是經由婚姻達成某些目標。

第二節　家庭生命週期及家中個人的改變與因應

人類屬於一種群居的動物，其行為或思想莫不受到周遭環境與他人的影響。個體之所以會產生困擾，主要是起源於他與環境的互動，而家庭更是個人生活中最根本也最重要的一環；絕大多數人們出生後即生活於家庭，成長於家庭，並於家庭中接受最早的教育。大多數人理想的一生過程都會有這樣的循環方式：出生、長成於原有的父母家庭，長大獨立後追求個人感情的歸宿，繼而建立屬於自己的家庭並生兒育女，多年後介入、影響兒女們成年後所建立的新家庭，最終將完美無憾地走完人生。

以下將分別針對中西雙方在家庭發展重點上之比較、家庭生命週期，及生命各週期的家庭教育重點等方面，分別加以探討說明於后。

一、中西雙方在家庭發展重點上之比較

今日社會科學對於問題的探究，往往強調多元文化脈絡下的不同影

響。事實上，隨著交通工具、資訊媒體快速地發展，各個民族與國家彼此間的互動影響非常頻繁，這從「地球村」概念的提出即可見一二。然而，因著中西雙方在其各自主流文化、後現代化主義與傳統價值觀點等的不同，他們各自在家庭發展過程中也有相當的差異。在此，將由以下五方面來一一比較說明中西雙方在家庭發展重點上的區分（王以仁，民89）。

㈠西方強調家庭個別成員的利益，中國則重視家庭整體之福祉

西方社會經常強調個人自我的權利，在團體中往往會給與個人選擇的各種機會。不但在高級餐廳中有各種人性化的挑選，即使在速食店中的服務生也會問一大堆問題，讓顧客表達其個人意願或喜好。在這種大的社會文化中，自然會培養出在家庭中強調個人利益之趨向。

國人多少仍會受到過去儒家重視家庭人倫關係的影響，在家中往往會優先考慮到家庭整體之福祉。總是先顧慮到家庭或家族的利益或榮譽，其次才會有個人角度的思考。

㈡西方家長只照顧子女到其成年，中國家長往往會照顧其一生

西方家長對照顧子女的責任，往往只擔負到其高中畢業（美國義務教育由五歲起進幼稚園讀書，到其大約十八歲十二年級時畢業），而後孩子不論繼續升學或就業，都由其個人養活自己。

國內的父母對子女的照顧，幾乎是沒有止境的；只要孩子能讀到碩士、博士或國外留學，家長都無條件的供應下去。甚至結婚費用、創業基金、購屋的自備款等，都可由父母來負責張羅或墊付。

㈢西方家長尊重孩子的自由選擇，中國家長則經常替孩子決定一切

天下沒有白吃的午餐，權利與義務也往往是相對的。由前述討論中可知西方家長對孩子的照顧與付出有一定的限度，相對的要求也會較少些，較會尊重孩子個人的自由選擇權。

　　國內的父母對子女不顧一切的栽培與付出，對孩子的要求與期望也較高；不但對其升學挑選校系有偏好，找工作時有意見，甚至異性交友和婚姻選擇也有不同程度的涉入。

㈣西方家人之間擁有個別的隱私，中國家庭成員間幾乎毫無個人空間

　　西方人特別講究個人隱私（privacy），從小就培養孩子尊重他人隱私的好習慣，譬如：即使在家中，進入其他成員房間前也要先敲門，未經允許絕對不可隨意動用或翻閱私人的物品（像是日記或信件等）。

　　中國家庭成員間太過於融合（fusion），彼此之間沒有清楚而適當的界域（boundary），使得家庭成員間幾乎毫無個人空間，臥室不關門也不能關門，父母隨意進出孩子的房間，孩子也依樣畫葫蘆地同樣反應。

㈤西方家庭最強調夫妻關係，中國家庭則較重視親子倫理

　　西方家庭相當強調夫妻關係，由以下對家庭生命週期的描述可知，其開始的第一階段都是新婚夫婦，而非新生命的誕生。至於婚姻中夫妻雙方不合是否要離婚，也往往取決於二位當事人的意願，甚少考慮到孩子的問題。

　　中國的家庭則較重視親子倫理關係，在婚姻中雙方不合是否要離婚的問題上，經常會把孩子的權益也納入一併考量。中國人往往會為了下一代，犧牲這一代；譬如喪偶之後不考慮再婚，為了孩子當小留學生而夫妻長期二地分居等。

　　有了上述對於中西雙方在家庭發展重點上的比較，我們一方面需要了解雙方的差異，不可將西方的家庭觀念全盤移入我國；另一方面也可預見，因著中國傳統文化的式微與西方文化的強風吹襲，不但是西洋的飲食習慣，電視、電影與網路媒體的洋化，國內家庭結構與家人的互動關係，很快地將會與美國相雷同；這種時勢與潮流似乎無法抵擋，只有趁早了解並加以順勢因應方為上策。

二、家庭生命週期

儘管家庭生活是一種持續的互動歷程，且屬於非線性關係，然而在時間上確實存有先後次序的線狀關係（Goldenberg & Goldenberg, 1996）。

Carter 及 McGoldrick（1988）從多世代的觀點提出，家庭會隨著「家庭生命週期」（family life cycle）之階段向前進行，世代在每個家庭成員身上產生持久而交互的生活衝擊；在家庭發展歷程中，各世代間的互動同時發生，當其中一代步入老年時，而另一代卻在因應孩子們離家的問題。

在相關文獻中最早提出「家庭生命週期」的是 Evelyn Duvall（Duvall, 1977; Duvall & Miller,1985），她將家庭整個發展改變的過程分爲主要的二大部分：㈠擴大家庭階段（expanding family stage）：從結婚建立家庭開始，直到生養孩子及其長大成人；㈡縮小家庭階段（contracting family stage）：從孩子長大離家外出獨立、過著成人生活開始，而老夫婦二人卻獨自在家度過其晚年生活。當然，也有部分學者傾向將家庭整個發展改變過程的「家庭生命週期」，稱之爲「家庭生命生涯」（family life career），然其實際意義與內涵卻相同，所以也有人將此二者相互混用（Binger, 1994）。

在介紹家庭生命週期時必須了解，多數家庭都會經歷特定而可預知的標記事件或階段（family stage marker），如：戀愛、結婚、第一個孩子出生、孩子上學讀書等；每個階段都由一項特殊的生活事件所觸發，並各有其應處理的發展任務（developmental task），而這些都得隨之進行新的調適與改變。在此僅引用較常被使用的二種觀點，來探討有關家庭生命週期（生涯）的時期與階段分類，分別扼要摘述如下。

(一) Barnhill 與 Longo 於一九七八年將 Duvall 的八階段家庭生命
週期分別賦予不同的發展任務（王以仁，民89；Goldenberg & Gol-
denberg, 1996）：

1. 第一階段：新婚夫妻（married couple）。
   主要的家庭任務：夫妻間彼此的相互承諾。
2. 第二階段：養育孩子的家庭（childbearing family）。
   主要的家庭任務：學習發展扮演好父母親的角色。
3. 第三階段：學前年齡孩子（preschool children）的家庭。
   主要的家庭任務：學習接納孩子的人格特質。
4. 第四階段：小學年齡孩子（school children）的家庭。
   主要的家庭任務：介紹孩子進入有關的機構，如學校、教
   會、運動社團等。
5. 第五階段：中學年齡青少年（teenagers）的家庭。
   主要的家庭任務：學習接納青春期的孩子，包含其個人在
   社會與性別角色方面的改變。
6. 第六階段：孩子均已成年且離家（launching children）的家庭。
   主要的家庭任務：經歷屬於青春後期孩子的離家獨立。
7. 第七階段：中年父母（middle-aged parents）的家庭。
   主要的家庭任務：接納孩子已變成獨立成人的角色。
8. 第八階段：老年的家庭（aging family members）。
   主要的家庭任務：老夫老妻彼此珍惜，坦然面對晚年生
   活。

(二) Zilbach（1989）根據家庭生命週期所作的三時期七階段區
分論：

1. 早期：結婚並築巢（forming and nesting）。
   (1)第一階段：結為夫妻（coupling）。

家庭階段標記：由男女二人住在一起同居即開始了家庭，不管是否完成結婚手續。

此時家庭任務：由各自獨立生活轉變成二人共同生活且相互依賴。

(2)第二階段：變為三個人（becoming three）。

家庭階段標記：家中第一個孩子的出生。

此時家庭任務：從夫妻二人的相互依賴到加入孩子的依賴。

2.中期：家人分開過程（family separation processes）。

(3)第三階段：進入（entrances）。

家庭階段標記：第一個孩子或依賴成員離開家庭進入較大世界，通常發生在孩子入學或進入家庭外的其他環境。

此時家庭任務：從依賴轉變成促進分離的開始（僅係部分獨立）。

(4)第四階段：擴展（expansion）。

家庭階段標記：從最後一個孩子或依賴成員自家庭進入社會開始。

此時家庭任務：支持以促使其不斷的分離（直到獨立）。

(5)第五階段：離開（exits）。

家庭階段標記：從第一個依賴成員完全離開家庭，自己搬出去住，包含婚姻或其他的居住形式。

此時家庭任務：由部分分離轉變成第一個完全的獨立。

3.後期：發展完成（finishing）。

(6)第六階段：規模變小或是擴大（becoming smaller/extended）。

家庭階段標記：當最後一個孩子或依賴成員離家時。

此時家庭任務：獨立的繼續擴展。

(7)第七階段：終結（endings）。

家庭階段標記：最後是從丈夫或妻子（或是伴侶）死亡開
　　　　　　　始，直到另外一個也去世爲止。
此時家庭任務：協助家人度過哀悼，以完成最終分離。

三、生命各週期的家庭教育重點

　　事實上在前面所探討的「家庭生命週期」各階段之區分及其家庭任務
（有關家庭生命週期各階段家庭角色的轉變與調適請參見本書第四章第二
節），都是針對目前社會上最普遍存在的「核心家庭」（nuclear fami-
ly），而不能直接推論到所有的各類型家庭，如：單親家庭（single-parent
family）、再婚家庭（stepfamily），以及同性戀家庭（homosexual fami-
ly）等，都不能或不宜套用前述的「家庭生命週期」觀點。在此繼續討論
生命各週期的家庭教育重點時，仍然是以最常見的「核心家庭」爲對象，
延續上述「家庭生命週期」各階段區分及其家庭任務，並參考相關文獻之
論點（王以仁，民 89；Binger, 1994；Duvall,1977；Duvall & Miller,1985），
依照八個階段統整其家庭教育重點臚列於下。

㈠第一階段：新婚夫妻（沒有孩子）

　　在此階段家庭教育側重於教導新婚夫妻，如何在共同生活中扮演好與
其有關的各種角色，以建立雙方都滿意的婚姻生活（包括：居家、飲食、
財務等物質方面，以及相互接納、溝通與性關係等心理方面）。

㈡第二階段：養育孩子的家庭（老大在三歲以下）

　　因著第一個孩子的出生與加入，使得原本恩愛親熱的小家庭產生了頗
大的壓力與改變；這時的家庭教育應注重於教導其調整居家作息時間表以
配合嬰孩的需要，夫妻間重新分配家事的分工，調整夫妻二人溝通的管道
與時間，以及如何讓上一代的祖父母來適度協助這個家庭。

㈢第三階段：學前年齡孩子的家庭（老大在三歲至六歲）

這時的孩童精力旺盛，好奇心與興趣十分廣泛，此一階段的家庭教育重心在於教導作父母的如何積極調適，以滿足每位家庭成員的需要；這包括如何花足夠的時間與孩童相處，如何調適夫妻缺乏親密獨處時間的困擾，如何支付逐日增加的家庭開銷，以及全體家人間如何做有效的溝通等。

㈣第四階段：小學學齡孩子的家庭（老大在六歲至十三歲）

在這個階段家庭教育側重於如何滿足孩子各種活動，和夫妻間隱私的需要；並積極指導孩子各方面的學習與人際關係，以符合學校與社區同儕間的相處和競爭。

㈤第五階段：中學學齡孩子的家庭（老大在十三歲至二十歲）

這時的孩子已進入青春期，發育開始成熟，並做離家獨立生活的相關預備。此時家庭教育的重點在於父母應調整學習接受孩子已成長，家人間宜理性溝通彼此尊重，可共同分攤家事並提供孩子某種程度金錢支配的獨立自主權。

㈥第六階段：孩子均已成年的家庭（從老大到老么均已離家外出求學、就業或成家）

在此階段家庭功能的焦點在於如何幫助已成年而離家的孩子，使其在個人獨立面對的學習、服役、工作及結婚等生活上適應得更好。所以，家庭教育應側重於教導父母如何支持與協助已成年的孩子，在成人的世界中努力以赴，開創其美好的未來。

㈦第七階段：中年的家庭（空巢期至退休）

這時已年過中年的夫妻，應重新調整其婚姻與家庭生活，並同時兼顧

已老邁的上一代與年輕的下一代。家庭教育宜注重如何適應孩子離家的空巢期、生理和心理方面能力與技巧的逐漸衰退，以及個人即將由職場中的退休。

(八)第八階段：老年的家庭（退休到死亡）

面臨人生最後老年的階段，在家庭教育方面要調整生活步調較為緩慢，有效控制老年的財務狀況，如何接受孩子對自己的照顧，並調適於配偶的死亡及面對個人人生大限之來臨。

從時間的觀點而言，人生只是一段有限的年歲。少數人因某些主、客觀因素，在少年、青年或中年時就提早離開人世，固然令人十分惋惜；但多數人平均壽命都在七十歲以上，也就應該認真學習了解前述之家庭生命週期的八大階段，並充分地發揮家庭教育功能，以便能依次完成各階段的家庭任務，充實而無憾地走過其個人美好的一生。當然針對某些特殊家庭（如：分居或離婚家庭、單身或單親家庭、再婚家庭、同性戀家庭等），就得另行加以討論，然在此因限於篇幅，而無法一一分別加以探究。

第三節　現代婚姻與家庭中的適應問題

一、適應的本質

本書係以婚姻與家庭生活相關各層面的適應，作為探討的核心內容。在此，要先釐清「適應」（adjustment）的本質與內涵，才能有助於往後諸章節有關婚姻及家庭各項問題之探究。適應是個人藉著不同的技巧和策略，來因應生活中各樣挑戰的一種過程。學者對「適應」，亦有不盡相同的定義；筆者將其作一綜合歸納之統整，敘明如下（王以仁等，民81；Kaplan & Stein, 1984）。

(一)適應是指個人與環境間的互動

人類的生活大都居住在家庭、鄰居、社區、學校及職場之間，所以「適應」就是指個人與環境間的互動情形；其中，互動係一種相互的培養和影響，而環境則指個人外在一切與其有關的事務。

(二)適應是一種雙向的過程

人們影響環境亦受環境所影響，而雙向的適應觀點不僅更為合適也較具樂觀性，我們不但在順應環境，有時也應讓它來配合我們。

(三)適應的本質是動態而非靜態者

個人、環境及其之間的關係並非一成不變，往往在不同環境下對相同的事件，個人會因環境之差異而做不同的調適。

(四)適應是對生活具有控制力

一個人若能自由選擇其所從事的活動，而非為責任或義務所迫，這種自主感將促其勇於追求有回饋且滿足的事務，而非籠罩在未知的恐懼中，無法尋求自己人生的目標。

二、從系統的角度看婚姻與家庭的問題

通常系統內還有系統或次系統，家庭是社區的一個次系統，且在家庭本身內部亦有組成的不同系統。每個家庭成員將會不同地牽涉到其他成員。這些不同結合而成的次系統是由個人、母親、父親、手足、親子、祖父母及外祖父母等特別的部分互動所組成。環繞在這類次系統的界域是獨斷的，有時他們有功能上的價值，且在次系統中對那些個體限制了特別的任務。不同家庭會有不同個體在他們變化的次系統內運作，且每個家庭和

每個次系統內，在描述個體行為不同的表現時，會考慮到環境因素的影響，這也就是經常所強調的背景與脈絡之考量。

　　什麼是家庭問題？或許問什麼不是家庭問題會比較快些。舉例說：某個人在廚房從椅子上跌下來並且摔斷了腿。依據這個人（即摔下來者）的身分來判斷，會有不同的事發生。假如這是個年輕的孩子，母親（經常是母親）會帶孩子到醫院去，此時父親（或許是祖父母）則會被叫回家照顧其他的孩子，某個人（通常又會是母親）將會需要改變她的作息以照顧小孩，因為小孩無法去上學……等等。假如是個妻子兼母親摔斷了腿，當父親的可能必須留在家照顧小孩。這可能無法幫助家中的經濟狀況，因此他們無法擁有已經計畫好的假期、孩子們可能開始抱怨他們好久吃不到大餐。

　　有些難題出現成為關係的一部分，例如：離婚、父母問題；而其他難題的發生，係非期待事件，例如生病、殘障、意外。另外，如年輕或年老、有工作或沒工作、沒錢等，都會帶來難題。無論這些問題的根源是什麼，為了能有效地處理這些問題，家庭中的一些改變需要發生。

　　為了辨別家庭如何做改變，了解家庭系統功能和在發展過程脈絡中的定位是很重要的。身為人類的一項挑戰是去了解我們在家庭、族群、文化和居住環境中的地位及角色。為了做到這點，我們需要探究對家庭的信念和建構，以便能解釋世界的意義。這些意義個體歸因於他們的活動由人類的社會化規則（sociogrammar）所組成，並以我們所了解的方式來被認知。

　　為了評估我們擁有的功能運作，我們需要系統化思考，這是相當重要的，不只是為了在世界中我們身為個體如何去運作，也特別為了我們在家中所從事的努力，即如何在家庭中扮演一個助人者。但想到經由婚姻所建立的家庭亦是一個系統時，所期待於婚姻與家庭諮商者的，是必須針對那些顯現在諮商室的系統特徵深入地加以評估。

三、婚姻與家庭問題的調適與解決

　　無論是婚姻或家庭諮商，雖然當事人帶來的是一個棘手的問題或困境，但諮商員的工作卻不是要替他們解決婚姻問題或打開家庭困境，而是要讓他們能自我成長並產生較佳的溝通方式與能力，以便其自我突破婚姻或家庭生活的困境。所以，諮商的成功在於導引個案本身成長的過程，而非僅是著眼於達成某一項具體的結果。

　　諮商員面對婚姻與家庭個案諮商時，應該將相關的層面納入整體結構中考量，其中包括：㈠對婚姻的期待；㈡對彼此溝通的期待；㈢對夫妻性關係的期望；㈣家中相關事務如何做決定；㈤對彼此宗教信仰或行為如何認可；㈥家務事如何分工；㈦如何來教養子女；㈧如何與親戚朋友往來；㈨金錢的使用與休閒的安排等。

　　對婚姻或家族治療師來說，在協助期間他們須將視野擴大到夫妻雙方的互動，甚至是夫妻的直接社會網絡以外之系統，使能涵蓋每一成員與該對夫妻（和治療師）所處的多層次社會生態中之「內在」觀點。每一個體問題的產生都和其所生存的社會環境息息相關。問題的產生受到環境中各項因素的影響，相對地，這些問題也影響到個人所生存的環境。所謂「環境」係指組成個人家庭最直接的相關成員（包括夫妻、孩子及原生家庭的成員），但也包括朋友、同事、老師及在個體生命歷程中占重要地位者。其次，問題的背景則包括對合宜或不合宜的社會行為其信念的主觀價值與看法，而這些社會行為是來自於這一個體、夫妻或家族所屬的主文化和次文化。若縮小範圍來看，問題背景也包括個體和夫妻的工作環境和雙方的工作情況（如收入、工作穩定性、所需時間等）對其造成的影響；社會政治環境基於夫妻的文化關係和物質特色所能提供的特權和壓抑程度；物質環境（住宅、空間限制、污染）；還有在他們所處的「大系統」（larger system）（如學校、兒童福利、兒童保護服務、醫療和各種法律推行的細節等）人群中所扮演的角色。

　　根據許多研究資料顯示，問題青少年大多來自於不完整的家庭，尤其是自童年就受到破碎家庭暴風侵擾的孩子；同時亦有研究指出，即使家庭結構完整，如果家庭成員間的關係向來不佳，彼此疏離、冷落與對抗，也會促使青少年產生問題行為。因此，從消極面來看，應將婚姻諮商、家庭諮商與家族治療，在今日台灣社會廣泛而有系統地大力提倡；從積極面則應防微杜漸的從根本做起——加強親職教育的推行與落實，方可期待在溫暖家庭中培養出身心健全的個體，同時亦將降低婚姻與家庭問題及其相關困擾的發生。

　　家庭系統觀點認為，透過評鑑一個人的整個家族成員之間的相互關係，最能夠了解這個人。各種問題症狀常被視為家族內功能運作不良的一種表徵，並認為這種形態會代代相傳。這種革命性的看法認為，從當事人身上偵查到的問題，可能是家族如何運作的一種表徵，而不只是個體適應不良、個人歷史，以及心理社會化發展過程所顯現的徵候。此一看法根據的假設是，當事人的問題行為可能源自家族的遺傳；代表家族無法順暢運作，特別是家庭處於轉型期；或象徵著代代相傳、運作不良的形態。所有這些假設，都挑戰著傳統學術界對於人類問題及其形成在概念上所構築的架構。

　　家庭是社會的一小部分，家庭當然也是一個系統，每個成員都在系統的支持下運作，且每一成員都會主動地尋找自己的搭檔作為擋箭牌，以保護自己在家庭中的地位，這些被當作擋箭牌的人可能就成為「被認定的個案」。也許他會鬧得家庭不可開交，也有可能是靜靜的自生自滅，通常家中也經常會看到這些人，以自殺、離家出走來向周遭的人求救。同時，也應注意那些不做聲響的人，他們往往才是危險份子，身為夫妻和父母者應隨時注意你的另一半及家中的每一位成員（王以仁等，民86）。

本章摘要

二十世紀是人類發展中變化劇烈且快速的百年，社會的主體形式由農業轉變到工商業，人們的聚集由鄉村部落散居進入大都會區的人口密集，家庭型態由數代同堂的大家庭轉變成人口簡單的核心家庭。隨著時代腳步跨入二十一世紀，資訊科學的蓬勃發展與個人自我追求的極端需求，必然導致家庭產生的問題與困擾將更趨嚴重。

從傳統的觀點看，家庭是由一群人藉著血緣、婚姻或收養關係而緊密結合，生活在同一個建築物內，並依照其相關角色（如：夫妻、父母、兒女、手足等）彼此親密地互動與溝通，共同創造和維持其生活所需與共有之組織次文化或特色。從現代的觀點看，對家庭給與較自由、彈性而寬廣的界定，不再局限於合法的婚姻、血緣或收養關係。除上述傳統觀點外，同時接納非婚姻的異性同居、同性戀、老年人和照顧者一起生活，或殘障人士彼此照顧共同生活者，均可視為一個家庭。也就是強調家庭成員間共同生活、有相互依存的經濟關係、彼此承諾長期相互照顧者，即可被視為一個家庭。

家庭具備有八項功能：(1)合法的性關係；(2)經濟的合作；(3)兒童的社會化；(4)宗教的教導；(5)情緒的供養；(6)教育性；(7)娛樂性；(8)保護性。家庭常見的類型有九種，包括：(1)傳統家庭；(2)隔代家庭；(3)核心家庭；(4)雙生涯家庭；(5)單親家庭；(6)重組家庭；(7)自願不生育孩子家庭；(8)同性戀家庭；(9)單身者家庭。

中西雙方在家庭發展重心上的區別，有此五項要點：(1)西方強調家庭個別成員的利益，中國則重視家庭整體之福祉；(2)西方家長只照顧子女到其成年，中國家長往往會照顧其一生；(3)西方家長尊重孩子的自由選擇，中國家長則經常替孩子決定一切；(4)西方家人之間擁有個別的隱私，中國家庭成員間幾乎毫無個人空間；(5)西方家庭最強調夫妻關係，中國家庭則

較重視親子倫理。

家庭整個發展改變的過程主要分為二大部分：(1)擴大家庭階段：從結婚建立家庭開始，到生養孩子至其長大成人；(2)縮小家庭階段：從孩子長大離家外出獨立過著成人生活開始，而老夫婦二人獨自在家度過其晚年。

而後 Duvall 進一步將家庭生命週期分為八個階段，以及隨之賦予各階段不同的發展任務。第一階段：新婚夫妻，主要的家庭任務為夫妻間彼此的相互承諾；第二階段：養育孩子的家庭，主要的家庭任務為學習發展扮演好父母親的角色；第三階段：學前年齡孩子的家庭，主要的家庭任務是學習接納孩子的人格特質；第四階段：小學年齡孩子的家庭，主要的家庭任務為介紹孩子進入有關的機構，如：學校、教會、運動社團等；第五階段：中學年齡青少年的家庭，主要的家庭任務是學習接納青春期的孩子，包含其個人在社會與性別角色方面的改變；第六階段：孩子均已成年且離家的家庭，主要的家庭任務是經歷屬於青春後期孩子的離家獨立；第七階段：中年父母的家庭，主要的家庭任務為接納孩子已變成獨立成人的角色；第八階段：老年的家庭，主要的家庭任務是老夫老妻彼此珍惜，且坦然面對晚年生活。

生命各週期的家庭教育，依照八個階段統整其家庭教育重點包括：第一階段：新婚夫妻，在此階段家庭教育側重於教導新婚夫妻，如何在共同生活中扮演好與其有關的各種角色，以建立雙方都滿意的婚姻生活。第二階段：養育孩子的家庭，因著第一個孩子的出生與加入，使得原本恩愛親熱的小家庭產生了頗大的壓力與改變；這時的家庭教育應注重於教導其調整居家作息時間表以配合嬰孩的需要。第三階段：學前年齡孩子的家庭，此一階段的家庭教育重心在於教導作父母的如何積極調適，以滿足每位家庭成員的需要。第四階段：小學學齡孩子的家庭，在這個階段家庭教育側重於如何滿足孩子各種活動，和夫妻間私下隱私的需要。第五階段：中學學齡孩子的家庭，這時的孩子已進入青春期發育開始成熟，此時家庭教育的重點在於父母應調整學習接受孩子已發育成長，家人間宜理性溝通彼此尊重。第六階段：孩子均已成年的家庭，在此階段家庭功能的焦點在於如

何幫助已成年而離家的孩子，使其在個人獨立面對生活能適應得更好。第七階段：中年的家庭，這時已年過中年的夫妻，應重新調整其婚姻與家庭生活，並同時兼顧已老邁的上一代與年輕的下一代，以及個人即將由職場中的退休。第八階段：老年的家庭，面臨人生最後老年的階段，在家庭教育方面調整生活步調較爲緩慢，有效控制老年財務狀況，如何接受孩子對自己的照顧，並調適於配偶的死亡及面對個人人生大限之來臨。

適應在婚姻與家庭問題的解決上頗爲重要。適應是個人藉著不同的技巧和策略，來因應生活中各樣挑戰的一種過程，其中包含四項特性：(1)適應是指個人與環境間的互動；(2)適應是一種雙向的過程；(3)適應的本質是動態而非靜態者；(4)適應是對生活具有控制力。

諮商員面對婚姻與家庭個案諮商時，應該將相關的層面納入整體結構中考量，其中包括：(1)對婚姻的期待；(2)對彼此溝通的期待；(3)對夫妻性關係的期望；(4)家中相關事務如何做決定；(5)對彼此宗教信仰或行爲如何認可；(6)家務事如何分工；(7)如何來教養子女；(8)如何與親戚朋友往來；(9)金錢的使用與休閒的安排等。

對婚姻或家族治療師來說，在協助期間他們須將視野擴大到夫妻雙方的互動，甚至是夫妻的直接社會網絡以外之系統，使能涵蓋每一成員與該對夫妻（和治療師）所處的多層次社會生態中之「內在」觀點。每一個體問題的產生都和其所生存的社會環境息息相關。問題的產生受到環境中各項因素的影響，相對地，這些問題也影響到個人所生存的環境。

根據許多研究資料顯示，問題青少年大多來自於不完整的家庭，尤其是自童年就受到破碎家庭暴風侵擾的孩子；同時亦有研究指出，即使家庭結構完整，如果家庭成員間的關係向來不佳，彼此疏離、冷落與對抗，也會促使青少年產生問題行爲。因此，從消極面來看應將婚姻諮商、家庭諮商與家族治療，在今日臺灣社會廣泛而有系統地大力提倡；從積極面則應防微杜漸的從根本做起──加強親職教育的推行與落實，方可期待在溫暖家庭中培養出身心健全的個體，同時亦將降低婚姻與家庭問題及其相關困擾的發生。

研討問題

一、何謂「家庭」與「婚姻」？試以您個人的觀點與體會，對此二者加以
　　具體的定義及討論之。

二、請列出二種非傳統類型的家庭，並詳細說明此二類型家庭有何特殊的
　　發生背景或不同的功能。

三、試比較中、西方家庭發展重心上的差別。並從人類整體發展的軌跡來
　　看，未來這二方面的發展可能會出現哪些共同的方向？請分別敍述
　　之。

四、由家庭生命週期的角度觀看，您目前是屬於哪一階段？同時面對此一
　　階段的發展任務，您認為個人的家庭是否已達成？試分別加以說明。

五、何謂「適應」？您認為在婚姻與家庭各種困擾的適應過程中，最重要
　　的三項因素為何？請一一加以詳細探討之。

參考文獻

一、中文部分

王以仁（民 89）：家庭生命週期與家庭教育。載於中華民國家庭教育學會主編：家庭教育學，79-93。台北：師大書苑。

王以仁、林淑玲、駱芳美（民 86）：心理衛生與適應。台北：心理出版社。

王以仁、陳芳玲、林本喬（民 81）：教師心理衛生。台北：心理出版社。

宋鎮照（民 86）：社會學。台北：五南圖書出版社。

黃明堅譯（民 70），Toffler, A. 著：第三波。台北：聯經出版社。

黃迺毓（民 77）：家庭教育。台北：五南圖書出版社。

黃暉明（民 83）：家庭，載於李明坤、黃紹倫編：社會學新論。台北：商務出版社。

黃德祥（民 86）：親職教育。台北：偉華書局。

彭懷眞（民 85）：婚姻與家庭。台北：巨流出版社。

葉肅科（民 89）：一樣的婚姻，多樣的家庭。台北：學富文化事業有限公司。

謝秀芬（民 75）：家庭與家庭服務。台北：五南圖書出版社。

簡春安（民 85）：婚姻與家庭。台北：國立空中大學。

藍采風（民 85）：婚姻與家庭。台北：幼獅出版社。

二、英文部分

Arcus, M. E. (1992). Family life education: Toward the 21st century. *Family Relations*, Oct. 41(4), 390-394.

Bigner, J. J. (1994). *Individual and family development: A life-span interdisciplinary approach*. Englewood Cliffs, NJ: Prentice Hall.

Carter, E. A., & McGoldrick, M. (1988). Overview: The changing family life cycle—A framework for family therapy. In B. Carter & M. McGoldrick(Eds.), *The chan-*

ging family life cycle: A framework for family therapy(2nd ed.). New York: Allyn and Bacon.

Duvall, E. M. (1977). *Marriage and family development*(5th ed.).Philadelphia: Lippincott.

Duvall, E. M. & Miller, B. (1985). *Marriage and family development*(6th ed.). New York: Harper & Row.

Goldenberg, I. & Goldenberg, H. (1996). *Family therapy—An overview*(4th ed.). Pacific Grove, CA: Brooks/Cole.

Goode, W. J. (1982). *The family*(2nd ed.). New Jersey: Prentice-Hall.

Goodman, N. (1993). *Marriage and the family*. New York: Harper Collins Publishers.

Kaplan, P. S. & Stein, J. (1984). *Psychology of adjustment*. Belmont, CA: Wadsworth.

Roper Organization (1992). *Survey conducted, February*. Storrs, CT: Roper Center for Public Opinion Research.

Worden, M. (1994). *Family therapy basics*. Pacific Grove, CA: Brooks/Cole.

Zilbach, J. J. (1989). The family life cycle: A framework for understanding children in family therapy. In L. Combrinck-Graham(Ed.), *Children in family contexts: Perspectives on treatment*. New York: Guilford Press.

Zimmerman, S. L. (1988). *Understanding family policy: Theories and applications*. Thousand Oaks, CA: Sage.

第二章　家庭界域與代間關係

　　近數十年間，快速現代化科技旋風已改變了整個社會生態和結構，傳統觀念認為的「家庭」，是指經由血緣、婚姻或收養的關係而共同住在一起的兩個（或以上的）人所形成的一個整體，在這樣的組織架構下，家庭提供了成員養育、保護、經濟、宗教、休閒、娛樂等的功能。因此，家庭可說是最重要、最安全的社會組織，提供子女最早的成長與教化的場所，同時家庭也是情感最親密的團體。

　　這種傳統的家庭定義，清楚地說明了家庭成員間具有密切關係及其相對應的權利及義務。我國自古以來以農立國，家族則以親子為中心，特別強調在一家之內，子必從父，婦必從夫，幼必從長，所謂「孝悌也者，其為仁之本歟」。而現今歐美工業國家的小家庭制度則以夫婦為中心，子女長大成年後，絕少再和父母同住，通常會獨立門戶形成夫妻加子女的「核心家庭」（nuclear family）。然而，不管中外社會環境有所差別，家庭的特徵卻是非常明確，外人很清楚地可加以辨認何者屬於或不屬於某一家庭的成員；換言之，家中成員的角色及關係顯現出嚴密的家庭組織結構和家庭功能的分配，家庭成員也因此能獲得身心各方面的正常發展。從心理學觀點而言，家人之間的關係實在是個體在家庭中健全發展的根本要素。

第一節　界域的意義與其相關研究

一、界域

　　界域（boundary）指家庭中的成員、上下世代或小系統間的生理、心理空間（space），此一空間的建立和維持對於家庭及個體的發展極其重要，如年輕男女要建立親密關係，則必須適度地與他們各自家庭保有適度距離；夫婦之間的小系統組織要保有親密關係，也必須與其他家人或外界保持有效界域，以免第三者介入，同時夫婦之間雖有生理及心理上的親密行為，但仍須有一定「空間」，才可以保有各自的隱私、私人關係或能力（Bedrosian & Bozicas, 1994）；設若夫婦間採取「病態共同依賴」（code-pendence）的互動模式，則無法與對方的思想、情感和行為保有足夠的心理距離。

　　實證研究上發現，童年受到原生家庭界域侵犯的受害者，長大之後，他們也會不自覺地在其成人生活中，創造類似的環境空間，此種由於自身缺乏「正常的」參考框架，使得他們在人與人之間、上下兩代間或上下層級間產生不正常的侵犯行為；這些違犯界域的當事人在處理當前人際關係所面臨的困難，可推溯到童年時期自身界域受侵的經驗，而侵害者可能包括自己家人如父母、長輩或手足，以及其他權威人物如教師、老闆或治療師。

　　從這些長輩或權威性人物的侵犯經驗中，受害者會產生自我貶抑及自我責備，且容易形成一種惡性循環，終至缺乏自尊，而無力改善人際關係；他們愈是輕率地接受個人資訊，愈無力拒絕家人、朋友或長輩干預他們私自的生活領域，其結果往往造成自我認同方面的失敗，而與家庭成員或朋友保持著過度黏密關係，此種過度的黏密關係甚至使得被害者因加害

者的侵犯行爲產生強烈的責任承擔或自責，以爲加害者的侵犯行爲都是好的、善意的。

二、依附

依附（attachment）的研究甚早，學界也有很多不同的見解。早期依附指個體對另外一人或重要他人在情感上強烈且持久的附著現象（Ainsworth, 1989），按此一觀點，依附爲孩童最重要的心理特質，孩童因此一內在因素而發展出與依附者的親密關係；另外有學者（Gewirtz & Pelaez-Nogueras, 1991）不從觀察到的社會行爲去做推斷心理上的附著，他們認爲依附的重點只是一種互動行爲的類型，如分離焦點和軀體靠近等，而不在個體行爲背後的心理歸因。

無疑地，家庭是兒童最早接觸的場所，也是孩童生理、心理發展最重要的地方，而兒童與父母所建立的依附關係，更直接影響親子互動的良窳和日後與外界關係的建立，更確切的說，孩童對父母良性、安全的依附關係爲孩童日後發展社會網絡的基礎。

從生物觀點而言，依附爲孩童適應環境發展所需要的機制。孩童早期對母親或其他照顧者所形成的依附，讓孩童可以安全地探索外在複雜的世界，得到必要的養育、照顧和撫慰，從而建立其日後正常的人際關係和行爲互動模式（Erwin, 1998）。當孩童對其母親有了安全性的依附後，則他們也能夠在其他的關係建立上發展信任和期待；反之，如果孩童未能形成良性的依附，則可能變成焦慮、過度依賴，甚或終其一生帶著不當的期望，無法與他人建立信賴關係。Deklyen（1996）指出孩童學得的不良依附，在其長大成爲父母時可能會重複孩童時期的生長經驗，因而造成親職疏忽的代間傳遞。

母親和嬰孩在建立及維護健全的依附關係上均扮演著非常重要的角色；嬰孩透過表情、氣質和對母親的回應來影響依附，而母親則藉由接納、敏感及對孩童的回應來影響子女對她的依附關係。然而，現代家庭的

形式及壓力變化，如失業、離婚、重病等，都可能影響母親對嬰孩的照顧和依附的方式（Ainsworth, 1989; Pianta, Sroufe & Egeland, 1989）。

三、臨床上的相關研究發現

　　家庭是我們關係最深切、接觸最親密的單位，家庭的功能似乎是無限的，由生育、養育、教育，以至於文化的保存、傳遞；家庭同時具有經濟、教育、社會地位、宗教、娛樂、保護及愛情等功能（吳自甦，民78），家庭是一個安全的場所，此一觀念可說深植人心。然而，家庭暴力卻也存在每個社會階層之中，臨床經驗上，遭遇界域困擾的受害者常常不易分辨界域或受侵害的程度，主要原因為界域的侵犯多發生在家中成員，特別是家中父母長輩，且侵犯行為已融入日常生活而不自知。

　　許多受虐孩童在受虐事實揭發後尚且多所隱晦，不願配合，更何況在成年時，要承認親歷界域的困擾經驗，則更加不易。學者（Bedrosian & Bozicas, 1994；Straus, Gelles & Steinmetz, 1980）指出界域的侵犯常涉及生理、心理、個人特質等方面的問題，除了受侵犯者具體揭露之外，也可以從下列特徵或指標來判斷是否侵犯他人界域：

1. 跨越上下層級間的性關係，如與上司、教授、學生、治療師等。
2. 反覆介入混雜、墮落、痛苦不悅或者引起焦慮的性經驗。
3. 涉入當前橫斷面代間結合關係。
4. 子嗣的分離問題，如：拒絕上學。
5. 持續且自願的與顯現性侵犯或不斷騷擾的人接觸。
6. 自我揭發與不當的個人或情境間親密情事。
7. 對重要他人的想法、感覺或行為過度專注。
8. 反覆介入高度依賴、過度要求的個體，或者對別人產生同樣的依附。
9. 鄰居、朋友、家人或工作夥伴所加諸於身體私密的不當侵犯。
10. 長期無力捍衛個人時間，使免於工作要求或打擾。
11. 過度介入求助服務或業務的當事人。

*12.*一再地強烈介入熟人、鄰居和其他周圍外人的私人事務。

*13.*過度涉入專業處理案件的治療師、醫師或其他個人。

*14.*對時間規範、保險規畫、付費以及治療關係所訂的其他限制持續地無法履行。

　　綜上所述，界域的侵犯可能由於侵犯者因生理、心理、個人特質等方面的問題所引起，但界域侵犯可能造成個人隱私的侵犯、家庭暴力、法律或社會的問題。

第二節　界域侵犯與界域模糊

一、界域侵犯

　　界域既然是區隔個體間、代間，甚至是家庭小系統間的身體及心理上的空間，此一安全舒適的空間有利於個體及家庭正常的發展，因此建立及維護有效的界域就愈發重要。家庭中成員保有身體及心理上的區隔空間不僅是個人隱私的維護，同時亦因為有了這一層區隔的「空間」，個體才能發展獨立性、親密關係以及獨特能力。以夫婦為例，二人之間雖然有極具親密的夫妻關係，然而，若不能彼此尊重個體間心理及身體上的界線，而以侵蝕式的互動方式彼此對待、干預，則將形成病態共同依賴（codepen-dence），兩人之間有效的心理距離必將破壞，夫婦的感情、思維及行為就無法正常的發展，輕則不能互相尊重兩人之間殊異的特質，常因家庭瑣碎事務發生齟齬；重則互相限制，以操控對方而後快，甚至在雙生涯家庭中，更設想左右配偶言行及職場表現，終至夫婦關係瓦解，形同陌路。

　　核心家庭中，夫婦在教養子女時，面臨另一種界域的問題。孩童在出世後，父母提供養育及保護的責任，同時家庭也提供子女最早、最安全的

社會化場所，子女也在這種環境下，建立起和父母，尤其是母親的依附關係。在家庭功能正常的情境中，父母必須監護子女身心發展、認知學習、行爲習慣、醫療保健、同儕關係等，但同時也需要顧及子女的尊嚴及隱私，視子女爲一健全而完整的個體；如此，父母基於教養的需要和目的，雖給子女限制但不至於造成傷害，保護他們使免於家庭內外的危險，卻不致限制子女獨立的發展。因此，父母應保持一適當的安全空間，不侵擾子女的思維、感受及行爲態度，尤其更不可剝奪子女直接學習的經驗，譬如過度保護不敢讓子女出門。另外，父母也不可以將自己婚姻的不愉快經驗發洩在子女身上，致使子女成爲代罪羔羊。

　　然而，在家庭功能異常的婚姻關係中，父母與子女間的界域往往不受尊重，離異的父母往往以各種方式直接或間接使孩童的尊嚴或隱私受到侵害，有些則無力保護子女免於受到來自家庭或社區的侵擾，常見的則有兒童虐待、性侵犯等，在這種環境下長大的兒童，未能與父母建立安全的依附關係，長大後，甚至也不自覺地學習這種不正常的界域觀念，遂不能尊重自己家人、子女間的安全空間，演成隔代兒虐、心理虐待的傳遞行爲，家庭生命週期不斷在重複類似的不幸事件。

二、家庭界域模糊

　　Boss（1988）研究家庭壓力的脈動指出在整個社會情境下，家庭的壓力主要來自於外在脈絡（external context）和內在脈絡（internal context），兩者都會影響到家庭的穩定和對壓力危機的處理。外在脈絡包括全球政策、經濟、遺傳學、成長和歷史，這些是家庭所不能或不易控制的，而內在脈絡則較能受家庭控制，可分爲結構的（structural）、心理的（psychological）和哲學的（philosophical）三個向度。

　　其中，家庭的結構向度（structural dimension）指家庭系統界域（family system boundary）中，某一個體是否屬於家庭界域之內的認知和辨認；尤其現代社會中，由於工業化及都市化的結果，傳統家庭結構受到很大的

挑戰，各種大異於平常所謂的父母與子女或三代同堂的家庭形式不斷出現，家庭界域遂產生混沌不清的現象，如家庭成員不清楚誰在家庭系統之內，誰在家庭系統之外，如此對於家庭界域產生的模糊不清，其後果是負向的，也直接衝擊家庭的功能，造成家庭生活的壓力，如職場上的婦女在外工作時扮演主管的角色，但回到家庭，可能是嬰幼兒的母親、照顧者，也是先生的妻子，要把家庭生活提升到較高的層次，絕不可能將妻子職場的態度和權威帶進家庭的界域中就可達成，因此，有效的家庭生活管理與因應，必須要認清家庭界域的事實。然而，若長期對家庭界域的嚴重模糊，則將造成家庭的危機。

第三節　家庭生命週期與界域的維護

人類自狩獵時代有了家庭或家族組織後，家庭即成為個體生命最早接觸，也最重要的基本組織，然而隨著工業化及都市化的快速遷移，人口結構的高齡化和離婚率的攀升，使得家庭結構鬆解，家族生態體系起了前所未有的變化。

家庭研究學者（Duvall, 1977; Solomon, 1973）將整個家庭生命週期（family life cycle）做系統的分析，歸納成幾個主要階段，包括結婚、生育兒女、兒女成年離開、退休、死亡；每個階段都有家庭成員的增加或減少，使家庭結構或成員心理產生莫大的適應問題。

Carter 和 McGoldrick（1995）提出橫縱二軸壓力理論（horizontal and vertical stresses），當跨世代的壓力（transgenerational stresses）如起於個人、家庭或社會（縱軸）遇到家庭生命週期的轉折壓力及不可預料的疾病或死亡（橫軸），若家庭不能將焦慮削減，則家庭在轉折點上將更顯困難，甚至失去家庭功能。由此觀點，男性的生涯事業與家庭發展呈平行線進行，女性則呈現衝突兩難；但在離婚的轉折點上，女性單親必須自婚姻存續前的第三個小系統抽離自主，扮演衝突兩難的角色，形成家庭生命週

期的重大挫折。

在家庭生命週期中，家中成員的增加或減少乃是不可避免的，年輕男女從結婚組織小家庭後，歷經生育、子女長大離家就學或就業、子女結婚、退休和死亡，每一事件都會影響家庭系統的界域，往往這些改變也是家庭系統中的壓力來源，因此在家庭系統中有成員增加（如生育、領養、子女結婚等）或失去（如死亡、失蹤等）時，有效澄清家庭界域是維繫家庭功能和適應家庭系統轉換過程最重要的工作（曲同光，民 70；周月清譯，民 83；林萬億，民 83）。

Pearlin 和 Radebaugh（1976）研究家庭壓力現象，發現個體在生命週期中，最主要的角色改變在於經歷其他家庭成員進入或離開其家庭系統，如家中有新生兒誕生進入家庭系統，除了在期待中獲得新生命的喜悅以外，也產生育兒缺乏時間照顧、甚至經濟等等的壓力；又如家中有人出嫁或死亡離開了家庭系統，也會造成思念、悲傷等等的沮喪或壓力。因此，家庭在這種情形之下，最要緊的功能就是對於家庭重大事件的認知，經由角色的改變和工作的重新分配，雖然在家庭生命週期轉折的階段，無法完美無缺的維持家庭系統界域，但由於家庭參與界域的維護與澄清，可使家庭系統順利重組，新的體系和功能順利產生。

一、家庭事件危機處理的預測

從家庭系統動態演化的觀點而言，家庭事件與成員的加入或失去乃是不可避免的改變，同時也常造成角色的更迭轉變，如子女長大離家生活後，家庭失去了一個依賴的小孩，卻也同時增加了一位獨立自主的年輕人；當有了子女後，自己既是父母的角色，但同時也是自己父母的子女，這種雙重角色的扮演是否成功，有賴家庭界域清楚的認知，明瞭家庭界域的改變是家庭系統成長必然的事實，唯有如此，才能對誰屬於家庭內或外有清楚的認知，也願意配合這些改變，重新定位角色，以解決家庭系統變化所帶來的危機。

可見，家庭事件危機的處理，可由家庭界域澄清的程度和時間來決定（Boss, 1988），在愈短時間內重新澄清及維持家庭界域，則愈能處理家庭壓力和危機；反之，則因家庭壓力事件帶來的危機將使得家庭失去應有的機能。

二、相關實證的發現

兒童時期遭受到界域侵犯，長大後的生活會發生種種調適上的困難，Courtois（1988）追蹤研究童年時代遭受亂倫的成年人發現：亂倫的陰影會長期留駐在受害者的心靈深處，因而影響到情緒反應、自我形象、身體的感受、性功能以及人際關係。心理情緒的反應包括焦慮、受創後的恐懼症如害怕黑暗或獨處在封閉的房間、慢性沮喪如無助感、自殺念頭、自殘行為、分離感等等。

Maltz 和 Holman（1987）研究指出亂倫的受害者一般常有強烈的羞愧感，認為自己的身體不潔、令人嫌惡，因此在行為表現上常會忽視自己的身體，不去照顧自己的健康，而焦慮所造成的消化不良、肌肉痙攣、呼吸不暢、嘔吐、腹痛、便秘等症狀也常伴隨出現；另有很高比例的亂倫受害者出現性障礙，包括性慾、性功能取向和性反應異常等。至於人際間的互動則出現不信任，無法信諾建立關係；已有的關係則以空洞、單向、膚淺、理想化、爭執加以破壞，或以不成熟的友伴對待；在社交行為上則出現各種形式的獨立或強迫性的反社交行為。

家庭中，父母與子女間有一定的界域，如父母必須負起教養的責任，但又要與外界建立關係，在孩子面前且要維持一定的尊嚴；從子女的立場而言，既想希望黏著父母討其歡心，但稍大後又想自己能獨立自主，不要父母過度干涉。

但是在不健全的家庭中，特別是父母對子女，若侵犯了適度的界域，則成為界域侵犯（boundary violations）（Bedrosian & Bozicas, 1994），將影響個體心理的健全發展。常見界域侵犯類型包括身體的虐待、性虐待、

性關係雜亂、父母過度干涉子女便尿習慣、嚴重限制兒童飲食、干涉交友、侵犯隱私、不顧兒童安危等等。

三、界域侵犯的原因

許多當事人，不只兒童，變成界域侵犯的受害者，侵犯者可能是家人、老闆、上司、學校教師、輔導員等，從受害當事人的立場而言，他們可能不知正常的人際間界域範疇，事實上，他們可能對於人與人之間的關係框架亦無法掌握。Bedrosian 和 Bozicas（1994）認為造成界域侵犯的原因包括：

㈠不知正常關係的內涵。

㈡對受虐行為的偏頗責任感，認為自己罪有應得。

㈢對施虐者的愚忠，加以保護。

㈣無能力避免別人侵犯。

㈤怕失去與加害者之間的關係。

在心理治療上，界域是一重要課題。維持正常的界域關係一方面可保有隱私、自主和安全；一方面可讓治療師採多層面的互動形式使當事人覺得受到支持接納，在臨床實務上應用極廣，如「貼手」技術（"hand on" techniques）（Bedrosian & Bozicas, 1994）即是在診療過程中，兼顧情感及行為、治療師及當事人的有效方法。

第四節　家庭結構與代間關係

一、家庭結構的改變

　　傳統家庭制度完整而嚴密，父母與子女之間關係密切，三代同堂的情形普遍，構成一健全的家庭系統組織，但工業發達之後帶來的都市文明，使得核心家庭漸成家庭型態的主流，多元文化價值漸被接納。

　　我國民法親屬篇第一一二二條：稱家者，謂以永久共同生活為目的而同居之親屬團體。家設家長一人，餘為家屬。顯見家屬的要件只限於以永久共同生活為目的者，而同居一家卻不一定為親屬；常見因兒童就學而寄籍在學區內的某一戶口，也算該戶的家屬，此一現象乃因我國特有教育環境而生。不過，我國民法上所訂的家在行政實務上只用作親屬間有關權利、義務如繼承、債務的法理依據，在人口統計實務上仍有極其複雜的現象可期，如過去收養子女常以從己身所出入籍，違法之事實明顯，民法第一〇七九條規定：收養子女應申請法院認可。

　　近數十年間，由於生物科技大為進步，整個生殖、複製技術迥然異於人類夫妻自然的生殖系統，大舉顛覆現有的人倫親屬關係，舉凡避孕、墮胎、孕母、人工授精、複製器官等均成為方興未艾的議題，加上人際互動頻繁、觀念價值解放，過去植基於社會行政、政治環境下的屬戶、屬屋等等的統計方法，已因「新的」家庭結構，如單親、寡居、未婚、離婚、分居、再組家庭、未婚生育、高齡結婚、同性戀……等而受到嚴酷的挑戰。同時婦女主義的興起與各國多重視經濟發展，也在在影響一國的內政措施，在這種多元浪潮的衝擊下，各國愈顯家庭文化的多樣性，也愈發對教育、家庭輔導、社會福利、婦女保護等議題的注意，並積極謀求解決防範之道。

在這種大環境下，新的家庭形式不斷湧現，如單親家庭、重組家庭（離婚男女的結婚，帶有前次婚生子女）、同居家庭（或稱試婚）、同性戀家庭、單身者家庭（終老未婚單獨成戶居住）、無子嗣家庭、公社家庭（communal family：指一群體共戶，彼此照顧，各有職責）等。

這些家庭結構異於傳統的家庭定義，但確實存在現代社會中，蔚為風尚，如在美國，男同性戀人口占總人口的 2.8 ％，當中 40 ％維持著親密同性配偶；女同性戀占 1.4 ％，其中 45 ％有同性親密配偶。另外約占結婚人口一半比率的離婚人口中，三分之二的人再婚組成重組家庭（blended family）。在美國所作的調查，一九八八年全美單親女性家庭占全部家庭的 16.8 ％，單親男性家庭占 4.2 ％；徐良熙、林忠正（1984）調查台灣地區單親家庭占全部家庭的 8.1 ％；另外內政部（民 82）在一九九二年的人口普查資料指出台灣地區單親戶數共計 535,349 戶，占全台灣地區總戶數 4,932,763 戶的 10.85 ％，其中女性單親戶占 66.6 ％（356,607 戶），男性單親戶占 33.4 ％（178,742 戶）。從社會福利的觀點而言，單親家庭扣除了因夫婦工作關係而分居二地、子女越區就學、購買房屋節稅等其他非實質單親因素外，推估占總全部家庭的 6.5 ％，比美國低。

然而女性單親戶的增加卻成為社會福利政策的重點。以一九八五年美國單親家庭為例，超過半數的女性單親家庭屬於貧窮家庭，而男性戶長的單親貧窮家庭僅占 12 ％左右（林萬億，民 83）。這些不同組織形態的家庭代表著不同的環境和個體之間的關係，大體言之，隨著「家庭」、「折衷家庭」、「親屬網絡」等概念的差異性逐漸淡化，這些家庭成員之間的關係，愈有愈形複雜的趨勢。

二、家庭結構改變產生的影響

在工業化與都市化的大環境趨勢下，家庭結構的改變，已成為不可逆轉之事實。由於家庭人口結構、經濟狀況、社會意識等因素交互作用而形成當前家庭制度的特色，包括核心家庭的出現、離婚率的上升、婦女家長

外出工作的普遍、權威關係的改變、婚外性關係的增加、家庭功能趨向專門化等等。扼要說明如下：

(一)離婚率的上升

中國傳統文化重視家庭制度，在家族主義（familism）的規範下，社會穩定性的維持主要來自家庭體系的健全運作；維護家庭組織功能即為保障社會安定的基礎。然而，隨著大環境的改變，婚姻的不穩定性有升高的趨勢。

台灣地區的離婚率為亞洲之冠，依內政部的統計資料顯示：一九六一年的結婚離婚比為 16.7：1，一九八一年為 11.2：1，一九九一年為 5.7：1（內政部，民 82）。一九九七年離婚對數高達 38,899，相當於每一千對夫婦有 8.1 對辦理離婚。無疑的，離婚問題已成了相當棘手的社會問題。

文化人類學的研究顯示（李茂興、藍美華譯，民 82），隨著社會組織的擴大，家庭功能有愈形縮小的趨勢。婚姻的破裂原因多而複雜，綜合數位學者的看法可歸納為下列幾項（曲同光，民 70；謝高橋，民 76）：(1)家庭功能的改變，家庭功能日漸低落，婚姻的嚴肅性已不如往昔；(2)婦女的經濟獨立，不必依賴先生；(3)觀念開放、自由主義、婦女主義主張多元的婚姻價值，當家庭失去快樂的氣氛即不想再受家庭的束縛；(4)道德和宗教力量的減弱，離婚者已逐漸為大眾所接受；(5)都市化減低了鄰里間的控制力，家戶間的聯繫力大不如農業社會；(6)生育控制造成夫妻缺乏子嗣的比率增加，離婚者沒有子女撫養權的爭議，易於分手；(7)離婚法律容忍度增加；(8)區域流動性增加，使地方影響力降低；(9)高度的垂直社會流動，造成了婚姻伴侶對社會環境有不同的適應；(10)社會的異質性大，增加了文化與社會不相投合的機會。

在探討社會變遷對家庭的影響研究中，Parsons（1955）以結構功能取向來分析家庭體系，認為家庭變遷有礙於家庭的正常功能，尤其在因應職業制度之過程中，若有不利的現象，以夫妻感情連結為唯一根基的家庭制度中，即可能導致夫妻間的分離。

Becker（1974）從經濟學觀點提出婚姻不穩定性理論，認爲當人們對結婚的效用期望超過保持單身效用期望時，乃決定結婚；反之，則決定離婚。照此理論，現代家庭變遷導致子女數下降、婦女就業謀取金錢報酬、再婚機會增加與法律的保障，在在都提供了離婚率升高的合理解釋。

在傳統父系社會中，爲了家庭和諧避免發生衝突，婦女角色往往刻意加以壓抑，但在工業社會中，婦女的地位大幅提高，傳統的利他主義隨著社會風氣的開放而逐漸消弱，家庭規範已無法滿足不同成員的要求，離婚問題愈形嚴重。

㈡核心小家庭的出現

人口的增加或減少改變了家庭界域的大小，在家庭生命系統中也扮演著重要的因素。在工業化及都市化的趨勢下，提供了有利核心小家庭的條件。依行政院主計處所作的勞動力調查，一九八三年大約有 62 ％的家庭爲核心家庭，27 ％爲折衷家庭，另外 11 ％屬於單親或其他類型的家庭（徐良熙、林忠正，民 73）；而有趣的是大多數年老父母仍然和已婚子女之一同住（賴澤涵、陳寬政，民 69），折衷家庭是老年人口最主要的家庭類型，故在老人社會問題的解決中不宜忽視。

㈢權威關係的改變

家庭人口數減少，家庭成員間的關係隨之調整而改變（伊慶春，民 80），過去家庭除了父母及未婚子女以外，還有其他家庭成員，大家必須遵守家庭中不同輩份的親疏倫理規範。核心家庭因子女數降低，不僅改變緊密的親友網絡之行爲模式，甚且簡化了家庭成員間的基本關係。

在家庭生命週期中，權威關係也隨著家庭生命週期的階段而起變化，如結婚時，權威關係存在於年輕夫妻及雙方家長之間，特別是婆媳關係在傳統家庭中最爲緊張，女子必須接受傳統「在家從父，出嫁從夫，夫死從子」的社會規範，直到「媳婦熬成婆」後，才能開始對同性的小媳婦展現權威（伊慶春，民 80；林萬億，民 83；張苙雲等，民 82），但今日社會

中，夫婦關係趨向「女男平權」，「男尊女卑」的傳統桎梏逐漸消逝，夫婦共同創造美滿和諧的家庭乃是結婚共同的理想與責任。有了年幼子女之後，家庭重心由夫妻軸逐漸轉移到親子軸上，同時親子關係也由傳統父權體系的「天下無不是的父母」模式而至極端溺愛縱容。

加以現代家庭子女數減少，父母面對學齡前幼兒予取予求的情形非常普遍，但子女六歲進入小學後，父母又會基於「望子成龍，望女成鳳」的心態，使得親子的互動又開始趨於緊張，此時權威型的管教態度變得非常普遍（伊慶春，民 80；余漢儀，民 85；林萬億，民 83）。等到子女長大自立後，一般傳統權威及社會規範，會要求子女反哺來奉養父母；尤其在中國傳統家庭規範下，子女多因孝道標準過高而產生焦慮。同時在台灣整個社會人口結構高齡化，加上子女數大幅降低，使得老年生活照顧的重擔，成為社會棘手的問題。

(四)女性戶長外出工作的普遍

女性單親家庭在經濟合作發展組織國家（OECD）占單親家庭的 85 ％ - 90 ％，台灣地區占 66.6 ％，比例雖然略低，但仍有西方國家所遭遇的種種問題，諸如貧窮與經濟不安全、壓力與心理挫折、代間的負面影響，以及對社會福利的依賴等（Garfinkel & McLanahan, 1986）。

單親家庭的產生源自人類家庭型態的改變。美國從卡特（Carter）入主白宮以來，歷任總統在競選時莫不強調傳統家庭結構的價值和功能，但同時也提出很多政策支持女性單親家庭，到雷根（Reagan）時代，通過 Omnibus 預算調和法案（Omnibus Budget Reconciliation Act），刪掉很多社會福利預算，使得社會福利的分配捉襟見肘，加以申請資格關卡降低，誘使很多婦女停止原本待遇不高的工作，只靠社會福利生活，造成「貧窮女性化」（feminization of poverty）（ 伊慶春，民 80；余漢儀，民 85；林萬億，民 83；Hartman, 1995）。

台灣女性單親家庭「有所得者」相對少於男性戶長的單親家庭，其家庭有所得者的平均收入是所有家庭的 78.8 ％（徐良熙、林忠正，民 73）。

台北市的女性戶長單親家庭的收入也明顯低於男性戶長單親家庭（林萬億、秦文力，民 81）。

Hartman（1995）的實證研究指出，女性戶長單親家庭的比例約爲男性的二倍，這種結構性的因素，造成女性戶長很大的家庭經濟負擔，但整個勞動市場就業結構又對她們有極爲不利的影響，工作層級愈低，男女間待遇差距也愈大。性別歧視使得單親婦女成爲職場的邊緣人，家庭經濟的不穩定也使得照顧子女成爲很大的負擔，兩者形成惡性循環（林萬億、秦文力，民 81；徐良熙、林忠正，民 73；鄭麗珍，民 77）。

㈤家庭功能趨向專門化

傳統家庭的功能是多面向的，舉凡生育、教養、保護、社會地位、政治、經濟、宗教、娛樂、情感等無所不包。然而二次大戰以還，由於社會快速變遷，家庭結構性的變化，使得傳統家庭的功能逐漸消弱，如學校、教會、政府等分別取代實施家庭教育、宗教教育及政治教育，家庭保留的只剩情感、養護、性的規範及社會化的功能。然而，由於家庭引起的社會問題大量增加，包括青少年問題、醫療、人口老化、婚姻暴力、貧窮、性犯罪、遊民……等等，無一不在衝擊每一個家庭。

在社會愈複雜、分工愈加精密的趨勢下，家庭功能除了合法生育以延續人類社會角色之外，最重要的專門化功能則爲滿足內部成員的情感（伊慶春，民 80），家庭成員應彼此在情感上產生良性互動、彼此期待、互相支持。傳統父母的工具性和表達性角色已逐漸去除藩籬，家庭成員數目降低的結果，使得家庭情感的連絡和維繫成爲每個人都應分擔的責任，透過這種情感的維繫也使得家庭新生成員學習有關社會的基本價值和規範，此亦爲家庭在社會控制、社會生存最主要的功能。

三、代間關係的意義與其相關問題之解決

代間關係（generational relationships）係指在家族的結構中代內（intergenerational）、代與代之間（intragenerational），以及多代之間（multi-generational）的關係。

家庭生命循環始於男女結婚組織家庭，而後生育子女，於是形成代代相傳的家庭體系，傳統的中國家族特重長幼尊卑之序，男女內外之別，因此一家之內，子必從父，婦必從夫；在一族之內，幼必從長。家族為社會之本位，而家中長輩是領袖、法官、財產所有者，家庭是一多方面的中心，是經濟單位、政治單位、宗教單位，也是教育單位（吳自甦，民78）。中國文化中的許多特質如：孝道、親屬關係、祖先崇拜、敬老尊賢都在家庭教化中實施。家庭是社會的最基本單位，也是社會安定的基礎，個人人格的養成從家庭開始，而從與家人的互動延伸到社會的連鎖關係，家庭更扮演橋梁的中介地位，一旦家庭瓦解，則個人與社會難以連貫，則社會必然解體，社會問題因而叢生。

中國家族制度以親子為中心，一個家庭可能包括上下好幾代，成為人口眾多的大家庭。同代或相連兩代的個體，一般說來具有比較密切的關係，如夫婦、兄弟或親子間的關係比伯叔、甥姪來得密切。透過這種親密關係，家庭成員可有效地情感交流、完成家庭社會化、發展健全身心。故在心理治療上，心理學家常採頓悟導向模式（insight-oriented model）（Bedrosian & Bozicas,1994），讓當事人了解自己的原生家庭（origin family），以期從健全的代間關係中獲取正面積極的態度及生活經驗來實施心理治療。近世紀以來，醫療進步神速，個人壽命延長，四、五代同堂的家庭增多，家庭各代之間的關係也增加了複雜性，如女性可能為人母親長達七十年，而其角色在多代之間，卻同時也扮演祖母、曾祖母的角色，優點是長壽象徵家系血緣完整，兒孫滿堂且穩定，但也因退休、衰老、矜寡，加上子女數過少，使得老人照顧形成重大的家庭負擔，進而影響了老人的心理健康。

然而核心家庭人口較少，親子網絡關係較單純，年輕人又忽視孝道等傳統倫理，而使父權低落；年齡也不再代表個人的聲望和家族權威，家族倫理和個人權利衝突更是屢見不鮮。家庭成員的情感並不能永遠依循著

「父慈、子孝、兄友、弟恭」的倫理規範，不僅夫婦關係破裂而導致離婚，親子間的代溝也可能隨著成長而減少了互動聯絡，妯娌間不合可能使得兄弟鬩牆；凡此均說明核心家庭的發展趨勢，改變了家庭成員間的關係，縮短親友網絡之緊密模式，使得家庭成員間親疏階層互動行為起了根本的變化。

四、代間關係的應用

Bedrosian 和 Bozicas（1994）認為家庭代間關係的認知與釐清有益於確保家庭功能的維護，在心理學的診療應用方面，更可㈠發掘影響家族健全發展的因素，如父母教養方式、兒童代替親職、界域衝突、溝通不當等；㈡了解當事人從兒童期開始的成長與發展軌跡；㈢釐清當事人的基本信念、訊息認知處理方式和關係形式；㈣提供基本假設模式以解決當事人的困境。

可見代間關係可提供心理諮商師和當事人了解原生家庭世系的歷史淵源，俾從整體的觀點，研擬評估及診治的策略，此種「科學實作」模式（"scientist-practioner" model）可避免在治療過程中見樹不見林，以瑣碎的觀察做浮濫解釋的缺點。至若界域的探索則從個體與個體間或個體與環境間尋找所謂的心理舒適帶（psychological comfort zones）（Ainsworth, 1989; Bedrosian & Bozicas, 1994; Solomon, 1973），踰越此一界線將構成對他人心理或生理上的侵犯，治療師的任務就是在於提出他個人建設性的看法、經驗和妥善的人文觀念給當事人，以便他能更明確地知道界域的範圍。

五、結語

從界域及代間關係的角度來解決家庭成員的心理行為問題可說方興未艾，在心理治療上這是一個嶄新的研究方向，此種臨床的縱向研究固然可深入問題的核心，做深度的剖析；但此一技術耗費的時間、人力頗為可

觀，而且其診療模式仍有待繼續研發。近來的研究發現，性虐待受害者對
於人際關係界域的維持普遍表現困難，其對別人的不信任、拒絕傾向，對
治療師而言常是一大挑戰。心理輔導學界今後可從多個層面，減低當事人
代間關係的負面因素及事件的影響，加強維護正當的關係界域，來解決現
代家庭的問題。

本章摘要

　　傳統所謂的「家庭」是指由血緣、婚姻或收養的關係而共同住在一起
的兩個或以上的人所形成的一個整體，在這樣的組織架構下，家庭提供了
成員養育、保護、政治、宗教、休閒、娛樂等的功能，此一定義清楚地說
明了家庭成員間的密切關係及其相對應的權利和義務；而外人可以很清楚
地辨認何者屬於或不屬於某一家庭，即在內部成員之間也了解父親職司經
濟角色，而照顧子女及家務工作則是母親的職責。

　　然而，家庭及個體的發展仍需要保持一定的界線；界域即指家庭中的
成員、上下世代或小系統間的生理、心理空間，此一空間的建立和維持對
於家庭及個體的發展極其重要；個體與個體間或個體與環境間必須維持所
謂的心理舒適帶，踰越此一界線將構成對他人心理或生理上的侵犯。嬰幼
兒經由依附體察界域的概念，早期依附指個體對另外一人或重要他人在情
感上強烈且持久的附著現象，依附為孩童最重要的心理特質，藉著此一內
在因素而發展出與依附者的親密關係。家庭是兒童最早接觸的場所，也是
孩童生理、心理發展最重要的地方，而兒童與父母所建立的依附關係，更
直接影響親子互動的良窳和日後與外界關係之建立，更確切的說，孩童對
父母的良性、安全依附關係，為孩童日後發展社會網絡的基礎，也是適應
環境發展所需的機制；孩童早期對母親或其他照顧者所形成的依附，讓孩
童可以安全地探索外在複雜的世界，得到必要的養育、照顧和撫慰，從而
建立日後正常的人際關係和行為模式。

臨床經驗上，遭遇界域困擾的受害者常常不易分辨界域的範圍或受侵的程度；受虐的孩童無力脫離受虐環境保護自己，乃是由於：(1)不知道何者為正常的關係；(2)對加害者施虐行為的偏頗責任觀；(3)對侵犯者的忠誠態度，一旦揭發秘密後將產生罪惡感；(4)自認為無力避免持續的被施虐行為；(5)害怕失去與加害者的關係。

界域既是區隔個體間、代間甚至是家庭小系統間的身體及心理上的空間，此一安全舒適的空間有利於個體及家庭正常的發展。但是，父母在教養子女時，面臨另一種界域的問題，在家庭功能正常的情境中，父母必能監護子女身心安全發展、認知學習、行為習慣、醫療保健及同儕關係，但同時也顧及子女的尊嚴及隱私，視子女為一健全而完整的個體；父母基於教養的需要和目的，雖給子女限制但不至於造成傷害，保護他們使免於家庭內外的危險，卻不至於限制子女獨立的發展。

家庭遭遇的壓力主要來自於外在脈絡和內在脈絡；家庭系統界域即指內在脈絡的結構中，家庭成員是否能夠認知和辨認其他家庭成員，有無家庭界域產生混沌不清的現象，如家庭成員不清楚誰在家庭系統之內，誰在家庭系統之外，則將產生模糊不清的家庭界域，其後果是負向的，也直接衝擊家庭的功能，造成家庭生活的壓力，若長期對家庭界域產生嚴重的模糊，將造成家庭的危機。

傳統家庭制度完整而嚴密，父母與子女之間關係密切，三代同堂的情形普遍，構成一健全的家庭世系組織。但工業發達之後帶來的都市文明，使得核心家庭漸成家庭型態的主流，加上多元文化價值漸被接納，家庭結構的改變，已成為不可逆轉之事實，而由於家庭人口結構、經濟狀況、社會意識等因素交互作用而形成當前家庭制度的特色，包括核心家庭的出現、離婚率的上升、女性家長外出工作的普遍、權威關係的改變、婚外性關係的增加、家庭功能趨向專門化等。大體言之，隨著「家庭」、「折衷家庭」、「親屬網絡」等概念的差異性逐漸淡化，這些家庭成員之間的關係，有愈形複雜的趨勢。

家庭生命循環始於男女結婚組織家庭，而後生育子女，於是形成代代

相傳的家庭體系，傳統的中國家族特重長幼尊卑之序，男女內外之別，同代或相連兩代的個體，具有比較密切的關係。現代核心家庭人口較少，親子網絡關係單純，年輕人忽視孝道等傳統倫理；此外父權低落，年齡也不再代表個人聲望和家族權威，個人權利和家族倫理時起衝突，如何維護家庭成員的界域、家庭系統界域及代間的親密關係，值得吾人關切。

研討問題

一、請評估您個人家庭中的「界域」為何？是否有進一步需要調整或增刪的部分？請分別說明之。

二、試從界域的角度來分析，受虐孩童不易脫離受虐環境來保護自己的主因為何？請至少列出三項加以討論之。

三、傳統的「三代同堂」與現代的「核心家庭」之間，在其家庭界域的訂定上有何不同？請分別探究之。

四、家庭界域何以有時會產生混沌不清現象？嚴重的混沌模糊，將可能會造成哪些危機？試分別探討之。

參考文獻

一、中文部分

內政部（民82）：內政部人口統計。內政部。

伊慶春（民80）：家庭問題。輯於楊國樞、葉啓玫編，台灣社會問題。台北：巨流出版社。

曲同光（民70）：婚姻制度之探討——結婚與離婚。健康教育，48，26-30。

余漢儀（民85）：兒童虐待：現象檢視與問題反思。台北：巨流出版社。

李茂興、藍美華譯（民82），Howard, M.著：文化人類學。台北：弘智出版社。

吳自甦（民78）：倫理與社會。台北：水牛圖書出版公司。

周月清譯（民83）：家庭壓力管理。台北：桂冠圖書公司。

林萬億（民83）：從社會政策觀點談單親家庭。輯於白秀雄等編，單親家庭：福利需求與因應對策。台中：中華兒童福利基金會，51-64。

徐良熙、林忠正（民73）：家庭結構與社會變遷：中美單親家庭比較。中國社會學刊，8，1-22。

張苙雲、吳乃德、孫中興、謝小芩、顧忠華（民82）：社會組織。國立空中大學。

鄭麗珍（民77）：低收入單親女性家長的角色負荷和社會支持網絡之相關研究。東吳大學社會學研究所碩士論文。

賴澤涵、陳寬政（民69）：我國家庭形式的歷史與人口探討。中國社會學刊，5，25-40。

謝高橋（民76）：轉型社會的離婚現象。張老師月刊，119，10-11。

二、英文部分

Ainsworth, M. D. S. (1989). Attachment beyond infancy. *American Psychologist, 44*, 709-16.

Becker, G. S. (1974). A theory of marriage. In T. W. Schultz(Ed.) *Economics of the family*. Chicago: University of Chicago Press.

Bedrosian, R. C. & Bozicas, G. D. (1994). *Treating family of origin problems*. New York: Guilford.

Boss, P. (1988). *Family stress management*. CA: Sage.

Carter, B. & McGoldrick, M. (1995). *Overview the changing family life cycle: A framework for family therapy*, 3-28.(partitial handouts).

Collins, R. (1971). A conflict theory of sexual stratification, *Social Problems, 19*, 3-21.

Deklyen, M. (1996). Disruptive behavior disorder and intergenerational attachment patterns: A comparison of clinic-referred and normally functioning preschoolers and their mothers. *Journal of Consulting and Clinical Psychology, 64*, 357-65.

Duvall, E. M. (1977). *Marriage and family development*(5th ed.). Philadelphia: Lippincott.

Erwin, P. G. (1998). *Friendship in childhood and adolescence*. New York: Routledge.

Garfinkel, I. & McLanahan, S. S. (1986). *Single mothers and their children: A new American dilemma*. Washington, D. C.: Urban Institute Press.

Gewirtz, J. L. & Pelaez-Nogueras, M. (1991). *The attachment metaphor and the conditioning of infant separation protests*. In J. L. Gewirtz and W. M. Kurtines(Eds), Intersections with attachment. London: Erlbaum.

Hartman, A. (1995). Changes for family policy. *In Normal family processes in Context*. New York: Guilford.

Parsons, T. & Robert F. B. (1955). *Family, socialization, and interaction process*. Illinois: The Free Press.

Pearlin, L. I., & Radebaugh, C. W. (1976). Economic strains and the coping functions of alcohol. *American Journal of Sociology, 82*, 652-663.

Pianta, R. C., Sroufe, L. A. & Egeland, B. (1989). Continuity and discontinuity in maternal sensitivity at 6, 24, and 48 months in a high-risk sample. *Child Development, 60*, 481-487.

Solomon, M. (1973). A developmental conceptual premise for family therapy. *Family Process, 12,* 179-188.

Straus, M., and Gelles, R. J. (1986). Societal change and change in family violence from 1975 to 1985 as revealed by two national surveys. *Journal of Marriage and the Family, 48,* 465-479.

Straus, M., Gelles, R. J., & Steinmetz, S. K. (1980). *Behind closed doors: Violence in the American family.* Garden City, NY: Anchor.

感情與婚姻的發展

第三章　感情發展與婚姻

　　從民國九十年起實施週休二日，你和你的他（她）都是如何度過的呢？每週少了一天的工作，多出來的卻是大於八個小時的自由。忽然多出一段兩個人相處的時間，正好可以重新省視自己和伴侶間的關係。對於原本親密而苦於相聚時間太短的恩愛夫妻及情侶，多出來的時間眞是如獲至寶。從星期五的輕鬆夜晚、週六一整天的閒逸相處，到星期日的養生休息，不論是增進情感的「兩人出走計畫」，或是親密的交心溝通，都可以讓生活充滿了朝氣與樂趣，使得彼此的關係更爲愉悅融洽。

　　然而，如果兩個人之間本來就有些爭執摩擦，甚至關係已到彈性疲乏的話，那多出來的時間恐怕不是「雪中送炭」，反而讓原本不堪的情勢愈發不可收拾了。因此，週休二日後，擁有更多相處時間的雙方，可能愛得愈深，也可能怨得愈烈。所以，學習如何善用這多出來的時間，讓彼此的愛情隨著互動不斷的滋長，讓雙方感受到沉浸在愛情裡的愉悅，也就更形重要！

第一節　約會的演進及其意義

一、約會的演進

　　對社會的演進而言，個人尋找和發現結婚配偶的過程是非常重要的，透過這個過程，人們不斷爲社會注入新的生命與活力，使社會組織得以延續。對個人而言，透過約會的形式讓年輕男女相互接觸、認識，學習兩性相處之道，進而進入擇偶的階段，也是在步入婚姻過程中重要程序之一。

　　在早期十七、十八世紀的歐美社會，大部分男女交往都被視爲是擇偶過程的一部分，更是兩個家族未來經濟上的連結。因此，上流社會階層的少女外出時需有女伴陪隨，而未出嫁的女性也只能出席親戚朋友間的聚會而已。如果年輕的成年男子喜歡上了一群人之中的一個女孩，他必須先去拜訪這個女孩的家庭。透過他人正式的介紹，再由女方的父母決定這個年輕男子是否有資格繼續邀約自己家的女兒。此時，男子的家庭背景、財勢地位，或個人特質等，則有助於兩人的婚姻結合。第一次大戰前，男女兩方的聚首往往被視爲兩個家族的大事。在追求期間，男方必須先正式拜訪女方的家人，得到雙方家長首肯之後，才有機會繼續發展彼此的約會關係。十九世紀中期以後，歐美社會普遍的都市化與交通便捷，使得年輕男女比過去更能方便地溝通與聯繫。第一次大戰後，約會形式普遍發展，約會、戀愛與結婚的過程才逐漸成爲男女兩個人間的事情，而非由家裡的父母長輩全權決定，也使得男女相互吸引的愛情，開始成爲現代婚姻認知的基礎。

　　目前我們普遍知道的約會型態，則多沿用於第一次世界大戰後美國一般的約會模式，而傳統上經由男方正式拜訪女方家庭的見面形式也已逐漸衰退。年輕的男女增加更多一同活動的機會來多了解對方，並從相處的活

動中得到樂趣。此時期的社會環境對一般男女邂逅及共同出遊等活動，已採取一個較寬鬆、自由的看法，男方也多被期待成為約會過程中的主導者。而這樣較為寬鬆的約會形式來自極多的事實：

  (一)工業革命是促進約會形式出現的重要因素。許多年輕人由鄉村到都市尋找工作機會，而來自較低階層的工廠男、女工人在都市的環境中更擴大了接觸機會，也間接脫離了家庭的約束。

  (二)電話的發明與普及對約會過程的改變產生很大的影響。電話逐漸成為一般中產階級家庭設備的一部分，促使年輕男女的接觸更為容易且頻繁，而彼此的情感聯繫則更為隱密。

  (三)汽車則是另一項重要的約會工具。年輕男子在約會前事先拜訪女方的家庭，好讓女方的父母同意讓他把女兒接出去約會。

  (四)一九二〇年後，逐漸蓬勃的早期女權運動者強調，女性的權利與性行為應在男女互動中給與平等的基礎。這對女性來說，無疑地增加了許多與男人共同活動的機會。在對女性的限制獲得釋放之後，短髮、較不受限制的穿著，或男女共乘車的現象在社會上逐漸增加，而表現出這樣行為的女性也漸漸不再被社會視為放蕩異類了。從此，「約會」便成為美國年輕人生活中的一部分，代替了以往男方求愛的正式過程。

一九二〇年到一九三〇年期間，流行的男女關係混雜情況正在美國部分約會型態中迅速蔓延。年輕男女主動跟不同的人約會，並認為這樣才跟得上流行。Waller（1937）經觀察後提出報告，描述當代的約會現象：「像是一個表面化及榨取利用的關係，逐漸失去原本未婚男女尋找、挑選未來結婚伴侶的真正意義。」從當時興盛的「兄弟會」（the fraternity system）入會標準來看，受歡迎的男性大學生所擁有的好條件包括：在學校交際關係良好、社團活動中活躍且有聲望、有錢、開名車，以及要會跳舞與穿著體面等。這時候一般男女都以為戀愛是生活中重要的一部分，每個人都希望在情感上尋找一種新鮮與刺激感。

第二次世界大戰（一九三八年到一九四五年）之後，較重要的約會形式則是類似「訂情式的約會」（steady dating）。約會的雙方已經存在有某種程度上的了解與默契，而約會階段的平穩化也被加進擇偶的過程之中（陽琪、陽琬譯，民84）。雖然一般的男女都可能還有其他的交往對象，但當時男女雙方對情感的單一承諾比男女關係混雜的約會情況來得被看重，雙方也都視對方為唯一約會、甚至走向婚姻關係的人。訂情式約會的階段是介於追求時的約會與訂婚之間；也就是介在缺乏承諾的求愛約會與高度承諾的訂婚之間。在這個過程中的情侶同意固定只和另一方約會，並滿足彼此情感的需要。

每一個約會階段的成功，則包含了更多彼此的承諾，也愈接近親密的性行為。在一九二〇年到一九六〇年這段期間，美國一般的約會型態多由男方主動詢問、挑選約會時間及地點、負責接送女方等。而女方則等待著被男方詢問，擁有同意或拒絕的權利。然而，此時約會過程中性行為的發生，則是男女雙方在關係中不得不面對的妥協。通常男方會不顧一切地往他所想要的目標衝刺，而女方則盡可能地不要讓她們的男伴衝過了頭。然而，快速的求愛過程則是在一般低社經地位的年輕男女普遍的現象，也間接導致許多低階層的年輕男女倉促邁入婚姻關係。

一九六〇年到一九八〇年間，社會上約會男女對性態度、性行為及女性角色的觀念開始有了改變，約會時性行為的發生愈來愈被社會大眾所接受，且逐漸成為約會關係中的一部分。此外，「同居」關係漸漸被看成是男女在婚前所共同建立的一個親密階段。

學者們對此時期造成約會型態改變的因素多有揣測，總而言之，現代的約會情況是比以往的約會形式及兩性互動有更多的變化與彈性。雖然部分人們仍對約會交往時，男女所扮演的性別角色抱持著傳統的角色觀念，但在約會的過程中，現代男女對於兩性角色與地位的觀念已漸趨於平等多元。

在最近幾十年間快速的經濟發展與文化轉型過程中，男女約會的型態、方式與扮演的角色有著相當大的改變。社會上對於男女在社交活動中

的性別刻板印象，已漸漸不再是影響雙方交往的主要因素，在美國現今的約會和戀愛過程經歷了許多的改變，主要是約會的年齡層更爲下降。對時下的青年人而言，約會已經變得更爲輕鬆、非正式且逐漸走向角色平等的原則。現代的年輕人多半採取小群體的活動來代替過去一對一且正式的男女交往型態，而這種群體約會的情況，則更能自我掌控及傾向人人平等的觀念。然而，類似這樣男女的群體活動也間接混淆了男女相處與約會間的差異，大家在一起可能因爲有共同的興趣而相聚，並不一定都是約會的對象。因此在活動中，女性可以主動的邀約，並自行負擔相當的費用，而男女雙方也可以在約會之前的群體活動中深入了解對方。

二、約會的理由

人們爲什麼需要約會？當你提出類似的疑問時，所得到的回答可能不盡相同。除了父母親友的催促及外在同儕壓力外，與異性約會也可能幫助個人發展社交活動、尋找未來結婚的伴侶或尋求性經驗的機會。當然有一部分人對約會行爲的認知也沒什麼理由，往往只是尋求個人生活中的刺激與變化而已。以下，我們將一一來探討個人發展約會行爲可能的理由：

㈠享受娛樂性質的愉快體驗

一般約會中男女一起外出吃飯、看電影、聽音樂會、郊遊等，都是具有娛樂性質的活動。因此，約會能夠帶給男女雙方愉快的體驗，而約會相處的本身則具有讓人產生愉悅及放鬆的感受。

㈡透過互動引發個人自我成長

個人可以在約會的關係中，經由對方的回饋發現他人如何看待自己、學習如何與異性互動，進而能夠幫助個人學習一般的社會技巧，如與人溝通、合作、負責及爲對方設想等相處經驗，間接促進自我概念的成長與社會化。

㈢個人內在情感需求的滿足

　　一般人總會認為，在日常生活中，無論個人有多少朋友，最能滿足個人心理基本情感需求的還是與另一個體在親密關係中的互動。在約會過程中，男女透過雙方活動的接觸，在穩定關係中彼此吸引與互動得以進一步的發展。年輕男女可以在與異性的相處過程中得到情緒的滿足感，進而達到對自己性別角色的認同。

㈣提供性行為的試驗

　　現在約會的內容似乎已經逐漸成為對「性行為」的定位。由媒體可知，愈來愈多比例的高中、大學學生在約會的過程中發生性經驗。然而，由於在約會過程中男女性態度的開放，卻也衍生出約會暴力與約會性侵害的問題。

㈤尋找合適的結婚對象

　　約會可以幫助個人由眾多異性中，經過挑選及相處，而找到最適合與自己攜手共度人生的對象。經由對象的挑選，到共同走向婚姻，約會的過程提供對彼此行為、態度與觀念有更深一層的認識。

三、約會可能發生的問題

　　約會已是現代年輕男女人際交往中重要的一部分，然而，隨著時代的變遷，在約會中也不斷有新的問題產生。從國內許多的研究及報章雜誌中我們也可以發現（楊士毅，民 85；藍采風，民 85；劉秀娟，民 87），目前一般年輕男女在面對約會關係時，普遍的問題有：遭遇家人的反對、約會男女在宗教信仰或社經階級有所差別、男女對親密關係中性行為認知不同所造成的誤會、雙方決定約會的地點、活動內容可能產生意見衝突，以及有關約會時金錢花費等問題。雖然現代社會大多強調個人的獨立性與自

由，但父母對約會過程的干涉所產生的影響也一直受到研究者的討論。此外，約會本身仍會引發出個人與人際間的複雜問題，包括：個人人格表露、價值觀的溝通、不同生長背景的適應、同儕與父母對關係的影響，甚至約會本身的時間、地點，以及約會過程中可能發生性行為問題等，都不是單一方可以掌握的情況。

　　相信無論是男人或女人，都會期待在一個充滿關愛的情感關係中體驗性的美妙感受。然而，當彼此交往的關係中有愈多外在的人、事、物涉入的時候，往往會降低了人們對於這段關係的期待。有關現代約會的侵害行為與強暴，也可以說是男女兩性在性別社會化過程中所衍生的不良結果。男孩從小便被灌輸要積極爭取自己想要的東西，尤其在社交的應對上更需要有強勢的手段。此外，在社會文化與媒體的渲染下，間接教導男性必須要在性關係中展現積極主動的一面，甚至讓一般男性誤以為女性的情慾體驗也必須由男性來作主導。相反的，女孩子則被告誡需處處體諒他人的感受，更不可承認自己有主動性方面的需求。因此，當面對約會中男性提出希望有更進一步親密行為的要求時，女性則須面對情感壓力或進入性關係而陷入兩難，當女性不願傷害男性感覺或彼此的親密關係，遲遲無法給男性一個斬釘截鐵的「不」字時，男人便以自己的思考模式認為女性是「不反對」，甚至以為女性在婉轉表達她對情慾的「渴望」。

　　然而，在親密關係中，性侵害甚至強暴所造成的結果，往往變成傷害他人而不是表達彼此愛意的感受。由社會心理學的角度來看（趙居蓮譯，民84），比較不同文化下強暴的發生率發現，這些有關性暴力行為最可能是發生在男權至上、寬恕暴行及特別強調男女差別的社會裡。強暴者不但受到文化的寬恕與保護，更可能是在相信所謂的「強暴迷思」後，錯誤地認為約會中的男性需要像侵略者般，先克服女性對性行為的不願與猶豫，之後女性便會喜歡上男性強行對待的行為中所帶來的興奮、刺激甚至快感。一般約會過程中可能發生的性侵害包括：口頭強制的性行為、對女性身體的攻擊與暴力，甚至虐待性的行為與強暴。這些在約會中的侵害行為，絕大部分直接或間接造成女性身心的永久傷害。

四、約會性別角色的變遷

　　從過去傳統保守的兩性關係進展到現在，我們可以發現，現代男女的性別角色在約會的過程中有相當大的轉變。傳統的兩性互動中，大多是男人控制了約會的開始、計畫與地點。這樣的安排往往在鼓勵一個不需發言的女性，而傳統女性也期望從這樣的關係中，交換得到被男性所允諾的情感與性親密。在一九二○年後，當女性平權主義的觀念逐漸在進步時，女性開始知覺自己在異性戀關係中所扮演被動的角色，因而對親密關係中的權利及「性」的貢獻產生懷疑。透過對傳統約會中男人對性別角色的期望與女性受制於性別束縛現象的比較評估，近代的女性開始想要去強調自己在約會情境中的控制權，例如透過約會中的親密關係或付帳的掌控行為。雖然女性主義者與非女性主義者都同意，男人在約會中的付帳行為，是很容易讓在性別期望中的女性得到尊重與特權，但她們的主要動機是要去達成約會中更平等的關係，而非去強調性別角色的義務。

　　雖然約會中的男女都會盡可能地在對方面前呈現出自己最美好的一面，或刻意維持某種特定的「形象」，但相關的研究（Rubin, 1970）顯示出近年來的大學生在約會的關係首重「誠實」與「率直」兩個特質。現代約會男女常會毫不保留、完全地向他方傾吐心中的想法與感覺，尤其女性更為顯著。面對關係中兩性角色平等的認知與態度，也比處在傳統性別角色觀念的人們自我坦露的情況高出許多。

五、約會對象與結婚對象的差異

　　愛情真的是盲目的嗎？從 Jorgensen 在一九八六年的研究可以得知，關於約會對象的選擇特質包括外表的吸引、性格相似、具幽默感、聰明、禮貌體貼、真實誠懇、相同的興趣、談話技巧、相處有趣愉快等幾項選擇的因素。而結婚對象的特質則是愛情、誠實、性格相似、值得尊敬、聰明、

互動有回應、有企圖心、忠實且值得信任、外表的吸引等作爲結婚對象的
考量。約會與結婚的對象已被賦予不同的期望與選擇的標準，而一般人又
如何在約會的經驗中發現適合的結婚伴侶呢？多數人們在開始約會的時
候，較少會特別去考慮彼此性格相似性或相異性的問題。

　　許多研究都發現，人們在第一次見面的短時間內要做出是否繼續約會
的決定，往往來自於對方外表有無吸引力的認定，而男性較女性更容易表
現出這樣的特質傾向。外表的吸引力帶領著人們更加接近，而心理上的相
似性則更容易促成彼此親密關係的進一步發展。在 White（1980）的研究
發現，約會中的人們若有大部分相似特質吸引的話，在九個月的相處期
間，雙方較容易有深入的情愛感受與發展；而當彼此的關係包含大部分的
差異性時，則雙方很有可能走向分手。

　　當約會的伴侶要順利轉變爲結婚的對象時，也需要某些特質與社會
背景的配合，如種族、社經地位、宗教信仰等，而結婚對象在這些方面的
要求便與約會對象大異其趣。在美國一九九〇年的大規模調查當中，大約
有 50％到 80％的婚姻是屬於有相同社經背景的結合。雖然人們大都會去
尋找相同特質的人一起經歷約會、戀愛與結婚等過程，然而現代約會型態
在絕大多數異性結合的親密關係中，正受到男女性別角色及許多因素的挑
戰。由於男女從小便有不同的性別角色的訓練，因而雖然在戀愛的過程
中，人們大多會去尋找相同特質的人在一起，但也無法保證男女兩性在每
一方面都會有相同的反應。

第二節　愛的本質

一、兩性的吸引

　　何種特質引導著人們相互吸引呢？在評斷個人「吸引」的特質上，每

個時期的社會都有著不同的標準。儘管男女間的「吸引力」是件神秘的事，但似乎我們能夠一眼就認出自己想要的人。吸引著我們的通常是異性外表的第一印象，雖然格言常常警告人們勿以貌取人，但當我們與人初次接觸交往時，絕大部分的初始印象往往是受到外表有無吸引力的強烈影響，而我們也通常被外表較美好的人所吸引。個體的外貌通常是我們獲知人際訊息的第一管道，因此我們會給與較高的印象分數，而他或她其他的特質也容易獲得類似外貌的評價。社會心理學家的研究證實，人們總是容易「以偏概全」。人際間的「月暈效應」（halo effect）乃是說明在最初接觸的人際訊息過程中，易於形塑個人後來對對方的知覺，而月暈效應表現在外表吸引力的刻板印象則非常明顯。例如容貌姣好、具吸引力的人容易讓別人認為心地善良，甚至在觸犯法條時也易獲判較輕的刑罰；而外貌較不具吸引力的人則可能被認為較不聰明或心胸險惡。

隨著年代的改變，相處愉快、個性正直的個人特質成為現今最重要的吸引因素。然而，在交往的過程中也有人易被一些孤獨、無助、依賴的人所吸引，透過照顧他人的過程，讓他們覺得自己是被需要、且是重要的。大多數的人喜歡與特定的人們在一起，而這些特定的社會接觸與偏好顯示出人際之間的吸引力。為了解釋其中的複雜層面，許多研究提出人際之間相互吸引的基本模式（陽琪、陽琬譯，民 84；趙居蓮譯，民 84；Stover & Hope, 1993），以及影響此過程發展的情境因素及個人因素。

㈠相互吸引的模式

從社會心理學的角度來看，吸引並非由單一的因素引起，而是由許多不同的動機和刺激所引起的個人反應。以下提出的兩個吸引模式，間接探討選擇婚姻對象時雙方的吸引關係。

1.赫曼的酬賞模式（Homans' reward model）

由赫曼的酬賞模式來看，人們之所以相互吸引而產生互動，乃是個人被過程中可能產生大於付出成本的「利益」或「酬賞」所吸引。例如辦公室有位女同事聰明又迷人，而你正考慮和這位女同事交往時，評估可能的

報酬包括：浪漫的愛情、有一個好看的女友，甚至對自己的工作也有所助益。而可能要付出的成本包括要得到這位女同事注意，所要花費的時間及其他的資源，甚至當戀情曝光時，所要承受同事的側目等壓力。如果報酬大於成本，則你會覺得深受吸引；如果考量要付出的成本高於報酬時，你可能會覺得尚無足夠的吸引力讓你採取追求的行動。

2.拜恩的吸引定律（Byrne's law of attraction）

　　拜恩的吸引定律和赫曼的酬賞模式相類似。根據拜恩的吸引定律，當你愈期望從某人那裡獲得正面的增強時，你便愈覺得受到吸引。拜恩所強調的增強非固定的酬賞，而是一種過程，如兩人在互動中不斷進行和改變的經驗。在吸引定律中，幾個具有正面增強的重要經驗包括：相似性、正面的評價與相容性，而這些都是讓彼此產生更大吸引力的因素。

㈡相互吸引的因素

1.情境決定因素

　　雖然物理的情境空間無法左右人們對象的選擇，但在研究證實之下，有兩個情境的因素對吸引力有強烈的影響：相近與熟悉（趙居蓮譯，民86）。

　　⑴相近（propinquity）

　　「相近」指的是距離上的接近。有關相近的研究證實了距離上的接近有極大的可能性形成彼此間的互動，進而決定兩個人間是否會產生吸引的關係。在情境接近的因素中有兩個相關的研究，一是有關於空間上接近的研究；二是對於功能性接近的澄清。在空間上接近的情況是，一般學生容易與宿舍裡住得最近的人形成友誼，而非同系或同鄉，也就是說純粹空間上的接近對人們心理所產生吸引的力量。此外，功能性的相近或行為上的接觸，對雙方相互吸引而言具有更大的力量。即使有好幾位室友住在隔壁，但最會受到和我們有所接觸的人的吸引，尤其是定期、自然而不做作的接觸。例如你隔壁有兩個室友，其中有一位早上上課的時間和你一樣時，你一定較會受到這位室友的吸引。此外，如果我們期望能夠遇到某一

個人，則此時我們喜歡他（她）的程度，必勝過沒有期待和他（她）邂逅時的程度。

(2)熟悉（familiarity）

「熟悉」往往被認為是相近效應的基礎。熟悉是基於經驗次數的多寡，也就是當我們看到某人或作某事的次數愈多，則會愈感到熟悉。而研究者發現熟悉往往增加彼此的吸引。熟悉效應可以由「單純曝光效應」（趙居蓮譯，民84）得到最佳的解釋。由於單純曝光可以減少個人對於新鮮刺激的焦慮，因而足以增加吸引力。當我們愈常看見某人時，則我們似乎愈能猜測他（她）是一個怎樣的人，如果不會引起焦慮，則這種預測往往是令人感到放鬆和愉悅的。

2.個人特質因素

雖然地理因素上的「相近」與「熟悉」可能左右了人際間吸引的互動，造成一般人際互動的先決條件，但在這些無意中篩選剩下的人中，我們也會透過個人某些的喜惡標準對對方作一評估，當然自己也會受到他人的評估。評估的標準人人都不一樣，有的人喜歡情感流露的對象，有的人則易被憂鬱內斂的人所吸引；有的人著重外貌的吸引力，有的人則能深刻感受對方的內在美。人們從外表、言行、價值觀等來判斷是否符合婚姻擇偶的條件，也會從符合考慮條件的有限人選中挑出想要交往的對象。而這些有關個人評估原則大概有：外表的吸引力、態度與價值觀的相似性、需求的互補性及個人的反應等。

二、何謂愛情？

愛情是一種內在的強烈感受，而非單純生理的知覺或理性的作用。每個人都可能根據自己的背景經驗來解釋「愛情」。愛情可能滿足了個人內在情感的需求，與另一人相處時，甚至有了更深一層的自我價值感受。心理學家Rice（1993）指出：「愛情是一種深度、有關生命情感的需要與被滿足。在親密關係之中，彼此照顧、接受與被愛。」以下說明有關愛情的

幾項特點：

㈠愛情滿足了個體內在的合理需求（legitimate needs）。如情感性的支持、能夠被了解、接納，友誼關係以及彼此間兩性的分享。然而，愛情卻無法滿足個體所缺乏的內在心理需求（deficiency needs），如自我懷疑、無價值感，或試圖從他人身上獲得安全感等心理需求。

㈡愛情的本質是去接受對方本身，而非想要用自己的力量去改變對方，或去迎合對方期望。在愛情中，個人是自由的，可以自然地表明自己的感覺、脆弱與意志力。愛情不是毫不保留的自我犧牲奉獻，也不強迫他人得到我們所要給的感覺。

㈢個人的自尊是有能力愛他人的前提，最重要的是在愛他人之前，能夠先愛自己。自尊是人格中自我概念的一部分，包括個人對自我存在價值的評價。研究指出，個人的自尊和個人的人際關係存有極大的相關，而有高度自尊、自信的人，則更容易擁有豐富的愛情體驗（Waller & Hill, 1951）。自尊也影響著愛情中的親密關係，擁有高度自尊的人在面對親密關係中的另一方時，則會有較多正向的回饋及讚美等回應，並重視他人美好有趣的另一面；相對的，低自尊者則總是留心著關係中可能會發生的危機。

㈣愛情包含著親密關係，而承諾包含於親密關係之中。Sternberg在一九八五年提出的「愛情三角理論」（triangular theory of love）中提到，愛情由三個部分所組成，分別是親密（intimacy）、熱情（passion）和承諾（commitment）。親密指彼此依附親近的感覺；熱情則是雙方關係中令人興奮與激情的部分；承諾則為願意與對方相守的意願及決定。在愛情中許下承諾，不僅代表兩個人的相處，對彼此更有著繼續發展關係的決心與期望，並認為兩個人的親密關係是值得投資的。透過彼此共同經驗的分享、共同克服關係中可能面對的難題等歷程，讓在一起的時光逐漸成為彼此成長過程中的一部分。

㈤親密關係中除了承諾之外，還包括某一種程度上性的親密與分享。普遍來說，人們有性關係便代表著兩個人之間有某種程度上的「親

密」，而精神上的親密感則是透過彼此情感的強烈度、資源的交換，以及深層的自我分享逐漸形成。從社會心理學的角度來看，親密關係中的自我坦露便涉及了社會滲透的過程，透過雙方良好有效的溝通可以使得親密關係愈來愈加深。而關係中的自我坦露涉及兩個層面：溝通內容的深度及廣度。隨著溝通時內容深度及廣度的漸增，親密關係中的自我坦露循著漸進的模式而發展。社會滲透理論指出人際關係中有四個滲透的階段：

1. 彼此認識時，謹慎且表面化的溝通內容。

2. 建立認識的關係後，發展出探索式的情感交換。彼此之間友善但不涉及親密情感的談話，大部分的人際關係便僅止於此。

3. 當彼此有經常性的見面時，便涉及廣泛性的經驗分享與初步的情感交換過程。

4. 當這段感情被認為是可以預期與掌握的時候，雙方的情感交換便有穩定且深度的發展。

　　有人形容愛情就如同一趟永不止息的發現之旅，而非單單只是婚前男人女人按圖索驥尋找自己標列的清單人選。在愛情中的人們持續不斷地感受對方內心深處的一面，當兩個人都能扮演好愛情中的角色，更能相互了解對方、彼此照顧與相互幫助，且對彼此的親密關係作出承諾並盡力去維護時，在婚姻的過程中，雙方將會有更多的內在分享與較好的心理調適。

㈥Sternberg（1986）所提出的愛情三角理論中，所謂的「浪漫之愛」是由親密與激情所組成的愛，其首要特徵是個人被喚起的強烈情感或情緒。一個眼神或笑容便可能喚起個人內心深處強烈的感受與溫暖，有人形容在戀愛中他似乎有「再活一次」、「有生之年第一次感覺」的情緒狀態。在大多數的情況之下，人們認為兩性的親密關係乃是屬於一種浪漫的愛情。而這些羅曼蒂克的愛情則常由一些語言及行為來表達，例如向對方說明「我愛你」；在關係中有較深層的自我坦露；多用肢體動作表達個人心中的愛意，以及接受、容忍對方的缺點等等。

浪漫之愛也常會引起一些生理的變化，如情緒的興奮、呼吸急促、心跳加速等。

在浪漫的愛情中，對另一方也常有著強烈被吸引的感受，如渴望彼此身體上的接觸；因而也常會伴隨著意識上對男性與女性角色的崇拜、愛慕與理想化。因為有這些感覺，人們強烈地渴望兩人共處，使幸福愉悅的感覺能夠持續下去。「浪漫之愛」也常形成為他人著想、利他主義與慷慨的行為表現。而這種愛意、奉獻與對待的高度寬容性，往往令其他人感到驚訝。靠著愛情的力量與渴望，使人有一種新的感覺，覺得自己有自信、美麗與能幹，可以完成任何不可能的事。然而，愛情的感覺也將隨著時間改變，浪漫的愛情也有可能變得較少狂熱而更具理性。

(七)我們也可藉由區分「愛情」和「喜歡」二者的差別來解釋愛情。在一九七〇年代，社會心理學家 Rubin 將「愛」和「喜歡」區分為兩種不同的態度。在 Rubin 的態度理論裡，認為「喜歡」代表一種較不具獨占性的尊重和讚賞，並將對方視為與自己相似；而「愛情」則具有強烈的獨占性、專一性，且重視彼此的親密程度。當必須為對方犧牲時，也在所不惜，而愛情的代價也遠比喜歡為高。因此 Rubin（1970）認為「愛情」包含三種基本的成分，分別是完全的信賴、願意接納對方，且心甘情願為對方作任何事情。而關於「喜歡」的特點則為讓人親近的情感與溫暖的感受、相信及尊敬對方的判斷，且認為另一人與自己非常相似。在 Rubin 所建構的兩種態度量表中，證實態度可以預測個人的行為。在愛情得分高的受試者，則常有眼光的接觸且說話距離較近，而對於男性而言，愛情的分數則和其性興奮的感受有關。

而對於 Rubin 的愛情量表再深入分析的 Kelley（1979）則認為，愛情可以分成四個成分，分別是關懷、需要、信賴及包容彼此的錯。這個研究的結果指出，關懷及需要乃是愛情中最重要的成分。愛情和親密的友誼之間存在著許多共通點，如信賴、陪伴、接納、尊重、託付、幫助、了解和

自在。而除了友誼的基礎之外，愛情還多了兩種經驗——「激情群集」和「關懷群集」。激情的群集包括迷戀、獨占及性慾；而關懷的群集則包括無私的付出，且爲對方挺身呵護。受試者大都認爲激情對長久的親密關係而言並非最重要的成分，而其他的研究結果更支持「關懷群集」成分對親密關係的重要性（Davis, 1973）。因此，我們可以看得出來「愛情」較「喜歡」的複雜性，且有較多的「利他」色彩，彼此之間有強烈的依附關係存在，強烈的排他性，以及更頻繁「施」與「受」的互動。

三、親密關係的發展

　　男人和女人對於羅曼蒂克經驗的過程與期待並不盡相同。在親密關係開始的時候，男人對於浪漫的感受、性行爲及對長期關係的承諾都較女性更爲投入。當他們發現自己正受到某位女性外表的吸引時，他們便會很快地墜入情愛的感覺情境當中。另一方面，女性在面對兩性關係的發展則是較男性有耐心許多。她們會有興趣等待符合她們「特質清單」的男性出現，在清單當中，當然也包括男性外表的吸引力，但個人的特質、教育水準及未來工作可能的發展則更是女性在特質清單中所考量的重點。當女性一旦發現心目中理想的人選時，便會試著和他走入情感，且女性也較男人更重視在情感中彼此的親密程度。從這個角度我們也可以看到，男女在面對情感時，不同特質表現在約會過程中可能帶來的衝突情況。雖然女性已經和某位男士有情感上的連帶穩定關係，但這似乎不能減少大部分女性心中類似「尋找更大一塊的石頭」的挑揀心態。

　　當雙方的約會進展到某一階段，彼此都非常看重對方，並願意採審慎的態度來面對這一段親密關係的發展時，便稱爲「戀愛」（courtship）。戀愛在美國是被視爲男女雙方交往過程中合宜的行爲，且多由當事人自己決定而非由父母安排。關於戀愛過程的分析，英國社會心理學家 Michael Argyle 和 Monika Henderson 認爲（彭懷眞，民 87），情侶的相處過程主要會經歷三個階段：「剛開始的興奮期」、「覺醒與疏離」，以及最後彼此

都以踏實態度看待，並投入更多時間、金錢的「認同關係期」。當進入認同的關係時，雙方通常承諾將禍福與共、永誌不渝來表示彼此的相愛。

根據社會心理學家 Levinger（1977）對親密關係的發展作出一番共通性的模式，一旦當兩個人的接觸超越了陌生的界線時，關係的進程便可能依循著三個階段來進行：㈠基於「近水樓臺先得月」的距離原則，彼此認識而有了共同的交集；㈡透過外表的吸引力及個人觀念、想法的溝通，促使雙方有進一步的接觸；㈢在接觸過程中雙方同理心與自我坦露等，使彼此關係有相互性的成長與發展。然而 Levinger 也強調說明，這種相互關係的發展必須建立在彼此需求、共享資源及溝通能力等能夠維持適當的平衡，使得兩個人能夠相互的接近而有所交集。

在雙方關係有所接觸後，若彼此最初的吸引僅止於知識訊息或資源的相互交換，而非親密關係中的自我坦露及相互依賴時，則這種關係所建立的層面，便可能只停留在一般泛泛之交的交換關係。由此可知，親密關係的發展乃是奠基於彼此能夠共同分享的事物與雙方投資的共同目標，而簡單的資源交換及個人目標達成，實質上並不能促進彼此關係更深一層的進展。

在一般普通的人際關係當中，我們通常會預期和對方有一對一的交換關係，例如某人要求我們替他做一件事，我們可能會覺得將來可以向他要求某種程度上的回報。相對的，對個人而言，最好朋友的關係可能是共享的，也就是在彼此幫助時，我們心裡並沒有預期會得到報償的想法。在親密關係當中也是如此，雙方有著共同完成的心願，以及願意一起成長與茁壯的承諾。然而，當親密關係產生了嚴重的衝突或分歧時，雙方這種「共同」的願景可能降至交換的關係。例如情侶在分手時，雙方「明算帳」而相互歸還對方贈與的禮物等東西時，便失去了當初彼此共同「分享」的一體感受。

社會學家 Reiss（1980）對愛情發展過程所研究的「愛情車輪理論」（the wheel theory of love），說明愛情發展主要階段包括：

㈠透過文化、社會背景相似性而建立關係開端的「發展一致性階段」。

㈡在關係中彼此分享事物看法及個人觀點的「自我坦露階段」。

㈢雙方共同的努力，一起面對現實情境中壓力與難題的「相互依賴階段」。

㈣透過對方的言語或行動，使個人「愛」與「信任」的需求感到滿足的「人格需求滿足階段」，而這也是車輪理論的最後一個階段。

　　當兩人關係在「人格需求」階段中感到滿足而進入下一個循環時，將導致雙方在關係中更多的一致性，及更多的自我坦露等。而每一個階段發展時，個人對彼此在關係中的角色認同，以及社會文化相似性的因素等，均是促使彼此關係更進一步不可忽視的因素。

第三節　現代婚姻的內涵

一、人們結婚的理由

　　結婚是件美妙的事，幾乎每個人都要面對它。而大多數的人在婚前都會同意，婚姻是一輩子的契約。兩個人之間若沒有意外發生的話，就可能要共同生活四、五十年，或者更久。雖然女權運動者一直把婚姻視為壓制女人的工具，但贊成婚姻的人卻認為，婚姻是唯一能讓男女雙方均衡發展並步入成熟關係的制度，它可以驅除人們的「自我中心」觀念，並能學習鍾愛對方超過自己。婚姻本質更是一種多層面的制度，透過法律形式的結合，使兩個人可以分享彼此的悲喜情緒、親密的性關係，以及共同的資源及財產。然而在傳統中國的制度下，結婚不只是兩個人之間的事情，也包括了雙方家庭背景與親友支持等。因此，婚姻中固然不可以沒有愛情，但單單的愛情卻不是可以決定婚姻是否幸福快樂的唯一因素。

　　現代結婚的理由往往比「我們彼此相愛」來得更複雜，例如未婚懷孕

覺得沒面子而倉促成婚；因爲突然失戀而轉向前伴侶的「報復」；因父母反對而決定結婚以反抗命運；甚至透過結婚的手段以逃離不愉快的原生家庭情境；不甘單身寂寞或父母及社會對單身者施壓而有衝動結婚的念頭；受到對方外表、身體的吸引；或者可能爲對方抱持一份罪惡感，因爲同情與義務的驅使而結婚，甚至爲了個人經濟利益考量而選擇配偶結婚的現象，例如母親選擇再嫁的原因，或者是男性選擇事業上婚姻的連結。

二、擇偶理論

如同大多數好萊塢喜劇片的劇情，有些佳偶在關係剛開始的時候，雙方並非一見鍾情，甚至可能彼此討厭，但經過深交以後，反而能結成更爲堅固的伴侶。而心理學家也有這樣的發現，如果在兩個人的共同性當中增加些微的不同，則更能滋長彼此之間的感情。

從心理學的角度來看（Norman & Gary,1980），在男女短期交往的過程中，男性對於自己的對象多傾向更多的選擇，而約會的對象大多是選擇外表較有吸引力，且約會交往中較少花費、較少風險而不需承諾的約會對象。相對的，女性在短期交往的過程中所選擇的對象，多看重對方所擁有的資源交換性、可能變成長期交往對象的評估，或預期是否可能分手的機率，而也可能會預先考慮男性基因品質的好壞。在選擇結婚對象需要長期交往的考慮下，男性首先考慮的是關係中自己對父權的掌控力、女性的生產價值、所要給與的承諾程度及女方是否具備勝任父母的技巧等。當然，也會考慮女方在替自己傳宗接代時的基因品質。而女性則會考慮這個男人是否值得長期投資、這個男人對長期交往的意願與承諾，以及是否具備成爲父母的技巧及男性基因的品質等。Rice（1993）透過精神分析理論（psychoanalysis theories）的角度，來分析個人在擇偶過程中可能的心理因素包括：

㈠父母形象論（parent image theory）

以心理學家佛洛依德的理論為基礎，針對伴侶的選擇，包含了潛意識中戀父情結或戀母情結的心理層面的運作。

㈡理想伴侶論（ideal mate theory）

以童年的經驗為依據，來作為喜歡的對象想像的模式。

㈢需求理論（needs theories）

需求理論強調當個人選擇伴侶時，對方的條件大都要能夠滿足我們的需求。

㈣相互依賴需求理論（complementary needs theory）

Robert Winch 在一九八五年提出，擇偶的對象可能與彼此的需求相反，但卻可以相互的補足。如喜歡照顧別人的人，可能會找需要援助的另一半；喜歡有統治權的人，則會尋找較順從的另一半。一九六七年 Winch 增加另一種可能性，認為一個想要成功的個人，則會尋求能提供最大需求滿足的結婚對象。

㈤工具需求理論（instrumental needs theory）

Centers 在一九七五年提出，認為人們尋找配偶的條件是能夠提供自己最大的滿足，且對自己的需求危害最小的另一半。例如，有些女人為了滿足自己的需求，尋找一個強壯的男人為對象，在這樣的關係中，女人則是比較順服與依賴的。

㈥交換理論（exchange theories）

交換理論是研究者 John Thibaut、Harold Kelley，以及 George Home-runs 應用經濟學的交換理論來解釋兩個人之間的關係。學者指出維持關係

的三項因素爲：結果、比較水準及個人期望從關係中獲得的標準，而這三種因素合起來則決定個人在關係中的滿意度，以及繼續維持這段關係的可能性。在愛情關係中，透過個人分析自己的獲利情形，如對方有某種資源，如高收入、聰明迷人，而使我們願意進入這一段關係之中，若在評估這段關係的結果是超過個人的比較水準與期望時，則會願意維持這一段感情並且在關係中感到滿足。若當個人認爲所付出情感花費大於關係所得到的結果，或與其他的關係相比較而未能達到心中的比較水準時，則可能會選擇放棄而結束這段關係。

三、影響擇偶的因素

在現代社會中，大多數的人都有自由選擇結婚配偶的權利。表面上「愛情」似乎是主導著人們結婚的因素，然而在文化規範與現實環境的限制下，人們擇偶的過程往往受到許多限制。社會學家透過不同基本資料爲變項，以統計的方法作研究，對大多數人們選擇配偶的條件歸納出以下的事實：

㈠年齡與年齡差距

民國八十六年的統計資料顯示，男性平均初婚年齡是 30.2 歲，女性爲 28.3 歲。而平均從相識到結婚的時間爲一年七個月（彭懷眞，民 87）。大部分的情況也就是在完成高等教育、男性服完兵役後，男女雙方各自經歷工作與轉換的階段，等到工作有較穩定的基礎時，彼此才會開始對論及婚嫁的戀情認眞交往。由年齡的差距上來看，初婚擇偶的考量大多傾向於年齡相仿的結合，而對再婚者或較低階層的婚姻來說，年齡間有較大的差距則是一個普遍的事實，但若配偶一方尚未成年，則離婚的可能性就會很高。目前台灣的婚姻情況男女年齡差距多在五歲以內，也漸從過去絕大多數「男大女小」的情況到有 20 ％的婚姻爲「男小女大」的組合（彭懷眞，民 87）。

㈡家庭背景

　　家庭背景影響著人們的一切，我們會如何看待婚姻、如何養育小孩，以及個人對性別角色的扮演，無不受到家庭背景的影響。甚至它也影響著我們的個人特質、待人處世的方式、個人價值觀及對事物的知覺等。每個人生活中沒有一件事情不是和原生家庭的背景息息相關。

㈢社經地位

　　Norman 在一九九五年研究發現（陽琪、陽琬譯，民 84），如果人們和相似社經背景的對象結婚的話，則會有較高婚姻滿意度的可能性，而不同階層結合的伴侶，在婚姻的過程中，須經歷較多的壓力與調適。從另一方面來看，傳統上男人經濟財力的多寡和穩定與否，一直是大多數女性考慮結婚的首要條件。在美國的統計中，所得在最低的五分之一人口未婚的比例是在最高五分之一人口的六倍，而經濟情況居於弱勢的男性結婚的確比較困難。女性具有高社經地位者，獨身的比例卻也較高。

㈣教育程度

　　研究顯示（劉秀娟，民 87；藍采風，民 85），相同教育程度者也傾向於同類的結合，擁有大學學歷的女性，大都也會想找一個大學畢業或更高學歷的男性作為結婚的對象。在普遍性的原則之下，配偶教育程度相當的婚姻也比教育程度懸殊者在生活中更能和諧相處。

㈤異族通婚

　　相同種族的婚姻結合仍然會多於異族結合的情況，在美國，一九七〇年左右異族通婚的比例約占 0.7 ％，一九八〇年升到 1.3 ％，到一九九二年統計則為 2.2 ％。由此看來，自一九七〇年以來由於社會的開放，異族通婚的比例增加了三倍。在台灣，過去三、四十年代，閩南人不嫁外省人的限制，以及外族與客家人成親的禁忌，也在最近幾十年有逐漸打破限制的

趨勢。然而目前在台灣較流行異族通婚的現象，乃是男方出錢挑選的外籍新娘。而這些從大陸、泰國、越南來的新娘隻身嫁到台灣，有關生活、語言方面相處適應的問題，甚至新娘與夫家背景、文化價值觀的差異，都有可能呈現出婚姻中的不穩定性與危機。

　　選擇配偶條件的因素也不只上述的項目，可能還包括居住地區的遠近、是否有相同的宗教信仰、職業性質的相似性等。而這些有關擇偶的基本因素顯示出兩個重點：一是婚姻有「同類結合」（homonym）的特性，另一方面則是「婚姻斜坡」（marriage gradient）的現象。由此可知，具有相類似的人格特質在擇偶過程中占有重要的地位，一般人往往喜好選擇與自己具有相似家庭背景、教育知識、價值觀，甚至相貌相當的人結婚。此外，所謂「婚姻斜坡」也間接說明兩性擇偶過程中，並非處於同等地位的選擇機會上。由於社會上男性的條件普遍多較女性為優，故傳統上女性會選擇比她年齡較長、社會經濟地位較高的男性為結婚的對象。相對的，年齡較長、社經地位較高的男性，也多半願意以自己較高的優勢來換取有外表吸引力的女性（Elder, 1969）。相較之下，年齡較高或社經地位較高的女性，以及社經地位較低的男性，擇偶機會則受到較多的限制。當這種情形出現在大學校園時，高年級的男生與低年級的女生便擁有較有利的擇偶位置。因此，「婚姻斜坡」在不同群體約會與擇偶的過程中，扮演了相當重要的階段。此外，當適婚年齡人口的性別比例過於懸殊時，會因為結婚條件的限制，眾多人口被排擠出婚姻市場無法成婚的現象，此種現象稱為「婚姻擠壓」（marriage squeeze）。如中國大陸所施行的「一胎化政策」，男性人口的比例遠遠超出女性，當達到適婚年齡時，將會有許許多多的男性被擠出婚姻的市場，間接造成了社會的問題。

四、擇偶的階段

(一)發展過程理論（developmental process theories）

　　發展過程理論描述擇偶的過程像是經過篩選一樣，去掉没有資格以及不適合相處的人，直到有一人被選擇。通常一般人擇偶因素包括：地理上的接近、對方的吸引、同類結合與異類結合、彼此協調性的考量，及家庭的認同。茲詳述如下：

　　地理位置的接近是影響著擇偶的重要事實，人們往往戲稱「愛神之箭射不遠」。人們擇偶的對象通常都有一定的範圍，這並不單純指的是居住接近，也包括學校、工作地點、社會機構或教堂等接觸的機會。另一方面，透過彼此言談、外表，以及人格特質的吸引，一般人傾向於接近具有相近特質的人，這些相似點可能是生理的、社會的、人格心理的特質。當彼此的認知、情感與行為愈接近時，相互接納與分享的程度就會愈高，而關係進展的程度也可能更為快速。因此由相似性的結合來看，物以類聚的可能性是存在的，但是在性格上相互補足的人，卻也有可能增加彼此所欠缺的吸引力，而這也被認為可能是一種心理補償的作用。當雙方有意共度一生時，馬上要面對的問題是：在未來共同生活中協調性如何？對方的認知價值觀好不好溝通？對夫妻財產、金錢使用的態度為何？彼此生活習慣能否適應？在親密關係中的角色扮演等，都是打算攜手共度人生的人們不得不認真思考的問題。當一連串問題如漏斗般過濾篩選之後，經過家庭成員的認同許可，一對新人終於在祝福聲中走向紅毯的另一端。

(二)刺激價值角色理論（Stimulus-Value-Role Theory, S-V-R）

　　根據 Bernard Murstein 在一九七六年提出的理論，認為擇偶乃是一個漸進的過程。擇偶的起步點是「刺激」，當兩個人尚未開始發展關係時，雙方在未真正互動之前受到對方魅力吸引的「刺激」，促使兩個人進一步

在心裡相互評估對方。在這個階段中，由於雙方所獲得的都只是初步的印象而沒有詳細的資料，故外在因素的吸引力便顯得非常的重要。而這些吸引力可能包括外貌、才智、能力、社會地位、財富、幽默感、社交技巧等。第二個階段是「價值的評估」，這時已經超越了膚淺的印象，對對方的觀感得自於彼此在互動中所透露的價值觀。當雙方把對方的特質條件在內心一連串價值的篩選過濾，如果彼此有更多共同性的話，則關係也可能發展得更為密切。理論的第三階段為「角色」階段。此時開始評估對方在新的關係中扮演不同角色的適應能力，以及是否具備達成婚姻目標的可能性。在這個階段中，和對方的關係不再只是約會的對象而已，而可能是一起走向紅毯另一端的伴侶，而在此關係中，彼此所扮演的已是另一個嶄新的角色。刺激價值角色理論是在說明在親密關係的過程中，不同的階段有其不同的影響因素存在。雖然在研究中無法得到很肯定的實證結果，但透過絕大多數人在日常生活的體驗，這些可能的因素也和上面所列的擇偶條件息息相關。

本章摘要

　　約會的行為在歐美體系等國家是男女雙方交往過程中一個很普遍的現象，關於約會的演進過程，大概可以劃分為六個階段：在十七、十八世紀時，男方求愛過程的開始乃是經由正式拜訪女方家人，而雙方能否繼續交往則經由女方家長作決定。十九世紀初由於工業革命、電話的發明、女性主義逐漸蓬勃發展，以及男女在學期間共同學習的機會增多，使得社會上男女間的交往逐漸轉趨自由。在一九三○年期間，男女關係顯得混雜，已逐漸失去約會過程中，未婚男女尋找結婚伴侶的真正意義。第二次世界大戰之後，約會型態轉趨穩定。在一九六○年到一九八○年期間，社會上男女對於約會過程中的性態度逐漸開放，且未婚男女同居的比例也逐漸增加。近代約會的情況則是青少年在約會過程中平均年齡下降，而約會的活

動也較以往更為輕鬆、非正式，且漸有男女角色平等意識的傾向。

在約會這個主題中，我們更進一步討論人們為何約會的理由，以及在約會過程中可能發生的問題。以台灣為例，約會中男女普遍性的問題有：遭遇家人反對、社經階級的差異、男女雙方對性行為認知不同而造成誤會，以及有關約會時消費的問題。面對目前新興話題：約會性侵害行為，我們藉由研究報告中男性在約會中強迫女方行為的發生原因與解釋來作進一步的探討。第四部分我們談到在目前約會過程中，男女性別角色較過去傳統角色有很大的差異，而現代情侶在約會角色的扮演上，也較傳統角色觀念的情侶擁有較高的兩性平等態度，以及較高程度的自我坦露。其次，我們比較人們對於約會對象與結婚對象選擇特質的差異性，並強調男女兩性在親密關係中，對於經歷的過程與對親密關係的期待，往往有著不盡相同的心理反應。

第二節我們進入愛情的主題。首先探討兩性間相互吸引的行為與解釋，在相互吸引的模式中，包括赫曼的酬賞模式與拜恩的吸引定律；而有關相互吸引的原因，則討論到情境決定因素與個人特質因素。當不同的人面對愛情時，往往會用自己的背景經驗來解釋「愛情」。而愛情的內涵是如此的豐富，故我們並沒有為愛情一一定義，而是用一種開放式的角度來討論「何謂愛情？」愛情的定義包括了許多種的說法，例如有研究認為愛情是一種強烈而多變的感覺狀態、愛情滿足個體內在的合理需求，或從個人自尊來看待愛情中的親密關係，強調個人在關係中的自主性，以及雙方的承諾與自我坦露在愛情關係中的重要性。我們也藉由「愛」和「喜歡」兩者不同的差異性，來探討愛情的特質。在愛情這個主題中的第三部分，我們探討一般親密關係的發展過程。透過社會學家 Reiss 的「愛情車輪理論」，讓我們從理論的層面更能深入了解親密關係中愛情的發展過程。

我們列出一般人們在選擇結婚的過程中可能的理由，包括未婚懷孕、失戀、反抗命運或逃離某種情境、受到對方的吸引、個人寂寞的心態、同情與義務、來自周遭的壓力、經濟的利益，以及其他可能的理由。雖然人們總是不太了解為什麼會選擇眼前這位一起步入禮堂，但在社會學家與心

理學家對於選擇伴侶的行為做一番研究探討之後，與擇偶相關的理論可以歸納有精神分析論、需求理論，以及交換理論。而在影響個人擇偶因素方面，則包括考慮彼此的年齡差距、家庭背景、社經地位、教育程度以及生長環境與國家的差異性。在選擇配偶條件上，學者們也提出兩個重點，即婚姻有「同類結合」與「向上擇偶」的特性。因此，「婚姻斜坡」的現象在不同群體約會與擇偶的過程中，扮演了相當重要的角色。其次，我們以兩種理論：「發展過程理論」與「刺激價值角色理論」來說明一般擇偶過程階段性的發展。

研討問題

一、您個人覺得何謂「愛情」？面對感情時，個人交往的漸進過程爲何？

二、由 Sternberg 的「愛情三角理論」來看，您如何看待您目前的親密關係？在維繫彼此的情感時，個人做了哪些努力？

三、您的理想擇偶條件有哪些？已結婚者請回想未婚時，個人的擇偶條件與目前的對象有無差異？試從外在條件與內在特質加以說明之。

四、約會是甜蜜的，但約會暴力的行爲卻可能造成女性在約會的過程中受到身心的創傷。在您認識的朋友中，有無經歷這樣不愉快的經驗者？

五、在報紙常可以看到目前台灣男人迎娶外籍新娘的報導，關於這樣的婚姻，您的看法如何？當面對有文化背景差異的伴侶時，最有可能面對哪些困難？請分別說明之。

參考文獻

一、中文部分

秦夢群（民 79）：戀愛症候群。台北：標緻出版社。

張乙宸譯（民 82），Maureen Green 著：婚姻關係——現代婚姻中的痛苦與幸福。台北：遠流出版社。

彭懷真（民 87）：ABOUT 愛情學問。台北：天下文化事業股份有限公司。

曾昭旭（民 85）：愛情功夫。台北：張老師文化股份有限公司。

陽琪、陽琬譯（民 84），Norman Goodman 著：婚姻與家庭。台北：桂冠圖書公司。

楊士毅（民 85）：愛、婚姻、家庭——差異、衝突與和諧。台北：揚智文化事業股份有限公司。

趙居蓮譯（民 84），Ann L. Weber 著：社會心理學。台北：桂冠圖書公司。

劉秀娟、林明寬譯（民 85），Susan A. Basow 著：兩性關係——性別刻板化與角色。台北：揚智文化事業股份有限公司。

劉秀娟（民 87）：兩性關係與教育。台北：揚智文化事業股份有限公司。

賴瑞馨等著（民 82）：婚姻面面觀。台北：張老師文化股份有限公司。

謝青峰譯（民 86），David Stoop & Jan Stoop 著：非常親密元素。台北：生命潛能中心。

藍采風（民 85）：婚姻與家庭。台北：幼獅出版社。

二、英文部分

Davis, M. S. (1937). *Intimate Relations*. New York: The Free Press.

Elder, G. H., Jr. (1969). Appearance and Education in Marriage Mobility. *American Sociological Review, 34*, 519-533.

Jorgensen, S. R. (1986). *Marriage and the family: Development and change*. New

York: Macmillan.

Kelley, H. H. (1979). *Personal Relationships: Their structures and processes*. Hillsdale, NJ: Erlbum.

Knox, D. & Wilson, K. (1981). Dating behaviors of university students. *Family Relations, 30*(April), 255-258.

Korman, S. (1983). Nontraditional dating behavior: Dating initiation and date expense sharing among feminists and non-feminists. *Family Relations, 32*(Oct), 575-581.

Lamanna, M. A., & Riedmann, A. (1994). *Marriages and families: Making choices and facing change*(5th ed.). Belmont, CA: Wadsworth.

Levinger, G. and Raush, H. L. (1977). Close Relationships: Perspectives on the Meaning of Intimacy. Amberst: University of Massachusetts Press.

Norman, G. & Gary S. B., (1980). *Marriage, Family, and Intimate Relationships*. Chicago: Rand McNally.

Reiss, I. L. (1980). *The family system in America* (3rd ed.). New York: Holt.

Rice F. P. (1993). *Intimate Relationship, marriages, and families*(2nd ed.). Mountain View, CA: Wadsworth.

Rubin, Z. (1970). Measurement of romantic love. *Journal of Personality and Social Psychology, 16*, 265-273.

Sternberg, R. J. (1986). A triangular theory of love. *Psychological Review, 93*, 119-135.

Stover, R. G., & Hope, C. A. (1993). *Marriage, family, and intimate relations*. Fort Worth, TX: Harcourt Brace Jovanovich.

Waller, W. (1937). The rating and dating complex. *American Sociological Review, 2* (Oct), 727-734.

Waller, W. & Hill, R. (1951). The family: A dynamic interpretation. New York: Dryden.

第四章　夫妻間的親密關係與性調適

「你儂我儂忒煞情多，情多處熱如火……此愛此情永遠不變。」這樣的甜蜜令人羨慕與嚮往，這般的愛永無止境也令人稱讚不已，所謂的親密關係已道盡了兩人的世界。

「千禧年後的婚禮在祝福中如火如荼的展開，這極具浪漫與紀念性的愛之船，將兩人乘載至愛情的彼岸……走入婚姻。」婚姻之道如人飲水冷暖自知，或許在愛情的神話及婚姻的幻覺下，有些人在心中已有一幅幸福婚姻的構圖，或者有些人想從親身體驗，再來逐步規畫。不管是屬於哪一類型的你，是否認真地在扮演屬於你的角色？常言道：「婚姻不是兒戲」，有些人形容結婚的情形，就像圍牆一樣，在外面的人極欲進入裡面一探究竟，而身處圍牆內的人則極欲爬出牆外呼吸不一樣的空氣。以上所言雖都僅僅只是對婚姻的描述，或許貼切、或許失真，端看個人如何認定或體會。

親密關係或夫妻關係是一熱門的話題，因為有些人在婚姻關係中，身歷其境卻手足無措、茫然無所從，尤其是在性趣方面。中國人對於此事是難以啓齒的，但這卻又是影響夫妻關係之一個不可磨滅、也不容忽視的重要因素。或許你在婚姻關係中如魚得水、或風輕雲淡，也可能狼狽不堪，不管你是屬於何者，當你願意認真的看待你的婚姻，請記得很誠心的問自

己，在婚姻關係中你做了什麼？讓你目前的婚姻成為什麼樣子？是當初你所預期想像的嗎？抑或是相去不遠？或者差了十萬八千里？

　　本章欲探討在易受傷害的婚姻關係中，如何維繫親密關係並促進婚姻溝通，以及如何談性讓夫妻間的性趣協調，攜手共唱此愛此情永遠不變。

第一節　親密關係

一、親密關係為何物

　　Perlman 和 Fehr（1987）對此下了一個定義，所謂親密關係意指：「兩個人共同分享情感、生理的親密並具有承諾的約束。」人與人之間產生親密關係，他們會共同住在一起一段時間，至少也會花時間和另一個人相處，他們共同擁有如：金錢、家具、器具、心愛物，或許也會說他是屬於某個人。而親密這個字，最早是來自於 intimus，乃意謂「內部的」（inner）或「私藏心中的」（inmost），因為人們會對親密的那個人說出自己私人的想法、夢想、秘密及成就等。

　　另外 Rubin（1983，p.90）也提出他對親密關係的看法，他認為此關係存在於男女之間，其就像：「雙方互相表達感覺及想法，心中不害怕也不擔心依賴對方，並希望和一個人成為一家人一起生活，也能夠彼此分享生活中的點滴。」

二、性別角色與各種親密關係的交互作用

　　打從嬰兒誕生的那一刻起，周遭的人隨時隨地都會不經意或很認真的告訴你，你是男生或女生，而男生該如何，女生又該怎樣，久而久之，個人就會在心底形成一個對性別的認知或刻板印象，因為經年累月受明示、

暗示或潛移默化的結果，人們很容易區分男女究竟有何不同。有關性別角色的影響一直伴隨著每個人，除非有其他因素的重大影響，性別角色的模塑與各種親密關係間的互動具有密不可分的關係，究竟兩者是如何地息息相關呢？茲從以下三方面臚列說明之：

㈠情感方面

在父系社會中對於性別在情感的表現上有其舉足輕重之影響力，由於男性是主要的家庭決策者，多數扮演的角色被局限於堅強勇敢，因此男孩從小就被教導「男兒有淚不輕彈」；反觀女孩則是被鼓勵可以自由表達自己的情緒。所以大多數的女孩不認為用哭來發洩情緒有什麼不可以或者是一件多嚴重的事，然而對於大多數的男孩來說，在別人面前落淚一直被認為是沒面子的事，他們也習慣將眼淚往肚裡吞。

㈡愛情方面

從 Kanin、Davidson 與 Scheck（1970）的研究中指出，男性在愛情上，屬於「FILO」型，即「早進晚出」型（first in, last out）：係指男性很容易陷入愛河中，一旦沈溺後又不易撤退。反觀女性則為「LIFO」型，意謂「晚進早出」（last in , first out），指女性在面對愛情時較晚陷入愛河中，一旦覺察雙方不對勁就會趁機撤退。所以說男性在戀愛初期時，就像瓦斯爐一開即點燃，分手告別時，就像電磁爐要慢慢降溫；與男性相反的是：女性在戀愛初期會精挑細選、慢慢加熱，就像電磁爐一般，一旦愛已遠離則是快如瓦斯爐趕緊熄滅愛火，雖說所有的男女不盡然皆是如此，但這也不失為一參考的依據。因此究竟是男性或女性孰較多情？至今尚無定論。

通常在人們的想法中總認為，女性由於情感表現上較不受到限制，對於愛情屬於感性者居多數，因此也常有女性為愛犧牲或者奉獻生命及一切之相關報導，如此之想法其實也落入了性別角色刻板印象之迷思中，即男性在愛情上多數較理性，通常不會因為愛情而不顧一切，若就此下定論，

則會認為男性不比女性癡情。但在愛情與麵包孰重的論調上,就 Kanin 等人(1970)研究中發現,今日的女性多數亦認為經濟條件在親密關係中扮演著重要的角色,由此可知這與傳統上將女性認為愛是生命的全部,在觀念上已有些許之差距。不過不可否認的是,在陷入愛情中時的甜蜜與感到不可自拔,以及不能集中精神會有暈眩的現象,仍以女性居多,另外在同一份研究中亦指出其實男性較女性容易陷入愛情的漩渦中。只是男性多數是屬於早進晚出型,女性則反之。

(三)親密關係方面

　　婚姻與親密兩者密不可分,而婚姻也被視為是親密關係的主要例子,「親密」在許多方面是用來對婚姻下定義的因素,然而 Kieffer(1977)卻也很明白的指出:「婚姻並不保證雙方整年或分分秒秒的親密……它對成千上萬的人提供相當程度的情感需求……但在目前所有的情況中,沒有任何現存的安排,能滿足這麼多人……不論是男人或女人……的需求與慾望。」

　　親密關係的重要性在兩性關係之發展上是無庸置疑的,且將其視為達到自我實現與快樂的途徑;但是兩性在親密關係的想法及認知上還是有一些差距,如:多數的男性依然認為男性在親密關係上應是扮演主動、積極追求的角色,而女性則是被動、等待被追求的角色;因此男女雙方對彼此間的親密關係之想像會有所落差,這些性別刻板印象在在說明了社會化過程對兩性的影響。

三、親密關係與婚姻

　　究竟這兩者有何關聯呢?是否所有的婚姻都具備親密關係?是否婚姻是親密關係的唯一取得途徑?在當今的美國社會,若說親密關係存在於大多數的婚姻關係中是正確的,但此兩者的定義並不相等同。

　　婚姻的定義為:至少有兩個成人所組成,是合法的,且是具有社會認

同的單位，並包括權利與義務。雖然大多數的夫妻是在具有親密關係下而
結婚的，但難以完全證明夫妻結婚是爲了親密關係或因爲親密關係使他們
停留在婚姻中。有些夫妻選擇結婚是因爲他們已經建立親密關係，以及爲
了獲取結婚可能的優勢；有些人在結婚以前就已經有眞正的親密，但是在
他們婚姻的過程中才發展出親密關係，也有許多夫妻在結婚初期就喪失了
親密，但仍然繼續維持婚姻，另外也有些人結婚或停留在婚姻關係中，卻
從來沒有發展過親密關係等，例如：有些妻子在婚姻關係中與其分享最內
心深處秘密的人並不是她的先生，而是她的同性朋友（Thompson & Walker,
1989, p.846），因此並不是所有的婚姻都會感受到親密關係。

　　而也不是所有有親密關係的人都會結婚，像有些男女約會、訂婚，甚
至住在一起，但是他們並不結婚，此外，像私交很好的同性朋友亦是。雖
然在眞正的親密關係中，以上這幾種狀況或許缺乏身體上的親密或長期的
承諾關係，但是他們的關係的確十分相似於也非常接近所謂的親密關係，
但卻不代表他們會因而步上婚姻之道。

第二節　易受傷害的婚姻關係

　　他（她）不了解我？他（她）爲什麼不了解我？這或許是不少夫妻的
心聲，因爲同在一個屋簷下，同是最親密的愛人，同是經營婚姻的創始
者，卻是有顆不同的心、不同的想法，以及不懂「爲什麼」的疑問……。
婚姻關係是需要經營的，這是互古不變的道理，而在一張鐵一樣的結婚證
書底下，並無法保證哪一對夫妻會成爲佳偶，而哪一對夫妻又會成爲怨
偶，因此婚姻確實是脆弱的——當雙方不再看重它，當它只成爲一張結婚
證書的代名詞，當它失去了當初雙方承諾的光彩，當它已隨著泛黃的相本
流向記憶的遠方，於是乎，婚姻只成爲兩人心中的痛，破碎而傷痕累累。
試就此難以捉摸的婚姻關係一一探討如下：

一、跨越家庭生命週期的調適

家庭生命週期是一種有次序的發展階段，這是讓家庭依序前進的原因；典型的家庭型態是以成人的生活爲中心。在家庭生命週期的研究方面，McGoldrick 和 Carter（1989）提出家庭發展的八階段模式，主要探討家庭生命週期與婚姻滿意度的關係，其階段分別爲：第一階段——開始成爲一個家庭、第二階段——養育孩子的家庭、第三階段——學齡前兒童的家庭、第四階段——學齡兒童家庭、第五階段——青少年家庭、第六階段——家庭就像個重新發展的中心、第七階段——中年的家庭和第八階段——老年的家庭。此模式告訴我們家庭生命週期的每一階段都有其發展的任務。而家庭生命週期的重要性是因爲它決定了婚姻的滿意度，且每一階段有不同的滿意度。其曲線就像是一個U字形一般，這也就是說婚姻的滿意度集中在家庭生命週期的初期及末期（指開始成爲一個家庭及老年的家庭），而在中期（指家有學齡兒童及青少年）時滿意度明顯地下降，其原因如：養育小孩可能也會暗中破壞婚姻的滿意度，而當小孩逐漸長大時滿意度會漸漸爬升，這樣的解釋似乎是有道理的。而另一種分析也可以用來解釋U字形模式，如：結婚第一年後滿意度的下降，可能反應出激情的愛（passionate love）已經不再，而不見得是因爲他們有小孩；另一方面，滿意度之所以會在家庭生命週期的後期增加，可能是因爲配偶在扮演工作角色時的壓力及需求變小，因而降低對婚姻滿意度的有害影響。就前所述及，隨著家庭生命週期的輪替，婚姻需做不斷的調適以因應不同的挑戰（Weiten & Lloyd, 1994）。

由此可知，婚姻其實就是一個調適的過程，而夫妻生活就如同經歷每一階段不同的挑戰與改變之後，產生摩擦而慢慢適應；所以夫妻必須重視在家庭生命週期中不同階段的發展重點。

二、婚前婚後不同調──當泡沫愛情成幻影

　　婚前人們總希望將自己最好的一面呈現在心上人的眼前，如俗話說：「愛情是盲目的」，於是戀人們隔著一層薄紗看對方，怎樣看就是愈看愈美麗、愈看愈瀟灑，所謂：「情人眼裡出西施」。因而在愛情的國度裡為了表達自己對愛人的愛意，什麼都可以忍耐或視若無睹，因此一再忽略掉某些差異，實因當下的甜言蜜語戰勝理智，所以當兩人願共譜戀曲、走向地毯的另一端時，許多戀愛期看不順眼的事或對方的缺點，很可能在爭執或衝突中漸漸擴大。或許某一方會說「當初你不是這樣的」，而另一方也會回答對方「當初的你也不是這樣的」，於是戰火蔓延到古早以前發生的種種，往事一一浮現在眼前，似乎不像以前一樣想忘就可以忘的了，所以婚前婚後的不同調，容易導致美好婚姻的憧憬破碎，但只要有心願意再留在婚姻關係中的夫妻，會試著將這樣的夢幻婚姻加以搗碎，並打造一個符合現實生活的婚姻藍圖，繼續勾畫未來的願景。

　　究竟婚姻的夢幻有哪些呢？即將步入禮堂的有情人請記得先思量，勿讓婚姻成為愛情的墳墓再來空噓嘆，以下茲綜合專家學者（彭駕騂，民83；Leader & Jackson, 1968）的看法陳述如后：

(一)只要有愛就可以建立一個幸福美滿的生活，所以愛是婚姻幸福的必要條件。

(二)只要結婚一定一輩子都會很幸福，至於會吵架的夫妻他們的婚姻並不幸福。而孩子的到來可以主動改善原本已經不幸福的婚姻。

(三)一廂情願的認為婚後可以改變對方的性格或生活習慣。婚姻會出問題主要是因為兩性間與生俱來的行為差異所導致。

(四)結婚比單身好，因此婚姻可以治療一個人的寂寞。

　　這樣的幻覺抑或迷思在人們的心中或許都曾有過，因而可能致使在婚姻關係中對婚姻抱持不真實的虛幻感，而左右了原本婚姻不同階段發展任務之面對與接納程度。

三、婚姻中易受傷害的範圍

　　學者Weiten和Lloyd（1994）指出在男女交往期間，大多數的焦點都會著重在令人愉悅的活動上，一旦結婚之後，就要面臨許多問題，是以往的兩人世界很少經歷或面對的，例如：要對於自己所扮演的角色妥協，因為婚姻關係多了責任與承諾。然而如何使婚姻關係加強抵抗能力，以邁向幸福婚姻之路，則必須仰賴夫妻雙方的能力一起面對問題，因此了解婚姻關係中的易受傷害的範圍，無庸置疑是一項重要的課題。以下針對婚姻中易受傷害的範圍，加以說明之。

㈠不切實際的期望

　　Sabatelli（1988）指出大多數新婚的夫妻都會抱持著很美好的期待，也因為期待愈高而失望愈大。再者，對於很快就進入結婚禮堂的夫妻來說，當他們還不是很了解對方，也會因此對他們的配偶太過於理想化，一直到配偶無法表現得如他想像那樣，他才會幻滅；如曾有報導指出一位妻子描述婚姻初期對她的另一半之看法，她說：「丈夫再怎麼樣也框不進我當初所盼望的另一半應有的形象。」因此，許多現實主義者主張，若愛人們在交往期間是很真誠的，表現出裡外如一的原本面貌，如此較易看清楚對方也易洩露出彼此的短處，而不易加以隱藏，即所謂「路遙知馬力，日久見人心」；但處於戀愛期的人兒是否願意冒這樣的險，乃在於個人的抉擇。

㈡角色期待的落差

　　當一對情侶結婚後，他們會對自己所認定的先生或妻子角色加以界定，若對配偶角色期待的差異太大會導致很嚴重的問題。學者 Kitson 與Sussman（1982）提出婚姻角色的界定，決定了婚姻的穩定性，如對丈夫的角色，我們會期待他是主要養家活口的角色，是具有重要決定權的來源，也能夠關心家中瑣碎的事，像是車子或庭院的清理；而對妻子的角

色，則期待她是照顧小孩、煮飯、清潔、打掃，並以丈夫為主。也因為男女在性別角色扮演上之不同，因而若一方期待配偶能夠完全的了解他，或者共同擁有許多相同的興趣或活動，一旦這樣的期待落空，難免會有一些爭端出現。

　　觀乎今日社會男女對於性別角色已不再那樣僵化，比較有自己的主見，也認為夫妻應該共同分擔責任，雖然有些人已開始改變對性別的傳統看法，但仍有一部分人處於過去與現在的兩難中，不知如何是好？因此對於某些人而言，現今仍處於一個令人困惑的時代。

(三)工作上的議題

　　在婚姻關係中，個人的工作滿意與否，會影響婚姻的滿意度，及其小孩的發展。

1.丈夫的工作及婚姻調適

　　傳統的男性角色被定義為「賺取麵包者」。據研究指出在男性方面有兩個變項會影響工作滿意度及婚姻的調適：(1)先生對其工作滿意度高且有高度的承諾，就會花較少的時間及精力在婚姻及家庭上；(2)當丈夫對其工作不滿意且有挫敗感，可能會對其婚姻狀況有不良的影響。

　　另也有研究說明，當男人身為主管或上位者，通常會對其工作有高度的滿意，相對之下，也較難去處理婚姻及工作上的衝突，且對妻子及孩子付出較少的心力。而大多數的研究結果也指出，當先生在工作上有高滿意度則對其婚姻滿意度也較高（Piotrkowski, Rapoport, & Rapoport, 1987）。另外也有研究指出先生在工作上有壓力會對其妻子造成心理健康及婚姻滿意度的影響（Rook, Dooley, & Catalano ,1991; Small & Riley, 1990）。

2.妻子的工作及婚姻調適

　　研究指出當女性在工作上表現優異，則會降低其婚姻滿意度（Greenhaus, Bedeian, & Mossholder, 1987）。另有研究說明成功的女性較會經歷工作與家庭的角色衝突，原因是因為她們對工作付出太強烈的承諾與努力（Weiten & Lloyd, 1994）。雖然目前只有少數幾篇的研究去探討妻子工作

對婚姻滿意度的影響，然有許多調查在於探討妻子工作對丈夫幸福感或夫妻間婚姻調適的影響，這樣的研究偏向屬於傳統的觀點，即男人就業不足，反觀女人卻進入了職場，這背離了原有的規範。傳統上有關這類的研究簡單的分為妻子「有工作」或「無工作」，用來和丈夫（或配偶）的婚姻滿意度做比較。一項研究顯示婚姻滿意度高者，配偶雙方共同分擔性別角色的期待，且丈夫也認同妻子的工作（Menaghan & Parcel, 1990）。

　　總之，雙生涯家庭的配偶必須去面對某些特殊的問題，如：對職業優先順序做磋商、孩子照養的安排及其他實際上遇到的狀況，然而這些問題並不一定會對他們的婚姻關係帶來負面的影響。

3.雙親工作及小孩的發展

　　大多數的美國人都相信婦女就業會決定小孩以後的各項發展（Greenberger, Goldberg, Crawford, & Granger, 1988）。但也有許多的研究發現，夫妻就業並不會傷害到他們的小孩（Demo, 1992; Spitze, 1988）。另外研究也發現母親就業與對養育幼童時的情感接觸並不會有所影響（Chase-Lansdale, 1981; Easterbrooks & Goldberg, 1985），很顯然地小孩依然會對其在工作的母親有強烈的依附。事實上父母雙方對小孩的態度都是很重要的，並非只有母親是唯一的影響者。

　　研究也發現失業的父親對其小孩有負面的影響，這樣的父親較會是易怒的、敵意的、獨斷的、易處罰他們的小孩甚過於有工作的父親。時至今日，雖然父親與小孩的互動更為頻繁，但大多數照養小孩的責任仍落在母親身上，如 Furstenberg（1988, p.209）所言：「父親在照養小孩上，對他們來講仍然是有些困難的，他們就像是兼差的演員而不是正式的演員。」

㈣經濟上的困難

　　俗話說：「貧賤夫妻百事哀」，為何夫妻的經濟收入會影響其婚姻的調適呢？因為貧窮會導致許多嚴重的問題。當家庭沒有足夠的錢，生活各方面將成為一種負擔，如：生病、失業或破產。一旦丈夫是個無法提供足夠的經濟來源者，很多男人會變成較有敵意且易怒，這有時會讓妻子覺得

很失望，因而批評丈夫導致家庭問題。因此夫妻最好一起決定財務的收支狀況，並避免在金錢方面惹上麻煩。

(五)性方面的問題

Maddock（1989）在研究中提出，夫妻在婚姻的滿意度與夫妻間性關係的品質有很重大的關聯性。性方面的問題會導致婚姻的苦惱，反過來說婚姻的煩惱也會造成性方面的問題。此外，有些夫妻太過於依賴性的親密去解決非性方面的衝突，這種方式掩飾了主要的問題且干擾了更直接的問題解決策略。

由此可知，婚姻滿意度與性關係兩者之密切相關性，然而夫妻間的問題與衝突，並非只要依靠親密的性行為就可以解決。這種現象通常會出現在婚姻暴力的雙方中，往往施虐者會於暴力後與受虐者進行親密行為，來表達後悔與懺悔之意，但是這樣的行為模式總是一再地惡性循環，而問題的癥結點始終無法解決。

(六)不適當的溝通

溝通的影響力對婚姻的成功與否具有決定性因素（周麗端等，民88；葉肅科，民89）。Beck 和 Jones（1973）的研究發現：有 87 ％的夫妻認為他們在溝通上感到很困難，所以缺乏溝通的確會導致問題讓夫妻感到苦惱。另外從 Noller 與 Fitzpatrick（1990）和 Noller 與 Gallois（1988）的研究中指出，不快樂的夫妻具有下列的特色：(1)夫妻很難去傳遞正面的訊息；(2)常常不了解彼此；(3)較少去確認對方的訊息，所以常常不懂對方在想些什麼；(4)常使用負面且強烈的訊息；(5)喜歡在其關係中有不同的自我揭露（意見相左）。基於上述的因素而讓夫妻不快樂。

其實溝通是可以經由許多不同的方式來增進的，如避免採用防禦的方式，而願意企圖創造溝通的氣氛，且在解決衝突時發展出建設性的分析方式等。

第三節 婚姻溝通

俗話說：「十年修得同船渡，百年修得共枕眠。」因此，要修得夫妻緣、夫妻情並非是一件容易的事，中國人俗稱妻子為「牽手」，此意謂夫妻關係是需要兩人手牽手共同努力去經營的，如此才能攜手走一生。因此結婚的歷程是一不斷學習的過程，乃藉由雙方的殷勤灌溉才能建立一個美滿幸福的婚姻。

一、婚姻調適的範圍

在早期的美國社會，夫妻間最主要的調適是兩人習慣模式的問題，以及住在一起所可能產生的問題，時至今日，所要面對的是雙方對未來的定位、不同的成長背景、法律上的關係及面臨小孩的到來。在現實的社會中，女人要比男人有更多需要調適的地方，而婚姻中最需要調適的二個部分：一是財務方面，二是性方面，在美國的婚姻關係中占有獨特而重要的地位。另外國內學者蔡文輝（民87）也指出，夫妻社會角色的彈性協調有助於促進婚姻關係美滿的發展，所以要促使夫妻關係的發展，仍須藉助協調的進行。

就婚姻調適此議題，其中大多數內容介紹主要係參考蔡文輝（民87）及 Adams（1995）之論述：

(一)婚姻初期的調適

若一對戀人決定將步入紅毯的另一端，最先要面臨的是，夫妻共組一個家庭的事實，然在籌備婚禮期間及蜜月期均有可能會有衝突點產生，因而導致雙方意見不合的現象。

針對婚後可能產生的衝突，對於許多尚未踏上婚姻的徘徊者來說，有

些人會選擇先同居，希望藉由同居來確保婚後更能夠適應彼此。但在婚前同居並不能夠保證婚後有助於解決所有的爭端或適應問題，因此結婚初期的調適與溝通在當今社會中仍是必須重視的課題，尤其在傳統父權體制下的婚姻，俗話說：「嫁雞隨雞、嫁狗隨狗」，通常強調女性面對婚姻需要有更多的調適。

　　總之，每個人在為人妻、為人夫之前或多或少都對婚姻有些許期待，然而理想與現實總是有些差距，因為事實上並非所有的婚姻都是成功的，或者處於婚姻關係中的夫妻均是幸福美滿的，實因婚姻間時常存在著許多衝突。這些衝突的來源可能是：價值觀不合、休閒活動的不一致或甚至是一些芝麻綠豆的小事（如：擠牙膏的方向不同、對食物的喜好不一），因衝突引發的爭端都可能導致兩人間的溝通不良，若雙方在婚姻初期能夠透過彼此適應而減少衝突，則會使兩人間關係更加親密。

㈡權力的調適

　　婚姻中的權力關係，在美國一直是熱門且廣泛引起討論的研究主題。當今社會雖然提倡兩性平權的呼聲頗高，男性在權力上似乎也有遞減的現象，然而實際上，男性在家庭的管理及支配權上仍居有很大的決定地位。美國是一個自由民主的國家，其婚姻關係應該是強調兩性平等的，但其實美國也是由父權制度慢慢邁向平等主義。今日社會中，為人妻者若得以在婚姻關係中獲得平等權力時，並不是因為她有特別的資源，而是因為夫妻雙方能夠認同「平等」在夫妻關係中的重要性及其所代表的意涵。但是為何婚姻趨向於平等的改變竟是如此的緩慢呢？因為對於長久以來一直是以男性為主導的社會，改變並非是一蹴可幾，所以兩性角色的刻板印象，仍是有待歷史見證，一步步來努力與改善的。

　　中國傳統社會中以男人為尊，在女性眼中以「天」來象徵男性角色的崇高，且為決定權的代表者，時至今日，處於兩性追求平等的時代裡，該如何做權力的劃分及協調是一個很重要的課題。

(三)性的調適

有關跨文化的人類「性行為」之調查結果，據 Ira Reiss（1987, p.27）指出：「在我們所生存的社會當中，去理解大多數關於性方面的社會現況及特性，是非常重要的。」另外，D'Emilio 及 Freedman（1988）也指出十九世紀美國在性方面的模式：首先，男人和女人在性方面都有更高的自我決定權，就像個人的選擇一般，不再只是簡單的責任問題。第二，尤其在中產階級對性的慾望已經變成為了增加探求羅曼蒂克的導火線，此乃為了達到情感上的親密，以及甚至是精神上的結合。最後，因男人和女人分享彼此，而強化了性行為。在性方面，性別是一項很重要的因素，例如：中產階級強調女人的純潔，他們對此有雙重的標準，因為女人被要求在婚前必須守身如玉，然而男性卻可以在婚前偷嘗禁果。

人們或多或少都會對「性」有所期待，事實上妻子就像丈夫一樣，對性的期待日漸增加並期待性是令人愉悅的。Gilder（1987）在研究中指出，今日的性調適問題所在，是因為人們都將有關性方面的想法放在心裡面，這指出雙方產生共同的高潮之所以會有問題，在於今日社會中，男人依然是扮演主動者的角色，而性行為所帶來的高潮之所以被期待，是因為這是性行為的最終結果。

(四)財務調適

導致婚姻急遽破碎的兩個重要原因，其一是經濟因素，另一則是性關係，據研究指出有一半以上的婚姻困難是因為雙方對財務的意見不合，或是對性的協調不佳。若從財務的觀點來看，當家庭中收入大量減少，會提高丈夫扮演麵包賺取者角色的不穩定性且易使婚姻的約束力降低，因而導致婚姻的破裂；若貧窮夫妻卻依舊能夠在婚姻關係中怡然自得者，或許貧窮本身並不足以構成衝突的導火線。但若是夫妻間因為缺乏足夠的收入而致使不良的生活環境及健康狀況不佳，則經濟上的困擾或許就可能是衝突點。綜合上述可知，經濟狀況不佳，常是婚姻中的一項危機，然而也有些

家人可能因此而更加同心協力共度難關。不過，在許多研究中指出，在財務上所造成的壓力，仍是艱辛多於親密。

二、幸福婚姻溝通之道

俗話說：「婚姻是需要經營的」。亦即在婚姻關係中，若要幸福美滿，乃是需要雙方共同努力的，因此如何達此目標呢？兩人不斷地經由溝通而得以一起成長是必須的，但兩性間對溝通的認知爲何？慣用的溝通模式又如何？再者，如何營造幸福美滿的婚姻呢？試分別說明如下：

(一)兩性溝通方式的差異

如同社會化對親密關係的影響一般，同樣的也由於兩性在社會化過程中接收到不同的性別角色期待，因此，兩性的溝通方式也有所不同，也因爲雙方溝通不同調，因此易引發兩人間的爭執衝突。

大體上，男性在與人對談中較易使用競爭的方式，係爲了在互動的關係中建立支配的地位；而女性則較是以親和的方式，欲在關係中建立友誼。所以女性的傾聽行爲（如：專注、目光注視、詢問相關的問題等）較男性爲多，而男性習慣將較多的注意力放在自己的身上（陳皎眉等，民85）。

綜合學者 Noller 與 Fitzrick（1990）及 Thompson 與 Walker（1989）對婚姻中夫妻的溝通模式發現如下：

1. 妻子較能清楚的傳達訊息，如：說話時經常使用「我們」及個人的自我揭露，相較之下，男性較少如此。因此妻子對丈夫所傳達的訊息（非中性訊息）較爲敏感與有反應。

2. 丈夫較易傳達中性訊息（不牽涉情感層面、無所謂的是非對錯好壞、僅描述事實及眞相），如：這事與我無關，但妻子易傳達正面或負面的訊息（明確的價值判斷、融入個人情感層面之訊息），然丈夫的中性訊息不易被妻子所解讀與了解。

3.在爭執的情況下，女性較易採用情緒上的懇求或威脅來達到目的，男性則是以說理方式，企圖中止或延緩衝突。

　　總而言之，社會化的過程模塑男性要有男子氣概，而女性則強調要有陰柔面，這也影響了兩性溝通的方式。因此學者Tannen（1990）認為夫妻雙方都應該學習溝通之道，如女性應學習溝通中的衝突或差異並不一定會威脅到親密關係；而男性也應該學習女性多表達情感，了解雙方的相互依賴，並不代表會損及個人的獨立與自由。

㈡溝通模式

　　良好的溝通是婚姻健康的指標，婚姻的調適要藉由良好的溝通來達成。因此有效或無效的溝通模式對婚姻的經營影響頗大，茲說明如后：

1.無效的溝通方式

　　Satir在一九七二年以人格類型做分類，指出四種有效的溝通方式，也可視為不同的溝通模式。

(1)責備：以自我為中心，不管別人的感受，溝通的焦點在於別人的錯誤上，容易使對方處於防衛的狀態。

(2)懷柔：恰與前者相反，試著取悅對方，不強調自己的觀點，一昧地順從對方，無助於雙方的溝通，只會降低個人自尊。

(3)心不在焉：乃收訊者牛頭不對馬嘴，常常文不對題，轉移話題或不願意回答，如此會降低發言者的自尊，未能達到有效的溝通。

(4)理智化：聽者以理智毫無情感的方式，不考慮對方的感受，只重邏輯與分析，讓對方挫敗不知如何與之溝通。

2.有效的溝通

　　對夫妻雙方而言是十分重要的，以下試就陳皎眉等（民85）及Davidson和Moore（1992）的觀點摘要如下。

(1)積極傾聽：當一位最佳聽眾，傾聽是溝通的首要因素，雙方能夠懂得對方話中之含意，會使雙方感覺心有戚戚焉，亦能增進雙方之了解。

(2)「安全」的氣氛：讓對方在發言時感受到不被威脅的安全氣氛是很必要的，重述聽到的訊息加以確認是否有誤，對對方的發言表示了解，將有助於雙方的溝通。

(3)盡量使用「我」為開頭的陳述：不要總是故弄玄虛，改以你或他來代替，因為在親密關係中需要讓對方知道自己在想些什麼，而不是玩心理遊戲，讓對方無法進入你的世界。

(4)正式面對歧異、爭論等問題：雙方的價值觀及想法抑或是處事態度間的差異是不爭的事實，因此遇到歧異點或是爭論，逃避並非是長久之道，也無法有效的加以解決困擾，認真的面對並試著去溝通是必要的。

(5)當伴侶達成你的要求時不要吝於給與讚美，真誠的讚美會讓人覺得更有自信心及成就感，也更容易樂於為對方服務。

三、營造健全婚姻之道

究竟婚姻的品質該如何定義呢？如何營造一個健全的婚姻？茲詳述如后：

(一)婚姻品質

所謂「婚姻的品質」（被用來當作婚姻滿意度及成功婚姻的指標），可以從以下這個論述中了解，當一對夫妻表示，在他們的婚姻關係中，他們感到快樂且很滿意，這對夫妻可說有較高的婚姻品質，勝過於那些對婚姻表現出不快樂及不滿意的夫妻。「成功的婚姻」（有時也稱之為婚姻的穩定性），乃指在婚姻的過程中，大多數的時間裡，個人樂在婚姻中，也享受婚姻所帶來的樂趣，從婚姻一開始到配偶死亡以前，個人認為在婚姻關係中是很成功的，且沒有經歷離婚或分居。

許多研究者都同意婚姻品質包含很多的成分，普遍性的婚姻品質評鑑因素包括：婚姻的幸福感、婚姻的交互作用、婚姻間的意見不合、婚姻的

問題、婚姻不穩定。進一步可以區分為兩個向度，其一為正向的，如：婚姻的幸福感及婚姻間的交互作用，另一為負向的，如：存在婚姻中的不一致、問題及不穩定性。

　　據多位研究者發現，促成高品質的婚姻有下列三項因素，茲綜合如下：

1. 在婚後與配偶的相處上，婚姻品質與個人的背景、特質有極大的相關；有相似的經濟背景、道德觀、宗教理念者會比不具有這些相似的社會背景之夫妻具有較高的婚姻品質（Porterfeld, 1978; Whyte, 1990）。

2. 在婚後配偶強調或發展共同的個人特質、共同的價值系統、共同的休閒活動、擁有共同的交友圈，普遍而言，會有較高的婚姻品質，因為這些情感的依附（指承諾或愛），是在婚姻中的配偶決定婚姻品質的重要因素，許多研究指出，承諾可能是在良好的婚姻關係中最重要的因素（Stinnett & DeFrain, 1985; Whyte, 1990）。

3. 若在婚姻中丈夫對性別角色抱持傳統的觀點，但妻子並不是持有傳統的觀點，則夫妻間的感情會較擁有相同性別角色觀點之配偶較低的婚姻品質。反之，若先生是非傳統的而妻子是傳統的，反而會有較高的婚姻品質（Bowen & Orthner, 1983; Li & Caldwell, 1987）。

(二)健全家庭（strong family）的秘訣

　　大多數的家庭特質與婚姻品質有關，尤其是在健全的家庭中：家長及小孩都能夠調適、處理及生活在不同的家庭生活環境中。Stinnett 和 DeFrain（1985）決定去發現如何使家庭變得更健全，伴隨這個主旨，他們在美國的內布拉斯加州建立了一個優質家庭的國際中心，在研究的過程中，收集了三萬個家庭為樣本。結果發現有六個特質是營造健全家庭的重要因素，如下所述：

1.承諾

　　健全的家庭成員會致力於促進家中其他人的幸福及快樂感，他們感覺

在家中是有價值的。**Stinnett** 和 **DeFrain** 說明承諾是此六個因素中最重要的因素，因為承諾意謂著家庭成員以家庭的幸福為第一優先，而工作是保證家庭繼續存在的決定因素之一，因而承諾和對家庭的犧牲是確保家庭處於健全家庭的重要因素。

2.感激

家庭成員彼此喜歡，也常表現出感激之意，而接受感激者要很誠意且親切的領會與接受，而不轉向讚美自己說我是幸運的，也不去破壞別人對你的讚美，如：喔！那沒什麼啦！

3.溝通

因為有良好的溝通技巧，易與人相處且可以有持續較長的談話時間。

4.時間

在家庭中與成員相處的時間，不僅是要有高品質也需要大量的時間。營造健全的家庭必須要有些共同的時間去做共同的事，如：吃飯、做家事、休閒活動、共同慶生或慶祝特別的節日。花時間和家庭成員在一起會讓成員有認同感且感覺是一體的，如此會產生親密的家庭關係。

5.心靈上的寄託

家庭成員若有共同的宗教信仰，則成員對其生活會感到較多的滿意，他們同時相信這會使他們的家庭更加強壯。心靈上的寄託對於家庭及個人心理上的幸福感是非常重要的，這股力量會促使家庭成員彼此照顧並有愛及歸屬感。

6.處理事情的能力

健全家庭的成員會視危機或壓力為一種成長的機會。家庭成員具備能力及技巧去因應家中的問題或災難，願同心協力解決難關。

健全的家庭是以正面、樂觀的態度來分析家庭中所遭遇的問題，並有能力一起去面對，因為他們相信家庭成員可以共同努力發展出策略一起去解決家中所發生的事件。

第四節　良好性關係之道

一、關於「性」

在婚姻關係中，性是不可忽略的一環。然而，如何營造良好的性關係，以增進夫妻間的感情及經營婚姻生活，首先需對性具有基本的認識與了解，以下試就性的特色、性關係的基本動機說明如下：

㈠性的重要特色

我們對性的定義是依照複雜的人格特質、自我認知、態度、價值觀、嗜好，而引導一個人產生性方面的行為。性本身的概念包括了四個重要的特徵：原始性慾、肉體幻想、性價值觀及道德觀，以及性的嗜好（Weiten & Lloyd, 1994）。

1.原始性慾

原始性慾是一個人對同性或異性的感覺及對性關係的嗜好，如異性戀的人在異性中找尋情感的性關係；雙性戀在兩性中找尋情感的性關係；同性戀的人在同性中找尋情感的性關係。

2.肉體幻想

也就是個人對身體表現的知覺。肉體幻想和性活動及更高的性滿意度有關，有許多人去做外科的整形手術，為了讓自己在這方面多占一點優勢，這就像在求職時給人第一印象的重要性一般。

3.性價值觀及道德觀

幾乎所有的文化對於人們在性行為的期待上，都利用道德為基礎以作為約束。有關性的資訊，可以從：雙親、同儕、學校、宗教、媒體，也可能是從社會化的過程中得知，有關性訊息的接收，也會因為不同的性別、

種族、倫理觀、社經地位等，而有所不同。

4.性的嗜好

　　性包含了個人對刺激的態度、原始的性慾力、性行為的模式等，尤其在童年期及成年期，對於性的定義及發展的了解是很重要的，因為在這個過程個體受到身心理因素交互作用的影響。

(二)性關係的基本動機

　　許多動機會引導人們進入性關係，或從事性行為來繼續維持相互的關係，而雙方可能基於不同的渴望或目的。有許多學者（Neubeck, 1972；Nass, Libby, & Fisher, 1981）列出產生性行為交互作用的基本動機，說明如下：

　　1.感情：長時間的愛與親密，身體與情感上的結合。

　　2.慾望：對性的渴望是因為性的衝動被喚起，對性有幻想，並且在撫摸的過程令人覺得愉悅。

　　3.責任：有了性關係就願意負責任。

　　4.厭煩：從事性行為是為了改造令人乏味的環境，或只是一種例行公事。

　　5.修補傷處：進行性行為可以將爭執延後或避免去處理衝突。

　　6.成就：可以得到想要的地位。

　　7.娛樂：性會為兩人帶來一些樂趣。

　　8.自我肯定：受到對方的注意及贊同。

　　許多研究也指出這些基本的動機，存在性別的差異性，大多數的男性表示，從事性行為是因為慾望及渴望有身體接觸的滿足感，而女性則較多是為了表現出對愛及情感上的承諾（Carroll et al., 1985；Whitely, 1988）。

二、兩性對性看法的差異

　　兩性在性方面被賦予不同的認定，如成年男性被鼓勵有性經驗，可在親密關係中有性行為，並爭取性方面的滿足，且他們可以把愛與性分開來，純粹只是享受性而沒有愛為基礎，這些經驗僅僅只是讓男性有性經驗而已，而有愛為基礎的情感可以由其他人提供。也就是說性對於男性而言有多種的意義，他們強調性只是為了在偶然的關係中得到樂趣，而將有愛的性保留在有承諾的關係中（Safilios-Rothschild, 1977）。

　　成年女性通常被教導要因愛而有性，她們學習到人們要因為具備羅曼蒂克的感覺並受到對方生理上的吸引而結為伴侶。一旦女性開始有性經驗，從此以後便會成為某人的伴侶，不同於男性的是，女性的同儕團體不會促進其性行為的產生，其功用在於鼓勵有關羅曼蒂克愛情的正向感覺（Miller & Simon, 1974），不像有些男生會受到同儕團體的鼓吹而與人發生性行為。

　　由此可知，性別社會化的過程對女性的影響較男性久，其中一個原因是女性對性的罪惡感，即社會規範鼓勵男性有性行為，但不鼓勵女性如此，性行為對於女性來說，通常是被視為放蕩的代名詞，因此女性學習到從事性行為會有罪惡感；另一個原因是，性別社會化對於女性有較長久的影響，典型的女性對於生殖器官及性會有負面的連結，但男性就沒有這樣的經驗。

　　一個針對大學生所做的研究指出，有85％的女大學生指出包括情感因素是性的必要條件，但只有 40％男大學生同意此看法（Carroll, Volk, & Hyde, 1985）；另一個研究指出，只有 42％的女大學生認為，性關係可以沒有以情感為基礎，但 84％男大學生贊同此看法，這些因為性別的不同而在性社會化強調於性關係中發展及維持溝通的重要性，將會影響到婚姻的滿意度。

三、有關性的腳本

性關係常受到不同腳本的引導。我們的許多腳本都是來自於社會或文化因素的影響，也是受到長時間學習及社會化因素的引導，這也和社會階級及種族背景和宗教的人格陶冶有關。Nass（1981，p.23-24），描述了在現代的西方文化中五種共通的性腳本。

㈠傳統的宗教腳本

只能在婚姻關係內發生性行為，其他的婚外性活動都是禁忌，尤其對女人而言。

㈡羅曼蒂克的腳本

現今在社會上所盛行的，因為性即代表愛，根據這個腳本意謂當與某人感情進展到一定程度，不管是婚姻內或外的關係，皆可因愛而有性。

㈢性的友誼腳本

對自己的朋友也可以有親密的性關係。

㈣隨性的腳本

性被定義為一種娛樂的消遣，為了樂趣、好玩、放任的，或為了演練技巧。

㈤功利的—掠奪的腳本

從事性的原因是為了獲得經濟的利益、升遷，及權力。

這些腳本只是大概描述形成性行為的原因，一旦雙方持著不同的性腳本在互動，很可能成為重要衝突的來源，所以性是需要雙方溝通的。

四、在婚姻關係中的性

婚姻生活與性生活兩者息息相關，性在婚姻中扮演十分重要的角色。再者，如何開口談性，也是一門不可不知的學問，試陳述於下：

㈠性生活的重要性

Goodman（引自陽琪、陽琬譯，民84）：「性在大多數有承諾的羅曼蒂克關係中是一很重要的事件。」

在感情或者是婚姻的生活裡，性生活是非常重要的一環。就大多數的人而言，歡愉的性可以提升雙方的親密感以及隸屬感，不論是親吻、碰觸或是愛撫，皆是親密關係的一種形式，亦促進非語言之溝通。然而欲達到歡愉的性，其前提建立於雙方親密程度之高低。現今多數年輕人之所以進行性行為，一方面或許是因為好奇而急欲與對方建立更親密之關係，另一方面卻也是可以不藉由言語來傳達對對方感情的一種最直接的接觸方式。

㈡婚姻關係與性生活的交互作用

有大量的證據說明婚姻的滿意度與其性關係的滿意與否有高相關，學者 Hunt（1974）發現當配偶的婚姻關係愈親密，則他們有可能對於其性生活有高比率的滿意程度，因為性生活是令他們快樂且愉悅的，反之亦然。

彭駕騂於民國八十三年就 Hunt（1974）針對夫妻感情與過去一年間性生活樂趣之相關，和 Landis 及 Landis（1979）就夫妻性生活滿意度的調查，歸納其結論如下：

1.感情生活中的性

學者 Hunt（1974）以一千四百四十位的已婚夫妻為樣本，調查夫妻間的感情生活與性關係感到樂趣的研究發現：只要是夫妻感覺雙方的感情非常好，則其性生活感到不快樂的比率很低。

2.性生活中的夫妻關係

學者 Landis 及 Landis（1979）曾對四○九對夫妻的性生活調適與婚後的相關生活做了調查，結果如下：蜜月的浪漫時光及新婚氣氛之營造，對性生活非常滿意的達一半左右。仍有許多夫妻在長時間內仍對性生活不甚滿意。

因此有良好的性關係傾向會有良好的婚姻關係，當然很難去解釋何者爲因？何者爲果？但似乎很可能是因爲婚姻關係親密而導致性關係的滿意，而性的滿意增加了婚姻滿意度。從 Trussell 和 Westoff（1980）的研究指出，夫妻間的性行爲平均一星期二至三次，且發現結婚的夫妻在性行爲的次數據統計結果，傾向於隨著年紀的增長有逐年下降的趨勢。然而據 Greenblat（1983）指出下降的原因，是因爲工作上的疲勞、養育小孩，使性行爲變成一種例行公事。

(三)談「性」

每個人帶著不同的動機、腳本、個人特質及態度展現在性方面，所以當雙方在性方面出現衝突、不一致或不協調時並不必感到太驚訝，因爲這是一件極其平凡的事；然而，許多人都發現很難和其配偶談論性事，在性的溝通上主要有以下兩方面共通的障礙：

1.早期負面的性經驗及對性的衝突態度

對於性侵害、性暴力下的犧牲者而言，早期負面的性經驗會造成個人的精神及心靈上的創傷，如：強姦或近親亂倫的事件，常會讓這些人對性存留陰影且產生不良的影響，因而導致個人對性方面的無知或無法考慮配偶在性方面的感受，要解決這方面的問題可能需要很長的一段時間。再者，大多數的女人長大後對性有著一些衝突的態度，亦對性帶著負面的訊息與矛盾的信念，這是從小學習而來的，如：性是美好的及性是骯髒的，此種態度會導致心理上的衝突，對性感到不舒服，因而也很容易避而不談性的問題。

2.害怕表現出無知的樣子及擔心配偶的反應

據 Reinisch（1990）的調查資料顯示，多數的美國人對性的無知感到很苦惱，因為當我們表現出對性很了解或不了解時，通常都會感到很羞愧，然而一旦我們愈隱藏對性的無知，也就愈不敢和配偶談論性事。另一方面，當我們真實的表現出對性的重視，亦會擔心配偶不再繼續重視或不再愛我們了，所以常因此想法而未與配偶做進一步之溝通，很不幸的是這通常也會導致配偶對性感到不滿意或成為挫敗經驗之來源。

五、性關係提升之道

性事在國人的眼中是極其神秘與隱私的，如何透過適當的教育及相關知識的吸收，以增進兩性間的親密關係是極其重要的，近來在探討性關係上有較大的進展，也提出一些有效的方法來增加性關係的滿意度。以下是一些普遍性的建議，即使你對目前的性關係感到滿意，下述這些辦法就像打預防針一樣，非常地有效。

㈠進行適當的性教育

大多數的人對於性的真正功能都是無知的，所以有關性方面的課程有助於我們對性的正確認知，在今天已經有愈來愈多的大學開始開設這類的課程。

㈡檢視自己對性的價值觀

許多有關性方面的問題是源自於個人對性有負面的看法，這將會增強人們對性的連結，例如：罪惡感會影響個人對性的界定，因此專家們常鼓勵成人去檢視自己對性看法之來源及了解因此所受之影響。

㈢有關性的溝通

孩子們在社會化的過程中，通常會接受到「不能去談有關『性』」的

事情，假使帶著這種感覺直到成人期，會很難和配偶談論性的問題。因此良好的溝通對性是很重要的，學習如何對配偶分享你的想法及感覺有助於促進婚姻的滿意度，雙方互相問問題或者學習提供回饋都是方法之一。

㈣避免設定目標

性事並不是一種考試（測驗）或競賽，性關係通常是使人們放鬆心情或是一種享受，因此不要為這樣的關係訂定該達成何種目標，而製造緊張氣氛，且讓性事成為一種壓力。

㈤沈浸在對性的想像中

對性的想像是正常的，夫妻雙方對性的想像會增加彼此的興奮，不用害怕去使用對性的想像，這會增強對性的喚起。

㈥有關性的選擇

雙方應該採用開放性的溝通，去討論關於何時、何地、次數多寡的問題。

現在有關性方面的治療漸漸出現，性方面的問題不再是經常令人覺得挫敗或羞愧的來源。因為有專業上的協助，大多數的性問題都得以解決。當然有關性方面的治療並不是每一個人都有能力去做，因為這是一項昂貴的且是長時間的支出，並且有些困難是很難發現的，雖然如此，不過還是有很多人在專業的協助下，在性方面的問題因而得以改善。

本章摘要

親密關係在人的一生當中扮演著極為重要的角色。親密關係存在兩性關係中的情感、愛情及婚姻方面。進入婚姻關係之中不再是單純的兩人世

界，許多事情接踵而來，這都是已成爲結髮夫妻者所需要面對的。婚姻關係是最親密的關係，也是最受傷害的關係，因爲最親密也因而傷害最深。婚姻是階段式的歷程，每一階段都有其須調適的任務，且對婚姻的幻覺也會一再的接受挑戰；再者，最易傷害婚姻關係的因素有：(1)不切實際的期望；(2)角色期待的落差；(3)工作上的議題；(4)經濟上的困難；(5)性方面的問題；(6)不適當的溝通。

婚姻是一調適的過程，其範圍如：婚姻初期的協調、權力的協調、性的協調及財務的協調。就兩性面臨爭執或衝突所習慣的因應方式，普遍而言，大多數的男女都受到性別角色的影響，以至於在溝通方式上有些差異，而雙方採取有效或無效的溝通模式，確實會影響到夫妻是否能夠達到真正有效的溝通效果，以邁向幸福美滿的婚姻。在營造健全的婚姻上，良好的婚姻品質是不容忽視的因素，而從婚姻品質量表中，可以測得夫妻間的調適狀況；另外針對有心要成爲健全婚姻及家庭者，提供六個參考因素：(1)承諾；(2)感激；(3)溝通；(4)時間；(5)心靈上的寄託；(6)處理事情的能力。

性在婚姻關係中也具有決定性的影響力，這是夫妻間最親密也是最隱私的私房事。然而性關係滿意與否的確與婚姻關係滿意度息息相關，由於兩性對性看法的差異，導致了夫妻間問題的產生，因爲要談性確實不是一件簡單的事。性的特色有：(1)原始性慾；(2)肉體幻想；(3)性價值觀及道德觀；(4)性的嗜好。而產生性的基本動機有：(1)感情；(2)慾望；(3)責任；(4)厭煩；(5)修補傷處；(6)成就；(7)娛樂；(8)自我肯定。有關性的腳本有五：(1)傳統的宗教腳本；(2)羅曼蒂克的腳本；(3)性的友誼腳本；(4)隨性的腳本；(5)功利的－掠奪的腳本。造成性趣障礙主要原因有二：(1)早期負面的性經驗及對性的衝突態度；(2)害怕表現出無知的樣子及擔心配偶的反應。性趣是兩個人的事，爲了讓雙方在性趣中享受親密的感覺，適度的討論、協調及溝通都是必須的，而提升性關係之道，可從六個方面著手：(1)進行適當的性教育；(2)檢視自己對性的價值觀；(3)有關性的溝通；(4)避免設定目標；(5)享受對性的想像；(6)有關性的選擇。

研討問題

一、思考您與他人或配偶在親密關係的互動狀況中，有無遭遇任何困難？
　　請扼要列出。若您深受親密關係困擾之影響，您的因應之道為何？

二、在您的婚姻關係中，較易受到傷害的範圍為何？是否因此而導致婚姻
　　亮起紅燈？試一一列出，並加以說明之。

三、您常用的溝通方式為何？並列出在您營造健全的婚姻關係中您已具備
　　的特質或仍缺乏的特質為何？

四、您是否有性方面的困擾？若有，則性方面的問題是如何地影響到您的
　　婚姻滿意度？您通常採取的因應之道有哪些？這些方法是否有助於解
　　決性方面的問題？請參考性關係提升之道，考慮修正及補強的可行
　　性。

參考文獻

一、中文部分

周麗端等編著（民88）：婚姻與家人關係。台北：國立空中大學。

陳皎眉、江漢聲、陳惠馨（民85）：兩性關係。台北：國立空中大學。

陽琪、陽琬（民84）：婚姻與家庭。台北：桂冠圖書公司。

彭駕騂（民83）：婚姻輔導。台北：巨流出版社。

葉肅科（民89）：一樣的婚姻多樣的家庭。台北：學富文化事業有限公司。

蔡文輝（民87）：婚姻與家庭——家庭社會學。台北：五南圖書出版社。

劉秀娟（民87）：兩性關係與教育。台北：揚智文化事業股份有限公司。

二、英文部分

Adams, B. N. (1995). *The Family*(5th Ed.) Florida: Harcourt Brace Company.

Beck, D. F.,& Jones M . A . (1973). *Progress on family problem: A nationwide study of client's and counselors' views on family agency service*. New York: Family Service Association of America.

Blair, S. L ., & Bringle, R. G. (1987). Wives' perceptions of the famines of the division of household labor: The intersection of housework and ideology. *Journal of Marriage and Family, 54*, 570-581.

Carroll J. L.,Volk, K. D.,& Hyde, J. S. (1985).Differences between males and females in motives for engaging in sexual intercourse. *Archives of Sexual Behavior,14*, 131-139.

D'Emilio, J.,& Freedman, E. B. (1988). *Intimate matter: A history of sexuality in American*. New York: Harper & Row.

Kieffer, C. (1977). *New depths of intimacy*. In marriage and alternatives, Roger W. Libby and Robert N. Whiteehurst,(Ed)., 267- 293. Glenview, IL.: Scott, Foreman.

Landis, J. T., & Landis M. G. (1979). *Building a successful marriage*(7th ed.). NJ: Prentice-Hall.

McGoldrick, M., & Carter, E. A. (1989). *The family life cycle － Its stages and dislocations*. In J. M. Henslin(Ed). Marriage and family in a changing society. New York: Free Press.

Miller, P. Y., & Simon, W. (1974). Adolescent sexual behavior: Context and change. *Social Problems, 22*, 58-76.

Noller, P., & Fitzrick, M. A. (1990). Marital communication in the eighties. *Journal of Marriage and the Family, 52*, 832-843.

Perlman, D., & Fehr, B. (1987). *The development of intimate relationships* .In D. Perlman and S. Duck(Eds). Intimate relationships: Development, dynamics, and deterioration(PP.13-42). Newbury Park, CA: Sage.

Stinnett, N., & Defrain, J. (1985). *Secrets of strong families*. Boston: Little ,Brown and Company.

Thomopson, L., & Walker, A. J. (1989). Gender in families: Women and men in marriage, work, and Parenthood. *Journal of Marriage and the Family, 51*, 845-871.

Weiten, W., & Lloyd, M. A. (1994). *Psychology applied to modern life: Adjustment in the 90s*(4th ed.). Pacific Grove, CA: Brooks/Cole.

婚姻與家庭中的問題

第五章　家庭中的權力、權力策略與家事分工

「人生而平等」嗎？這句話可以是一個理想的境界，然而事實的答案是否定的。在人類的各種關係裡幾乎都避免不了「權力」的運用。每個人或多或少都想擁有一些權力，然而，因為性別、年齡、教育程度，以及薪資等各方面的不同，個人所擁有的權力也都不一，此現象更反應在家庭裡的「夫妻關係」上。由於配偶雙方所擁有的權力不一，所使用的權力策略也大異其趣，進而導致了平等、和諧、不滿意，甚至破裂的夫妻關係。即使在家事的分工上，多少也隱含了權力關係，做多或做少，雖然有出自個人的意願，或傳統角色分工所致，然而家事分工或許也與權力高低此一背後的重要事實脫離不了關係吧！

第一節　家庭中的權力

美國的知識份子及中產階級強調的是平權型的婚姻關係，意即夫妻間應享有五十對五十的平等權力。然而，即使是平權型的婚姻關係就表示夫妻能共同決定每件事情嗎？或在做決定時，夫妻雙方都享有一半的決定權？事實上，此種平權型的婚姻型態在執行上有實質的困難，因為每個人

對擁有多少權力的看法並不一致。有些人希望擁有較多的權力以控制他人，而有的婚姻關係其實只是表面上的平權，實際上，總是一方的權力多過另一方。因此，即使夫妻雙方真的擁有平等的權力，並不表示他們在做每個決定的過程都能共同的分享。

　　所有的人際關係都可能涉及權力的運用，而家庭權力只是社會權力的一部分而已。家庭權力包括了婚姻權力、父母權力、子孫權力、手足權力，以及親族權力。除此之外，還有幾種混合形式的家庭權力，如父子權力、母女權力（Feldman, Wentzel, & Gehring, 1989）。以下我們將焦點主要放在人們為何要追求權力，以及權力的來源這二部分來探討。

一、為何人們需要權力？

　　在任何團體或家庭中總有人汲汲於成為一名控制者的角色，而有些人卻甘於被領導的地位。到底是何種因素造成人們在權力追求上的不同，而為什麼多數人又都嚮往權力的追求？

　　任何人都希望控制自己的生活，以及具有改變和影響事物的能力，而權力正是幫助個人達成自我實現目標的有力工具之一。權力不但可以幫助自己較快速達成目標，也能操控別人。另一方面，每個人都有某些心理上的需求，如一個極度缺乏安全感的男性可能以獨裁或專橫霸道的方式，藉著權力的掌握以彌補或掩飾其自卑心態，免得顯示出自己的懦弱與無能。

　　每個社會都有一些制度規範要求先生和妻子所歸屬的責任，例如，先生的角色是一家之主，妻子則扮演家庭主婦的角色。而一直以來，以父系為主軸的傳統社會也賦予男性在家裡握有較大的權力，這樣的社會規範雖然不公平，但為了避免受到眾人的批評，以及符合社會的期待，往往也造成了兩性之間在權力的追求上有所差異。個人對權力的追求亦可追溯至原生家庭的經驗。父母通常是影響子女模仿的關鍵人物，因此，生長在一個由父親主控的家庭的子女，在其未來的婚姻關係也較難與其配偶建立民主對等的關係。

二、權力的來源

家庭中每個人的權力並非都是相等的，然而是何種因素造成權力的不平等，進而影響到個人在家庭中的決策地位？Sexton及Perlman（1989）認為影響權力的來源有下列幾個因素：

㈠文化的規範

不同的社會階層、種族，以及文化的家庭，其家庭決策的結構及權力分配的情形亦有所不同（Rodman, 1972）。如傳統中國家庭是以父系傳承為主，在父傳子的習俗下，男性在家裡的身分地位，以及權力的掌握往往高於女性。然而在兩性教育愈來愈平等普及，女性主義日漸抬頭之際，男性因傳統文化的規範所賦予的權力也慢慢受到挑戰。而傳統黑人家庭因為是屬於母系社會，亦即是由妻子或女性長輩所主導，因此女性與男性在家庭權力的掌握會較趨於平等。

㈡性別的規範

權力關係亦受到性別刻板印象的影響（Enns, 1988）。社會化的過程往往嚴格劃分了男女角色的責任，及其應具備的特質。例如，女生往往被期待為溫柔、被動、依賴男性、負責照養子女的角色；而男生則為剛強、有企圖心、賺錢養家餬口、做一些較粗重的工作。因為性別角色規範的特質使然，男女兩性在運用權力時也不盡相同，例如女生因為受到社會文化的期待及規約，因此多訴諸情感性的控制方法，如以哭泣、撒嬌、情感的交換等方式取得權力；而男性為表現符合其剛強、孔武有力的男性形象，因此多以強制、攻擊性的方式來展示其權力。

㈢教育及知識

知識是權力的象徵嗎？在某些方面的確如此。教育程度的高低往往隱

含了智慧的高低，因此，當個人所受的教育程度愈高時，他的所言所行會較受到大眾的信賴，相對地他也握有較一般人高的權力。家庭的決策權也是如此，當夫妻雙方的知識水準不一時，教育程度較高的一方通常有較高的決定權和說話權。但某些家庭決策權是依據男女雙方在各自特殊領域內的專長而定，對某方面事情較有興趣及能力的人，所擁有的決定權也較大。例如在養育子女及做家事工作方面，由於妻子在此方面的經驗比丈夫多，所以妻子擁有較高的決策權；而丈夫在購屋、決定職業的選擇權則高於妻子。伴隨高教育以及高知識水準，個人所獲得的經濟資源也較豐富，如收入。收入的高低也是決定權力來源的一項關鍵因素，通常收入較多的一方，所擁有的權力也較高。

㈣個人特質與溝通能力

有些人的人格特質充滿了自信，對自己的評價也很高，因此常會以自己的決定去影響他人，而在家庭中此種人亦是屬於決策地位較高者。相對的，某些人的人格特質較內向、害羞、對自我信心及自我評價都不高，他們對自己的看法多半不會有太大的堅持，甚至沒有意見，因而此類型的人在家庭中影響他人的能力也較小，決策地位亦較低。至於在溝通能力上，有的人是屬於能言善道一型的人，他可以很清楚的表達概念並讓對方信服，像此類型的人在與他人溝通時，所說出來的話較會被人採信，而且也較有影響力與決定權。除了個人特質與溝通能力之外，其他諸如年齡、排行、家中子女人數等因素也是影響權力的重要來源，通常年紀大的會比年紀小的有較多的權力。

㈤情感因素

「性」是情感因素中影響權力的重要來源之一。某些配偶會以性為條件，要求對方答應配合，否則就取消夫妻間的性生活，此時性就淪為權力交換的工具之一。根據社會交換理論指出，最需要愛及情感的人，擁有的權力會愈少（McDonald, 1980），因為他會受到較不需愛的一方之要脅。

雖然「撤銷愛」可能成為權力來源的方式之一，但只有當一方相當依賴對方的情感時，愛才可能成為有力的權力來源（Warner, Lee, & Lee, 1986），當雙方對彼此的愛已不存在，這種權力來源也將消失。

㈥生理結構及力量

由於兩性天生在生理結構的不同，男性往往較女性孔武有力，所以也較女性多使用直接的攻擊手段。某些男人會對妻子施予身體的暴力及迫害，以當作懲罰或控制的手段之一。甚者，有些男性會以其身體的力量多寡作為其所握有的權力之象徵。

㈦環境因素

當其他可選擇的資源愈少，個人在婚姻關係中的地位也愈低。例如丈夫認定妻子沒人可訴苦、沒有地方可去、也沒有可供支配的金錢，在此情形下，丈夫將擁有較多的權力。危機事件的發生亦會改變權力的平衡關係，當配偶一方不幸生病或有重大傷殘，原本居附屬地位的一方，此時就須扮演較積極的角色。另外，當丈夫失業，賦閒在家一段很長的時間時，他的權力地位也會降低。故個人的環境資源愈少時，其權力愈小，而在家庭決策的地位也愈低。平權的夫婦因為擁有較彈性的權力關係，因而在面對生活壓力事件時，也較容易改變角色以因應需求。

㈧子女因素

子女的因素一方面可能削弱所握有的權力，另一方面卻也是權力的重要來源之一。對於那些必須留在家中照顧幼小子女的一方，因為容易與社會產生隔絕，而且較依賴對方的經濟支援，所以相對地擁有較少的權力。但是對於渴望有小孩的父母或家中其他成員而言，子女卻是地位的象徵。例如懷孕期間，母親可能因孩子而受到特別的禮遇，或當父母做決定時為了拉攏子女，此時，父母之一方可能因為子女的因素而獲得較多的權力。

影響權力來源的因素很多，每個人所受的影響程度也不一。當個人較明白自己主要是受何種權力來源的影響時，較能針對自己的弱點尋求彌補之道，以建立更平等的權力關係。

第二節　權力的分配

衝突理論認為人與人之間權力互動不會是完全均等的，總有一方的權力高於另一方，而團體中也一定存在支配者與被支配者這二種角色。因為擁有權力者希望能維持既有的權力，而沒有權力者總是設法奪取權力，所以衝突的發生是必然的現象。如果把衝突理論的看法運用在婚姻關係裡，那麼夫妻間的衝突就是非常正常的了。其實衝突不全然是具有破壞性，因衝突而帶來的溝通有時反而可以增強凝聚力。所以如果有適度的協調，衝突並不至於造成婚姻的決裂。關於夫妻之間權力分配問題目前大致以資源假設（resource hypothesis），以及愛與需要（love and need theory）等諸種理論來解釋。

一、資源假設理論

社會科學家 Blood 與 Wolfe（1960）的資源假設基本論點認為，夫妻間權力的多寡取決於個人所擁有的相對資源，這些資源包括教育、職業專長、收入，以及經驗等。而在婚姻關係中，配偶最有利的資源是對家庭所提供的經濟支持，所以夫妻中哪一位對家庭提供的資源愈多，就擁有愈多的權力。為驗證資源假設，他們訪問了大約九百名妻子，選擇以下這八項每個家庭遲早都會碰到的問題，詢問誰做最後的決定：

㈠丈夫的職業選擇由誰決定；

㈡買何種車子；

㈢是否該買人壽保險；

㈣度假的去處由誰決定；

㈤應住什麼樣的房子；

㈥妻子應否外出工作；

㈦家人生病時應看哪一個醫生；

㈧每星期應花多少錢在食物上。

　　根據訪談結果發現，配偶的權力分配常常是依據不同的議題而定，例如妻子多負責家務處理，以及照養子女有關的事情；丈夫則操持較粗重的工作及做最後重大的決定。而多數的家庭在做決定時雖然相當平權，然而配偶間相對資源（如年齡、教育程度、收入）的多寡亦決定了誰能擁有更多的決定權；另一方面，當妻子不需要再爲了照顧家中幼小的子女而可以外出工作，有經濟能力可以自我維生時，她的權力就相對的增加。因此，決定配偶個人的權力來源並非全靠社會角色的安排與期待，還依賴其所擁有的資源與其對家庭的貢獻而定。即使以上之研究發現可以支持資源假設理論，但其理論仍遭到以下的批評：

㈠抉擇的過程是很複雜的，最後做決定者並不一定就是有權力者。因此，最後的決定不一定就代表權力。配偶間的權力關係不僅只在於誰擁有最後的決定權，還應包括相對的自主權及家事分工的權力（Safilios-Rothschild, 1970）。所以配偶間的權力遠比誰做最後的決定來得廣泛與複雜。

㈡資源假設把焦點局限於伴侶間的背景資料和能力做分析。忽略了夫妻各自的人格特質與兩人的互動關係，因爲個性和互動關係會影響到權力的掌握與決定。

㈢把上面八項問題皆以同等價值看待是錯的。此八項問題應該有不同的分量與加權，不應一視同仁。

㈣有些重要的家庭決策並未包括在此八項問題中。例如，要不要生孩子？生幾個？何時有性行爲？多久探視親戚一次？是否擁有和異性或同性朋友來往的自由？

㈤研究對象的偏誤，僅由配偶一方陳述問題會有實質的誤解（Monroe et al,1985），僅是訪談妻子而不包括丈夫，事實上，丈夫與妻子的說法並不一樣。

㈥假設父權結構已被平權的婚姻關係所取代，此點遭到最嚴屬攻擊。女權運動指出，社會給男女的資源不同，男性總有較多的資源，而在社會化的過程中，女性早已被系統訓練成接受次等的地位。因此，是社會制度決定丈夫權力大，而非相對資源的問題。

二、資源與性別

女性主義學者 Gillespie（1971）指出，在兩性的世界裡，資源的分配並非那麼平均。在職場中，丈夫通常比妻子賺更多的錢，因此，丈夫也握有較多的經濟資源。此外，丈夫的年紀較長，教育程度也往往較妻子高，這些條件都讓丈夫比妻子享有更崇高的社會地位。即便男性天生魁梧的體格是一種絕對的權力資源，但也可能是具有破壞性的一種力量。

假使女性沒有自我維持生活或照顧年幼子女的能力，那麼她在婚姻中的選擇權相對也會較低。受到社會化的影響，女性在踏入婚姻時早已被訓練接受「次等地位」的角色，因此，婚姻對女性而言絕非是一紙平等的合約證書（Gillespie, 1971）。所謂「人微言輕」，在婚姻關係中，就業與否會影響個人在家中的權力地位，所以有就業的婦女在參與重要決定時，說話的分量自然較重。和有收入的女性相比，那些完全沒有任何收入，尤其是身旁還有年幼子女待扶養的女性，她們所擁有的權力可謂少之又少。而通常懷第一胎時也是婚姻關係較不平等的時候（Coltrane & Ishii-Kuntz, 1992）。LaRossa（1977）針對六對配偶所做的深度研究中發現，期待第一個子女誕生的孕婦不僅喪失經濟權，而且其丈夫也對她失去性吸引的能力。然而，也有例外的情形，即妻子在懷有第一胎後威脅要帶孩子離開丈夫而去時，此時她的權力就超過丈夫。

工作雖然可以增強婚姻中的權力關係，但即使是有工作的婦女在參與

家庭決定時具有一定的影響力，然而和丈夫的權力比起來仍是相當不平等的，而且妻子通常比丈夫擔負較多的家事、照顧子女，以及照顧父母的責任。Hiller 及 William（1986）認為，丈夫的自我期許會決定他是否和妻子共同分擔家事，即使妻子有工作，而丈夫並沒有參與做家事的意願時，那麼妻子仍然要做大部分的家事。

三、愛與需要理論

有人認為以經濟論點來分析配偶間複雜的權力關係並不完全正確，例如妻子可能以丈夫對她的愛而換取到相當多的權力。Waller（1951）的低興致原則（the principle of least interest）認為在伴侶關係中，對婚姻關係興致較低的一方常剝削對方，他（她）較願意解除婚約，或拒絕尋求主動的補救方法。而年紀較長的離婚婦女較不可能有再婚或受僱的機會，因此，她們會比較不願脫離婚姻關係。而愛得比較深的人，和需要婚姻者，因為怕配偶變心或跑掉，事事順從，自然而然就會失去權力。此理論更進一步認為順從並非是永無止境的，到一個不能忍受的地步時，順從的一方可能放棄婚姻或出走。

相對的愛與需求是一種交換理論，即個人把自己擁有的資源帶入婚姻中，以換取對方的報償。由於交換的資源不可能完全平衡，因此，資源較少的人比較依賴婚姻關係，也會較順從對方的喜好。而妻子在婚姻關係中多處於較弱勢的地位，用相對的愛與需求理論來解釋此種現象是因愛的需求是女性重要的特質之一，而在社會化的過程中，女人往往被強調比男人更需要愛，以及愛她們的丈夫，加上女人比較是關係取向的，因而使她們處於不利的地位。

四、婚姻權力的未來發展

傳統對權力的看法認為，有權力的個人或團體會控制弱勢的一方。因

此，權力是一種消長的關係，亦即一方權力的增加會導致他方權力的減少。而之所以會有主控者以及附屬角色的產生，通常又是因為不平等的權力關係所導致的。

受傳統「男尊女卑」的社會風氣所影響，婚姻中的權力關係亦存有男高女低的現象。當女性的教育程度愈來愈高，以及女權意識日漸抬頭之際，未來婚姻中的權力關係又會如何發展？首先，女性本身應重視自己在照顧子女以及情感表達這方面的資源及價值，體認細膩、敏感，以及善解人意的特質是解決人際關係的一項重要的資源及優勢，同時提升與發展女性的個人能力，當女性有此自覺後才會對自己更有信心。當女性在提升本身的能力之後，並非要她們利用此種權力去控制別人，而是希望女性更有能力決定自己的未來。而女性在各方面的地位與男性已漸趨平等，雖然職業區隔造成兩性在工作待遇上的不平等，但也有愈來愈多的女性晉升專業以及高階主管的位置。

如果有社會福利政策的配合，如育嬰假的實施，以及托育中心的設置，更容易使女性能兼顧事業與家庭的發展。經濟的增加會提升女性自我的滿足感，以及對生活的控制，人際關係權力也更能達到均衡的狀態。目前社會對兩性平等關係的呼聲愈形高漲，因此，即使兩性在婚姻中的資源本來就存在著不平等，但不應以此做為女性該享有不平等權力的藉口。透過女性本身的自我成長與社會福利的保障，如此才更能追求令男女雙方都滿意的平等關係。

第三節　權力策略的運用

Safilios-Rothschild（1976）曾經指出主權力（orchestration power）與執行權力（implementation power）的差異。主權力意指可以決定家庭生活型態，並擁有做重大決定的一種權力。而執行權力則指，讓所做的決定付諸實行的權力。例如，在家中妻子通常是決定她的先生可以花多少錢，而

先生則是實際消費的人，所以妻子握有的是做重大決定的主權力，先生則是執行權力的人。此兩種權力各有其界限，個人在其權力範圍之下妥善運用權力，並不去干涉對方的權力才不致引起重大之衝突。每個人運用權力的方式皆不同，以下將介紹幾種對建立良好關係有幫助，以及破壞關係的權力策略。

一、對關係建立有幫助的權力策略

權力策略是指運用各種方法讓別人做到符合自己所想要達成的事情。以下兩種權力策略的運用將有助於良好關係的建立。

㈠討論、解釋、發問、告知

討論、解釋、發問、告知等，都屬於積極式的權力策略（Falbo & Peplau, 1980）。以理性、靈活的方式來解釋事情，或直接而清楚的詢問方式，除了可建立更令人滿意的關係外，個人所接收到的情緒反應也是較正面的。

㈡商議與協調

協調的過程是指雙方在做成重大決定前，說明雙方應負的責任，協調的過程還可能包括以物易物的方式。協商的目的主要在達成一致性，找出一個令雙方較滿意的解決方式。協調的過程可能出現爭執，但只要雙方都有相同的共識，爭執也會透過協調而達成滿意的結果。

二、破壞關係建立的權力策略

如果所使用的權力策略在於維持或促進不平衡關係的建立，那麼這樣的權力策略就是具有破壞性的。

(一)無助感與依賴心

有些人會試圖以無助或依賴的方式達到控制別人的目的,他們可能故意表現出一副無助且無法做事的樣子,企圖引起對方的同情心,並讓對方能以專家姿態自居而感到自豪。因缺乏安全感或自信不足的配偶也會藉著扮演弱者的角色以規避自己的責任,例如要對方做事,然後故意批評對方做得不夠好,同時還抱怨他喜歡多管閒事。

(二)過度保護

當一方對另一方過度保護時,可能使他無法成長,而須處處依賴別人,最後變成一個毫無權力的人。例如當妻子視自己的先生為一個無助的小孩,並以母親的角色來照顧自己的先生時,如此一來妻子就可能掌握家中大權。

(三)欺瞞、謊騙

有些人會以欺瞞及謊騙的行為來控制別人。例如習慣說謊的人可能會許下無法達成的承諾以騙取對方的贊同,然後假裝他們是無辜的,以逃避責任。

(四)批評

個人獲取權力最具破壞性的方式就是不斷的批評以達到貶抑對方之目的。有些配偶會故意在家人面前指責對方的過錯,讓對方感到困窘而下不了台階。拿別人、朋友,或兄弟姊妹作比較,也是另一種讓人覺得難堪或不舒服的方式。

(五)代罪羔羊

當事情做不好便找人出氣,使對方產生罪惡感進而覺得他對此錯誤應負責,如此,控制的一方就可達到免除被責罰之目的。

㈥否定對方（gaslighting）

gaslighting 一詞是形容一個人摧毀他人的自信、知覺及眞實感的過程（Bach & Wyden,1970），亦即否認對方所說的事實，諷刺或批評對方的情感及意見，或扭曲事實以讓對方產生罪惡感。

㈦懲罰

某些配偶選擇以懲罰的方式試圖去控制對方的行爲。當妻子心情不好時，可能做出許多丈夫所厭惡的事情以做爲對丈夫之懲罰，例如，故意煮丈夫最討厭吃的義大利麵，刷先生的卡買一堆不需要的東西。雖然妻子這些孩子氣的行爲看來似乎很無知，但先生通常是很害怕妻子會做出這樣的行爲而加以退讓的。

㈧無言的抗議

保持沈默也是另一種形式的懲罰。有些配偶會以數日都沈默不講話的方式來應付緊張的關係，然而，沈默可能阻礙溝通，甚至造成永久的誤解。

㈨黑函

威脅性的黑函是一種高壓的策略，能使人產生恐懼與生氣的心理。

㈩生氣、憤怒

情緒不穩的人常無故勃然大怒、撞牆、破壞家具，或使用其他權力策略以遂其爲所欲爲的目的。有配偶指出，和情緒不穩定的另一半生活在一起，其心理恐懼就像是等待一顆隨時會爆炸的炸彈，但更慘的是，你完全不知道炸彈何時會被引爆。

㈩酷刑、虐待

酷刑及虐待等的行為是最偏激的控制形式。有些丈夫會以毆打或恐嚇的方式來控制妻子，並使妻子相信是她咎由自取，或是她應得的處罰。

三、權力鬥爭的結果

假如為了贏得控制權，卻和另一半因此而愈來愈疏遠，或引發生氣及敵對，甚至破壞了彼此的關係，這樣就算獲得了控制權又有什麼意義？有的配偶在取得控制的權力後反而失掉婚姻，更可謂得不償失。

一般而言，極端不平衡的權力關係容易造成負面的影響。「權力使人腐化」正意指，權力控制者在運用權力時，心理上往往會發生巨大的轉變，變得自我吹噓，自私自利，以及自我中心，有時甚至變得冷酷無情（Kipnis, 1984）。Stewart與Rubin（1976）研究發現，對權力高度需求的人關係滿意度較低（不論是對自己或另一半的滿意度都較低），比較不愛另一半，而且關係中存在較多的問題。不平衡的權力關係會造成一方備受壓迫與控制感，覺得很沮喪，以及引發憎恨的心理。一般人或許可以忍受一段時日的壓迫，然而一旦出現沮喪及敵對的感覺，關係很容易就被摧毀。

只有當雙方達到某一平衡的權力關係時，才會有較高的婚姻滿意度。然而每個人對何謂平衡的權力關係的看法卻是因人而異。因此，有些配偶偏好傳統以男性掌控的形態，有些則要求平等的夫妻關係。一項以黑人夫妻為樣本的研究指出，在黑人社會裡，丈夫主控型的婚姻滿意度最高，平權型或妻子主控型的婚姻滿意度則較低。儘管大部分的配偶都想追求平權型的婚姻關係，然而傳統以丈夫主控的婚姻關係，配偶都有較高的婚姻滿意度（Gray-Little,1982）。Henggeler等人（1988）發現，妻子主控型比丈夫主控型的婚姻關係較不會引發情緒上的衝突，青少年犯罪率較低，而且家庭成員也有較積極正面的溝通。

　　極端不平衡的權力關係容易導致不滿意的情緒，很少有妻子可以忍受丈夫的無能及缺乏共同承擔責任的能力。而失去對自己生活掌控能力的妻子也很難對自己有較高的評價（Doherty, 1981），丈夫也會因此瞧不起毫無權力的妻子。Madden 及 Janoff-Bulman（1981）也發現，有能力控制婚姻衝突的女性對婚姻滿意度較高，假如妻子只會一昧的責備丈夫，對衝突事件卻毫無控制的能力，那麼婚姻滿意度也較低。

　　不平等的權力會使配偶之間的關係更形疏遠，尤其是當彼此認為在配偶面前揭露自我的情感是曝露自己的缺點時，更會產生不信任感。婚姻中一旦產生不平等的權力關係很容易就會發生玩弄權力的情形，一方會試圖獲取權力以達到控制另一方的目的，即使是平權型的婚姻關係一樣會出現此種情形。為了避免權力的玩弄，權力中和是終止無窮盡權力玩弄的一種方法。所謂「權力中和」是指居附屬地位的一方拒絕採取合作的方式來達到消弱有權一方的控制。權力中和與權力的玩弄是不一樣的，玩弄權力的配偶常以強迫或酬償的方式去控制對方，然而權力中和的方式並非想去控制他人，而是想與對方取得較平等的地位（Rice, 1993）。人們常會使用許多不同的策略來中和另外一個人的權力，以求取更平等的地位。例如，當妻子只要一和丈夫討論酗酒一事，丈夫就開始找別的事做、改變話題、拒聽、漠不關心，或乾脆一走了之以避免和妻子發生更激烈的爭執。假如一位丈夫威脅妻子要離開，而妻子的態度是「隨便你」，或是「門在那裡請自便」，亦即將情緒抽離問題情境，或以不在乎的方式來回應對方，那麼威脅雖然被中和掉了，但問題仍然存在。增強自我的能力則屬較具建設性的權力中和策略，例如當丈夫對他那肥胖及依賴心極重的妻子漸漸感到嫌棄，而妻子也自覺她在配偶關係中愈來愈無地位時，她開始努力減肥，重回學校獲取學位，並得到一份待遇比丈夫還高的工作，此時妻子可能又重新獲得丈夫的重視，和丈夫的關係也會較平等。

　　社會心理學家（Walster, Walster, & Berscheid, 1978）指出，平權型的關係較容易維繫穩定及令人滿意的婚姻關係。當我們討論婚姻滿意度此議題時，必須將社會情境的因素也納入考量，因為我們的社會規範長期以來

的主流型態一直是丈夫主控型，一旦脫離了此種既定的社會規範，改而提倡平權型或妻子主控型的婚姻關係時，難免會導致衝突及較無法令人滿意的關係。

第四節 家事分工

一、家事分工的理論

日常生活中有很多瑣事是不能選擇卻必須要做的，例如，做家事並非是一項令人喜歡的工作，而且和有酬勞的工作比起來，做家事既缺少內在動機，也沒有外在誘因。因此，無論是男性或女性，對做家事總持著觀望，或望之卻步的態度。家事工作通常是不支薪且又單調乏味的工作，但因傳統角色分工——男主外、女主內的觀念，家庭管理總是理所當然變成是女性的職責所在，而無所謂家事分工的問題。然而隨著愈來愈多的女性投入就業市場，以及教育程度的提高，許多女性在兼負內外雙重壓力的同時，亦開始思考此種傳統分工方式的不平等。關於家事分工的理論，主要有以下四種：

㈠衝突理論的觀點

衝突理論認為權力分配的不平等是社會的自然現象，擁有權力者想維持既得的權力，而無權力者則透過各種手段和權力者相抗爭。「誰應該做家事」此議題清楚指出家庭內男女權力利益的衝突。假設夫妻雙方都想外出工作，甚至丈夫也非常贊同妻子能外出工作賺錢實現她的理想，然而，為什麼大部分做家事的責任仍落在妻子的身上？因為男人通常擁有較大的權力，享有較高的地位以及高薪，所以在家中也掌有較多的權力可以選擇不做家事（Chafetz, 1988）。因為權力關係不平等所致，所以即使夫妻雙

方都相信應共同分擔家庭內的事務，但許多妻子仍背負家事工作的重擔。

㈡理性的投資觀點

經濟投資的觀點最終的目的在於讓效益極大化。如果以理性的投資觀點應用在家事分工上，則是希望夫妻雙方花在工作與家庭的時間及精力能得到最大的經濟效益，因此在工作上較有效率的人、可以賺較多錢的人，花在家事的時間相對的可以較少（Becker, 1991）。而外出工作時間較長的人，因為可以花在做家事上的時間較短，做的家事相對的也就比較少。

㈢意識型態的觀點

Hiller 與 Philliber（1986）及 Hardesty 與 Bokemeier（1989）認為，文化的期待是影響男女在家事的分工以及時間分配的重要因素。由於傳統觀念一直持著「男主外，女主內」的兩性分工模式，因此使得女性在社會化的過程中比男性做更多的家事，同時也讓做家事自然而然成為女性的主要工作。另一方面，家事分工也受到男女特質的影響，如照顧子女、洗衣服、煮飯這些較瑣碎，而且較不費勞力的家事常被視為是妻子的工作，而丈夫則負責修護、賺錢等較屬勞力的工作。文化的期待雖然會影響家事的分工，然而透過教育的功能，教育程度愈高的人受到傳統性別刻板印象的影響也愈少，因此，教育程度較高的男性通常比較願意和妻子共同分擔家事。

㈣資源理論

資源理論是由 Blood 與 Wolfe（1960）提出來的，其基本論點認為，夫妻間權力的多寡取決於個人所擁有的相對資源，這些資源包括教育、職業專長、收入，以及經驗等。當兩個資源不一的人在一起，為了求得較平衡的關係，因此資源較多的一方可以以其所提供的資源和對方交換等值的物質、勞力或感情，以求得彼此較平等的關係。應用於家事工作上，收入較高或資源較多的一方，因為具有較大的協商決定權，所以他可利用此一

資源優勢要求另一方做較多的家事；反之，資源愈少的一方因無法提供其有利的資源以換取另一方的勞力服務，故需花較多的時間在家事工作上。

　　基本上，理性的投資觀點和資源理論所強調的不是傳統性別的分工模式，它們認為配偶間誰付出較多的時間在工作的人，花費在家事的時間就可以比較少。由於受到社會期待的影響，丈夫通常寧願花費較多的時間在事業的發展上，加上社會對男女資源分配不均的結果，因此在婚姻關係中，丈夫常比妻子擁有更高的權力及地位，也造成做家事常常成為女性無可推卸的責任之一。

二、家事分工的分配

　　儘管在做家事的分配上，現代夫妻已經比較能接受分工合作的觀念，但實際上妻子仍負擔大部分的家事責任，即使妻子為全職外出工作者。在婚姻初期，丈夫有可能會幫忙清掃、煮飯、買東西或送洗衣物，而當孩子出生，以及隨著日常生活的需求增多，做家事也漸漸成為妻子單方面的工作。無論丈夫最後對做家事是抱持何種想法，的確需要花費數年的時間努力溝通，才能讓丈夫扭轉做家事乃專屬女人之事此種不公平的觀念。

　　對所有夫妻來說，家事的公平分配是一件很重要的事。然而為什麼結婚後的女性，家事工作量大增，而男性反而減少？對已婚的女性來說，孩子的出生可能是家事工作量增加的原因，除此之外，女性的內在動機，對婚姻及組織家庭的感受也是一大影響因素。不可否認，每對夫妻的情況皆不相同，而影響夫妻間對家事分工的因素也不同，但也有一些共同因素可供參考，如：教育、收入、性別態度，以及孩子的年齡。舉例來說，妻子的教育程度及收入愈高，則做的家事愈少；對性別角色比較持傳統觀點的夫妻，在家事分工上也愈不平等；擁有年紀愈小的孩子，妻子所做的家事也相對比丈夫來得多。Pittman 和 Blanchard（1996）發現，年紀較長才結婚的女性所做的家事會比較少，那是因為這些女性擁有的孩子數較少，另一個原因則是，這些女性原本就有一份工作，並在婚後仍持續地投入職場

中，因此觀之，女性的就業對男性而言，應是增加了丈夫幫忙做家事的工作量。然而事實上，對很多投入職場的全職女性來說卻仍然要做大部分的家事，除非妻子在其性別態度上反傳統或其所屬的工作是全職性質，否則丈夫對家事的低參與感往往會形成對妻子在心理上的不支持（Pina & Bengtson, 1993）。

對做家事持有抗拒心理的女性，必須解開自己心中對家事的負向情緒，努力擔負起照護家庭的責任。例如，當她在煮飯拖地時，可以象徵性地告訴自己「我正在照顧某一個人」，如此一來心理的不平衡比較能獲得釋懷。而當配偶願意分擔家事時，對另一半也會形成「我正在被人照顧」的心理意義（Hochschild & Machung, 1989）。當妻子對家事負擔過重時，一個可以放鬆的方式是藉著外出用餐來調適心理壓力。外出用餐對於家庭中的每個成員都有其正面意義，雖然它不省時，卻能帶來快樂，改變生活步調，使人放鬆心情。另一方面來說，當妻子的收入用在家庭支出時，也更能使女性在家事責任上獲得解放。

男性和女性對家事參與的發展差異與年紀和時間效益有關係。Coltrane及 Ishii-Kuntz（1992）研究指出，男性在二十八歲之後才擁有第一個孩子，明顯地會做更多的家事。此發現意謂，當夫妻之間延遲成為父母親角色時，男性更能安排自己的工作計畫表，也會花更多的時間和妻子商議如何做家事。五十歲之後，當孩子慢慢離家，男性則會更投入家事的參與，但傳統的年老女性仍持續擔負著主要責任，而當男性退休後，他們也會做更多的家事。然而，這並不是女性所期待或指望的，當女性退休之後，會比男性更投入在家事工作上，儘管女性一再感受到家事的枯燥、卑微，及孤立的一面，也有為數不少的女性抱怨男性在年老後入侵了她們的生活，那似乎在說「在艱困的數年中，沒有你的幫忙，我也可以做得好好的，現在更不需要你的幫忙了」。大部分年長的女性對家事和責任能與先生公平分配是相當高興的，尤其在退休之後，婚姻生活的快樂與夫妻能否共同參與決定、一起分享、表現男女的公平性是有很大的關係。

無論如何，在家事的處理上，女性是很難跳脫社會規範的，做家事常

被視為是對家庭的付出和照顧。某些女性之所以能享受做家事，主要是因為它有一個強大的動力資源，即家務管理者能使家庭成員心裡所想的和計畫一一獲得實現。儘管女性在教育及收入漸漸與男性取得相同地位，然而在家事分工卻仍呈現不均衡狀態。因此，雖然女性認為這種情況是不公平的，卻也不會造成婚姻的衝突，一方面可能是某些女性在家事管理中擁有高度價值感，比起共同分擔和分派家事而言，女性可以比較不需商議和妥協，她可以從家事中，決定哪些事該做？誰該做？並從中享受自我做決定的快樂與滿足感。另一方面，女性往往比男性更重視家庭的功能與和諧，因此，女性對傳統性別認同感較高，容易將自己界定在家事管理和照顧孩子的角色。因此，她們的責任是無形的，也就無法像工作一般來下定義。

無論如何，家事工作存在著許多職場上所沒有的附加壓力與價值，如：瑣碎、沒有地位，以及似乎無所事事的感覺。因此，不論是哪一方都應該以一種肯定的態度來支持負責家事工作者。

三、男性的新選擇

現今某些男性已漸漸揚棄把工作成就當作是成功的最終指標。願意選擇比較不具有競爭性的工作，而可以把較多時間花在陪伴家人身上的男性，通常是把家人的需求看得比個人事業成功來得更重要的人。然而，一些男性仍堅持在工作與家庭中抗爭到底，但是盡量減少工作的時間，以期有更多時間參與家庭活動。對男性而言，願意完全放棄工作，留在家裡專心成為家庭主夫者畢竟是少數，這樣的人口大約只占 2%（Hochswender, 1990）。

年輕的男性之所以願意待在家裡成為家庭主夫者，其原因可能包括：失業、健康狀況不佳、充滿空想、對過度競爭的工作環境不滿意、想花較多的時間來陪伴子女，或成全妻子想成為全職工作者的願望。像此種男性成為家庭主夫的情形只會被稱作角色逆轉（role reversal），而非一般家庭的正常狀況。

　　許多男性往往受限於社會規範，認爲要賺比女性更多的金錢，而無法有較多時間來陪伴家人。縱使男性的價值觀想把家庭擺在第一位，基於整個家庭的利益及經濟考量，社會觀念仍鼓勵丈夫把時間投注在事業上。儘管社會規範的限制對於兩性在家庭分工的選擇上仍具有相當大的影響力，然而也有愈來愈多的男性漸漸擺脫傳統的束縛，雖然還未完全揚棄「男主外，女主內」的傳統觀念，但也踏出了一大步，願意接受幫忙妻子整理家務以及照顧小孩的觀念，而成爲讓人稱讚的「新好男人」或甚至是「超級奶爸」。不管男性的新選擇爲何，只要當事人全心投入，儘管不符合傳統社會的期待也都應予以肯定。

本章摘要

　　美國的知識份子及中產階級強調的是平權型的婚姻關係，意即夫妻間應享有五十對五十的平等權力。然而，即使夫妻雙方眞的擁有平等的權力，並不表示他們在做每個決定的過程都能共同的分享。

　　衝突理論認爲人與人之間的權力互動不會是完全均等的，總有一方的權力高於另一方，而團體中也一定存在支配者與被支配者這二種角色，所以衝突的發生是必然的現象。如果把衝突理論的看法運用在婚姻關係裡，那麼夫妻間的衝突就是非常正常的了。然而，如果爲了贏得控制權，卻和另一半因此而愈來愈疏遠，或引發生氣及敵對，甚至破壞了彼此的關係，這樣就算獲得了控制權又有什麼意義？只有當雙方達到某一平衡的權力關係時，才會有較高的婚姻滿意度。然而每個人對何謂平衡的權力關係的看法卻是因人而異的。婚姻中一旦產生不平等的權力關係很容易就會發生玩弄權力的情形，一方會試圖獲取權力以達到控制另一方的目的，即使是平權型的婚姻關係一樣會出現此種情形。爲了避免權力的玩弄，「權力中和」是終止無窮盡權力玩弄的一種方法。

　　日常生活中有很多瑣事是不能選擇卻必須要做的，例如，做家事並非

是一項令人喜歡的工作。因此，無論是男性或女性，對做家事總持著觀望，或望之卻步的態度。無論如何，家事工作存在著許多職場上所沒有的附加壓力，如：瑣碎、沒有地位及似乎無所事事的感覺。因此，那些不參與做家事的男性應該以一種肯定的態度來支持其配偶。

研究問題

一、「權力使人腐化」是一句十分耳熟的話，然而爲什麼有些人仍然汲汲
　　於追求權力？

二、有哪幾種理論可以用來解釋夫妻間權力的分配？試舉例說明之。

三、夫妻間權力策略的運用目的爲何？又有哪些種類的權力策略方式？

四、試舉例說明家事分工的理論，盡量以您個人的家庭爲例來闡述之。

五、在家中大小事情的決定（decision-making），您個人是否贊成夫妻之
　　間有一方可擁有最高（最終）的決定權？並請提出您的看法與理由。

參考文獻

Bach, G. R. & Wyden, P. (1970). *The intimate enemy: How to fight fair in love and ma-rriage*. New York: Avon.

Becker, G. S. (1991). *A treatise on the family* (2nd ed.). Cambridge, MA: Harvard University Press.

Blood, R. O., Jr., & Wolfe, D. M. (1960). *Husbands and wives: The dynamics of married living*. New York: Free Press.

Chafetz, J. S. (1988). The gender division of labor and the reproduction of female disadvantage：Toward an integrated theory. *Journal of Marriage Issues, 9*, 108-131.

Coltrane, S., & Ishii-Kuntz. M. (1992). Men's housework: A life course perspective. *Journal of Marriage and the Family, 54*(2), 43-57.

Doherty, W. J. (1981). Locus of control differences and marital dissatisfaction. *Journal of Marriage and the Family, 43*, 369-377.

Enns, C. Z. (1988). Dilemmas of power and equality in marital and family counseling: Proposal for a feminist perspective. *Journal of Counseling and Development, 67*, 242-248.

Falbo, T., & Peplau, L. A. (1980). Power strategies in intimate relationships. *Journal of Personality and Social Psychology, 38*, 618-628.

Feldman, S. S., Wentzel, K. R., & Gehring, T. M. (1989). A comparison of the views of mothers, fathers, and preadolescents about family cohesion and power. *Journal of Family Psychology, 3*, 39-60.

Gillespie, D. (1971). Who has the power? The marital struggle. *Journal of Marriage and the Family, 33*, 445-458.

Gray-Little, B. (1982). Marital quality and power processes among black couples. *Journal of Marriage and the Family, 44*, 633-646.

Hardesty, C., & Bokemeier, J. (1989). Finding time and making do: Distribution of household labor in nonmetropolitan marriages. *Journal of Marriage and the Family, 51*, 253-267.

Henggeler, S.W., Edwards, J., Hanson, C. L., & Okwumabua, T. H. (1988). The psychological functioning of wife-dominant families. *Journal of Family Psychology, 2*, 188-211.

Hiller, D.V., & Philliber, W. W. (1986). The division of labor in contemporary marriage: Expectations, perecptions, and performance. *Social Problems, 33(3)*, 191-201.

Hochswender, W. (1990). For today's fathers, their holiday seems a bit set in its ways. *New York Times*, June 17.

Kipnis, D. (1984). The view from the top. *Psychology Today, 18*, 30-36.

LaRossa, R. (1977). *Conflict and power in marriage: Expecting the first child*. Newbury Park, CA: Sage.

Madden, M. E., & Janoff-Bulman, R. (1981). Blame, control, and marital satisfaction: Wives' attributions for conflict in marriage. *Journal of Marriage and the Family, 43*, 663-674.

McDonald, G.W. (1980). Family power: The assessment of a decade of theory and research, 1970-1979. *Journal of Marriage and the Family, 42*, 841-854.

Monroe, P. A., Bokemeier J. L., Kotche, J. M. & McKean, H. (1985). Spousal response consistency in decision-making research. *Journal of Marriage and the Family, 47*, 733-738.

Pina, D., & Bengtson, V. (1993). The division of household labor and wives' happiness: Ideology, employment and perceptions of support. *Journal of Marriage and the Family, 55(4)*, 901-912.

Pittman, J., & Blanchard, D. (1996). The effects of work history and timing of marriage on the division of household labor: A life course perspective. *Journal of Marriage and the Family, 58*, 78-90.

Rice, F. P. (1993). *Intimate relationship, marriages, and families*(2nd ed.).Mountain View, CA: Mayfield publishing Company.

Rodman, H. (1972). Marital power and the theory of resources in cultural context. *Journal of Comparative Family Studies, 3*, 50-69.

Safilios-Rothschild, C. (1970). The study of family power structure: A review 1960-1969. *Journal of Marriage and the Family, 32*, 539-543.

Safilios-Rothschild, C. (1973). Patterns of family power and influence. In A.V. Kline and M. L. Medley(eds.), *Dating and marriage*(pp.292-304). Boston: Holbrook.

Safilios-Rothschild, C. (1976). A macro-and micro-examination of family power and love: An exchange model. *Journal of Marriage and the Family, 37*, 355-362.

Sexton, C.S., & Perlman, D. S. (1989). Couples' orientation, gender role orientation, and perceived equity as determinants of marriage power. *Journal of Marriage and the Family, 51*, 933-941.

Stewart, A. J., & Rubin, Z. (1976). The power motive in the dating couple. *Journal of Personality and Social Psychology, 34*, 305-309.

Waller, W.(1951). The family: A dynamic interpretation. New York: Dryden.

Walster, E., Walster, G., & Berscheid, E. (1978). *Equity theory and research*. Boston: Allyn and Bacon.

Warner, R. L., Lee, G. R., & Lee, J. (1986). Social organization, spousal resources, and marital power: A cross-cultural study. *Journal of Marriage and the Family, 48*, 121-128.

第六章　　家庭中的危機、衝突與溝通

　　「最近比較煩，比較煩，比較煩……」，當這首能引人迴響的歌再度在耳畔響起時，相信某些人一定心有戚戚焉。煩什麼呢？生活中其實暗藏了許多潛在的壓力與危機。結婚、生子、工作、離婚、再婚、退休，以及喪偶，這是一連串每個人都可能經歷的事件，而且可能因為此事件而帶來家庭生活的危機。所謂「知己知彼，百戰百勝」，面對這些「宜解不宜結」的家庭危機，事前如果對這些家庭危機的激發事件有清楚的認知與規畫、累積自己的資源、擁有一顆積極樂觀的心、並熟知各種增進溝通的技巧，相信必能化危機為轉機，並再度高唱「不煩！不煩！」

第一節　　家庭壓力與危機

　　家庭壓力是指一種緊張的狀態，當家庭的資源負荷不了需求時就會產生壓力，持續的壓力非但破壞家庭和諧的氣氛，同時也擴大家庭成員彼此間的隔閡。要解決家庭所遭遇到的壓力僅是依賴資源的增加、外人的幫助，或逃避責任是不可能的，重要的還是須從社會心理學的角度來解決，即家庭成員彼此情感的表達與支持、具幽默感、建立家庭共同的儀式以抵

銷衝突所帶來的對立。建立幸福快樂的家庭，必須透過雙向互動的支持關係。毫無壓力的家庭生活是神話，因此，如何有效的面對家庭壓力及處理危機就顯得特別重要。

危機是壓力的另一種形式，它包含了三個主要的概念：(1)改變；(2)轉捩點：危機 vs.轉機；(3)相當不穩定的時期（Lamanna & Riedmann, 1994）。所以危機是指當事件產生重大改變後，所引起的一段不穩定的時期。危機之所以常被視為一轉捩點，是因為它可能產生正面或負面的影響，如導致某一家庭嚴重的創傷，或提供另一個家庭成長的機會，增進家庭的力量及凝聚力。

危機一旦產生，家庭成員必須改變其思想與行為以符合新情境的需求。長時間居住在一起的人們會發展出一套適應關係的模式，如角色關係，以及對彼此的期待，任何干擾這種期望的改變都會破壞原有的關係而產生危機。危機所帶來的影響可能是重大的、不可預期或不幸的，如子女死亡、配偶罹患重大疾病、家中失去主要的經濟來源、未婚懷孕……，這些改變都會促使家庭成員重新思考以面對所發生的問題。然而，正向的改變也會產生危機，沒有預期或太過突然的改變往往讓人不知所措，如因升遷搬到一新環境也必須花一段時間重新適應新的人、事、物。由於每個人對壓力的認知及定義皆不同，因此，不同種類及程度的壓力源對每個家庭所造成的影響亦不同。

一、危機生活事件的概念

當我們討論到發展的問題時，浮現在一般人腦海中的概念大多是指隨著時間持續改變的過程。就長遠而論，發展心理學把人類的發展以出生和成年當作二個主要的區隔點，直到最近，人們才賦予發展另一個新的概念。因為成年並無法代表發展的完成，發展應該是包括從成年到老年持續成長的過程。

在生命的過程中，每個人或多或少都會遭遇到一些重大事件，而對未

來的生活產生影響（如重要他人的死亡，或子女的出生等）。首先，事件
一詞意涵某事在時間及內容上異於日常生活而且需要人們處理，以及事件
所帶來的後果。通常人們在面對壓力時可能採取的策略也常因人而異。如
有人是屬於行動取向，在遇到危機事件時，可能會藉由蒐集更多的訊息，
以獲得更進一步的知識，或試圖從不同的觀點看問題，進而找出解決問題
的其他替代方案；有人則是利用人際資源來解決問題，例如在困難的時刻
找朋友商量；然而也有人是屬於非解決問題取向，也就是以逃避的方法來
面對危機事件。

　　危機生活事件之所以有潛在的危機，是因爲它可能導致未來生活上的
改變，此改變可能是重大的或微小的，正面的或負面的影響。因爲事件本
身的類型、個人人格特質的差異、個人所覺知的壓力事件，以及個人所選
擇的策略不同，因此，危機生活事件對每個人所產生的壓力亦不相同。

二、壓力源（*stressor*）的特徵

　　要知道因壓力所產生的危機，不能不先了解壓力源的特徵。關於壓力
源的特徵主要有以下四項：

㈠可預期的（規範）vs.不可預期的（非規範）

　　可預期的壓力源是指幾乎會發生在每個人身上的，如親職身分的改
變、子女的出生、退休、喪偶、遷徙、改變職業；不可預期的壓力源如失
業、暴力、酗酒、心理疾病、重大變故、外遇以及身體傷殘。不可預期的
壓力通常比可預期的壓力更容易導致家庭危機或家庭解組。如年老死亡是
可預期的，但嬰兒的早夭是不可預期的；子女的出生一方面是可預期的，
但另一方面出生後帶有重大缺陷則是不可預期的。

㈡短期的 vs.長期的

　　長期的壓力，如家庭中有嚴重障礙兒的出生或家人患有不癒之症，其

所帶來的壓力往往比因離婚或失業所帶來的壓力更難處理與評估。因而在面對長期的壓力情境時，常常需要有一套新的法則與適應之道。

(三)內部的 vs.外部的

壓力源可起因於家庭內部或家庭外部，內部的壓力有酗酒、賭博、遺棄、家庭發生劇變；而有些危機是來自於家庭外部，如龍捲風、地震、水災、戰爭、經濟不景氣所引發的工廠關閉。通常一個家庭遇到外部壓力時，會增進家庭的凝聚力使全家更加團結起來共同抵禦外力，但內部的壓力嚴重者卻可導致家庭的分裂，因為內部的壓力源大都由個人本身的因素所造成，家庭其他成員可能會因此責難對方為家庭所帶來的災難，一旦把焦點放在責備某人身上將使家庭間溝通的能力減弱，而加重家庭間的壓力。然而有些壓力源是模糊不清的，如失業可能是本身工作不勤快所造成的，也可能是受經濟不景氣的非個人因素所影響。

(四)自願的 vs.非自願的

死亡一事很明確是屬於內部的壓力，但它卻也可以同時屬於非自願或自願的壓力：如壽終正寢是非自願的，但自殺是自願的選擇。另外，身體上的疾病大都是屬於非自願的，但假如某人不願接受適當的預防治療以致延誤或阻礙病情的治療，那麼此時身體的疾病就是屬於自願的。在大部分離婚的案例中，都有一方是發起者，即主動提出離婚要求者。對發起者而言，離婚事件所導致的壓力是自願的，因此，其帶來的壓力會較小。

有些壓力是不易明確劃分的，而且它可能因為和某一壓力的結合而導致另一個壓力的產生，尤其是當各種不可預期的壓力結合後，其產生危機的程度更高。壓力或許並不如我們預期中那麼容易處理，但可預期的、短期的，以及外部的壓力都比較好處理。暫且不管壓力情境是否獲得改善，是漸趨穩定或更加惡劣，但悲傷的情緒通常會隨時間而降低。

三、家庭危機的激發事件

家庭中危機的激發事件（precipitation event），係指能激發家庭危機的任何潛在因素。壓力源在種類及程度上都可能有所不同，然而它們的本質仍是一樣的，都是影響家庭如何回應危機的一個重要因素。生活不可能永遠風平浪靜，偶爾還是會有些狂風驟雨，因而生活中所發生的任何事情，都有可能是家庭危機的激發事件，以下將一一探討家庭危機的激發事件。

㈠失去家庭成員

通常失去家庭成員有二種情形，一是指因死亡或背棄的原因使家庭永久失去某位成員；二是暫時失去某位家庭成員，如生病入院或入監坐牢。

㈡額外的家庭成員

成員的加入或減少都會使家庭界域的範圍產生改變，如新生命的誕生，或因收養、婚姻關係而多出來的家庭成員，有時多出的不僅是一個人而已，可能還包括其整個親族。因新成員的加入帶來不同的社會接觸及生活經驗，可能產生和以前截然不同的家庭氣氛。

㈢突然的改變

大部分的人都認為改變之後的壓力只會造成負面的影響，其實不然。如搬到較好的居住環境、晉升到較高的職位、獲得意外之財等，這些正面的改變也會帶來危機，因為改變之後需要重新適應以面對新的情境，如果在此過程中適應不良，也有導致危機的可能性。

㈣持續未解決的衝突

日常家庭生活事件都可能是潛在的壓力源，有些問題因為超過個人能力解決的範圍或無足夠的資源以應付，這些持續未解決的衝突可能引發或

累積成爲更棘手的問題，而這些問題如果又是發生在有叛逆青少年的家庭，或是離婚的家庭裡，那麼問題將更爲複雜與嚴重。

㈤照顧家中失依或未成年的成員

身心障礙的子女對父母所造成的負擔常會轉換成壓力。邇來因醫療技術的進步，失依或未成年子女的死亡對家庭所帶來的衝擊已不再那麼大。儘管多數的家庭在面對失依的子女仍多求助外面的專業機構，但大部分仍是由家中的親人在負責照顧。

㈥混亂的事件

失業、非預期的懷孕、貧窮、青少年犯罪、犯罪的起訴、賄賂、家庭暴力、疾病、酗酒、吸毒及自殺等，都屬於家庭中突如其來的混亂事件。

無論是正面或負面的改變，輕微或重大的改變都可能破壞個人原本平衡的生活，形成一種壓力的來源。當個人無法有效適應環境的改變時將產生壓力，輕者可能只是引發其情緒上的低落，重者將造成身心上的疾病。因此，如何有效因應壓力實爲一重要的課題。

第二節　家庭危機的來源與解決之道

一、家庭危機與其階段

危機可定義爲重大事件的改變，在這一段不穩定的時期需要重新做決定以適應新的情境，因而危機是影響未來生活重要的轉捩點。家庭系統內部所產生的危機，如親人的逝世、家庭暴力所導致的衝突、離婚、以及酗酒，往往容易使家庭陷入混亂，增加成員間的對立、疏離感和衝突。然而不僅只是嚴重且長期的問題才會對家庭造成壓力，一連串的小事件或不相

關的事件亦會對家庭產生壓力。危機的產生有時候是由一連串家庭成員無法處理的內外部小事情或一系列無間斷的小事件所引起的，社會學家及婚姻諮商家 Broderick 稱這種情形為危機的超載（crises overload）。研究家庭危機的學者 Lavee、McCubbin 與 Patterson（1985）及 Walker（1985）發現，危機的出現、解組及復原是家庭危機重要的三個階段，介紹如下：

㈠第一階段：危機的出現

危機一開始產生時，個人的反應通常是不把它當一回事，認為此種危機不致構成威脅；有些人也可能以否認的態度來面對該事件的存在，認為危機不會降臨在自己的身上，或覺得是訊息錯誤所致，因此仍照往常般生活，好像事情未曾發生過。當漸漸認知到危機出現的事實後，初始的反應是「懷疑」，懷疑它為什麼會降臨在自己身上，並慢慢接受危機存在的事實。

㈡第二階段：解組

家庭危機的第一階段和第二階段最大不同點在於，危機出現的第一階段個人通常是持「懷疑」及「否認」的態度；而面對家庭危機的第二階段，個人則已經開始正視問題的存在，雖然當事者在此階段可能呈現的普遍反應是「該怎麼辦……」、「我不知道該如何做……」，但他已經會慢慢思考解決問題的各種辦法。然而，過度的震撼及懷疑可能使家庭某些功能無法發揮出來，此時，家庭的日常生活及成員的角色會受到極大的衝擊而陷入混亂狀態、家庭和諧的氣氛也會遭到破壞、空氣中瀰漫著緊張的氣息、家庭衝突升高、向心力降低、生氣及憎恨的情緒也通通爆發出來。在危機解組階段，家庭成員和親朋好友的關係也可能受到衝擊，有些家庭甚至會斷絕和朋友的關係或退出社交活動，直到危機結束。每個家庭因應危機的方式都不同，但此種自我孤立的結果，通常會導致家庭比危機發生之前和社會產生更大的脫節。

(三)第三階段：復原

　　所謂「否極泰來」，一旦危機陷入最谷底，事情往往開始好轉，並出現轉機。例如遭遇財務危機的家庭，家庭成員一開始可能會手忙腳亂，不知所措，只要全家人能思考出解決的替代方法（如借貸、賣車子或變賣家中值錢的東西、或家中其他成員外出工作），並共同付諸行動，即使可能遭逢一段時間的危機，但最後整個家庭仍有復原的機會。家庭產生危機後，有些家庭仍會緊密地團結在一起，但其組織或彼此支撐的程度卻不如危機發生之前，也有些家庭則在危機後提高家庭關係的親密程度。家庭重組可能不見得令人滿意，可能比從前更差，也可能較從前好，這都端賴家庭可利用的資源，以及家庭成員的親密度而定。

　　危機的出現、解組及復原雖然是家庭危機重要的三個階段，但因為每個人對危機的定義不同，對某人是重大的危機，對另外一個人而言可能只是芝麻小事。以退休為例，如果當事者對此事能先做好人生的規畫及準備，那麼便能順利度過退休後所帶來的低潮期和空虛感，並再造個人生涯的第二春；反之，若等到退休後才察覺自己整天無所事事，頓時升起一股無用感，那麼不但造成個人的危機，也可能進一步影響整個家庭其他成員，而擴大危機事件的程度與範圍。因此，影響家庭面對危機時所造成的影響須考慮以下幾點：事件的本質、對事件的認知及解釋、危機或壓力產生的程度、以及解決問題可利用資源的多寡。

二、個人生命週期的危機

　　在生命的過程中，每個人都可能經歷結婚、生子、離婚、再婚、退休、以及喪偶，所有的這些轉變也都可能是激發危機的壓力源。如果我們能在還未經歷此事件時就先有一概括的了解，相信必能減緩該事件在完全毫無預期的情境下所帶來的衝擊。

㈠初為父母

子女的出生，尤其是對初為親職没有經驗的父母而言，他們常會為了子女的教養、由誰照顧等問題感到困擾，甚至產生怨懟、迷惘及衝突。家庭的重組始於為人父母認知子女的誕生，重新定義並做適當的調適，而為人父母的調適在整個生命過程都需要持續不斷的修正。

㈡空巢期

「空巢期」（empty nest）是指當子女長大離家後，特別是母親，常有孤單寂寞的感覺，這與婦女更年期（menopausal）的負面情緒反應有關。由於社會型態的轉變，中年婦女有更多投入職場的機會，因此「空巢期」不僅對母親有深刻影響，對父親也是一項挑戰，尤其是對那些年紀較大、子女數不多、與子女有親密關係，或在婚姻關係中較不滿足的父親，影響將更為深遠（Lewis, Freneau, & Roberts, 1979）。中年父母時期是配偶可以把焦點放在對方身上以及調適生活的時期，當配偶有更多的時間、精力及經濟資源投資在婚姻關係時，婚姻滿意度會升高，然而他們也必須面對身體狀況不佳的事實。

㈢退休

由於傳統「男主外，女主內」的角色區分，男性習慣把自己定位於家中的一家之主——主要的麵包賺取者。傳統的男性一旦退休將使他們面臨其角色的失落。一個退休的丈夫可能投注更多的時間與精力在家庭角色上，如當一名好伴侶，或分擔更多的家務事；然而對那些看重工作價值及成就的男人，這樣的改變並不容易。如果男性對其展望及角色定義有較彈性的看法，那麼他的調適會比較容易。對一位長期為全職的家庭主婦而言，一向視家庭為自己全部的地盤，與別人一起分享不是件容易的事，所以有許多家庭主婦並不願先生幫忙做家事。在此情況，女性對角色有更彈性的看法是很重要的，因為讓退休的丈夫參與家裡的活動會讓他覺得自己

還是個有用的人，對女性而言也是一樣。

㈣鰥寡時期

由於女性的平均壽命比男性長，而年紀長的男性再婚率亦比女性高。因此，對某些女性而言，守寡的時間可能比養育子女的時期還長，對鰥夫就不一定了。鰥寡時期始於配偶死亡，經過一段哀悼的時期，隨後對新的、未婚的狀態以及對失落的感覺做調適的過程。配偶的死亡使婚姻的連結關係結束，這通常是很悲慟的一件事。然而我們必須學著去接受最親愛的人的死亡，並自己過生活。鰥寡時期及其他家庭轉變期這些壓力源都是可以預期並事先計畫的，如伴侶事先可以談論要什麼樣的葬禮；一方死亡後財務應如何分配；和子女討論再婚的問題；如果還有未成年子女，也可以討論當父母雙亡時，子女該由誰來照顧。能預期危機的發生或事先的計畫，都是有效應付危機的重要方法。

三、家庭內的危機

上面我們討論的是在個人生命週期中每個人可能面臨的改變與危機，然而我們也知道，家庭並非是一個孤立封閉的單位，它是由家庭成員所構成的一個牽一髮而動全身的生命整體，無法完全脫離社會關係而生存的。所以一旦家庭中個人遭遇到某些危機，它所產生的影響必定是全面而非僅是個人的。下面我們將討論其他層面的家庭危機。

㈠經濟的危機

經濟危機包括因工作的不固定或不確定所帶來的壓力，如失業、降級減薪、人員裁減、退休等。有些人因教育程度不高、缺乏技術、或健康狀態不佳無法賺足夠的錢維持生計，而面臨經濟壓力所引起的重大危機（Chilman, 1991）。經濟壓力的類型大致可分為以下四種：

1. 工作不穩定

即使是在景氣狀況較佳的情況，美國的失業率仍高達勞動人口的5%，因而可預見的是，經濟不景氣時失業率百分比將更高，而受此影響最大的通常是低教育程度者及高年齡層的人口群。失業對個人及家庭的影響部分決定於失業時間的長短、是永久的失業或暫時的被解僱、是否容易找到其他替代的工作、是否為家中唯一的經濟提供者。年輕的夫婦及伴有未成年子女的單親母親也最容易受到失業的影響。

2. 工作不確定

工作不確定是指工廠宣告即將關閉，但不知何時關閉，不知誰被裁員，因為這些不確定的因素，讓人不知道去哪裡或何時該找一份新的工作。

3. 不充分的就業

指大才小用、工作時數及薪資比預期來的少。

4. 收入減少

包括降級後工時及薪資的減少、業績及獎金減少、被迫退休、離婚、或喪偶……，這些因收入減少而引發的經濟危機，其適應之道在於改變生活型態，如減少日常生活開銷、換工作提高收入，或家庭其他成員外出工作。

經濟危機會對個人造成深遠的影響，如失業或工作不確定會導致沮喪、焦慮及心理壓力。Liem 及 Liem（1988）的研究指出，男人的失業和配偶的心理壓力有關。此外，經濟危機對家庭的影響更是既深且廣，如失業常導致家庭的破裂或配偶的仳離，因此，經濟問題是導致離婚不可忽視的重要因素（Johnson & Booth, 1990; Liem & Liem, 1988）。根據 Conger 等人（1990）的研究，因收入減少或經濟壓力所引起的財務衝突和婚姻品質及家庭滿意度呈現負相關，而且先生的心理較不穩定、婚姻關係中有更多的敵對與衝突、缺乏溫暖及支持。可見家庭功能是否正常運作和穩定的工作實有密不可分的關係。

在經濟危機的因應上，每個人對家庭處理經濟危機時所使用的策略都不同，有些人選擇逃避、拒絕相信經濟危機存在的事實、大吃大喝、藉抽菸以釋放壓力。逃避問題的方式雖然可暫時減輕因財務壓力所帶來的衝突，然而它並無法真正解決問題。假如每個人都能發展一套衝突解決或問題解決的技巧，對家庭將會帶來較正面的影響。

面對家庭經濟危機的有效方法是，盡量縮減日常生活的開銷，或延緩購買重大的消費品，如將買新車或做牙齒矯正這些消費暫時擱置一旁。變賣家產以解決經濟危機也是可行之道，有些家庭會租賃房屋，或把小孩委託他人照顧。假如許可的話，借錢或由家中的其他人找份兼差或暫時性的工作、在家自營小事業、找代工貼補家用也都是解決的方法之一。一旦家庭資源都用盡，也可轉而求助於親戚、朋友、同事、鄰居、自助團體，或救助機構。親友所提供的是非正式支持，如金錢、實物、服務、情感支持、托兒、交通、幫忙找工作、提供建議與回饋，通常比專業機構所提供的支持多而且管用。

(二)外遇的危機

大部分的美國人仍然很嚮往婚姻制度，並對配偶保持忠貞的態度，他們認為性關係中的排他性是維繫健康婚姻關係的重要因素（Stayton, 1983）。綜合各位學者的看法（彭懷真，民85；Elbaum，1981；Saunders & Edwards，1984），自一九六〇年代以後，外遇的比例有增加的趨勢，究其原因大致可歸納為以下數點：

1.情感的需要

每個人或多或少都需要情感的支持，小時候情感支持的主要來源是來自於父母親，對某些人而言，外遇主要是在滿足個人的情感需求。例如有戀父情結或戀母情結的人，為了彌補自己在童年時期所缺乏的父愛或母愛，長大後可能會找一位類似自己父母親形象的人來愛他／她。因工作之便，在職場上遇到相似職業興趣的異性也容易彼此受吸引。有些女性因為無法在正常的親密關係中獲得另一半情感的慰藉，一旦在她的工作場合中

有人提供她一個安全的避風港，讓她可以展現女人柔弱依賴的一面時，就可能潛藏了外遇發生的危機。

2.未解決的婚姻問題

外遇是婚姻關係出現問題的一種警訊，日積月累、年復一年未解決的問題最後常常是導致外遇的導火線（簡春安，民80）。再幸福的夫妻難免也會有小爭執發生，而重大的問題通常起因於一系列、累積一段時日未解決的小事情。家庭中未解決的問題可能包括，缺乏溝通、性生活不協調、一方比較占優勢想居主導地位，或無法對另一半表達出心中的情感等。有些人不善於表達自己的情感，或是擔心在配偶面前坦露自己的情感而不被對方重視時所帶來的沮喪和受挫的感覺，因此他們會壓抑自己的情感，最後也將自己心中溫暖情感的頻道關閉起來。事實上，這些人的內心仍是脆弱的，並且希望在夫妻關係中得到另一半的回應與獲得滿足，一旦另一半不了解他的需求，就可能轉而尋求婚姻外的情感關係。有時候婚姻問題是來自於夫妻性生活的不協調，因配偶在性關係中遭遇挫折，只好以婚外性行為來設法獲得滿足。

3.對婚姻的矛盾情感

一些在情感上有困難的人會以外遇當作解決的方法，藉著外遇來逃避問題。例如有些尋求外遇的人是為了逃避婚後必須承擔為夫或為妻一方的責任，但在外遇的關係中卻可享受當情人所能得到的一切利益。而對婚姻持矛盾情感的單身者之所以會和已婚者發生性行為，主要是因為他們可以從不用給與承諾的外遇關係裡得到安全感。

4.樂趣、興奮感

對某些人而言，會藉著秘密的外遇關係中伴隨而來的刺激感而得到樂趣。而會外遇的人主要尋求在多樣化的性行為中所帶來的興奮感與挑戰性。一夜情除了提供興奮感之外，同時也免除了情感上的承諾及伴隨而來的自由（Elbaum, 1981）。當然外遇也有一些風險，如感染AIDS，或破壞當初對婚姻的誓約。有些人則是以外遇來證明個人的魅力，並從中得到自尊與滿足感。

5.放縱的價值觀

有些人縱情於外遇關係中，認爲只要在配偶未發現的情況，或當外遇並沒有傷害到任何人時，他就不把外遇視爲錯誤的行爲，而一旦被人發現受到指責時，不但不承認自己的錯誤，反而會拿過去父權時代妻妾成群的藉口當護身符。而有的人在婚前就有許多性伴侶，甚至延續到婚後，因爲放縱的價值觀正是他們價值系統的一部分。受到國外社會風氣的影響，時下青少年對於性行爲關係也愈趨開放，有許多青少年並不了解性行爲的眞義，而只是跟著別人起舞，放縱自己於情慾享樂之中，一旦此種放縱的價值觀成爲主流，那麼可能會助長外遇之風。

6.別有用心的動機

有人會設法與權高位重的已婚男人或上司發生婚外情，一方面是使個人獲得一份好工作，另一方面則是希望利用外遇關係來懷孕生子藉以扶正自己的身分地位。有些人的企圖可能不僅在於謀得一個好職位，而在於覬覦他人的財富與權力。

外遇是影響幸福婚姻的關鍵因素，然而面對現今外遇比例不減反增的情況下，在此綜合吳就君、鄭玉英（民 76）及 Stayton（1983）所提出的幾項預防外遇之道，提供大家參考。

1.溝通與分享

和配偶常保持公開的溝通，分享彼此的感覺，不管是正面或負面的感覺都能學習清楚的表達出來，讓對方知道你的想法。對於日常生活中所遭遇到的問題，能以理性、溝通的態度共同討論，尋求解決之道。

2.察覺並滿足配偶的需求

在關係中察覺配偶的需求，並盡量滿足彼此在身體、社會、情感及智力上的需求。

3.學習情感的表達

有些人的個性較保守，即使是面對配偶也不敢全然將情感釋放出來。然而，表達溫暖及身體情感有助於親密關係的成長，如擁抱、愛撫、親

吻、親熱，以及身體上的親近都是滿足情感的重要因素。因此，配偶間不宜吝於向對方表達情感上的需求。

4.求助專業的治療師

如果有一些屬於個人人格特質上的缺點，或重大的問題難以解決，不妨陪伴另一半或共同求助於專業的治療師。

5.滿意的性生活

盡量使夫妻間的性行為多樣化與充滿想像力，並關心對方的喜好及慾望，讓性關係變成雙方都滿意的經驗。

6.遵守對配偶的承諾

一旦對配偶所允諾的事，就要盡量做到。而親密的夫妻關係中最重要的，是要遵守對配偶在性關係上的承諾。

7.避免一些容易與異性產生戀情的情境

如果需要和異性做公事的討論，應謹記公私分明的道理，避免出入聲色場所，並避免一對一的約會。

8.以真誠的態度面對問題

當你發現受到配偶以外的其他人吸引時，應以真誠的態度和配偶討論此事。

親密的夫妻關係需要雙方共同努力去維繫，一旦婚姻關係出現裂痕或危機，雙方都有責任。在危機發生之時，如果只會一昧地責怪當事人是於事無補的，最重要的還是需要靠夫妻雙方共同找出問題根源，以同理心的態度為對方設想，如此才是維持長久婚姻關係之計。

㈢家庭暴力與虐待的危機

家庭暴力泛指對家庭裡面的其他成員，以任何激烈或不正當的身體力量所造成的迫害或口語虐待。暴力不見得會導致身體上的傷害，因此，當丈夫在盛怒時丟擲碗盤、破壞家具或擊打牆壁，實際上他或許並沒有傷害到妻子或兒女，但他已經有暴力行為了。

　　家庭暴力一詞一直難有明確的定義，尤其對何謂「正當」或「不正當」的使用武力，其爭論更大。一般對暴力的看法是以暴力行為對配偶或子女產生重大的影響。在社會化的過程，男性常被教導接受暴力，因此，在童年階段的男孩子就被鼓勵以身體力量展現其好戰及攻擊的一面（Scher & Stevens, 1987）。有些男人或女人相信，在某些情況之下，男人打老婆是可以被接受的（Gelles, 1980）。大部分打老婆的施虐者會否認他們打老婆的行徑，這些施虐者慣常的托詞是：「我只不過輕輕地推她一把而已，我並沒有真正傷害她」，然而實際的情形是，許多老婆已嚴重的受到傷害（Szinovacz, 1983）。政府公權力之所以遲遲不願介入家庭糾紛，主要還是在於對何謂「正當」或「不正當」的使用武力一詞無法下一明確的定義（Ford, 1983）。

　　配偶虐待和兒童虐待是家庭暴力中二個範圍更小、目標更明確的議題。兒童虐待的操作性定義包括：身體傷害、照顧失當所引起的營養不良、遺棄、忽視、情緒虐待及性虐待（Hodson & Skeen, 1987; Martin & Walters, 1982）。配偶虐待則包括有：毆打、性虐待及婚姻強暴等（Gelles, 1980）。在 Makepeace（1987）對受害者與施虐者約會暴力的研究指出，一些社會層面的背景因素或問題，極可能隱含了暴力行為，譬如：少數民族、無宗教信仰或不常上教堂者、極低或極高的收入、社會壓力、疏離、破碎家庭、情感疏離、嚴厲的親職、過早的約會行為、學校與職場的虐待問題。

　　家庭暴力的研究指出，有暴力經驗或童年時有受虐經驗的個人和那些童年時期只經驗到一點點小暴力或完全沒有暴力經驗的人相比，前者長大後成為施虐者的機率比後者高（O'Leary & Curley, 1986）。而曝露在暴力環境下的青少年較可能以暴力行為反抗父母（Peek, Fischer, & Kidwell, 1985）。可見暴力代間循環的問題是個相當嚴重且不可忽視的問題。

　　Ulbrich 及 Huber（1981）在一項對有潛在暴力樣本的研究指出，假如男生觀察到父親有毆打母親的行為，他們比較容易接受以暴力行為來對待女人。而暴力行為也不只來自父母，有的甚至是來自於手足間的虐待；同

時，受虐的子女有一些嚴重的情緒疾病產生，如害羞、憂鬱及消極人格。
關於配偶虐待或兒童虐待的處遇，精神病學模式、社會學模式，以及社會
情境模式是三種主要幫助受虐家庭的治療模式。精神病學模式是以個人、
家庭或團體治療為主；社會學模式強調家庭計畫、家庭生活教育及支持性
的服務，如日間托育中心、托嬰學校、家庭服務；社會情境模式則試圖緩
和社會情境中的苦難，及改變家庭成員間的互動形態。

　　一般有關配偶虐待的處遇包括：危機避難所、過度收容所、熱線服
務、警察介入團體、法律介入、受過專業訓練的社工人員介入，以及家庭
治療服務團體。由於一般人仍持有家醜不外揚或不介入他人家庭的觀念，
因而使得許多受虐案件無法被舉發報導出來而影響接受治療的時間。醫療
院所相關人員及一般大眾應改變此種觀念，對於受虐案件有更高的警覺
心，並舉發之以盡可能及早干預此不幸事件的再發生。最近幾年，媒體對
於配偶及兒童虐待事件已投注相當多的心力希望引起大眾的關注，而且也
收到不錯的成效。有關婚姻中對配偶施暴或加以虐待等問題進一步之探究
與分析，可參閱本書第八章婚姻暴力之內容。

第三節　婚姻與家庭的衝突與溝通

　　家是提供人們情感與歸屬感最重要的地方，然而這並不表示家就會永
遠和諧一致、沒有爭執、沒有煩惱與衝突，畢竟這還是多數人理想中的家
庭型式。社會化的過程讓我們尊重衝突的禁忌（conflict taboo），在道德
上總認為衝突是負面的，只有破壞而沒有建設，因而不鼓勵家庭有衝突的
情事發生。事實上，沒有一個家庭從來就不會發生口角與爭執，完全風平
浪靜，衝突之後如果能經由適當的溝通——有建設性的爭執，一樣能使婚
姻與家庭度過危機。

一、婚姻溝通與婚姻品質

　　良好的溝通與婚姻品質的關係到底為何？一九八〇年代的許多研究指出，良好的溝通是促進高品質婚姻的重要因素。事實上，Ting（1983）更進一步指出，溝通是影響婚姻品質的關鍵因素，在影響婚姻品質的眾多因素中，婚姻中的性行為、家庭財務狀況，以及配偶共同花在休閒的時間，溝通對婚姻品質的影響力皆遠遠凌駕於這些因素之上。

　　婚姻的溝通與品質很明顯是相互影響的，我們很難說明何者為因，就如同雞生蛋或蛋生雞的順序問題。一對幸福快樂的夫妻究竟是因他們有良好的溝通才有美滿的婚姻，或是美滿的婚姻使他們有良好的溝通？還是溝通與婚姻品質是一循環的關係，因婚姻幸福所以溝通良好，同時也因溝通良好導致美滿的婚姻？此議題現仍一再被研究，而證據顯示，溝通與婚姻品質二者的關係是相互影響的循環關係，而且是相輔相成的。

二、如何解決婚姻衝突

　　由於婚姻是由二個獨立的個體所組成的，而每個人又有各自的信念、價值、態度以及慾望，所以每個婚姻關係都可能包含不贊同與衝突。因此，接受不同性別角色社會化，以及生長在不同家庭文化的二個人，未來都有產生衝突的可能性，而導致衝突的原因很多，包括：財務分配、到何處度假、與姻親的關係，以及如何教養子女等。

　　婚姻衝突不見得都是不好的，事實上，認知到問題並解決小衝突，例如把問題公開化、澄清對彼此的看法，以及避免使小衝突累積成為大問題等，都對婚姻關係有正面的影響。重要的不是衝突本身的存在，而是配偶如何共同解決它。有些配偶以逃避的方式來解決婚姻中的潛在衝突，意即他們無法面對現實婚姻或家庭中的問題。逃避衝突最後會如何影響婚姻？此影響的程度必須視：(1)誰選擇以逃避做為解決衝突的方法？(2)逃避問題

的時間有多長？有時候配偶雙方會共同以逃避的方法來解決衝突，或是一方選擇以逃避的方法強迫另一方也以逃避來解決衝突。當配偶雙方都決定以逃避的策略解決問題時，對某些婚姻是有利的。但如果一方選擇逃避法而要另一方接受時，可能會威脅到婚姻，此單向的逃避策略實際上會成為另一衝突的來源。

逃避問題解決的時間長短，也是影響長遠婚姻希望的一項重要因素。暫時的逃避問題並不會對婚姻造成負面的影響。然而，無限的逃避問題，以及未解決的婚姻衝突最後常會導致更多的問題。直接面對衝突的配偶比逃避問題的配偶，有較高的婚姻滿意度及較少的問題（Gottman & Krokoff, 1989）。然而面對重大的婚姻衝突並不是一件愉快的事，選擇以公開方式來解決衝突的配偶有時候必須忍受一段短時間並不和諧的婚姻關係，但最後通常會有一個快樂的結局。

到底當配偶面對衝突時，該如何解決。Stover 與 Hope（1993）認為面對衝突只是讓問題浮出檯面而已，但對問題本身並沒有得到一真正解決之道。解決衝突的方法有三：接受合理的差異（acceptance of legitimate differences）、放棄（giving in）及協調（negotiation），分別說明如下：

㈠接受合理的差異

當問題被詳細公開討論後，有些配偶才發現他們生活領域中某些差異一直是沒有獲得解決的。每個人都了解衝突的本質，而且也了解對方堅持己見的原因，然而如果對方仍堅持原先的信念，要協調出雙方都可接受的方式似乎是不可能的。在此情況下，配偶只好「同意不一致」（agree to disagree），即接受對方的觀點是合理的，並學習與差異和平相處。

㈡放棄

解決衝突的第二種方法是配偶一方放棄己見，並接受另一方的意見。當先生發現對太太應做全職或兼差的工作這一件事，如果最後可能導致婚姻的衝突時，先生只好讓步任太太做她盼望的工作。或太太認知本身的宗

教信仰和先生的相比，宗教信仰對自己並不是那麼重要時，太太會順從先生的要求，讓子女參加先生的宗教聚會。放棄的技巧在於非強迫及一方不是被脅迫的情境下自願放棄己見時最為有效。

(三)協調

另一個衝突解決的方法是協調，即共同協調出一個令雙方都能接受的解決之道。Cox（1980）指出，配偶協調時的方式和一組科學家們的科學調查並無太大的差異，其重點在於協調時配偶應特別注意下列諸事項：

1. 認知並定義問題。
2. 提供問題解決的支持情境。
3. 腦力激盪可能的解決方法。
4. 選擇最佳的解決方法。
5. 執行。
6. 評估。
7. 修改解決的方法。

每種關係中都有一些衝突與不一致的地方存在，這是很正常的，因為沒有二個人對每件事的看法皆一致，在生活的過程中一定會累積一些壓力而產生誤解。由於配偶間常常必須做無數的決定，因此有時候只是一個傷害的眼神、一句生氣的話，或一次公然的爭吵都會導致失望、挫折。有些配偶比其他的配偶有更多的衝突；而有些配偶也比其他配偶更能以建設性的解決方式處理衝突。但無論如何，在人類的關係中都有潛在的衝突存在。事實上，愈親密的伴侶，關係滿意度會愈高，但潛在衝突發生的機率也相對的增高（Argyle & Furnham, 1983）。

三、增進婚姻溝通的技巧

溝通是指人們接收訊息的過程，在溝通時除了透露事件本身的內容讓

對方知道外，其實也傳達了個人的感覺、態度，以及信念。溝通的方法不只局限於文字的使用而已，也可以透過傾聽、沈默、眼神、臉部表情、手勢、接觸、身體距離，以及所有其他非言語的線索來收受訊息。

衝突在婚姻關係裡極為普遍，當彼此的依賴愈大，衝突的潛在可能性也愈高。因為住在同一個屋簷下涵蓋了更廣泛的生活層面及問題，而互動也變得愈來愈頻繁，因此意見不同的機會也更大。配偶為了維持良好的婚姻關係，雙方必須有能力做清楚、有效與健全的溝通。溝通的能力並非是與生俱來的，它是一門人人都必學的精緻藝術。以下是婚姻中如何增進溝通的技巧，茲說明如下：

㈠動機、關懷

當配偶願意關心彼此，有意願了解對方時，此時的溝通會是最有效的。溝通本身不僅重要，而且在溝通中，訊息背後的精神、配偶對彼此的感覺、溝通時的聲調、所使用的文字，以及同理心的感覺，都是影響溝通品質的重要因素。一對經常給對方積極正面評論的配偶和一對只給與對方負面批評的配偶相比，前者有較高的婚姻滿意度。此外，支持性的溝通也會刺激彼此的回饋，增進婚姻統整的程度。

㈡自我坦露

親密關係中成功的溝通關鍵在於個人是否有自我坦露的意願，願意冒一些交換私密的風險以建立一個互信互諒、互換情感、以及彼此接受的關係。自我坦露如何影響婚姻滿意度？這必須視配偶雙方對對方的感覺如何。假如配偶一方對另一方的感覺是正面的（如關懷、尊敬、同理心、以及珍惜），那麼自我坦露除了可以增進婚姻的滿意度之外，也會讓自己更富吸引力；愈是開放的表達出正面的感覺，婚姻會較幸福快樂，因為自我坦露可以減少關係中的不確定性。反之，對配偶沒有正面的感覺時，自我坦露並不會促進快樂的婚姻。事實上，當配偶對彼此只有負面的感覺而被鼓勵做深層的自我坦露的溝通時，反而對婚姻狀況沒有幫助。除非個人願

意談論自己的事，否則人們通常無法了解他人的想法。然而在自我坦露時，坦露的深淺、內容、時機，以及方式也是非常重要的。

(三)說得多，不如說得好

談到溝通的問題時，有不少人以為必須把心裡的想法和感受等全部說出來。其實講得愈多並不表示溝通得愈好，尤其是當溝通時彼此惡言相向。配偶間應學習過濾說話的內容，避免出現對關係具有傷害性或破壞性的言語。夫妻相處久了，對於彼此的好惡應有一定程度的了解，大致上可判斷什麼話會激怒對方。

(四)什麼時候說

說話的時機適當與否，影響溝通的效果甚鉅。一般人只顧自己此時此刻的情緒，常為了一吐為快而忽略了聽者此時的心情。溝通意見或討論事情時，要選擇雙方心平氣和的時機，才能產生良好的效果。此外，夫妻間還要學習對配偶的正向行為給與及時的增強，以增加愉快的情緒經驗。「勿以善小而不為，勿以惡小而為之」很適用於夫妻間的溝通。

(五)澄清

溝通中，要特別留意是否充分了解對方的意思。每個人能正確傳遞訊息的能力都不同，有些人的口才較差，所以在溝通時會使用較多的非口語技巧。以下是溝通時如何達到真正澄清目的的一些指引。

1. 避免「雙重訊息」，亦即說是一回事，做又是另一回事，或影射其他人事。

2. 切中問題核心，明確說出自己真正所想的。避免以模糊、曖昧不清、以及非直接的言語來溝通。

3. 避免誇大對方所提出來的議題，或僅是輕描淡寫的帶過。

4. 避免以尖酸刻薄、開玩笑的口氣掩飾真正的情感。「你已經聽過多少次了，我並不是這個意思。我只不過是開開玩笑而已，不要把每件事

都當真」。

5.如果有任何的質疑可以請對方再重述一遍。

6.把焦點放在重要的事情上面，並避免外在事物的干擾以轉移問題的焦點。

㈥當一名好聽眾

心無旁騖、全神貫注的傾聽是婚姻中最基本的溝通技巧。良好的溝通是指開放的傾聽以接收訊息，即專心傾聽對方的談話。找一個安靜不受干擾的地方，面對面坐下來談話有助於彼此的溝通。有的人只是講而不聽，他們只關心自己下面要講些什麼，實際上卻沒有真正聽到對方所講的內容。溝通應該是一種「送」與「收」的雙向互動過程，當配偶急於表達自己的觀點時，常容易忘記聽聽對方的意見與想法而固執一詞，因而夫妻之間的衝突與爭執就無可避免的發生了。請不要在你另一半說話的時候，一味盤算接下去要怎麼講，而應該全神貫注投入另一半的話裡，透過所收到對方傳遞過來的訊息，盡量了解對方真正的意思。在傾聽時不忘表露愛、關懷與尊重讓對方知道，同時避免打斷或批評對方的談話，這樣才能有效的傳達正面的訊息。親密關係的建立在於了解對方內心的想法，而傾聽的技巧有助於真實的關心到對方的觀點。

㈦回饋與互惠

回饋包括對他人所講的話給與回應，並表達自己的感覺與意見。溝通包括發送訊息者、接收訊息者，及訊息本身。訊息的傳遞不僅由其內容及語氣來表達，同時也透過面部表情、手勢這些身體語言。由於僅靠表面言語來判定訊息真實的意義，會錯意的機率仍很大，欲避免這種錯誤可以自己的語句重複對方所說過的話，經由一再核對（check out）的過程了解對方真實的感受，達到澄清問題的目的。

此外，Lamanna 及 Riedmann（1994）還指出九個有助於凝聚爭執的小

技巧，亦即使爭執成為一種有效的，而非破壞性的溝通，讓彼此的關係更為親近，建立彼此的自尊。

1. 傾聽。

2. 彼此坦誠。

3. 使用「我」的敘述句並避免攻擊。

4. 給與回饋並加以核對。

5. 謹慎選擇爭執的時地。

6. 把憤怒放在特定的議題上。

7. 清楚爭執的原因。

8. 有意願自我改變。

9. 不抱持「非贏不可」的心態。

　　每對夫妻都有他們自己的力量與弱點，在親密關係的每一個階段，溝通是非常重要的。婚姻失敗的原因可能起因於婚前不佳的溝通方式而延續至婚後。在各種關係中，衝突是正常的情況，不要為了求表面假象的和諧而忽視問題的存在。經由建設性的爭執，彼此的關係會更親密，心靈也更契合。因此，在溝通的時候，坦誠的技巧、使用「我」的語句代替「你」及「為什麼」、時時給與互惠的回饋、關心彼此、表達正向的情感、願意以同理心的態度了解對方、有意願自我坦露感覺及想法、正確的表達出個人的態度、感覺及想法，並當一名好聽眾，這樣才會有雙贏的結果。

本章摘要

　　危機包含了三個主要的概念：(1)改變；(2)轉捩點：危機 vs.轉機；(3)相當不穩定的時期。所以危機是指當事件產生重大改變後，所引起的一段不穩定的時期；危機之所以常被視為一轉捩點，是因為它可能產生正面或負面的影響，如導致某一家庭嚴重的創傷，也可能提供另一個家庭成長的機

會，增進家庭的力量及凝聚力。

　　壓力源的特徵大致可分為：可預期的（規範）vs.不可預期的（非規範）、短期的 vs.長期的、內部的 vs.外部的、自願的 vs.非自願的。有些壓力是不易明確劃分的，而且它可能因為和某一壓力的結合而導致另一個壓力的產生，尤其是當各種不可預期的壓力結合後，其產生危機的程度更高。壓力或許並不如我們預期中那麼容易處理，但可預期的、短期的，及外部的壓力都比較好處理，暫且不管壓力情境是否獲得改善，是漸趨穩定或更惡劣，但悲傷的情緒通常會隨時間而降低。壓力源在種類及程度上都不同，然而它們的本質是一樣的，都是影響家庭如何回應危機的一個因素。無論是正面的或負面的改變，輕微的或重大的改變都可能會破壞個人原本平衡的生活，而形成一種壓力的來源。許多研究家庭危機的學者都發現，危機的出現、解組及復原是一般家庭在因應危機時三個很重要的階段。

　　在個人生命的過程中，每個人都可能經歷結婚、生子、離婚、再婚、退休及喪偶，所有的這些轉變也都可能是激發危機的壓力來源。如果我們能在還未經歷此事件時就先有一概括的了解，相信必能減緩該事件在完全毫無預期的情境下所帶來的壓力。

　　即使最不幸的家庭危機，除了帶來負面的結果之外，也有其積極正向的一面。一個家庭是否能從危機中抽身而退，是否能因此次的危機讓家庭成為支持個人強而有力的資源，讓家庭成員更有向心力與認同感，取決於個人如何定義家庭危機的情境，而後是全家人是否能做到公開、支持的溝通，角色的改變是否彈性，及外在資源的多寡。危機不見得只有負面的影響，處理得當一樣可以化危機為轉機。

　　家是提供人們情感與歸屬感最重要的地方，然這並不表示家就會永遠和諧一致、沒有爭執、沒有煩惱與衝突，畢竟這還是多數人理想中的家庭型式。社會化的過程讓我們尊重衝突的禁忌，在道德上總認為衝突是負面的，只有破壞而沒有建設，因而不鼓勵家庭有衝突的情事發生。事實上，沒有一個家庭從來就不會發生口角與爭執，而完全風平浪靜，衝突之後如果能經由適當的溝通——有建設性的爭執，一樣能使家庭度過危機。

研討問題

一、試說明哪些激發事件可能導致家庭危機？面對此一狀況時，您又有何處遇之道？試分別敘述之。

二、請舉生活實例來詳細說明家庭適應危機的三個階段。

三、在婚姻關係中總有一些無可避免的衝突，當您面對這些婚姻衝突時有何因應策略？試簡要說明之。

四、溝通是一門人人必學的精緻藝術，您認為有哪些技巧可以增進婚姻與家庭的良好溝通？試分別說明之。

參考文獻

一、中文部分

吳就君、鄭玉英（民 76）：家庭與婚姻諮商。台北：國立空中大學。

彭懷眞（民 85）：婚姻與家庭。台北：巨流圖書公司。。

簡春安（民 80）：外遇的分析與處置。台北：張老師文化股份有限公司。

二、英文部分

Argyle, M., & Furnham , A. (1983). Sources of satisfaction and conflict in long-term relations. *Journal of Marriage and the Family, 45*, 481-493.

Chilman, C. (1991). Working poor families: Trends, causes, effects, and suggested policies. *Family Relations, 40*, 191-198.

Conger, R. D., Elder, G. H., Jr., Lorenz, F. O., Conger, K., Simons, R. L., Whitbeck, L. B., Huck, S., & Melby, J. N. (1990). Linking economic hardship to marital quality and instability. *Journal of Marriage and the Family, 52*, 643-656.

Cox, F. D. (1980). *Human intimacy: Marriage, the family, and its meaning.*(5th ed.). St. Paul, MN：West.

Elbaum, P. L. (1981). The dynamics, implications and treatment of extramarital sexual relationships for the family therapist. *Journal of Marital and Family Therapy, 7*, 489-495.

Ford, D. A. (1983). Wife battery and criminal justice: A study of victim decision making. *Family Relations, 32*, 463-469.

Gelles, R. J. (1980). Violence in the family: A review of research in the seventies. *Journal of Marriage and the Family, 42*, 873-885.

Gottman, J. M., & Krokoff, L. J. (1989). Marital interaction and satisfaction: A longitudinal view. *Journal of Consulting and Clinical Psychology, 57*, 47-52.

Hodson, D., & Skeen, P. (1987). Child sexual abuse: A review of research and theory with implications for family life educators. *Family Relations, 36*, 215-221.

Johnson, D. R., & Booth, A. (1990). Rural economic decline and marital quality: A panel study of farm marriages. *Family Relations, 39*, 159-165.

Lamanna, M. A., & Riedmann, A. (1994). *Marriages and families: Making choices and facing change*(5th ed.). Belmont, CA: Wadsworth.

Lavee, Y., McCubbin, H. I., & Patterson, J. M. (1985). The double ABCX model of family stress and adaptation: An empirical test by analysis of structural equations with latent variables. *Journal of Marriage and the Family, 47*, 811-825.

Lewis, R. A., Freneau, P. J., & Roberts, C. L. (1979). Fathers and the postparental transtion. *Family Coordinator, 28*, 514-20.

Liem, R., & Liem, J. H. (1988). Psychological effects of unemployment on workers and their families. *Journal of Social Issues, 44*, 87-105.

Makepeace, J. M. (1987). Social factor and victim-offender differences in courtship violence. *Family Relations, 36*, 87-91.

Martin, M. J., & Walters, J. (1982). Family correlates of selected types of child abuse and neglect. *Journal of Marriage and the Family, 44*, 267-275.

O'Leary, K. D., & Curley, A. D. (1986). Assertion and family violence：Correlates of spouse abuse. *Journal of Marital and Family Therapy, 12*, 281-289.

Peek, C. W., Fischer, J. L., & Kidwell, J. S. (1985). Teenage violence toward parents：A neglected dimension of family violence. *Journal of Marriage and the Family, 41*, 1051-1058.

Saunders, J. M., & Edwards, J. N. (1984). Extramatrital sexuality: A predictive model of permissive attitudes. *Journal of Marriage and the Family, 46*, 825-835.

Scher, M., & Stevens, M. (1987). Men and violence. *Journal of Counseling and Development, 65*, 351-355.

Stayton, W. R. (1983). Preventing infidelity. *Medical Aspects of Human Sexuality, 17*, 36c-36d.

Stover, R. G., & Hope, C. A. (1993). *Marriage, family, and intimate relations*. Fort Worth, TX: Harcourt Brace Jovanovich.

Szinovacz, M. E. (1983). Using couple data as a methodological tool: The case of marital violence. *Journal of Marriage and the Family, 45*, 633-644.

Ting, T. S. (1983). An analysis of verbal communication patters in high and low marital adjustment groups. *Human Communication Research, 9*, 306-319.

Ulbrich, P., & Huber, J. (1981). Observing parental violence: Distribution and effects. *Journal of Marriage and the Family, 43*, 623-631.

Wlaker, A. J. (1985). Reconceptualizing family stress. *Journal of Marriage and the Family, 47*, 827-837.

第七章　外遇、分居、離婚與再婚

　　人們將逐漸進入「一生多次結婚」的社會轉變，婚姻不再是一生一世、長相廝守的愛情理想。最近，法務部因應社會變遷，修正及新增了民法親屬篇的條文，關於離婚方面，其中最重要的精神則是「使離婚更容易些」（引自中國時報，民國八十九年一月十二日三十三版）。對部分人們而言，婚姻已不是一個沒有終點的跑道，而是一個可以分享快樂的過程。兩個人一起相處得愉快，便繼續攜手前行長長久久；若在婚姻的跑道上跌跌撞撞、無法踏出共同的步伐時，兩個人分手各自離開跑道，也不再是難以啟齒的社會責難了。然而，當人們開始容易走出婚姻時，將對想加入婚姻的人們產生什麼樣的影響？而對兩性互動日趨頻繁、平均結婚年齡升高、子女生育率下降的台灣社會，又將造成何種衝擊呢？

第一節　外遇與分居

一、外遇的情況

　　當人們進入婚姻時，絕大部分男女仍對性的忠貞保持一定的承諾，且對於夫妻間性的獨占性仍保持高度的肯定，這也是確保雙方婚姻關係的重要關鍵。然而在近代工商社會高度發展與家庭功能逐漸的式微，婚外性行為比率卻有逐漸升高的趨勢。一般而言，社會制度為了鞏固現存一夫一妻的婚姻體制，多對男女婚姻以外的性關係採取反對及抵制的態度，但從近代學者的研究統計數字來看，外遇情況卻有逐年攀升的趨勢。台灣本土的研究中，外遇現象也往往被歸納為破壞婚姻關係的首因，也是婦女在婚姻關係中最擔憂發生的事。

　　所謂「外遇」（extramarital sexual relationship），乃泛指婚姻中夫妻一方情感有所轉移；而狹隘的定義則認為，當婚姻一方與配偶以外的異性發生性關係時，就構成外遇的事實（簡春安，民 80）。此外，吳就君認為，男女的愛情是一對一、具有排他性的，當第三者介入婚姻時，便是對二人世界的排他性構成挑戰（吳就君、鄭玉英，民 76）。從多數的定義看來，「性關係」已成為外遇關係的必要條件，但面對沒有涉及肉體關係的「精神性外遇」時，卻往往不是在此定義下所能夠討論出結果的。

　　從美國研究數字來看，大約有 40％到 50％的男性曾經發生過婚外性行為，而女性發生比率相較之下則低得很多。在台灣，對於這樣的統計數據較為少見，但對現代社會來說，外遇問題的普遍性與嚴重性已經是人們可以感受到的事實。外遇情況是如何產生的？為什麼部分婚姻中的人們，會陷入不可自拔的婚外情關係中呢？根據國外學者研究與一般文獻分類，提出以下幾個原因（Rice, 1993; Stover & Hope, 1993）：

㈠個人內在的心理需求

對某些人來說，婚外情無疑是來滿足人格內在的需求，而外遇情況的產生則是個人問題的徵兆。一個女性可能無意識地表現出尋找一個較年長、宛如父親角色般了解她、愛她的男人，而這些正是童年所失落或被拒絕的。另一方面，一個男人可能需要像母親般對待他的女性，因為成長過程中未獲得母愛的滿足。許多職業婦女愛上她們的上司，因為在這種提供依靠的外遇關係當中，女人可以是嬌弱可人的，和獨立自主的工作角色大大相反。

此外，欲在新的愛情中確認自己的吸引力與自信，也往往是引發婚外情的關鍵。一些女性將與已婚男人發生外遇關係視為一種挑戰，因為在現存的社會制度下，這類的愛情更難到手。因此，婚外情可能起因於擔心自我價值與性吸引力的消退，而外遇的事實則變成一種自我的肯定。事實上，一些外遇發生的本質並非在「性」的追求，而是個人欲從另一段重要他人關係中，尋求自我內在的一種慰藉與情愛。

從另一個角度來看，除了情感與性滿足之外，外遇的事實有時候也提供其他的好處，例如獲得一個可依靠的照顧者。當然，也有一些人對照顧的好處沒有興趣，而是想要仰賴某個有權有勢的人。

㈡個人自由的選擇權

有些人並不認為婚外情有何不對，只要他們的配偶沒有發現，或這樣的外遇關係沒有傷害到任何人。一些人在婚前便擁有了很親密的情人，且在各自結婚後繼續維持這樣密切的關係，乃因為這是他們的價值觀所允許的。一些夫妻接受「交換伴侶」的觀念，並且有實際的「換妻」或「換夫」的行為，而如此的性關係則是另一半所知曉的。然而，當這樣牽連複雜的性關係成為情感介入的導火線時，往往便隱藏了對婚姻關係的威脅。

(三)個人所抱持的婚姻觀

　　隨著適婚年齡的不斷提升，以及社會男大女小的婚姻觀念，對某些單身的女性而言，和已婚的男人外遇乃是因為沒有那麼多「理想的」單身男子可以匹配。愈來愈多女人接受高等教育，因而對擇偶條件也有了更多的篩選。然而，當中意的男性多為年齡較長、受高等教育、職業穩定的人時，這些好男人大都已經結婚了！在被迫去選擇較不具吸引力男性的情況下，單身女性寧可選擇已婚的男人。而這樣矛盾的情感，似乎讓自己感覺到「更安全」。從男人的觀點來看，一些已婚男人選擇年輕單身的女性為外遇的對象時，他們也樂意在沒有婚姻責任的情況下，享受性的刺激及情感愉悅的好處。

(四)婚姻中懸而未解的問題

　　另一方面，外遇也可能是顯現婚姻關係中一些未獲得解決的問題徵兆。這些問題可能在幾十年的婚姻中都沒有獲得適當的處理，或者是有關性生活無法協調的問題，一些丈夫在與配偶的性關係中感到挫敗，因而尋求婚姻以外的性滿足感。舉例來說，當配偶習於掌控另一方而導致婚姻衝突時，在缺乏溝通與澄清的情況下，人們壓抑自己的感覺，緊閉起溫暖、情愛等積極的情感，當他們敏感而脆弱的內在無法從婚姻獲得滿足時，逐漸消失愛情及關懷的惡性婚姻關係將逐漸持續。

　　在平穩的婚姻關係中，大部分人對婚外情並沒有多大的興趣，但部分外遇者生理、情感與社會需求都無法在婚姻中獲得滿足，因而容易受到外在提供滿足需求的誘惑，由此推論，他們的婚姻維繫已經破裂，而外遇也正是這個有裂縫婚姻的證據。此外，如果配偶雙方處於敵對關係，則外遇的發生也可能是平衡伴侶間怨恨的方法。因此，婚外情的發生也有可能是呈現婚姻中問題存在的徵兆。有些時候，社會關係、工作環境或個人情緒也有可能引發外遇的問題，例如人們透過工作遇到心儀的異性而相互吸引。

㈤外遇所帶來的刺激感

　　一個新開始的愛情可能比存在的婚姻關係更為有趣而刺激。在一般不被社會大眾許諾的關係中，有一些人尋求婚姻以外性關係與性伴侶換新的刺激感，甚至介入他人的婚姻中，透過已婚者的角色中更增加關係的挑戰性。然而，抱持這種心態所發展出的愛情關係卻是相當危險的，他們可能讓自己身陷極端的情緒化。對某些人來說，在對婚姻承諾與責任的約束下，一夜情提供個人相當的自由及刺激感，然而，這種關係的風險也包括感染 AIDS 或其他性病的威脅。但是，當外遇最初的新鮮感在緊繃情緒的情況下逐漸下降時，若非在外遇兩人間重新建立與加深情感，則外遇關係的情感也終將消耗殆盡。然而，面對已經出軌的婚姻關係而言，更是造成較難彌補的傷害。

　　綜合國內外學者對外遇資料的研究歸納（簡春安，民 80；彭懷眞，民 85；Rice, 1993; Stover & Hope, 1993），不分男女、容易產生外遇的情況如下：⑴在結婚前已有普遍性行為發生，對性觀念較為縱容者；⑵結婚時間較久，對彼此關係產生倦怠感；⑶認為個人婚姻品質已經日趨下降，而無意挽回者；⑷與配偶性生活品質較差者；⑸個性較自主而獨立的人；⑹對外遇關係感到新奇而不排斥，且容易模仿外遇情況者；⑺透過工作場所相處，與熟識同事之間產生情愫。Norman Goodman 認為（陽琪、陽琬譯，民 84），兩性產生婚外情的背景有相當的差異性。男性的外遇對象多半比自己年齡小或相當者，而女性則喜歡尋找比自己年齡稍長者；男性被外遇的吸引多是基於另一方有趣的談吐、美貌，以及性愛的新鮮感與好奇心理，而女性則通常在找尋另一段情感慰藉的溫馨感受。由此可知，男女發生外遇情況時，內在心理需求並非站在同一個基點上。

　　因此，引發外遇關係的理由不一而足，經過國外研究歸納原因包括（Rice, 1993; Stover & Hope, 1993）：

　　㈠個人欲在婚姻關係外追求多樣化的性經驗，而不同對象則提供相當的

刺激性及樂趣。

㈡對目前婚姻關係無法感到滿足的人，則更容易向外在追尋其他的親密
關係，甚至對配偶以外親密關係的體驗感到好奇而使然。

㈢某些人在婚姻中無法感受到愛情，因而轉向其他親密關係且渴盼未被
滿足的內在需求。另一方面，也有人將婚外性行為視為娛樂性經驗，
以為不致威脅到個人的婚姻。

㈣個人與異性朋友的友誼關係擴展成另一段情感，進而催化成為配偶以
外的親密關係。

㈤在部分情況下，外遇情況的產生則是針對配偶報復或反叛的心理，或
者是基於配偶在婚姻中所犯錯誤的懲罰。

此外，綜合國內學者學理上的探討（吳就君、鄭玉英，民 76；彭懷
真，民 85；簡春安，民 80），以為外遇現象的產生不外乎下列四項婚姻中
的主要因素所導致：

㈠夫妻性格在婚後生活無法協調，甚至產生認知觀念的衝突。

㈡婚姻中夫妻角色扮演無法取得共識。

㈢平日生活夫妻溝通不良，當遭遇困境時，更顯處理問題技巧不足。

㈣夫妻性生活不美滿，間接造成對親密關係產生不滿心理。

無論外遇的親密關係看起來是多麼美妙，它對單身女性仍是一個危
機。在區分外遇的階段中，外遇初始的「甜蜜期」，雙方盡可能忘記社會
道德的束縛與對原配偶的罪惡感，只享受此時此刻的浪漫，而這段「只在
乎曾經擁有」的親密關係也必須保持它的隱密性，兩個人往往刻意約定不
在公開場合一起出現。漸漸地，當外遇的一方希望能夠確定這段愛情「天
長地久」的承諾時，也就進入外遇「轉型期」的階段。雙方必須開始處理
相處時間、活動，以及彼此聯絡的問題，並面對愛情以外社會背景差異的
種種問題。此時，外遇一方開始顯露出對愛情的排他性，對另一方婚姻的
配偶產生忌妒、仇恨心理，使外遇的關係浮上檯面，甚至希望能夠取代對

方配偶的地位，進入另一段合法的婚姻關係。然而，當進展到外遇「維持期」的階段時，經由雙方頻繁接觸，關係中所要考慮的問題也愈來愈多，不論是個人工作生活圈、親戚朋友的看法，以及彼此錢財、權力關係等問題接踵而至。對外遇關係中的單身女性而言，將逐漸失去對自己時間的掌控能力，而成為迎合已婚外遇對象的附屬品，女性角色在漫長的時間等待中將失去獨立而被間接地控制，也漸漸地失去自我。當女性在關係中變成較為依賴的一方時，將承受更多的痛苦遠超過外遇所帶來的歡愉感受；另一種情況是，若男人答應離婚卻永遠做不到，女人便可能漸漸感到被忽略或者被傷害。因此，除了極少數外遇者能夠攜手走入合法的婚姻制度外，大部分的外遇情況終將因為個人心理障礙、離婚困難、外遇一方失去興趣、外遇者或另一方抽離關係等種種因素而走向「結束期」。

　　「我沒有想到這種事會發生在我身上！」從外遇者配偶一方來看，在很多情況下，家庭中外遇的發生是沒有任何預警的，而配偶及家庭也會受到明顯的情緒影響及傷害，其中包含了震驚、生氣、忌妒、不信任、失去尊敬，及毀壞婚姻中的愛情與親密關係等，都是元配發現另一半有外遇時，當下深受傷害的痛苦感受，緊接而來的是嚴重抑鬱和感覺被欺騙、被傷害、被羞辱。Ellis 與 Harper（1969）認為，一般夫婦對婚姻存在的固有信念，認為親密關係中自己所重視的他人，應該給與自己相等且特別的對待，而自己也應該是對方生命中最重要的人。在相待信念與外遇事實無法平衡的情況下，必然造成元配心理重大與難以平撫的傷害，但大部分外遇情況發生時，妻子往往為了顧及小孩及家庭的完整性，因而忍受著配偶外遇背叛的內心煎熬而不說出來。

　　外遇事件中，最難處理的問題則是當外遇一方又重新回頭、想要與配偶重修舊好的階段。此時，被配偶背叛的心境是易怒而無法釐清過去的種種，往往存在著不信任對方行為，且認定對方說的一切都是謊言的消極態度。受害者此刻覺得自己已經輸掉了婚姻的夢想，且不再相信這段親密關係可以滿足他們的心理需求；但另一方面，卻又抱持著希望對方只是一時糊塗，而能夠重新來過的矛盾想法。男女柏拉圖式的友誼關係或情緒外遇

對婚姻都具有很大的傷害，配偶之間無法再彼此信任，主要是因為理智已經被「忌妒心」所占領，而此時對被婚姻背叛的元配所造成的傷害包括：時常被恐懼所縈繞、強迫症、過度緊張，以及欲掌控他人的心態。在外遇結束而欲復合的情況中，配偶已經粉碎了先前對婚姻的美好假設，如自我價值實現、對配偶關係的彼此信任、忠實、婚姻的承諾，以及親密關係的安全感等，因而往往陷入消極的想法中，無法重新面對彼此的親密關係。

二、分居的選擇

在過去相關的研究中，很少著眼於分居的頻率或分居因素的關聯性探討。在一九五〇年，美國人口普查局統計全國分居人數並將它分為兩類：因婚姻本身不如意而分居者；另一為其他因素影響，如就業問題、兵役義務或法律、生理、心理等問題而分居。在一九七〇年的統計中，美國有一百三十一萬七千六百二十的女性與先生分居，然而男性的資料顯示只有八十七萬三千四百七十一人，其中矛盾的關鍵則被認為是出在未婚媽媽身上（徐蓮蔭譯，民86）。在婚姻逐漸失去親密感受或走向分手的過程中，分居的確是整個離婚過程中非常重要的階段，但一般關於這類非正式終止婚姻的統計與研究資料卻非常有限。然而，這方面的資料不足，或許是因為分居不像結婚或離婚一樣，夫妻雙方會正式發請帖邀請親朋好友參加婚禮，在身分配偶欄上註明登記，或透過律師提出離婚的申請，正式終止婚姻配偶的關係。相較之下，分居是屬於較不公開的形式，且在社會上也常是不足為外人道的敏感話題。

分居型態之所以較離婚普遍，乃是因為人們可以選擇分居來表示對配偶的不滿，而暫時不用終止彼此的婚姻關係，另一方面，他們也可以在分居的這段時間中，好好思索離婚的必要性。已婚的夫妻可能採取正式分居或非正式分居型態，雖然正式分居並非已經終止彼此的婚姻關係，但這往往是即將步入離婚的雙方，所須經歷的階段。合法的分居型態多由法院強制執行這項契約，而其中所要面對的，通常包括：贍養費的給付、子女監

護權，以及彼此財產分配方式等問題，而這樣的契約內容通常也包括禁止當事人同居，並分配當事人的居所。相較之下，非正式的分居型態是在雙方各自同意下開始生效，也缺少了律師及法院的涉入。從法律的觀點來看，這一對夫妻仍保有其婚姻關係，且須承擔一切婚姻的義務。

　　在分居之前，大部分配偶都會經歷一段爭吵的時期，然而不管雙方採用什麼方式溝通，分居之前總會有必須作決定的時候。在決定彼此暫時分開的過程中，所考慮問題的重要性也攸關了個人未來的生活、親子關係的變化，以及與親朋好友關係的轉變，而這些在日常生活中接踵而來的問題，也使得當事者對婚姻關係的決定感到猶豫不決。Kitson 認為（徐蓮蔭譯，民 86），分居不似想像中具有破壞性無法挽回的結果，它不過很平常地反映出，夫妻雙方為了解決問題、追尋較佳的婚姻關係而產生的過渡現象。

第二節　現代離婚的趨勢

一、造成離婚的原因

　　近年來，各國朝著工業化與現代化大步邁進，然而身為領導地位的歐美各國，在社會發展上無不經歷動盪不安的變遷，尤其是社會的兩性關係，更是處於一個規範愈趨薄弱與情感關係愈漸自由化情況。婚姻的解除將成為現代人們在親密關係中必須面對的一個主要課題，在各種不同婚姻結束的方式中，Stover 與 Hope（1993）大致歸納出解除婚約的原因包括：㈠夫妻選擇用分居的形式來逃避婚姻的束縛；㈡一方利用家庭遺棄的手段離開婚姻；㈢婚姻關係未取得法律形式的認可。總括來說，死亡和離婚是兩個造成配偶分離最主要的因素，研究顯示，每年都有因配偶死亡而結束婚姻的案例，但至一九七〇年代開始，最多造成婚姻中斷的原因，則是配

偶主動選擇結束而使得婚姻生活無法再繼續。

雖然，台灣社會的發展不若美國劇烈，然而愈趨工業化與都市結構的社會變遷必然會對傳統社會家庭結構產生重大的影響，婚姻角色的規範將愈趨不確定，社會的離婚比率也將日漸提高。根據近代台灣學者研究資料所顯示（簡春安，民80），我國離婚率不斷升高的主要原因包括：㈠個人主義的興起；㈡婦女解放運動興起；㈢生活中娛樂功能需求提高；㈣都市化的興起。

一項針對離婚因素的研究中指出，促使配偶選擇中斷婚姻關係的內在因素包括（依重要性排列）：外遇的發生、婚姻情感的消失、個人情緒問題、經濟財務問題、性生活失調、親戚關係的處理、子女的問題、婚姻暴力與虐待、酗酒與犯罪行為、就業問題等十項因素（George & Michael，1995）。

從國外大樣本的離婚個案研究中，也可以由地理環境因素及個人因素兩方面來預測配偶離婚的可能性（陽琪、陽琬譯，民84；George & Michael，1995）：

㈠地理環境因素

從地理因素來看，一些居住在都市的人比居住在其他地方的人更容易離婚，而離婚升高的比率也更容易發生在高度工業化國家的地區。

㈡個人因素

1.結婚時雙方年齡及婚姻時間長短

離婚最高的可能性是在結婚的頭幾年，最大多數離婚原因是因為結婚的人和婚齡都很年輕，當丈夫或妻子均較年長時，選擇離婚的比率也較低，超過四十歲而離婚的比率很少。一般來說，較年輕者的第一次婚姻有較高離婚的可能性，而青少年更特別具有離婚的傾向，甚至比非青少年的配偶有二到三倍的離婚率。

2.個人過去的結婚次數

　　研究結果顯示，通常第一次結婚與第二次結婚的離婚比率並沒有很大的差異，且再婚寡婦的離婚率比第一次結婚或離婚三、四次的人來得低的多。

3.社會經濟階層

　　當人們有更高學歷、收入與社會經濟地位時，比社經地位低者較不願選擇離婚，而丈夫收入的穩定性及對家庭經濟的依賴程度也是一個重要的因素。以美國白人為例，當收入較低卻對收入較為依賴時，比收入高卻不穩定者更能促進婚姻的穩定度。另一方面，當妻子也有另一筆收入時，配偶也較少傾向離婚，然而這個前提是妻子的薪水必須在丈夫之下而非平等。

4.種族和宗教信仰

　　雖然社會情況顯示高社經地位傾向較低的離婚率，但現代的美國白人已經沒有如此強烈的指標。然而，對美國黑人與白人而言，社經地位與收入仍是非常重要的指標之一。收入與社經地位較高的黑人離婚率是與白人相當接近的，然而一般的美國黑人仍有 50 ％分居與離婚的比率。另一方面，天主教徒的離婚率則比基督教徒低，但卻呈現較高的分居比率情況，而婚姻關係中，不同宗教的男女相結合的穩定度則比二者相同宗教者來得低。

5.有無小孩的情況

　　「小孩留得住婚姻嗎？」研究中比較結了婚而有小孩的年輕成人以及沒有小孩者發現，在結果呈現方面，小孩的出現也有可能是導致父母選擇離婚的導火線。當小孩一歲時，增加父母離婚或分居的比率提高 5 ％到 8 ％；相對的，沒有小孩的配偶離婚比率則高達 20 ％。進一步來說，小孩的出世影響到婚姻穩定度的情況。另一方面，未婚懷孕或婚前有了小孩則將增加夫妻離婚的比例，婚前懷孕進而婚後生下小孩的情況則是較無影響，婚後懷孕生子對離婚的影響則是最低。

二、婚姻內涵與雙方吸引力的改變

　　婚姻對不同時代及不同社會階層的人們提供不同的吸引力。在過去，進入婚姻關係實用的吸引力包括：提供經濟支持、生育子女等。丈夫或妻子可能會問：「我的配偶能夠給我經濟的保障嗎？」「她有能力生育健康的小孩嗎？」甚至「我的父母兄弟姊妹能從這一樁婚姻中獲得什麼好處？」對某些人們來說，這些可能都是吸引他們結婚的重要因素，但相對於大部分人，這些婚姻的吸引力則已經開始產生改變。當現代婚姻內涵，不再如過去農業社會對配偶關係定義如此單純的時候，個人主義導向以及以情感為基礎的婚姻關係，將逐漸改變世人對婚姻內涵的信仰，促使著人們對婚姻期望與態度的轉變。在現代親密關係的內涵中，結婚主要被視為提供雙方情感的支持與幫助，如親密的友伴關係、親密溝通、性的歡愉等，都逐漸成為吸引現代人進入婚姻的原因。人們通常會問：「這個婚姻能滿足多少自己對親密感的需求？」「我在其中能有多快樂？」而他們所提出離婚的理由，也大多是因為在關係中逐漸缺乏親密感及個人的自尊與自信。

　　在美國一項對婚姻期望的跨年代研究中（Barich, & Bielby, 1996），人們在一九六七年與一九九四年的婚姻期望項目仍有顯著的相似性，回答的問卷中「愛」和「情感」仍被受試者同意是婚姻關係裡最重要的元素，然而在一九六七到一九九四年這段期間，各項婚姻期望的相對重要性卻有了以下些微的轉移。

(一)對孩子的期望

　　在一九六七年的資料中顯示，婚姻中人們對孩子的期望位居於第二位，然而在一九九四年則降落至第四，配偶關係與情感保障卻從第三和第四提升了，顯示出回答者相信，個人的自主性與自我實現與其他的因素相形之下更為重要，而孩子已不再是婚姻關係中唯一期望的重心。

㈡經濟的保障

在一九六七年，提供經濟保障占婚姻期望整體排名的第八位，而至一九九四年則往前移至第五位。這個結果可能與現今社會變遷下，經濟環境新增加的不確定感，而欲從婚姻關係中取得一份經濟保障有關。整體而論，研究數字顯示出，男性對婚姻的期望與態度並沒有什麼改變，但是隨著時間與社會結構的遷移，女人則對於婚姻態度開始有所轉變。其中，女人對於婚姻應該帶來的經濟保障所抱持的期望提高了，對於能夠擁有健康快樂小孩的期望則降低。從中也可以看出女權運動及文化觀念的改變對女性婚姻關係的信仰有了影響，今日的女性較過去提高了外出工作與經濟自主權的興趣，並開始對自己所握有是否為人母的責任與身體的自治權有了覺醒。

在更強調婚姻關係中的浪漫情感、婚前性行為與同居的可能性變得更為普遍的情況下，傳統家庭角色的觀念逐漸消退，擺脫了過去社會傳統制度中對婚姻角色的束縛與規範。在愛情關係中，情感是一種流動的過程，而「婚姻」一詞所包含的定義也逐漸曖昧不清，愛情與婚姻二者都需要彼此的關懷與對關係的支持，當個人單純以為走進婚姻關係後便將擁有法律的保障時，則很可能忽略了彼此情感關係的維繫。離婚的人們往往以為，婚姻中彼此情感相互吸引力的下降才是導致雙方離婚的主因。而研究資料顯示，超過一半的人們指出他們在婚姻中無法相處，而「無法溝通」、「感到不快樂」及「雙方無法共處」則是前三項離婚的理由。此外，金錢的衝突、對小孩照顧的忽視，以及吸毒、嗑藥、酒精問題、身心虐待等也常常是造成婚姻中斷的主要原因。另一方面，年輕世代的婚姻也較缺乏實際層面的溝通、沒有弄清楚雙方不同的喜好、缺乏積極態度去發展穩定的情感，因而往往在情感如火般的情況下決定廝守終身。然而事實卻是，當他們的婚姻隨著時間改變而褪色的時候，他們也較容易放棄親密關係而另尋他方。

　　因此我們知道，現代婚姻在個人生理需求滿足與家族維繫功能已逐漸消失的同時，正逐漸轉而強調個人在親密關係中是否得到快樂與滿足。因此，當現階段婚姻關係無法再提供個人心理情感與需求的滿足時，現代人們則趨向放棄這段關係，而無意努力維繫或改變態度。

三、婚姻外在的吸引力

　　婚姻外在的選擇與滿足感的比較也是導致婚姻中斷的理由。婚姻外的吸引力可能包括：一個新伴侶的照顧，更令人滿足的需求與回饋，或者家庭經濟束縛的解脫。現代都市環境較過去傳統的婚姻情境，充斥著更多婚姻外性的吸引力。離家外出工作提供了男女見面的機會與管道，透過工作的機會，一些女性得到經濟獨立而不必仰賴家中的男人；相對之下，每個家庭所擁有的現代化設備更使得許多男性不必依賴過去妻子所提供的家庭服務。而社會風潮中的社會運動、婦女運動以及男女同居趨勢，都漸漸使得婚姻外的異性吸引力為人們可以接受。離家就業的收入可以加強婚姻經濟的穩定度，但也提供了婦女一些外在吸引力，成為可能導致離婚的原因之一，尤其當婦女在親密關係中感到無法被滿足的時候。相較之下，將權力拱手讓於丈夫、孩子，而無一般工作經驗、經濟完全依賴丈夫的家庭主婦，則比較缺乏這樣外在的機會，即使她們在婚姻中感到不快樂，也很難像職業婦女般偏向選擇離婚的途徑，正因為這樣中斷經濟的情況可能讓她們無法在外生存，因此家庭主婦通常有較高的可能性留在不快樂但經濟無虞的婚姻當中。

　　婚姻關係具有終其一生的性質，所有的婚姻都會走向「解組」。一般來說，造成婚姻解組情況的主要原因有二，包括配偶一方死亡與離婚。Kessler 提出，離婚乃源於徹底了解雙方關係，或對配偶一方感到失望與覺悟（徐蓮蔭譯，民 86），也就是離婚六部曲中「感情上的離婚」的前奏，此時婚姻關係賴以維繫的實質內涵已消失，一方或雙方不願再投注個人情感支援於親密關係中，導致夫妻互動漸行漸遠，甚至對婚姻關係產生倦怠

感，進而衍生出許多生理上的徵候與問題。而緊接而來的「分離期」將會有一連串促使夫妻對婚姻關係愈覺心灰意冷的情感性反應，例如喪失了彼此相互欣賞、肉體親密接觸、言語讚美等積極的言語與行動，甚至開始考慮兩人關係在經濟上的得失，或憧憬過去單身的生活。當親密關係的一方發現這種情形時，可能會試圖扭轉另一半消極的態度，或更熱切地尋求一些刺激感來改善彼此的互動關係，但是當對方的態度表現出放棄、意圖分居已成定局時，當事者沮喪的情緒將轉成為憤怒的反應，促使婚姻推向法律程序來決定關係的結束。在「法律上的離婚」階段時，一方可能會搬離家庭另謀他處，或透過彼此協議開始分居的形式。然而，在分居或準備離婚時，雙方必須開始慎重考量與處理的問題包括：離婚後金錢與財產分配，以及在有子女的情況下，夫妻離婚所引發子女心理與生理上的問題。而當處理「經濟上離婚」與「親職身分離婚」時，卻也往往是關係破裂夫妻感到壓力的階段。當夫妻正式離婚的結果公諸於世時，也就表示彼此的親密關係終告結束。另一方面，在結婚時所涉入彼此的社交情況，也可能造成對雙方認識朋友不知道該與哪方繼續往來的窘境。當「社交上離婚」改變了當事人未來的社交網絡時，最後一個階段「心靈上的離婚」也是當事者不得不勇敢面對的過程。經過離婚彼此正式分開的過程，使得過去相依相屬的親密關係轉變成為各自獨立，且不再需要顧及對方感受的情況。

　　在結束一段親密關係的過程中，就像一面鏡子來看當初雙方所建立的關係。在開始建立關係初期，伴侶的焦點多放在對方積極的特徵與表現，並在關係中發展自我認同的基礎。然而在一個即將崩潰的關係中，伴侶多是注意著雙方負面的行為，而開始轉移對關係的認同。在失和的關係中，往往參雜著許多內部和外部因素的運作，而離婚只是這樣情況下的結果之一。無論這是怎麼發生，當男女雙方確定終止這個婚姻關係時，多少意味著一個在情感、心理、社會和經濟等曾經非常親密關係的結束，喪偶或離婚的人，都必須要學習不再依靠任何人，重新建立起一個和過去另一半分開的獨立生活型態。這並非一個簡單的工作，離婚後雙方分手的情況很難如同白紙黑字般清楚明瞭，其中對過去情感的依戀、內心的痛苦、孤單甚

至罪惡感，往往還需要個人在時間及心理上來做調適。況且，在較保守的社會中，透過離婚方式解除的婚姻關係，在許多情況下往往被旁觀者視為個人歷程的失敗，因而造成個人心理上莫大的社會壓力。

綜合國內外研究結果也發現，喪偶與離婚都在生活壓力中排名前五名。對雙方來說，離婚更是一種情感創傷的事件，離婚的當事人普遍都受到不同程度的傷害。而精神上的傷害最常始於離婚關係實際發生前，事實上，有些夫妻在精神層面已經開始離開對方，在貌合神離的情況下，卻仍維持著同處一室的婚姻關係。然而，當關係中親密感逐漸消失時，類似這樣的感覺經常在配偶心中浮起：「是否決定要跟他（她）離婚？」「離婚後將會引發怎麼樣的情況？」

一九七八年 Hetherington 與 Cox 研究指出（徐蓮蔭譯，民86），對離婚者而言，婚姻關係的解除不但帶來個人內心極大的壓力，離婚後一年的家庭生活也幾乎呈現幾近混亂的狀態。離婚的壓力可分為心理、社會及行為三方面（Pearlin & Johnson, 1977），在心理方面，離婚後需重新評估個人在社會與家庭的角色，而離婚後所存在的憤怒、矛盾、沮喪及痛苦等情緒，仍是在短時間內個人無法調適的內在壓力。另一方面，個人的人際關係必然因為婚姻的決裂而產生變化，在角色重新認同、缺乏導引及關心的調適過程中，家庭子女及社交關係必然帶給離婚者社會上的壓力。此外，分居或離婚之後的煩惱及壓力也容易反應在身心行為方面，例如工作效率滑落、抽煙喝酒的頻率增加、不正常的飲食和睡眠習慣等，甚至出現生活失去目標的茫然感與行為上無所適從的表現。比較結婚、分居和離婚的人，年長離婚者的心理狀況比年輕者為佳，而離婚分居者則比未離婚者的心理狀況較為不健康，甚至有較高比率的酗酒、車禍、身心疾病及死亡率的發生。這個現象並非很明確的可以用數據表現出來，但在雙方決定離婚的這個過程中，的確對當事者會造成許多生理與心理方面的爭執與衝突。在二到五年的調適期間，一般人通常透過約會或再婚的途徑來開始另一段新的親密關係。然而，面對那些想要再婚卻又找不到親密伴侶的人，則更容易感到內心的痛苦與孤單。離婚的結果對較具性別平等觀念的女性而

言，可能是一段個人的悲傷經歷，但通常較不會給自己加諸太多的煩惱與痛苦；然而對一切心力投注先生、小孩身上，尋求家庭角色認同的女性而言，在被塑造成社會、經濟、情感等方面有著強烈依賴感的同時，離婚經驗可能被視爲人生中的挫敗，並且在自尊與尋求他人認同方面感到受挫（徐蓮蔭譯，民 86；George & Michael, 1995）。

四、社會方面的影響

離婚和分居的人必須重新學習一個人過生活、轉換新的工作角色、調整和前配偶關係維繫的相處形式，以及重新建立一個新的社會聯繫。結婚是由單身世界進入兩個人所組成的社會，而離婚則是宣告這種形式已經不復從前。離婚也代表著結束婚姻中的分工合作，變成兩個單獨的個體或單身家庭，例如賺錢及家務等一些工作不再是兩個人共同分擔的情況。典型的離婚型態中，當婦女獨立賺錢時，通常需要有二到三個兼職或全職的工作，才能維持離婚後家庭的開銷，另一方面，單親者養育小孩的責任全部在一個人的身上，在必要情況下也得學習有關修理房屋或汽車修護的技巧，此時的單親媽媽往往成爲全時間待命的機器，生活中很少有喘息休息的機會。

當離婚已成爲白紙黑字時，所產生的影響也絕對不只於兩個當事者之間。當離婚事件發生時，產生的影響所及包括：離婚的當事者、當事者的小孩、雙方的家庭，甚至還包括了彼此工作的環境及社會本身。在這個新角色的調適過程中，個人心態轉變將成爲一個顯著的壓力。對某些人來說，婚姻關係的終止可能是一種解脫，但對迫於情勢離婚的配偶而言，內心的創痛不只是婚姻信念的破滅，甚至導致個人自尊心受損，因而產生社會適應不良的情況。Gove（1972）指出，離婚配偶內心的痛苦與家庭角色無法取得平衡的狀況，通常會持續兩年以上才可能稍稍平復。另一方面，一些離婚者可能完全斷絕和其配偶的關係與聯繫，有一部分人則維持著某一種新的關係形式，這其中的原因很多，包括：過去強烈的情感聯繫、繼

續生意夥伴的關係，或者是考慮到小孩監護權、贍養費等複雜的因素。

離婚之後，並非所有人都會和過去婚姻關係的朋友及親戚網絡保持關係與聯繫。結婚時候的朋友可能避免和離婚的單身一方常保持聯繫，因為害怕會得罪離婚的另一方。即使過去所建立的社會網絡仍然很歡迎他們，但離婚之後男女卻會因為心理上的因素而自動減少聯繫，大多數的選擇是建立新的關係或搬家。研究發現（陽琪、陽琬譯，民 84；Rice, 1993），許多離婚者放棄或拒絕 40％的社會聯繫，經過幾年之後，男性與女性重新建立他們的網絡，男性主要是和朋友，而過去婚姻中的許多朋友多半還是朋友的關係；女性的朋友關係則很少是過去婚姻中相同的朋友，並較常得到工作朋友及父母兄弟姊妹的幫助。

五、經濟層面的影響

在研究實際離婚情況發現（Stover & Hope, 1993），婦女及擁有監護權的小孩經常受到離婚後經濟情況的影響。當婚姻破裂時，法官通常考慮有關財產議題、小孩支持及婦女處境問題。在美國的經濟政策研究中，許多報告都顯示出，離婚之後隨之而來的經濟貧困問題，將直接或間接帶給婦女極大的身心壓力。透過許多離婚律師、法官及離婚男女的研究發現，離婚之後，男人往往是經濟上的贏家，而婦女及小孩則是其中的輸家。在離婚的第一年，男人的經濟地位提升了 42％，而婦女及她們養育的小孩則平均下降了 73％。對於中年離婚的婦女，則在第一年離婚後經濟情況下降到貧窮線以下。

面對離婚時，當事者在經濟方面有什麼可以規範？每一個婚姻中都有其共同的財產，當關係結束而分開時，則屬於二人所分別擁有。在美國通常採用兩種較為普遍性的規則：平等分配或公平分配的原則。站在一個公正的立場來看，離婚當時並非有絕對的平等可言，乃基於離婚後雙方個別的需要，故而增加照顧孩子一方的財產分配比例。然而事實上，法官很難去判定關係中無形的財產，例如當事者目前的工作、健康狀況、先前的教

育背景等，對婚後個人而言都是無形的財產，因而很難去估算未來可能的經濟效益。因此，並非所有的家庭成員在離婚後都能享有平等的生活情況，主要原因乃是一般離婚的法律程序暫時無法考慮到這些內在不確定的因素。

第三節　再婚後的生活調適

一、選擇再婚的背景分析

　　再婚並不是一個現在才有的現象，有一些國家的丈夫可以擁有三妻四妾直到他死亡，事實上，在十七到十九世紀配偶高死亡率的美國，往往當另一半很年輕時，便因為配偶死亡而中斷了婚姻的形式。在過去那些年代，再婚是一般年輕喪偶者普遍的選擇。然而當各國醫學發達而死亡率逐漸降低時，二十世紀的離婚率卻也日漸升高，再婚的情況也因此變得普遍。根據統計，9％的再婚情況是發生在離婚以後，而 10％ 則是因為配偶死亡。一九六六年以後，再婚率已經下降而離婚率卻仍快速上升，研究認為，再婚率下降的原因是因為同居形式成了另一個選擇，離婚者可以選擇生活在一段類似婚姻的關係中，卻不願進入再婚的正式法定關係與形式。根據統計，同居的生活型態比再婚更為普遍，從一九八〇年開始，當再婚者被問及如何準備好進入第二次婚姻時，大多數的回答是「同居」，而再婚前的同居形式可能會變成一種約定俗成的普遍規範，此外，許多再婚者也很容易由親密性關係進入第二次的婚姻。

　　從社會大環境來看，某些人比其他人更傾向於再婚。例如離婚男性的再婚率高於女性、離婚者的再婚率高於配偶死亡的情況，而離婚的人更傾向再婚比同年齡未婚的人來得多。當男人與女人被問及再婚的理由時，其答案往往大異其趣。男人再婚多傾向於尋找結過婚而年輕的配偶，但配偶

上一段婚姻時間可能很短，且通常是沒有小孩的情況。從另一方面來說，這表示對高齡婦女而言，再婚的機會相對減少，而對第一次婚姻有了小孩的女人，也間接地限制了她們的再婚機會。從社會階層來看，上層階級的男性即使離婚後擁有子女，但其具有優勢的社經地位卻足以吸引可供選擇的婚姻對象。然而，超過三十歲、有地位及高收入的女性，則因具有充足的獨立條件及社經條件來照料自己，因而較男性不願意或選擇更晚進入再婚的情況，此外，適當再婚人選是否出現也是選擇進入再婚的關鍵。故在再婚的市場上，女性喜歡尋找具有穩定經濟基礎的男性，而當婦女本身為高收入者時，她們也有可能放棄再婚；相較之下，較有年紀而高收入的離婚男性，則更急於尋找一個再婚的伴侶。

當大多數的喪偶者或離婚者被問及為何再婚的時候，多數人的回答是「愛情」、「在生活上較方便」、「因為社會壓力」或者是「希望能一起撫養小孩」等，雖然經濟的因素被隱藏在回答中較為不明顯，但可以發現，家庭經濟的考量卻也是大多數離婚者進入再婚最主要的原因之一。雖然再婚者對第二次婚姻的意向較不明確，但他們多以第一次婚姻作為第二次選擇的基礎，例如所選擇的再婚對象，人們多會同樣地選擇與自己相似的同類結合（homogamy）或屬互補性的異類結合（heterogamy）。在研究中發現，大多數婦女挑選再婚對象，多是根據生活穩定度、經濟依靠及情感、性愛等因素來考量，相對的，男人則較知覺性愛在下一段親密關係的重要性，再婚對象選擇時，他們會希望另一半能夠比前妻更適應魚水之歡。

二、再婚與第一次結婚的區別

當男女雙方尚未進入婚姻時，父母面對子女的約會對象多抱持觀望的態度，而其開銷也大多依賴原生家庭父母的供給；相對於再婚的情況，當事人的交往過程往往受到父母兄弟姊妹的關注，甚至受到前配偶與小孩的監督。第一次結婚的男女要從彼此的適應中學習許多新東西，例如試著去

調適婚前對丈夫、妻子角色不切實際的期望。然而，再婚的人大多已經知道婚姻生活是怎麼一回事，實際生活要花多少錢？熱情及性愛在親密關係的重要性，以及婚姻中可能衝突的情形。因此，離婚後及再婚前當事人都有一段時間去思考、釐清這些事情，例如刻意避免婚姻中的挑剔與嘮叨、酗酒或不留心等，而這些行爲很可能在第一次婚姻中造成顯著的傷害，這些改變在另一段婚姻生活中都是很積極的，也將帶來不錯的結果。很顯然地，這些反省對於再婚生活有明顯的益處，也可以避免掉一些不必要的衝突及麻煩。然而，進入一段新的婚姻關係時，當事人可能會產生一些對配偶情緒化或負面的思考，稱爲一種「留戀過去的作用」。每位再婚者或多或少會將第一次婚姻與前配偶的經驗帶入再婚的生活之中，或用來與再婚配偶相比較。這種行爲將對目前婚姻產生很大的影響，雖然潛在的因素來自於另一半過去的婚姻而非自己，但對於再婚配偶與前妻、小孩的關係與聯繫，都有可能對現在的婚姻造成困擾。

　　社會心理學家 Robert Bales 認爲，團體的運作需要三個重要的要求：規範、角色和凝聚力，進一步能夠解決問題並滿足團體成員社會及情緒的需求（王慧玲譯，民 88）。社會學家 Tallman 曾對小團體如何有效運作的必備條件加以界定，如要維護家庭團體正常運作時，信守承諾、向心力、溝通及維持該團體之界域等四項因素尤其重要。初婚家庭成員由於是在自然的情況下相互依賴、成長，經由共同的生活經驗，漸漸培養出對家庭信守承諾的忠誠態度與向心力，然而這樣的共識卻無法在短時間內轉移到再婚家庭的情境中。由於過去分歧的生活經驗及角色標準，再婚家庭的人們可能感到缺乏歸屬感，以及需要更多時間去熟悉自己新的角色定位。因此，再婚父母更需要表達出愛與關懷的承諾，藉此引導子女到適當的行爲模式。

　　界域是一條劃分個人、家庭次系統與外在環境的隱形線條（Goldenberg & Goldenberg, 1996），在這樣共享的觀念中，得以明確規範家庭成員彼此互動的自主性。當新組合的家庭成員欲透過積極溝通、情感交流一起相處時，各自所隱藏的不同溝通模式，往往因爲來自前次婚姻而在協商過程中

變得複雜、混亂。因此,再婚家庭成員如何發展出一套共享的溝通模式,了解對方的期望,並在家庭的界域中調適彼此交集與分化的範圍,實是再婚家庭成員發展親密關係的關鍵。

三、再婚家庭可能遇到的困難

雖然每一個家庭背景不盡相同,但總而觀之,多數再婚夫妻的親密關係與親子相處所面臨的困難,卻存在著某些共通的難題,例如對繼父母的迷思與刻板印象、新家庭角色與界域的混淆不清、親子間情感的發展與敵意、家庭財務的處理與分配等。從過去的研究歸納顯示,發現再婚的家庭中最常見的問題包括:親子教養問題、經濟問題、與前任配偶的關係,以及配偶之間溝通不良等。

一些研究發現,再婚伴侶在親密關係中卻更傾向消極及否定的態度來面對彼此,例如用一些沒有效果的策略(如吼叫、暴力、翻舊帳等)來處理他們之間的衝突。而這些通常來自上一段婚姻的溝通習慣,可能讓他們的問題更趨於嚴重。再者,再婚的婚姻規範比第一次結婚更曖昧而不明確,雖然再婚後提供金錢上的支持與親密關係的依靠,但在共同養育小孩的觀點、與前一次婚姻配偶的關係維繫與贍養費支付、子女教育費支出,以及再婚後更為複雜的親戚網絡關係等,卻更容易成為婚姻生活中的壓力源與雙方觸碰的焦點(Stover & Hope, 1993)。從繼子女的觀點來看(王慧玲譯,民88),可以發現新組成的家庭中,青少年的兩大煩惱為家庭忠誠度的衝突,以及如何接受繼父母新的規範與符合期望。

如一般婚姻,再婚過程中仍有不適合相處而走向分手一途的情況。然而,經歷過再婚而又離婚的人很容易被人當作一個婚姻的失敗者,對個人想法可能造成每下愈況的打擊與心靈的創痛,而這些再婚的男女遭受到兩次婚姻的被拒絕與情緒上的洩氣時,往往會讓他們在生活上感到無望而苦無其他的機會。雖然再婚比結婚似乎有著更高的離婚率,但有許多例子可以證明再婚生活也可以是非常滿意而且成功的,甚至直到另一方配偶老

死，而這樣美好的再婚情況是有益於伴侶自尊及自信心的維持，也讓第二次踏入婚姻的男女因而變得較離婚之前更爲睿智。

本章摘要

「外遇」狹隘的定義認爲，當婚姻一方與配偶以外的異性發生性關係時，便構成了外遇的事實。因此，「性關係」成爲外遇關係的必要條件，但「精神性外遇」卻不是在此定義下所能夠討論出結果的。外遇情況是如何產生的？根據學者研究與文獻分類，提出幾個原因包括：個人情感的需要、顯現婚姻問題的徵兆、對婚姻抱持的矛盾情感、外遇帶來喜悅與興奮的刺激感、個人縱容的價值觀、外遇者潛藏的動機、個人自由的選擇等。

一般所討論外遇的過程大都經歷甜蜜期、轉型期、維持期及結束期。當外遇情況發生時，配偶及家庭往往會受到明顯的情緒影響及傷害，如震驚、生氣、忌妒、不信任、失去尊敬，及毀壞婚姻中的愛情與親密關係等。因此外遇事件中，最難處理的問題是當外遇一方重新回頭想要與配偶重修舊好的階段，此時，被配偶背叛的心境是易怒而無法釐清過去的種種，存在著不信任對方行爲的消極態度。

關於非正式終止婚姻的統計與研究資料非常有限。這方面的資料不足，或許是因爲分居不像離婚一樣，夫妻雙方會透過律師提出離婚的申請，終止婚姻配偶的關係，而分居則是屬於較不公開的形式。大部分人們選擇分居來表示對配偶的不滿，另一方面，他們也可以在這段時間中好好思索離婚的必要性。在決定彼此暫時分開的過程中，所考慮的問題攸關了個人未來的生活、親子關係的變化，以及與親朋好友關係的轉變，而這些接踵而來的問題，也使得當事者對婚姻關係的決定感到猶豫不決。

死亡和離婚是兩個造成配偶分離最主要的因素。自一九七○年代開始，最多造成婚姻中斷的原因，則是配偶主動選擇結束而使得婚姻生活無法再繼續。近年來，各國朝著工業化與現代化大步邁進，社會發展上無不

經歷動盪不安的變遷，尤其社會的兩性關係，更是處於一個規範愈趨薄弱與情感關係愈漸自由化情況。根據近代台灣學者研究資料所顯示，我國離婚率不斷升高的主要原因包括：⑴個人主義的興起；⑵婦女解放運動興起；⑶生活中娛樂功能需求提高；⑷都市化的興起。另一方面，當現代婚姻內涵不再如過去社會對配偶關係定義如此單純，以情感爲基礎的婚姻關係促使人們對婚姻態度的轉變。在現代親密關係中，結婚被視爲提供雙方情感的支持與幫助，而在更強調婚姻浪漫情感、婚前性行爲與同居的可能性變得更爲普遍的情況下，傳統家庭角色的觀念逐漸消退，擺脫了過去社會傳統制度中對婚姻角色的束縛與規範。離婚六部曲，則包括「感情上的離婚」、「法律上的離婚」、「經濟上的離婚」、「親職身分的離婚」、「社交上的離婚」，以及「心靈上的離婚」。當男女雙方確定終止這個婚姻關係時，多少意味著一個情感、心理、社會和經濟等曾經非常親密關係的結束，喪偶或離婚的人，都必須要學習不再依靠任何人，重新建立起一個和過去另一半分開的獨立形態。

在過去，再婚是一般年輕喪偶者普遍的選擇。然而在今日社會，同居形式也成了親密關係的另一個選擇。大多數再婚的理由是「因爲愛情」、「在生活上較方便」、「因爲社會壓力」或者是「希望能一起撫養小孩」等，但可以發現，家庭經濟的考量卻也是大多數離婚者進入再婚的最主要原因之一。然而，再婚家庭中的信守承諾、向心力、溝通及維持該團體之界域等四項因素卻尤其難以處理。

研討問題

一、您個人對「外遇」的定義是什麼？面對社會層出不窮的外遇新聞，是否有更深入探討的空間？

二、試依據婚姻的吸力、推力與外遇的吸力、推力作一番比較，同時亦請考慮其補充的可能性。

三、分居在情感終止的過程中扮演了一個重要的階段，試想夫妻在面對婚姻中的爭吵時，分居可以為婚姻帶來什麼樣的益處及不良的後果？

四、全球離婚的人口群節節升高，試依台灣的風土民情，列舉出婚姻中可能產生的問題，並想想如何面對並解決這些衝突？

五、再婚是離婚者尋找第二春的好機會，但兩性在這方面的條件與機會卻大不相同，試分別說明之。

參考文獻

一、中文部分

王慧玲譯（民 88），Tallman and Kay Pasley 著：再婚。台北：揚智文化事業股份有限公司。

吳就君、鄭玉英（民 76）：家庭與婚姻諮商。台北：國立空中大學。

徐蓮蔭譯（民 86），Sharon J. Price and Patrick C. Mckenry 著：離婚。台北：揚智文化事業股份有限公司。。

翁樹澍、王大維譯（民 88），Irene Goldenberg and Herbert Goldenberg 著：家族治療理論與技術。台北：揚智文化事業股份有限公司。

彭懷真（民 85）：婚姻與家庭。台北：巨流出版社。

彭懷真（民 89.1.12）：離婚更容易，結婚不猶豫!?。中國時報，33 版。

陽琪、陽琬譯（民 84），Norman Goodman 著：婚姻與家庭。台北：桂冠圖書公司。

葉至誠（民 86）：蛻變的社會──社會變遷的理論與現況。台北：紅葉書局。

趙居蓮譯（民 84），Ann L. Weber 著：社會心理學。台北：桂冠圖書公司。

簡春安（民 80）：外遇的分析與處置。台北：張老師文化股份有限公司。

二、英文部分

Barich, R. R., & Bielby, D. D. (1996). Rethinking marriage-change and stability in expectations, 1967-1994. *Journal of Family Issues, 17*, 139-170.

Ellis, A., & Harper, R. A. (1969). *A guide to successful marriage*. North Hollywood, CA: Wilshire.

George, E. D., & Michael, R. (1995). *Understanding families diversity, continuity, and change* (2nd ed.) . Harcourt Brace Collage Publishers.

Goldenberg, I. & Goldenberg, H. (1996, 4th ed). *Family therapy—An overview*. Pacific Grove, CA: Brooks/Cole.

Gove, W. (1972). The relationship between sex roles, marital status, and mental illness. *Social Force, 51*(1) , 34-44.

Ihinger-Tallman, M., & Pasley, K. (1987). *Remarriage*. Newbury Park, CA: Sage.

Pearlin, L. I., & Johnson, J. S. (1977). Marital status, life strains, and depression. *American Sociological Review, 42,* 704-715.

Rice, F. P. (1993). *Intimate relationship, marriages, and families*(2nd ed.) . Mountain View, CA: Mayfield.

Stover, R. G., & Hope, C. A. (1993). *Marriage, family, and intimate relations*. Fort Worth, TX: Harcourt Brace Jovanovich.

第八章　婚姻暴力

發生於民國八十七年十一月間在嘉義蘭潭風景區的母親攜子自焚事件，爲當時轟動社會震撼人心的人倫悲劇。起因於一名少婦長期受到第二任丈夫的經濟與自由控制，故在缺乏親密的人際網絡以及長期的監控與辱罵下，選擇在丈夫外出工作之際，帶著兩名稚子在蘭潭風景區以汽油澆身自焚，由此推測她不願意讓兩名幼子在受虐的環境中長大，遂興起「共赴黃泉」之念頭，以自焚的方式結束生命。

然而更令人驚愕的是，案主的丈夫在命案現場失控的辱罵及掌摑踢打焦屍。雖然媒體報導一面倒的對這位「狠心母親」加以嚴厲的韃伐，但司法單位對這位魯莽丈夫提出毀壞屍體的控訴，許多婦女團體更提出保護婦女使免於婚姻暴力的嚴正訴求。

這一起事件在台灣父權社會中並非特例，背後隱含的卻是無數處在婚暴中婦女的無奈和控訴。長期以來社會對女權的尊重和價值仍有意無意地貶謫或漠視，傳統觀念和價值要求女性爲家庭、丈夫和子女付出一切，視妻子爲丈夫的財產，婦女在父系家庭的重要意義永遠是「香火」的延續，功能也局限在照顧子女、家庭的「工具性」價值上。無疑的，這些都是阻礙經營婚姻生活最根本的觀念。本章將探討這些觀念或態度所可能造成的婚姻暴力問題。

第一節　婚姻暴力概說

　　婚姻暴力（marital violence）或稱家庭暴力（family violence），是存在於人類家庭組織中非常棘手的問題，由於種種的社會價值體系和迷思，長久以來婚姻暴力的問題多以家務事處理，受虐者往往不願加以張揚，遑論訴求公權力的保護。直到十九、二十世紀民主人權的觀念逐漸開展之後，人們才重視此一普遍存在的家庭問題。

　　六○年代以降，社會結構丕變，反傳統家庭組織功能正以驚人的腐蝕速度，不斷侵蝕人心，甚至整個社會對此變遷束手無策的時候，遂改稱破碎家庭並不等同病態家庭，並呼籲對不同的家庭結構也應等同視之，不可持異樣眼光看待。今日美國離婚人口已高達百分之五十，台灣地區的夫婦離婚對數，依據內政部（民79）公布的資料顯示，從民國七十年的一萬四千八百七十六對，到民國八十六年的三萬八千八百九十九對（內政部，民87），相當於每一千對夫婦即有八點一對辦理離婚，且有逐年攀升直逼歐美之勢。然而還身陷婚姻枷鎖，處於婚姻暴力的受害者中，有百分之九十五的女性及其子女（Gelles & Cornell, 1983），正飽受暴力的摧殘，造成身體、心理及情緒上的痛楚，卻鮮為外界所知。Star（1987）的研究推測美國每四對夫婦中就有一對夫婦曾經歷一次暴力；台灣省政府社會處（民83）公布受虐婦女占已婚婦女的百分之十七點八，這樣的數據絕不能完全反應受虐婦女的全貌，尤其在父權社會，家庭中的各種暴力都視為私領域，即使如檢警負有司法權力的機構都很難介入。因此，婚暴不斷的發生，受虐婦女急遽增加，婚姻暴力已成為現代社會家庭中的主要問題。

一、婚姻暴力的定義

　　現代人的婚姻標榜以愛情為基礎，男女雙方經由認識、了解而結合，

與傳統社會多藉由媒妁之言或父母之命者迥然不同，然而，諷刺的是現代婚姻並未因男女雙方的相愛相知而減低夫妻間的緊張與衝突，反而可能因為生活在一起，又不能彼此互相尊重與支持，造成嚴重的界域（boundary）侵犯，導致種種身體上（physical）、情緒上（emotional），和言語上（verbal）的不當對待及虐待。

　　婚姻暴力的定義迄今並無一致的看法，同時在調查取樣上國內外也存在很大的差異，然在實際上，虐待及暴力行為可能發生在夫妻、同居男女、離婚、已分居男女，或曾有過親密性關係的異性朋友之間。

　　劉可屏（民76）的研究，認為：「虐待妻子係指丈夫或有同居關係的男子故意攻擊妻子或同居人，使其身體一再受到嚴重傷害。」陳若璋（民77）將婚姻暴力定義為：「配偶之一方以身體或武器侵犯另一配偶（亦可包括其同居人或親密之異性朋友）；其頻率往往從一週數次至一年數次，其傷害程度從不需要治療到傷害至死皆有。」黃富源（民83）對婚姻暴力的定義如下：「婚姻暴力或夫妻間暴力是家庭暴力的一種。而家庭暴力係指家庭成員所發生的口頭上或身體上的攻擊或惡意的疏待行為……。婚姻暴力因此可定義為家庭成員中之夫妻間，所發生的口頭上或身體上的攻擊或惡意的疏待行為。」

　　由上述法律、社會、犯罪觀點下之定義可看出，暴力的對象包括夫妻或有親密關係之異性朋友，暴力的範圍則涵蓋從身體上的攻擊到疏待行為。

　　綜合專家學者（周月清，民85；陳若璋，民77；黃富源，民83；劉可屏，民76；Domestic Abuse Intervention Project, 1991）的見解，婚姻暴力的方式包括下列幾種類型：

(一)身體毆打（physical battering）

　　對受虐者身體施予攻擊行為，施虐情形包括：打、掐、推、搡、拉、摑、踢、抓髮、壓、燒、揉、潑水、巴掌等，造成的身體傷害程度可能從外表的挫傷到謀殺致命。

(二)性暴力（sexual violence）

迫使受害者進行性行為或強迫她們從事不願意的性行為，甚或強迫與第三者發生性行為；另外施虐者可能因為吃醋、懷疑受害者有婚外情、或心理異常將她當做妓女或淫婦，對其進行胸部或陰部的侵犯或攻擊。

(三)破壞財物或寵物（destruction of property or pets）

直接破壞婦女的財物或對其所飼養的寵物加以虐待，此一行為對受害人所造成的心理傷害，絕不亞於直接對身體的傷害。

(四)精神虐待（psychological battering）

精神上的不當對待比身體上的虐待更為嚴重，常造成受害者心理上很大的創傷，其虐待的手段可能包括種種足以令受害人產生疏離、干擾、威脅或恐慌等心理症狀，例如以語言傷害自尊、否認對方的感覺想法、忽視對方的存在、脅迫對方不願從事的工作、以自殺或抱走子女做威脅、控制行動、拒給金錢或生活必須用品、隔絕外界關係、強迫性的生活作息干擾等。

(五)情緒虐待（emotional abuse）

給與受害者經常性的情緒侮辱、歧視、謾罵、吼叫等不當行為。臨床上亦常發現施暴者由於自卑感作祟，對受害人有著極嚴重的占有慾與強烈的嫉妒心，在心理上及行為上從依賴對方逐漸變成控制對方的行為，令她寸步不離，完全在其視線之內，稍有不從，則以男性的優越感或偏狹的價值觀加以疑神疑鬼、憑空杜撰；施虐者為了安全感，也可能半夜怕黑、孤獨，而吵醒受害人，使其不得安寧，造成心理及生理上很大的困擾。

二、婚姻暴力問題的迷思

　　婚姻暴力存在已久，多為不正常家庭的產物，而且受虐對象大部分為婦女，但在傳統男尊女卑的社會價值體系中，卻存在著許多根深柢固的迷思。

(一)國內的研究

　　婚姻暴力並非少數婦女特有的問題，而是社會問題之一，其嚴重性甚至可造成重大傷害或死亡。專家學者們（洪文惠，民84；高鳳仙，民87；香港和諧之家，民 79；陳若璋，民 77）指出深植人心的婚姻暴力迷思包括：

1. 婚姻暴力只會發生在少數婦女身上。但事實上，美國受虐婦女約占三成，而台灣則有近二成的婦女有受虐經驗。
2. 受虐婦女教育程度較低、謀生技能不佳，社經地位亦低。事實上來自中上層的家庭也不少。
3. 被毆婦女有被虐待傾向。事實上受害婦女覺得身心倍受煎熬。
4. 清官難斷家務事，婚姻暴力不是一種犯罪行為，公權力不應介入。
5. 毆打事件大多發生在酗酒或藥物使用之後。
6. 受虐婦女可以輕易的脫離受虐情境，是她們自己不願意切斷關係而繼續受害。
7. 婚姻暴力是短暫性的，通常是床頭吵床尾和，情況終有改善的一天。事實上暴力的發生循環不已，很難終止。

　　這些似是而非的論點，常被施虐者及社會大眾利用來當作暴力行為的合理化依據，也成為受虐婦女隱忍暴力的託詞。

㈡美國的研究

專家學者（周月清，民 85；陳若璋，民 77；Domestic Abuse Intervention Project, 1991; Dutton, 1988）指出施虐者以及受虐者對婚姻暴力的迷思包括：

1. 施虐男人來自社會的低下階層，是窮人、少數民族或沒有受過良好教育、醜陋、易怒的人。
2. 施虐者在人際關係上也有暴力傾向，在成長背景中學習以暴力行為解決問題。
3. 大部分有虐待傾向的男人是精神失常者，患有心理疾病的個體。
4. 酗酒或藥物濫用是直接造成虐待行為的原因，若不酗酒或嗑藥就沒有暴力行為。
5. 社會允許男人以暴力來解決問題，使用暴力或威脅的方法來控制他們的伴侶。
6. 受虐者天天受到身體上的虐待，可從外表一眼看出。
7. 受虐者喜歡被虐待，她們是瘋子，對於被虐所引發的痛苦和傷害不排斥，甚或喜歡。
8. 受虐婦女一旦受虐，就會循環發生，一輩子受虐。

然而，婚姻暴力的行使者和受害者包括各種族裔、階層，普遍存在每一社區，婚暴個案的施虐者間存有很大的差異，至於施虐原因也各不相同。

三、婚姻暴力發生的頻率

婚姻暴力常被認為是在家庭中夫妻間的私事，美國暴力原因和防治委員會（Stark & McEvoy, 1970）在六〇年代末期提出的研究結論指出，有四分之一的男性和六分之一的女性認為，在某些情形下，丈夫毆打妻子是被

允許的。因此施虐或配偶暴力的眞實性仍多所隱藏，而且許多統計資料來自不具代表性或樣本較少的研究樣本，或僅依據電話報案記錄的官方資料，因此要精確地推斷婚暴的發生率、施虐的嚴重性和範圍，仍有所限制與缺失。

　　Straus和Gelles（1986）分別在一九七五年的二千一百四十三個個案，及一九八五年的三千五百二十個個案訪談調查中，發現虐妻的比例下降21.8％，虐妻的發生頻率平均一年約三次。下降比例雖沒有達到統計考驗的顯著性，但仍有其實際的意義，此可歸因於美國家庭結構的改變、虐妻態度於法不容、經濟改善、預防宣導以及婚姻暴力處遇方案的快速推展等配套措施。

第二節　婚姻暴力發生之原因與理論

　　婚姻暴力是各種家庭暴力中最頻繁、也是最爲嚴重的問題，長期以來雖然一直受到社會的矚目，但一般觀念認爲婚姻暴力爲家務事，除非涉及嚴重的違法行爲，否則公權力難以介入，因而學者專家實際投入參與研究，只是近三十年間的事。研究發現暴力發生的原因非常複雜，除涉及施虐者個人因素外，施虐行爲也受到家庭社會及文化價值觀的影響；然而在婚姻暴力發生的原因中，施虐者的因素比受虐者重要的多，而且絕大多數的婚姻暴力受害者爲婦女。

　　以下將就單一因素理論、系統理論及生態學理論等來分別探討婚姻暴力的發生及有關理論解釋原因。

一、單一因素理論

㈠心理學觀點

造成婚姻關係緊張而形成暴力的原因，乃是由於一方想對另一方影響或支配，因而造成家庭中決定模式或權力的失衡。Hotaling 和 Sugarman（1986）指出丈夫對權力和掌控權的需求爲施暴的一種記號，施虐男性恐懼失去掌控權而以暴力做爲展示。諸多研究（Finkelher, 1983; Straus, Gelles, & Steinmetz, 1980）發現民主式的家庭最少發生暴力，而虐妻的家庭發生虐待兒童的比例也比較高。在暴力家庭中，男性常以控制自己的配偶而獲得心理上的滿足，然而在控制對方後卻減低了雙方的親密度，此時男性若以從其母親學習而來的憤怒來處理男女間的衝突，則易造成婚姻暴力事件。Dutton（1988）研究指出每個人都應保有其心理與生理上的安全地帶，當女性意欲拉近與先生的情緒距離而形成侵略（invasion），或想拉遠情緒距離而逃開（evasion）時，都會引起男性對其配偶的不信任，而造成雙方的緊張及焦慮，最後激發成暴力事件。

㈡社會學觀點

婚姻暴力的發生是由於施虐者施暴的代價低於所獲得的報酬，如此無異於增強其施虐行爲，以達到控制對方的目的。一般社會觀念對夫妻之間的暴力多視爲別人的家務事，常加漠視，久而久之，因爲社會大眾的默許，加上對受害婦女的處遇制度不夠健全，助長了施虐者的學習動機，幾年前鄧如雯殺夫案即是一例。

從社會學習理論的觀點而言，男性在生理上較女性更具攻擊性，由於暴力的作用具有達到控制女人的功能，若男性沒有得到應有的懲罰時，則暴力會成爲其經常採用的手段。至於暴力的學習可能來自原生家庭的耳濡目染或透過電視、書報雜誌的傳播。至於沒有以暴力處理衝突經驗的男

性，當第一次使用暴力得逞時，以後將受鼓勵繼續其施虐行為來達到控制對方的目的。

㈢社會情境模式

包括文化規範及結構性的壓力（Gelles, 1986），傳統文化以男性為中心的社會及家庭結構，將夫妻間的爭執多視為家務事，況且仍有人認為掌摑妻子是合理的、有必要的，更有所謂的「床頭打床尾和」，這些都合理化了丈夫毆打妻子的行為，無形中默許了男性對女性施虐。同時社會中存在著結構性的壓力，例如失業、貧窮、疾病、資源缺乏等，當這些壓力無法消除時，則可能導致更多家庭暴力的行為。

㈣資源論

Goode（1971）指出一個人擁有愈多的資源，就有愈多的資源可供結合，相對的他所使用的暴力行為就愈少。由此觀之，當丈夫想控制家庭支配權力，但是由於主客觀條件不足，例如收入較配偶低，缺乏溝通技巧等，則可能選擇暴力來維持掌握家庭的尊嚴與地位。

二、系統理論

社會學者在詮釋社會問題時常常涉及社會學、心理學、生理學、法律等方面的理論研究。Straus（1973）以一般系統理論（general systems theory）的觀點，指出個人、家庭及文化社會等系統間出現不能協調或搭配時，就會出現婚姻暴力。個人因素包括心理特質、個人偏好、職業、藥物濫用、酗酒、人際關係、解決衝突的方法、社經地位、年齡層、宗教信仰等。屬於微視系統的家庭因素，包括家庭信念、結婚年齡、家庭組織、權力分配、家庭運作及動力等。巨視系統的社會文化因素指整個社會文化對婚姻暴力的看法、傳播媒體的影響、法律規範及受虐婦女的庇護和處置等，譬如父權制度下虐妻行為是可以接受的，而夫妻間的衝突屬於家務

事，外人也視若無睹，低貶婚姻暴力的嚴重性。

社會學者（洪文惠，民 84；高鳳仙，民 87；陳若璋，民 77；Gelles, 1986; Straus, 1973; Walker, 1979）研究造成婚姻暴力的原因包括：

㈠施虐者具有大男人主義的觀念，視配偶為個人財產的一部分。

㈡家庭傳統有毆打配偶的習慣，丈夫習於以暴力發洩其憤怒控制太太。

㈢先生有外遇行為，導致在爭吵衝突時毆打太太，或以之當作離婚手段，迫使配偶離婚。

㈣受虐婦女在百般無奈下，學得無助感症候群（Walker, 1979），遂令暴力事件一再發生。

㈤施虐者個人心理問題，如自卑感或低自尊作祟，傾向以暴力證明自己的地位。

㈥無法控制自己的情緒，具有攻擊性、病態的嫉妒和行為傾向。

㈦施虐者精神異常，不能控制自己行為，以暴力控制或占有對方。

㈧受虐婦女過度依賴、低自尊、缺乏信心、出現較高的焦慮和憂鬱感。

然而，陳若璋（民 77）也發現受虐婦女本身也存有某些因素，容易促成暴力，譬如她們傾向情緒化處理兩人衝突、極度自卑、學歷或職務高過丈夫以及重視自我的改變。

綜合 Gelles（1986）、Straus（1980）、Walker（1979）等學者之研究歸納與虐妻行為有關的因素包括：

㈠丈夫的職業狀態是打工性質或處於失業狀態。

㈡家庭收入較低，夫妻雙方均擔憂家中的經濟問題。

㈢妻子對於家庭生活水準不滿。

㈣夫妻對子女的教養常有不同的意見。

㈤夫妻雙方均成長於父親毆打母親的家庭。

㈥比一般夫妻有較高的婚姻衝突。

㈦家庭與個人的壓力非常大。

㈧丈夫或妻子控制家庭決策。

㈨夫妻之間常有口語上的攻擊。

　　值得深思的是，施虐男性彼此間差異極大，包括個人心理、生理特質、習慣、職業、溝通、解決問題能力，以及所處環境等，迄今並無定論指出哪一類型的男性一定會施暴；實務上僅發現具有某些特質的人較有施虐行為的傾向。

三、生態學理論

　　生態學觀點與系統理論相似，主張從多種角度來解釋婚姻暴力發生的原因，亦即結合心理學、社會學及社會文化觀點的個人因素、微視系統、中視系統及巨視系統等多個層面，不再僅作單一架構的歸因（Carlson, 1984; Dutton, 1988）。

　　Carlson（1984）認為婚姻暴力的發生從整個社會文化架構到家庭個人都互有牽連、環環相扣，例如社會文化中的價值觀、信念、性別意識、夫妻角色的定位等，將會結合所在社會的政經活動、工作環境，進而影響家庭中成員的互動方式、夫妻關係、人格取向、生活習性，而這些系統中的因素，若有不當配置或無法相容時，則會產生暴力。國內學者（周月清，民 82；陳若璋，民 77；馮燕，民 79；湯琇雅，民 81）的實證研究指出引發暴力的因素主要來自於施虐者個人因素，其次為個人所在的微視系統、中視系統和巨視系統；僅以個人因素不能完全解釋婚暴現象，暴力的發生常常也是社會文化中某些觀念糾合助長的結果，例如「酗酒後虐妻是家務事」、「男性掌摑配偶是必要且合理的行為」等錯誤觀念。

四、受害者選擇繼續受虐關係的原因

　　婚姻暴力一旦發生，受害者理應立即尋求解決之道，避免暴力受虐過程反覆發生。傳統社會大眾對於受虐婦女除了表示同情外，但也懷疑受虐

婦女可能自己甘願停留在受虐關係中，所謂的「被虐待狂」（Gondolf, 1988; Stordeur & Stille, 1989），認為受虐者個人有心理問題。然而，許多受虐婦女仍選擇接受宿命的安排，鮮少尋求正式管道取得外界援助，或迫於無奈難以跳脫與施虐者的關係，原因可能出自於個人心理因素、家庭因素、社會文化的價值觀，以及社會上可提供的支援體系，包括醫療、警政、社工、司法等資源的缺乏或不濟，涉及多重的複雜因素，諸如受到身體方面的暴力威嚇；心理產生無助感、對婚姻的承諾、與施虐者形成的關係；以及社會資源的不足（陳婷蕙，民86）。國內學者陳若璋（民81）研究台北市五十五個受虐婦女個案，發現她們無力離開受虐關係的理由包括：㈠孩子的因素；㈡不甘心：對丈夫的外遇懷有怨氣不平；㈢對感情仍存有期待；㈣配偶不願離婚，並加以威脅；㈤經濟無法獨立；㈥法律上的困境：離婚後怕得不到贍養費也很難取得子女的監護權；㈦對自己缺乏信心。

Dutton（1988）和Carlson（1984）將受虐婦女受虐的原因以生態網絡模式的觀點分析如下：

㈠巨視系統（macrosystem）或文化

婦女受到整個文化、社會價值觀的影響，認為維持家庭結構的完整以便子女長大成人，乃是其重要的責任，也是判斷婚姻是否成功、婦女角色是否稱職的重要指標。例如台灣深受傳統中國文化「男尊女卑」、「三從四德」的影響，女性的價值在於努力經營家庭生活，維持婚姻的完整性；主動提議離婚將不容於社會及遭親友指責，甚至離婚後在職場上將遭歧視，其身份地位在親友心中定位不明，然而男性對配偶不滿則可明正言順的「休妻」。

㈡中視系統（exosystem）或社區

女性受限於社會與經濟上的資源，無法獨立自主，加上無一技之長，自立更生的機會不高，在考慮脫離暴力關係後，除了娘家短暫的支持外，亦難覓得生機，只得繼續留在受虐的關係中。

(三)微視系統（microsystem）或家庭

受害者與施虐者間存在著依屬共生關係，導致受害者忍氣吞聲，繼續受虐，包括害怕改變環境、對施虐者仍存有幻想及愛意、滿足對方的要求、捨不得放棄子女或財產、對方答應改變施虐行為等，在這些情況下，受虐者往往會與外界斷絕關係，更縱容暴力發生。

(四)個人因素系統（ontogenetic）

受虐者在童年時期曾目睹母親受虐，因此學習到女性在婚姻關係中受虐是極其自然的事，即使自己有朝一日處在婆婆的角色上，也會對同性的媳婦續加虐待。此一從原生家庭學習而來的觀念使得婦女成為依從先生的角色，當暴力發生時，也視為咎由自取，陷於婚姻暴力的非理性迷思之中而無法自拔。

(五)習得的無助感（learned helplessness）

受虐者在面臨暴力時無人可與之商量，也無處可去，部分婚暴受害者因與娘家意見相左，為了先生切斷與娘家的聯繫，因而認為暴力的發生是自己無法控制的，久而久之，遂處於孤立無援的情境，缺乏脫離暴力情境的動機，仍處於受虐關係中。

(六)傷害連結（traumatic bounding）理論

受虐者將其受虐與某種固執或忠誠連結在一起，如相信對方仍深愛著她或對方表示對她的需要與依賴，如此使得受虐者一再地深陷婚姻暴力的泥沼中而無法自拔。從愛情投資理論來看，當個體對愛情或婚姻投注愈高或替代性的選擇機會較少時，其承諾感就會較高，不易主動結束受虐關係。

(七)經濟因素

擔心一旦終止受虐關係，可能造成的生活窘境或育兒問題。在美國所作的調查，一九八八年全美單親女性家庭占全部家庭的 16.8 %，單親男性家庭占 4.2 %；以一九八五年美國單親家庭為例，超過半數的女性單親家庭屬於貧窮家庭，而男性戶長的單親貧窮家庭僅占 12 ％左右（林萬億，民83）。

第三節　有關施虐者與受虐者的實證研究

　　婚姻暴力造成的負面影響已成為一個嚴重的社會問題。過去三十年間受虐婦女已漸受到關注，但此一領域受到學界青睞，注入科學性的系統研究則是近二十年間的事。婚姻暴力的研究正結合心理、生理、社會、文化、法律、警政、教育等的研究成果，不獨重視理論的探索，復以更務實的觀點，來檢視婚姻暴力的實際問題，俾供受虐婦女獲得實質的幫助，而不再單就她們受虐的結果，誤診為身心症候群患者。

　　本節將扼要探討與婚姻暴力有關的幾個變項。這些實證資料主要來自美國。值得一提的是，有些變項可能是婚姻暴力的原因，但從橫斷面的觀點而言，實難斷言究竟其為婚暴的原因或結果，例如心理症狀可能造成暴力的使用，但也可能因暴力的使用而產生心理焦慮。

一、施虐者特質分析

　　H. ltzworth-Munroe等學者曾回顧過去相關的研究綜合出十二項施虐者的特點，簡要說明如下。

㈠年齡

　　年齡與婚姻暴力呈負相關，年輕夫婦發生婚姻暴力的危險性較高，隨著年齡增長，婚姻暴力、反社會行為則呈下降，惟目前仍無法預測具有哪些特質的男人會隨年齡增長而減少暴力行為。

㈡社經階層

　　夫妻的收入愈少，社會地位愈低，則發生婚姻暴力的危險性愈高。雖然失業、貧窮與婚姻暴力的發生有關，但婚姻暴力發生在各階層，絕非只

是貧窮家庭的特有現象。

(三)婚姻狀況

　　研究發現婚姻暴力發生的比例以同居者最高。同居者可能因為社會隔離，對關係的投資較少，較容易逾越關係的界線，而同居者與年齡也有相關，年輕夫妻有更多敵意效應的互動模式，此種負面行為較易提高婚姻衝突的可能性。

(四)心理症狀

　　婚暴型男性一般比非婚暴型丈夫在心理症狀測量上得分較高，施暴者也常患有多種心理症狀，包括沮喪、低自尊和攻擊性。

(五)邊緣性格異常

　　他們帶有強烈而不穩定的人際關係傾向，表現強烈依賴、操控、自我概念不明確、不能忍受單獨和焦慮、激怒、衝動、嗜酒或雜交。因為對他們的妻子依賴性極大，可能會產生暴力；他們害怕被拋棄，而依賴關係以維持脆弱的自我概念；但卻又因憤怒、操控和衝動而無力保持關係。

(六)憤怒與敵意

　　研究發現婚暴男性比非暴力男性表現較多敵意或憤怒，這與一般所見的婚姻衝突與類型頗為一致。

(七)酗酒

　　酗酒和施虐行為有關，喝酒常成為暴力的合理藉口，酗酒也可能導致婚姻衝突或壓力，以致增加婚姻暴力的危險性；甚或酗酒也可能是一種反社會性格或心理疾病，足以使婚暴行為更加嚴重。當然其他還有各種解釋，但不足以說明酗酒和丈夫施暴之間的關聯機制。

(八)社交技能

婚姻暴力男性缺乏社交技能，當他們不能妥善解決婚姻中的衝突時，只得表現其他摧毀性的行為。

(九)認知

對暴力的肯定可能會增加暴力的使用。一般認為男性若期待配偶持有傳統女人的角色行為，則較易導致對配偶攻擊。

(十)資源的缺乏

施暴丈夫不但自覺沒有權力，而且事實上也缺乏資源，社會人口統計資料亦證實施虐丈夫社經地位較低，缺乏有效經濟資源。

(士)配偶間資源和權力的失衡

夫婦的權力即是他們對資源掌握運用的功能，如果一方失去資源，則很可能採用暴力的方式強取。通常相對的客觀資源指經濟收入或教育程度。

(士) 壓力

迄今已有許多有關婚暴行為源自壓力的看法，因為社會規範強化了壓力、挫折和行為間的關係。壓力並不會直接造成暴力，而僅是個體面對壓力事件可能採取的一種反應而已。

二、受虐者特質分析

受虐婦女在心理上的立即反應包括消沉、困惑、缺乏動機、焦慮及罪惡感（Dutton, 1988）；美國華盛頓特區婦女虐待防治中心針對受虐婦女的研究指出，受虐婦女在身體上、精神上及情緒上的傷害會影響其自尊、羞

於與朋友家人聯繫、對別人不信任、缺乏安全感。

　　陳若璋（民79）研究一九八八年求助機構的受虐婦女，發現這些女性有下列特質：㈠長久忍受痛苦；㈡長期感到憂鬱、壓力、有身心症，同時可能酗酒或服藥；㈢經濟依賴與情緒依賴；㈣不太確定自己的需求；㈤非常低的自我評鑑；㈥不實際的期望，期望丈夫會突然改變；㈦社會隔離，連娘家也不太聯繫；㈧相信毆打只是暫時性的，情況一定會改善；㈨接受丈夫的暴力行為是因為自己引起的，並因此而內疚；㈩缺乏判斷何者會導致生命危險的能力。

　　但這種婦女在施虐發生後所顯示的特質資料並非婚前的人格特質，且這種特質在何種環境下才會發生配偶的施虐行為，仍不得而知。換言之，具有哪些特質的婦女易遭致攻擊尚需進一步驗證。

三、婚姻暴力的影響

　　儘管婚姻暴力發生的原因可能極其複雜，施虐者個人的心理、行為特質與外在環境的交互作用結果催化了暴力的發生，個人除了可能因暴力的程度而觸法，導致各種身心症狀外，對子女成長、整個家庭及社會也產生負面的影響。

㈠對子女的影響

　　處在婚姻暴力威脅下的兒童，因目睹親人向對方施暴而學習攻擊與暴力行為，對兩性角色的認知產生混淆，待自己結婚後，也會以同樣的方式處理婚姻的衝突事件，衍生代間傳遞；即使女孩受限於生理條件及社會期許而壓抑了可能的暴力行為，亦造成認知上的嚴重扭曲，使其在成長過程中充滿焦慮、不安全感、對愛的不信任，及人際關係困難等心理問題，這些影響可能是隱含、細微而不易發現的，但對子女人格的發展卻是深遠而不容忽視的。

㈡對家庭關係的影響

從微視系統的觀點而言，婚姻暴力使得婚姻的本質起了巨大的變化，代間關係因暴力的發生而疏離，雙方對婚姻的期待與滿意度都會降低。破裂的婚姻關係使得家庭成員間的互動產生緊張，家庭動力逐漸消失，最後瓦解殆盡，如此造成了成員間，尤其是妻子與子女，感情沒有依靠，經濟失去支柱，無論是結束婚姻關係或保留已然分崩離析的家庭樣貌，家庭的功能實已大為折損，亦失去家庭對成員間的社會化意義。

㈢對社會關係的影響

嚴重的婚姻暴力涉及法律的問題。就整個社會文化的巨視系統來看，婚姻暴力的一再發生將使社會大眾，尤其是丈夫認為施虐是家務事，是於法所容許的，導致男性將習以暴力控制女性，以此解決夫妻衝突，此一扭曲的兩性關係認知會帶來對整個文化、價值觀的負面影響。

四、婚姻暴力的防治

婚姻暴力根源於家庭與社會的結構中，然而在今日婚姻暴力犯罪化的趨勢下，對施虐者個人諮商，家庭輔導及社會控制等綜合措施，為防治家庭施虐的重要方法。

美國自一九八〇年後，各州多訂有家庭暴力方面的立法，婚姻暴力案件已從傳統的家務事，提升到公權力介入的司法事件；七〇年代以前許多警局在處理婚暴案件時採取「補釘法則」（stitch rules），認為受虐案件的受理須以受虐婦女傷口的手術縫線為先決條件，而執法人員在執行業務時也常受到無謂的攻擊甚或被殺害。我國亦訂有「婚姻暴力防治法」、內政部訂頒「婦女福利法草案」，以及在立法院送審的「家庭教育法」等相關法令，正式將婚姻暴力採取強力的法律介入行動。

然而美國到目前為止，仍有上百萬婦女找不到適當的資源來協助她們

終止受虐關係，包括警政司法、醫療、社會等專業體系之正式系統（Page-low, 1981）。我國婦女福利法草案第四條規定：婦女福利主管機關，在中央爲內政部；在省（市）爲省（市）政府社會處（局）；在縣（市）爲縣（市）政府。然而受限於經費、專業人員、法令規定等因素，這些機構大多給與當事人情緒上的支持及提供臨時避難所，對受虐婦女脫離受虐情況並無太大幫助，況且各地區的庇護設施多寡不一，有效的支持系統相差懸殊，非廣爲人知，因而許多受虐婦女逐轉而尋求非正式的社會支持，包括受虐婦女個人之互動網絡、親戚、朋友、同事或宗教團體。在實務上常發現多數受虐婦女最先考慮回娘家尋求支助，除了說明父權思想的文化架構外，也道出受虐婦女之無奈及支持資源之匱乏。

今後在婚姻暴力的防治上應加強社會支持網絡，社會工作者不只應從微視系統即時的介入受虐案件，也須從中視、巨視系統將家庭、社區及社會價值觀與各種資源網絡結合，如此才能提供務實的支持方案與處置。

本章摘要

由於工業化與都市化帶來家庭結構的改變，衝擊著現代以愛情爲基礎的婚姻關係，諷刺的是現代婚姻並未因男女雙方的相愛相知而減低夫妻間的緊張與衝突，婚暴的不斷發生，受虐婦女的急遽增加，婚姻暴力已成爲現代社會家庭中的主要問題。

婚姻暴力的定義迄今並無一致的看法，同時在調查取樣上國內外也存在很大的差異。在實務上，虐待及暴力行爲可能發生在夫妻、同居男女、已離婚或已分居男女，及曾有過親密性關係的異性朋友之間，暴力的範圍則涵蓋從身體上的攻擊到心理上的疏待行爲。婚姻暴力包括下列五種虐待類型：身體毆打、性暴力、破壞財物或寵物、精神虐待和情緒虐待。

一般人對婚姻暴力有「床頭吵床尾和」、「夫妻之間的事，局外人不要管」、「家醜不可外揚」等等的迷思，這些似是而非的論點，常被施虐

者及社會大衆利用來當作暴力行爲的合理化依據，也成爲受虐婦女隱忍暴力的主因。

美國在一九七五年及一九八五年的調查中發現虐妻的比例下降 21.8％，虐妻的發生頻率平均一年約三次。下降比例雖沒有達到統計考驗的顯著性，但仍有其實際的意義，此可歸因於美國家庭結構的改變、虐妻態度於法不容、經濟改善、預防宣導以及婚姻暴力處遇方案的快速推展等配套措施。

研究發現暴力發生的原因非常複雜，除涉及施虐者個人因素外，施虐行爲也受到家庭社會及文化價值觀的影響，可分別從單一因素理論、系統理論及生態網路模式加以解釋。Straus 以一般系統理論的觀點，指出個人、家庭及文化社會等系統間出現不能協調或搭配時，就會出現婚姻暴力。

個人因素包括心理特質、個人偏好、職業、藥物濫用、酗酒、人際關係、解決衝突的方法、社經地位、年齡層、宗教信仰等。微視系統包括家庭信念、結婚年齡、家庭組織、權力分配、家庭運作及動力等。巨視系統是指整個社會文化對婚姻暴力的看法，傳播媒體的影響、法律規範及受虐婦女的庇護和處置等；然而研究也發現受虐婦女本身也存有某些因素，容易促發暴力，譬如她們傾向情緒化處理兩人衝突、極度自卑、學歷或職業高過丈夫以及重視自我的改變。

Carlson 從生態觀點認爲婚姻暴力的發生從整個社會文化架構到家庭個人都互有牽連、環環相扣，例如社會文化中的價值觀、信念、性別意識、夫妻角色的定位等，將會結合所在社會的政經活動、工作環境，進而影響家庭中成員的互動方式、夫妻關係、人格取向、生活習性，而這些系統中的因素，若有不當配置或無法相容時，則會產生暴力。

許多受虐婦女仍選擇接受宿命的安排，未尋求正式的管道接受外界的援助，實迫於無奈，而她們難以跳脫與施虐者的關係可能由於個人心理因素、家庭因素、社會文化的價值觀與信念，以及社會上可提供的支援體系，包括醫療、警政、社工、司法等資源的缺乏或不濟

陳若璋的研究指出受虐婦女無力離開受虐關係的理由包括：(1)孩子的

因素；⑵不甘心：對丈夫的外遇懷有怨氣不平；⑶對感情仍存有期待；⑷配偶不願離婚，並加以威脅；⑸經濟因素；⑹法律上的困境：離婚後怕得不到贍養費也很難取得子女的監護權；⑺對自己缺乏信心。

　　婚姻暴力造成的負面影響已成爲一個嚴重的社會問題。過去三十年間受虐婦女已漸受到關注，但此一領域受到學界青睞、注入科學性的系統研究則是近二十年間的事。婚姻暴力的研究正結合心理、生理、社會、文化、法律、警政、教育等的研究成果，不獨重視理論的探索，復且以更務實的觀點，來檢視婚姻暴力的實際問題，俾供受虐婦女獲得實質的幫助，而不再單就她們受虐的結果，誤診爲身心症候群患者。

　　儘管婚姻暴力發生的原因可能極其複雜，施虐者個人的心理、行爲特質與外在環境的交互作用結果催化了暴力的發生，個人除了可能因暴力的程度而觸法，導致各種身心症狀外，對子女成長、整個家庭及社會也產生負面的影響。目睹親人向對方施暴而學習攻擊與暴力行爲，衍成代間傳遞；婚姻暴力使得雙方對婚姻的期待與滿意度降低。至於婚姻暴力已涉及法律的問題，又以暴力來控制女性解決夫妻間的衝突，使得兩性關係認知扭曲，帶來整個文化、價值觀負面影響。

　　在今日婚姻暴力犯罪化的趨勢下，對施虐者個人諮商、家庭輔導及社會控制等綜合措施爲防治家庭施虐的重要方法。

　　美國自一九八〇年後，各州多訂有家庭暴力方面的立法，七〇年代以前許多警局在處理婚暴案件時採取「補釘法則」，認爲受虐案件的受理須以受虐的婦女傷口的手術縫線爲先決條件。我國亦訂有「婚姻暴力防治法」、內政部訂頒「婦女福利法草案」，以及在立法院送審的「家庭教育法」等相關法令，正式將婚姻暴力採取強力的法律介入行動。

　　截至目前爲止，仍有無數婦女找不到適當的資源來協助她們終止受虐關係。受限於經費、專業人員、法令規定等因素，法定的正式機構大多給與當事人情緒上的支持及提供臨時避難所，對受虐婦女脫離受虐情況並無太大幫助，許多受虐婦女只能尋求非正式的社會支持。在實務上常發現受虐婦女最先考慮回娘家尋求支助，道出受虐婦女之無奈及支持資源之匱

乏。

　　婚姻暴力的防治工作應加強社會支持網絡,從微視系統即時的介入受虐案件,以至於從中視、巨視系統,將家庭、社區及社會價值觀與各種資源網絡結合,才是務實可行之道。

研討問題

一、在我們的社會文化中存在著許多虐妻的迷思，試舉二例說明其對婚姻暴力的作用和影響。

二、婚姻暴力的受害者絕大部分都是婦女，試以生態學理論觀點闡述其理由為何？

三、現代家庭結構所組成的家庭是一私密性很高的地方，但諷刺的是它同時兼具愛和暴力，試以父權體制的觀點剖析其原因。

四、許多調查研究指出酗酒和施虐行為有關，試從文化及心理觀點探討其原因。

參考書目

一、中文部分

內政部（民 79）：**內政部人口統計**。台北：內政部。

內政部（民 87）：**內政部人口統計**。台北：內政部。

台灣省政府社會處（民 83）：**社會福利指標**。南投：台灣省政府社會處。

林萬億（民 83）：從社會政策觀點談單親家庭。**單親家庭：福利需求與因應對策**，白秀雄等。台中：中華兒童福利基金會，51-64。

周月清（民 85）：**台灣受虐婦女社會支持探討之研究**。東吳大學社會工作學系，國科會贊助新人研究案。

周月清（民 85）：**婚姻暴力：理論分析與社會工作處置**。台北：巨流出版社。

香港和諧之家（民 79）：**虐妻手冊**。香港：和諧之家出版。

洪文惠（民 84）：什麼是婚姻暴力？一般人對婚姻暴力的錯誤看法。**新生命月刊**，5，56-57。

高鳳仙（民 87）：**家庭暴力防治法規專論**。台北：五南出版社。

陳若璋（民 77）：**婚姻暴力引發因素及被毆打婦女的研究**。婦女研究暑期研習會論文集，103-112。

陳若璋（民 81）：台灣婚姻暴力的本質、歷程與影響。**兩性學刊**，3，117-147。

陳婷蕙（民 86）：**婚姻暴力中阻礙受虐婦女脫離受虐關係的影響因素之探討**。社會福利，130，43-48。

馮燕（民 79）：**我國目前婚姻暴力狀況**（未出版）。台北市社會局北區婦女福利服務中心提供。

黃富源（民 83）：**警政部門對婚姻暴力之防治現況與展望**。發表於「婚姻暴力防治研討會」，台北市社會局主辦，92。

湯琇雅（民 81）：**婚姻暴力中婦女受虐狀況與其因應過程之探討**。東吳大學社會工作研究所碩士論文。

劉可屏（民76）：虐妻問題。輔仁學誌，19，375-392。

劉秀娟譯（民85）：家庭暴力（原作者 R. J. Gelles & C. P. Cornell. Intimate violence in families.）。台北：揚智文化事業股份有限公司。

二、英文部分

Carlson, B. E. (1984). Causes and maintenance of domestic violence: An ecological analysis. *Social Service Review, 58*, 569-587.

Domestic abuse intervention project(Brochure). (1991). Duluth, Minnesota, U.S.A.

Dutton, D. G. (1988). *The domestic assault of women: Psychological and criminal justice perspectives*. Boston: Allyn & Bacon.

Finkelhor, D. (1983). *Common features of family abuse*. In R. J. Gelles and C. P. Cornell(Eds.), *International perspective on family violence*. Toronto: Lexington.

Gondolf, Edward. (1988). *Battered women as survivors*. CA: Sage.

Goode, W. (1971). Force and violence in the family. *Journal of Marriage and the Family, 33*, 624-636.

Holtzworth-Munroe, A., Bates, L., Smutzler, N., & Sandin, E. (1997). A brief review of the research on husband violence: Part I. *Aggression and Violent Behavior, 2*(1), 65-99.

Holtzworth-Munroe, A., Smutzler, N., & Bates, L. (1997). A brief review of the research on husband violence: Part III. *Aggression and Violent Behavior, 2*(3), 285-307.

Hotaling, C. T., & Sugarman, D. B. (1986). An analysis of risk makers in husband to wife violence: The current state of knowledge. *Violence and Victims, 1*, 101- 124.

Kaufman-Kantor, G. K., Jasinski, J. L., & Aldarondo, E. (1994). Sociocultural status and incidence of marital violence in Hispanic families. *Violence and Victims, 9*, 207-222.

Pagelow, M. (1981). *Women-battering victims and their experiences*. Beverly, CA: Sage.

Star, B. (1987). Domestic violence. *Encyclopedia of Social Work*(118th ed)(pp. 463-476). Silver Springs, Maryland: National Association of Social Workers.

Stark, R., & McEvoy, J. (1970). Middle class violence. *Psychology Today, 4*, 52-65.

Stordeur, R. A., & Stille, R.G. (1989). *Ending men's violence against their partners: One road to peace*. C.A: Sage.

Straus, M. (1980). A sociological perspective on the causes of family violence. In M. R. Green(Ed.), *Violence and the family*(pp. 7-31). Boulder, CO: Westview.

Straus, M., & Gelles, R. J. (1986). Societal change and change in family violence from 1975 to 1985 as revealed by two national surveys. *Journal of Marriage and the Family, 48*, 465-479.

Straus, M., Gelles, R. J., & Steinmetz, S. K. (1980). *Behind closed doors: Violence in the American family*. Garden City, NY: Anchor.

Walker, L. E. (1979). *The battered woman*. New York: Harper & Row.

婚姻與家庭困擾的調適

第九章　親子關係及家人間的溝通技巧

　　個體性格的成熟與否，大半來自早年孩童時期人際互動情境的塑造，且其深遠影響將持續一生之久。許多心理學家亦強調早期親子關係的重要性，因那是個人最早接觸到的人際關係，其適應的良好與否，不僅影響其往後的人格發展，且關係著日後更廣泛的人際溝通與適應。由此可知，在個體成長的過程中，父母的角色與影響，確實是無可取代的！

　　父母與孩子之間原本就擁有遺傳與血緣上的深厚關係，在一般正常的狀況下少有父母不愛其子女，或是孩子厭惡父母的情事。尤其是針對幼兒或成長中的孩童，父母原本應該是他們最親密的家人，以及最具安全感的依靠。然而隨著時代社會的變遷，家庭結構與倫理觀念也有著大幅度的改變，傳統的家庭教育功能也日趨式微；因著現實環境的壓力，或個人問題處理的不當，在在都會造成家庭悲劇的產生。然而，若是個體能擁有一個溫馨的家庭，親子間亦有良好的溝通管道，或許這個世界將更形美好，不幸事件的發生率也會相對地降低。

　　既然父母對孩子一生發展有相當重大的影響，親子間的關係與溝通亦如此地重要。因此，在本章中將針對如何建立良好的親子關係、親子間的溝通技巧，以及召開民主式的家庭會議等方面，分別加以探討如下。

> 充實個人的教育理念與知能，做個稱職而自信的現代父母。
>
> 多用愛心及良性之雙向互動，建立一個幸福而美滿的家庭。

第一節　如何建立良好的親子關係

　　有鑑於社會中青少年問題往往是「種因於家庭、顯現於學校、惡化於社會」，可見家庭對個人之影響是既早且深；因而如何能建立一個溫馨、和諧且民主的家庭氣氛與關係，使父母與孩子能共同地生活和成長，實為當前親職教育必須正視的主要課題。多少為人父母者忽視家庭對孩童深遠的教育功能，經常為了追求更豐富的物質生活而奔波忙碌，卻把教育子女的責任完全地推給了學校。雖然依據目前的社會分工，教育已然是一項專業而學校亦成為孩童學習的主要場所，但家庭仍是孩子身心最佳的避風港；父母的影響與親子的互動關係，仍會隨時進入孩童毫無設防的心靈中發揮作用。

一、親子關係的意義及其重要性

　　所謂的親子關係，即家庭中父母與子女互動所構成的人際關係，此互動關係包含情感、權威性及結構性，具有愛—憎、拒絕—接納、支配—自主、約束—縱容等向度（黃春枝，民 69；馬傳鎮，民 71）。此外，林妙娟（民 78）則認為親子關係是指親子之關愛、情感、溝通三個向度的程度。而和諧的親子關係有賴於：父母對子女有適切的教養、親子間有充分的情愛交流、親子間有良好的溝通（吳佳玲，民 84）。

　　親子關係除了包含許多向度之外，更包含了親子之間相互影響的結

果。因此，一些研究認為父母與子女間的親子關係是彼此心理交互反應的相互影響結果，而非單只是父母態度對孩子具影響力，子女行為也將會左右父母對其之管教方式及態度（許心華，民72；吳永裕，民85；高明珠，民87），所以親子關係是雙向的互動，須從兩方立場去看待。

劉焜輝（民75）即指出親子關係的態度特性可分為：

㈠父母對子女的態度：是指接納性的程度，意指父母是否能傾聽子女的意見，承認子女的行為，能否關懷子女，且能鼓勵子女並表示親密的態度；另則是理解性的程度，意指父母是否對子女冷淡、不予理睬，以及是否經常下命令、嘮叨、謾罵、權威、專制、獨斷。

㈡子女對父母的態度：是指獨立性的程度，意指子女是否事事依賴父母或者具有自主性、獨立性及自主判斷的態度；另則是信賴性的程度，意指子女是否對父母具有信賴、誠實的態度。

而綜觀許多研究皆發現，親子關係對個人的自我概念、各種行為表現、生活適應及友伴關係都有顯著的影響（李月櫻，民83；吳佳玲，民84；林月琴，民80；謝品蘭，民81；賴嘉凰，民88），因此親子關係適應良好與否將深刻影響個人及家庭。而所謂親子關係適應良好是指親子間能夠相互信任、情感交流與友誼性交往，反之，若親子關係適應不良，親子衝突則多（黃春枝，民75）。以此推論，由親子溝通所引起之親子衝突恐將影響親子關係之和諧。

二、建立良好的親子關係

良好親子關係的建立，有賴於平日家庭生活中，父母如何把握機會去積極培養。以下將由三個不同的角度切入，來分別針對如何建立良好的親子關係，做深入的探討。

㈠把握親子間生理、心理與社會的密切關係

中國人談到親子、手足之間的親密關係時，常會提及：「血濃於水。」這個觀念點出了親子關係間的主要特性——父母的遺傳。因此，親子之間在相貌、身材、智力、性向、體能及罹患疾病等方面，在在都可以顯示出他們之間生理上的親密關係。

親子間生理方面的血緣關係是永遠無法脫離與改變的，此種關係也替親子間的相處紮下深厚的親密基礎。然而，從今日各種媒體的報導中，常見許多令人觸目驚心的亂倫情事，諸如：棄養孩子、虐待幼童、父子互毆、兒女對年老父母施暴等現象。遇到此種情況時，往往讓人很難想像在有生理遺傳關係貼近的親子互動之間，似乎還抵不上「虎毒不食子」及「烏鴉反哺」的動物世界。

可見親子之間美好關係的維繫，不能僅是仰賴彼此間先天的血緣遺傳，還需要加上後天親子互動產生之心理與社會關係。親子間良好的心理關係，包括：相互喜悅、信任、接納、談心與共同分享等。此類正向親密關係的建立，主要是建立在父母能多與孩子接觸、關心他、尊重他，並能懂得如何做好有效的親子溝通，以及採用民主式的管教方式等。

隨著社會結構的劇烈轉變，親子之間的關係也跟著產生變化。在過去農業社會，親子關係可以傳統社會規範來加以約束，強調道德、孝順、服從、謙虛等特質；而現今的工商資訊社會，重視個人才幹、獨特創意、自我實現、自我推銷等。如此一來，親子關係勢必產生相當的衝擊而危機四伏，做父母的必須作出相當程度的調整、學習與付出，才能設法維持親子間美好的相互關係。

人類是很明顯的社會群居動物，在個人發展中亦包含著社會學習在內。一個孩子在他自幼開始學習成長的過程之中，藉由與父母（或監護人）的接觸及相處，展開了其一生中「人我社會關係」的學習，當然也是其中最重要的一部分學習。

一個在社會關係方面適應正常的小孩，在這方面的表現通常會符合以

下的數項標準（王以仁等，民 81；蔡英媛，民 73）：

*1.*有歸屬感，且至少能夠歸屬於一個團體。

*2.*精神振作、全力以赴。

*3.*肯定負責且能尊重別人的權利。

*4.*能在適當的情境表現適當的行為。

*5.*行為目的能夠被社會所接受。

*6.*對他人有興趣也能鼓勵別人。

*7.*容忍別人且能與他人合作。

*8.*對自己存在的價值有真實的感覺，自我肯定。

　　當使用上述這些標準來觀察孩子時，也許會發現他似乎都不夠符合所有的這些標準；但不要氣餒，孩子是可以加以訓練出來的。因其天生具備對社會有興趣的潛能（因孩子也是社會人），我們只要重視這個要求並從家中開始培養，而後再經過學校與社區同儕的互動學習，必能建立其良好的社會人際關係。

㈡珍惜與善用親子間相處的時機

　　現代父母對孩子而言，扮演了許多複雜的角色與關係。就如相關的報導指出（Gestwicki, 1992），父母扮演了子女的教育者、養育者、社會成員、獨立的個體等多重角色；父母對於孩子的愛並非全然出自於本能，然而當其表現不符合自我期許或社會期待時，又會帶來許多的衝突與罪惡感。由此可見，親子間的良好相處及彼此互動，確實需要花費心思來好好加以經營。

　　我們常說友誼、感情與深厚的關係，都需要花相當的時間來加以培養。親子之間要想擁有良好的關係，也同樣需要在平日家居生活中，有充分而愉悅的相處時機。事實上，現代人在生活中都相當的忙碌，一家人雖住在同一個屋簷下，但稍有疏忽沒注意就會造成親子間的嚴重「代溝」。

　　尤其在孩子年幼時，就應把握最佳的「第一時間」，培養親子間愉悅

親密的關係，並隨著孩子年齡增長，不斷加強親子相處時「質」（內涵）的提升，如此則能達到親子之間在生理、心理與社會關係等方面，均能臻於理想而美好的境地。

在此提出五項在日常生活中，頗容易發揮與掌握親子相處時機的方式，一一陳述如下：

1. 多與孩子談天說笑。當孩子有故事要說或有問題要問時，父母應該認真傾聽與耐心接受；有機會更應主動找機會跟孩子談天說地。

2. 陪同孩子一起進行休閒活動。譬如：一同看電視節目、玩電視遊樂器（電腦遊戲）、下棋、一塊兒去釣魚或踏青。

3. 全家一同去旅遊。現代人很流行也很需要去旅行，國內、國外均可；小孩到了五歲可自行吃飯、走路，就可以帶他一起出國旅遊。

4. 陪同孩子一起做運動。譬如：打球、游泳或登山等，也許一開始孩童不熟悉，表現反應均不佳，但假以時日必見改善。

5. 外出辦事、訪友亦可攜子同行。孩子小的時候很喜歡跟在大人後面到處去，若無趕時間或場合不宜等問題，應盡量讓孩子跟著前去，也可藉此增加彼此接觸與互動之機會。

做父母的千萬不要為了怕麻煩，而忽略或放棄這些可以跟孩子相處的自然時機；否則孩子進入青春期之後，親子之間極容易產生嚴重磨擦，甚至彼此不說話而形同陌路。

㈢親子間互動應多發揮適度創造力與幽默感

家人間的相處難免會有一些爭執或不愉快，偏偏又不容易躲得開；這時就需要以適度的創造力及幽默感來加以調和。幽默是人際間最好的一種潤滑劑，在親子互動與相處時也亟需創造力與幽默感的發揮。

事實上，幽默的表達並無一定的類型或公式，最主要的關鍵在於要有開闊的胸襟、彈性的態度與相當的創造力。父母在家中常表現得很幽默，往往孩子在此環境下耳濡目染，自然地也有相當的學習與回應。

若是親子間偶而有了較大的衝突，做父母的應學習快速地冷靜下來，並尋求打破僵局的各種方法。其中，藉著適時適度的幽默，也可創造出大不相同的有利局面來。

第二節　親子間的溝通技巧

　　溝通在父母與孩子互動間的重要性，是眾人皆知的常識。但要如何達到彼此間良好的溝通，就有些需要學習的溝通技巧，以及如何先建立家中溫暖正向的家庭氣氛，分別說明如下。

一、家庭氣氛的意義

　　家庭氣氛（family atmosphere）就是家人相處的情形，包括了親子關係與父母教養方式（李美瑩，民 83；鍾思嘉，民 75）。另者，溫毓麒（民81）則認為家庭氣氛是指父母與子女彼此間的互動關係，教養家庭中子女的一種人際關係模式，在家庭中每個孩子都以個人知覺而對家庭氣氛作反應，因此家庭氣氛乃因個人知覺差異而有所不同。許維素（民 81）亦指出，家庭氣氛即家庭透過父母管教態度及家庭成員之間彼此互動，無形之中所形成的一種氣氛。由此可知，家庭氣氛是透過家庭成員的互動所產生的，家庭中的每個成員乃依其個人的感受來知覺家庭氣氛。

　　而綜合國內學者（吳武典、林繼盛，民 74；陳春秀，民 90）對家庭氣氛的探究，認為家庭氣氛主要分為四個部分：

㈠父母對教育的態度

　　包括父母對子女教育之重視、督促、興趣、支持、鼓勵、關心、訓練、保護、尊重等。

(二)父母之期望水準

　　包括父母親對子女未來的學歷、事業成就的積極期待及平時對子女課業的重視、成績的要求、學習的支持。

(三)家庭的學習環境

　　包括讀書場所、文化設施、外界干擾與電視時間的控制、自修時間、課業指導、學習氣氛、學習合作等。

(四)家庭語言及人際互動

　　包括兒童與父母及其他家人交談機會的多寡、家人對語言重視的程度、父母對語言互動的增強和談話的內容、以及家人之間相處的情形。

　　國外學者 Dewey（1991）認為，家庭氣氛讓家庭變成可以是競爭或合作、一致性或創造性、開放或欺瞞，家庭氣氛包含父母彼此之間的互動、孩子如何覺察、詮釋此模糊的氣氛，及此氣氛對每個孩子所起的作用，總加這些因素，正是孩子因生存而需適應的家庭氣氛。

　　另外，綜合國內外所提出的家庭氣氛的定義，可分為三大向度、十個指標來測量家庭氣氛（陳春秀，民 90；Moos & Moos, 1986）：

(一)關係向度

　　*1.*凝聚力：家人相互支持、協助、認可的程度。
　　*2.*表達性：家人相互鼓勵，公開表達的程度。
　　*3.*衝突性：家人間直接表達怒意、攻擊和衝突的程度。

(二)個人成長向度

　　*4.*獨立性：家人能自我肯定、自給自足、自行決策的程度。
　　*5.*成就取向：家庭重視成就或競爭的程度。

6. 智能文化取向：家庭對政治、社會、文化智能活動的注意程度。

7. 主動休閒導向：家庭參與社交性及娛樂性活動的程度。

8. 倫理宗教強調性：家庭重視倫理道德及宗教議題與價值的程度。

㈢系統維護向度

9. 組織性：重視家庭活動及責任的組織與結構程度。

10. 控制性：設定與執行家居生活規則的程度。

二、影響家庭氣氛的因素

Denton 和 Kampfe（1994）認為，家庭氣氛包含家庭組型、家庭互動及家庭成員間觀念的差異三種因素，此三種因素都在在影響了家庭氣氛的變化：

㈠家庭組合（family composition）

此因素主要是指單親與雙親家庭的差異，而形成單親家庭的因素中，例如：父母分居、離婚或死亡也使同是單親家庭的家庭氣氛截然不同。通常在單親家庭中的兒童都需要其與單親父母相處適應問題的幫助。

㈡家庭互動（family interaction）

家庭互動則包含家庭參與、溝通和紀律。家庭參與最顯明的例子即是家庭決策，家人是否都有機會提供意見、參與決策，將會影響成員對家庭的滿意度。對家庭感到不滿的孩子會表現出敵意、逃避了解、缺乏愛、缺乏凝聚力及欠缺合作性的特質，且覺得父母對其不支持。溝通則會影響孩子是否願意真實表達其想法與感受，很多父母表示其在溝通技巧上相當不成熟，以致無法表達出其信任、接納與了解。而在紀律部分則是說明父母教養方式對親子互動的影響，在放任、控制或民主三種管教方式下的親子關係就有其差異。

㈢家庭中觀念的差異（discrepancies in family perceptions）

　　家庭中的誤解和敵意來自於不適當的處理家庭成員的觀念差異，父母多希望孩子能成為「乖小孩」（the ideal child），即能夠順從父母意見的小孩。不同的聲音往往被壓抑下來，因此孩子認為父母親不值得信任及不夠了解他們。

　　由此可見家庭組合的不同，如單親家庭與雙親家庭所營造出來的家庭氣氛有其很大的不同。家庭互動不良、觀念上的差異，許多爭議可能因此而起，嚴重影響到家庭氣氛。

　　Sandy、Fran、Roy及Greg（1999）等人則認為，影響家庭氣氛的有兩個變項，即家庭的凝聚力（cohesion）和順應力（adaptability），在凝聚力適當與順應力佳的家庭下，家庭氣氛具有正向之家庭功能；而此所指的家庭凝聚力與順應力的觀點來自於 Olson 等人（Olson, Russell, & Sprinkle, 1983; Olson, Sprinkle, & Russell, 1979）基於家庭功能所發展出的圓型模式（circumplex modle）。此圓型模式由三個向度所組成，包括：家庭凝聚力、家庭順應力及家庭溝通。

　　家庭氣氛不和諧容易使孩子逃避家庭、產生不良特質及偏差行為，親子關係因此受影響。鍾思嘉（民75）認為如果家庭氣氛是溫暖且融洽的，青少年則多數願意待在家中與家人共同生活，而不致流連在外甚至捲入幫派；反之，家庭若是常處於爭執不休的情緒中，或者父母對孩子待以漠視之態度，則使青少年極欲逃避家庭尋求同儕的認同與支持。廖榮利（民69）也認為，家中的敵對與紛爭都是促使子女犯罪的溫床。因為孩子在家找不著溫暖與寧靜，因而寧願在外遊蕩，以逃避的方式去面對自己無力改變的家庭環境氣氛，所以家庭氣氛不佳易使孩子產生偏差行為。

　　陳三興（民78）認為父母婚姻關係是影響親子關係的重要因素之一。而父母離異或感情不睦都會影響家庭氣氛，使得子女行為發展上易出現狀況（蔡曉慧，民81）。黃煌鏞（民77）也認為，父母親是家庭組成的兩大主軸，若兩者關係不和諧，家庭必會充滿緊張與壓力的氣氛，在此家庭氣

氣成長下的兒童，內心易有焦慮不安的情緒，而在行為上表現攻擊、退縮……等的不良行為。因此從以上研究的相關性，可以發現到夫妻關係所造成的家庭氣氛會影響兒童之行為表現，以此推論則可能影響到親子之間的關係。

有研究認為家庭氣氛和父母的管教態度亦有其相關性，在張麗梅（民82）所作的研究「家庭氣氛、父母管教態度與兒童偏差行為關係之研究」中，其研究結果顯示：家庭氣氛融洽時，父母管教態度必定是合理的；反之，父母管教態度民主時，則必能營造出良好的家庭氣氛。因此要營造良好的家庭氣氛，則父母的管教態度是一影響因素。

以上的研究可知，父母親兩人婚姻關係和諧與否、父母管教態度及親子之間的互動等因素都會影響家庭的氣氛，家庭氣氛不良對孩子的影響至深且鉅，使孩子的情緒、性格及行為皆有負面之表現，而孩子也易有反社會行為出現，以此表示其對家庭的不滿與抗議，且孩子的偏差行為又可能成為親子關係中的衝突議題，因此本研究將探討家庭氣氛在親子關係上的差異，以期父母能對家庭氣氛對親子關係所產生的正負面影響加以注意。

綜觀上述相關研究，皆明顯表示家庭氣氛對兒童人格發展的影響，而此人格特質將反應在個人行為、態度及與人的互動關係上。負面的家庭氣氛環境使孩子發展為一個對人不信任、有敵意的個體，甚至對別人要求甚多且不滿，在家庭關係中首當其衝當然是與父母或手足之間的關係，如果其將此些特質反應在親子互動關係上，可能將影響親子關係。

三、溝通的基本觀點與原則

在人際溝通過程中，最基本的形式就是「二人間的雙向溝通」，他們因著互動過程與功能的不同，分別扮演著「訊息傳送者」與「訊息接受者」的角色。當然，角色因著需要及功能的改變，也會隨之互換及變更，也是極其自然和常有的事。

在二人溝通的過程中，傳送者腦海中有他希望與別人分享的感覺或想

法，這些都會受到訊息傳送者的身體特質、心理狀態、社會經驗、知識與技能所影響。要把意思轉變成可溝通的訊息，表達者必先予以編碼，再藉由相關管道傳遞出來，而這些管道通常是指聲音（語言）和光（非語言行為）。

如上所述，訊息是由語言及非語言行為所組成者，訊息接受者經由譯碼的過程而了解其意義。譯碼的經過會受到訊息接受者的整體經驗影響，同樣對訊息傳送者也有其特有因素在影響傳遞的訊息結構。在譯碼與解碼時，接收者把傳送者的訊息轉成自己的語言及非語言訊息，並經由所選擇的回饋管道將其反應遞回傳送者；訊息傳送者再將收到的回饋解碼，以便解釋從接受者取得的反應。在整個雙向互動溝通之中，此一過程將不斷地被重複著。

在一般人際溝通的歷程中，可以找出四項人際溝通的原則（王以仁等，民81；曾端真、曾玲泯譯，民85）；並以此延伸到親子間的溝通與互動，今分別加以說明如下。

㈠人際溝通具有持續性

在家庭中某些成員之間的關係緊張或經常爭吵（如：某些家庭父子之間相應不理，母女之間經常彼此大聲爭執），都可以看出他們之間的人際溝通具有長期地持續性。因為人際間的溝通可以是屬於語言或非語言性質，在與他人的接觸往來中，我們時時在傳遞出別人可以下定義及做推論的行為訊息；人際的互動與溝通行為，並非僅僅只限於某個單一事件，而與其過去的觀點、交往經驗、所處環境等因素均有密切的相關。

㈡人際溝通具有目的性

人與人之間的談話溝通必有其目的，不論其目的是否能被溝通的雙方所充分地意識到。在家人之間的溝通過程中，孩子經由發問來試探父母的心意與標準；同時父母也會藉由聊天閒談，不經意地表達出對孩子的期望及引導。二人之間經常藉由語言的互動，不斷地持續進行下去，這其中一

定包括有個人意識或潛意識方面的預期；即使是閒聊式的溝通，彼此談談
藉此增加互動或打發時間，均可說是達到其目的。

㈢人際溝通具有關係性

在任何溝通過程中，人們不只是分享內容意義，也藉此顯示彼此之間
的關係。在互動行為過程中將涉及人際關係的情感與誰是主控者二層面，
其中關係的控制層面又可分為互補的或對稱的二種情形。在二人的互補關
係中，其中一人讓另一人來決定誰的權力較大，因而後者的溝通訊息可能
是支配性的，而前者的訊息則是在接受這個支配。而對稱關係中，人們不
同意有誰居於控制的地位；當其中一人表示要控制時，另一人將挑戰他的
控制權以確保自己的權力。在家庭關係中的控制權問題也不是經由一次交
談就達成協議，而是經過長時間的溝通、澄清來達成；在家中互補關係比
對稱關係較少發生公然衝突，但是在對稱關係中彼此的權力較可能均等。

㈣人際關係必須經由學習而獲得

人際關係與溝通看來好像都是挺自然的，有如與生俱來的能力，也不
易察覺自己的溝通行為是否有所偏差。在與家人相處溝通的互動過程中，
要抱持著我不完美而需不斷學習的積極心態，這樣才能改善並提升彼此的
溝通層次與實際效果。事實上，由於個人的背景因素，都會擁有一些和別
人有效相處的溝通技巧；但仍然缺乏一些必須具備的溝通技巧，這些都需
要藉由不斷的學習和練習當中去獲得。

四、親子間的傾聽與反應技術

二人之間溝通的基本要件，不外乎是「聽」與「說」二方面。以下將
針對「傾聽」和「反應」的技術，分別加以探討如下。

㈠傾聽的技術

傾聽（listening）係仔細聆聽別人對你所說的話，以了解其話中的含意，並能體會出他說話當時的心情。也可說是在溝通過程中，藉由自己專心仔細的聆聽對方的語意、語調，且觀察接收他的行為語言。

在家人之間相互溝通時，往往因彼此過於熟識而忽略了「傾聽」的技巧。當其他家庭成員在講話時，不要隨意地插嘴；無緣無故打斷他人的說話，將會引起對方的反感，甚至造成對方拒絕與你談話。

傾聽不只是閉嘴聆聽而已，同時還要讓對方知道你在認真專心地聽他說話，這其中代表了你對他的接納、尊重與關懷。所以，在傾聽別人說話時，還應加上點頭、微笑、輕拍他的肩膀，以關懷的眼神凝視對方等行為語言，以便讓對方知道自己確實了解他表達的意思。

進一步地可將「傾聽」界定為：以一種專注的態度來接收對方所發出的所有訊息，其中包含了語文與非語文的訊息。而語文訊息的獲得，在於聆聽對方口語表達的用字、詞句、語氣和聲調；而非語文訊息則藉由注意其面部表情、神態、手勢及身體動作等方面，來加以了解。有效的傾聽包括：眼神的接觸及一些表明你正專心在聆聽的姿勢。

父母藉由傾聽技巧，表達出對孩子的關切；父母或許不完全同意孩子的想法、態度或行為，然而若能透過有效傾聽的態度，則可充分表達出對孩子的接納與尊重。

在溝通的過程中，如何能扮演一個良好的「傾聽者」，可參酌以下的八項要點來進行：

1.要面對訊息的傳送者，並將自己的身體微微地傾向對方。

2.溝通過程中經常維持與對方眼睛的接觸。

3.以點頭或其他不會打斷對方說話的方式，讓他知道自己完全了解。

4.忽略周圍任何會使你分心的刺激，專一於和對方的談話。

5.隨時以同理的方式，來抓住對方表達的真實情緒。

6.當有必要時，可要求對方進一步說明與澄清。

7. 必須等到對方的表達告一段落後，才提出自己的回應觀點。

8. 針對訊息傳送者所表達的言語訊息及情緒等是否接收無誤，可以採用摘述的回應方式來加以檢核。

　　國內為人父母者，經常只會不停的教導、批評與責怪孩子，而不准孩子有相反意見的表達，同時也往往忽略了自己應有「傾聽」的技術。閩南語中有一句話，最能貼切地表達這種情形——「小娃仔，有耳無嘴！」。事實上，在良性的親子溝通中，雙方應同時擁有表達說話與積極傾聽（active listening）的權利與義務才是。

(二)反應的技術

　　當我們在傾聽完了之後，通常會作適當的反應（response）。而在做反應時，我們會從接收訊息者轉換成發送訊息者。在此將介紹同理的反應（empathic response），並討論有效的溝通者所應避免的不適當反應。

　　在同理的反應中，有二項要點必須加以把握。其一，要能站在對方的立場，去完全體會他的情緒與感覺；其二，要能以這種體認為基礎，以便作出合宜的反應。

　　高明的溝通者有時也會因反應不當而產生問題，但他們在說錯話的時候能很快的察覺而加以修正，也會在未來的溝通中避免再犯相同的錯誤。凡是會導致人們強烈防衛或自尊受傷，以及不能有效達成溝通目標的反應，都屬於不適當的反應（problem responses）。

　　筆者猶記得十多年前，我的兒子上小學一年級，在聖誕節前夕，我第一次送他任天堂電視遊樂器作為當年的耶誕禮物，並與他做了一項約定：平日放學回家後必須先做完家庭作業，而後才能玩一小時的任天堂電視遊樂器（簡稱為「打電動」）；兒子相當乖巧，一直都能按此約定進行。某一天，兒子放學後很快地做完功課、洗完澡，正準備開始打電動時，因朋友家中有事需要我們過去幫忙，因此帶兒子出去一直到晚上九點半鐘才回到家。因時間已晚，孩子的母親催促他立刻上床去睡覺，並對兒子質疑今

天還沒打電動的問題一律予以拒絕，兒子心中感到十分委屈哭著來找我，問明原因後我做了一個「同理的反應」——允許他玩一刻鐘的「打電動」，並說明因時間已晚，不足的四十五分鐘明天再補回。

五、初層次同理心與反映的技術

在此要接著介紹「初層次同理心」（primary empathy）與「反映」（reflecting）的技術，並分別引用一些實例來加以探究說明如下（王以仁等，民82）。

(一)初層次同理心

所謂「初層次同理心」係指：以自己扼要的言詞、話語說出來，以表自己已十分了解對方所「明白表示」出來的意思與感覺。為了加強「初層次同理」的表達及運用，可先以固定的句型加以練習；正如：「你會覺得……（感覺、情緒字眼），因為……（事實字眼）」的標準句型來表示。而後再以較自然的口吻，將自己所了解的感覺與意思以口語方式表達出來。

以下舉一個情境，並分別以 *1.*標準句型、*2.*較自然的口吻，來做「初層次同理心」的呈現。

> 當事人：「我這次考試沒辦法拿滿分，恐怕排名會在十名以後啦！」
>
> 初層次同理反應：
>
>   1.你感到非常挫折與灰心，因這次考試又拿不到滿分。
>
>   2.這次考試沒得滿分讓你很失望。

(二)反映的技術

在維繫良好的親子關係中，有效的溝通是絕對必要的。這其中除了前

述所介紹的「傾聽」以外，另一項「反映」的技巧，亦爲親子有效溝通的重要基礎。

在此，反映（reflecting）係指：當父母藉由傾聽技巧，抓住及明瞭孩子的感受與令他耿耿於懷的事情後，給與孩子適當的「回饋」，使其覺得被接納、被了解。反映就像一面鏡子，讓孩子藉此能更清楚地看見自己。

綜合有效的反映與傾聽二項技術，爲人父母者應多採取「開放式反應」，而應避免「封閉式反應」。此二者最大的差異在於：

㈠開放式反應

聽者（父母）以接納孩子所說的話與感受來肯定孩子擁有個人感受的權利，顯示聽者眞正的了解與接納。

㈡封閉式反應：

聽者（父母）以不接納、不了解的態度來否定孩子擁有個人感受的權利。

試舉以下四例來具體說明，針對孩子的想法與表達出來的言詞，父母使用封閉式反應與開放式反應有何不同。

孩子的話	封閉式反應	開放式反應
妳是全世界最差勁的母親！	你敢再說一遍看看！	你似乎對我非常生氣與不滿。
我就是不會做啦！	不要這麼快就放棄！沒志氣！再重新試一次！	你似乎覺得相當地困難。
我想多看點電視，過一會兒才上床睡覺。	幾點鐘啦！現在立刻給我上床去！	你很想再看一下電視。
我的級任老師好兇哦！	怕什麼！只要你用功聽話，老師就不會兇你。	你似乎非常怕你的級任老師。

六、自我表露與我的訊息

　　以下要分別介紹二項管用的溝通技術「自我表露」（self-disclosure）與「我的訊息」（I- message）。

㈠自我表露

　　在有效的人際溝通過程中，有時亦需要有某種程度的自我表露（self-disclosure）。通常自我表露即為分享坦露屬於個人過去的成長經驗，個人的思想與情感。這種表露個人原來不為他人知曉的自我，最能讓對方洞察自己，也可因此拉近二人間的距離。

　　一般而言，對一個人的認識愈深，喜歡那個人的機會就愈大。然而自我表露的同時也具有冒險性，因了解太深過於透明清楚，有時反而讓人受不了。所謂「因誤會而結合，因了解而分開」，不也就是與自我表露有關！

　　家庭中的親子關係十分密切，父母應可針對適當的主題，在適時適地的情況下對孩子自我表露（例如：在青春期發展中的孩子，常有「性」方面的衝突與困惑）；不但可藉此對孩子產生某些開導作用，亦可作為孩子學習自我表露的最佳楷模，更可由此進一步拉近親子間的距離，實在值得善加利用。

㈡我的訊息

　　「我的訊息」亦稱之為「我……」的語氣。我的訊息大多用在親子接觸溝通中，如何以心平氣和、就事論事的態度與孩子互動。換句話說，「我的訊息」僅在描述對孩子行為的感受如何，所報告的是你（父母）的感受，而非在責備你的孩子。

　　通常並不是孩子的行為本身使你不愉快，而是這個行為帶給你的影響。它干擾了你的需要或權利，而造成你的不愉快。因此，可將我的訊息

分解成：行為、感受與後果三個要素；但有時亦可將感受的部分加以去除，僅描述孩子的行為與行為的後果，而沒有表達感受的部分（例如：「當你們太吵時，我聽不到電視的聲音」）。

「我的訊息」之三個要素，可套入下列簡單的公式中：

- 當你……（指出行為）
- 我覺得……（提出感受）
- 因為……（指出後果）

例如：「當你放學晚回家又不打電話回來時，我擔心你可能出事了，因為我不知道你在那裡。」

綜合歸納來看，當父母對孩子做各種回應之前，應試著針對其問題情境判斷是誰的問題？若是孩子的問題，父母可以「反映傾聽」的技巧來表達；若係父母的問題，則可以「我的訊息」來加以表示。

以下引用一些實例（王以仁等，民 82），來針對「反映傾聽」及「我的訊息」，分別加以探討說明之。

情境	誰擁有問題？	反映傾聽	我的訊息（「我……」的語氣）
家中有客人來訪，孩子干擾到父母與客人的交談。	父母		當你不停地打擾時，我們無法交談。
孩子在學校比賽輸了，垂頭喪氣地回到家。	孩子	你比賽輸了，覺得相當的洩氣。	

七、父母不要吝於對孩子讚美與鼓勵

家是孩童們情感的發源地，父母則是建立其自尊心和自信心不可或缺的重要一環。孩子將來成功與否，父母有絕對的影響力。多數的父母都希望孩子能成龍成鳳，但很少顧慮到孩子的能力和興趣，只要其成績不理想或事情稍不順意，就會用些刻薄、無情的負面言詞來批評或數落他。

其實，孩子們最需要父母用愛心與體諒之情來教養他們。大人給的讚美愈多，其未來成功的可能性也愈大；尤其是曾經遭受過挫折和失敗的孩子，更迫切需要安慰、鼓勵與讚美。可是，有些父母認為孩子學好、做好，完全是盡其本份都是應該的，沒什麼值得稱讚與鼓勵。如此這般吝於讚賞的結果，容易讓孩童誤認為父母不關心他而自暴自棄。

有如教育心理學中所提出來的「比馬龍效應」（Pygmalion effect），論到教師的期望透過師生間的交互作用而產生其影響力。其產生自我應驗預言（self-fulfilling prophecy）作用的途徑，係透過期望影響教師行為，進而影響學生的自我觀念，再影響到學生的成就動機。最早從事教師期望的相關研究中（Rosenthal & Jacobson, 1968），係以不實的資料告訴教師，某些學生具有較高的學習潛力，使其形成特別的期望，則期末測量時果然發現這些學生的智商成長較其他學生來得快些。

同樣地，父母也應把握適當時機發揮正面的「比馬龍效應」於家庭中。只要能在平日生活中多注意孩子的活動與努力，在符合其個人興趣與性向的學習中，當其稍有成就或優異表現時，就即時予以稱讚、鼓勵和肯定，將可引導孩童朝此正向途徑努力以赴，並充滿自信而且動機強烈，假以時日必定會有相當傲人的自我成就與自我實現。在臨床諮商輔導案例中，有許多原本智商高且能力強的孩子，到後來的發展未有較大成就的原因，大都是由於長期未能得到父母師長適當的讚美和鼓勵。

不必過於擔心孩子將來的發展與變化，只要父母能給與孩子足夠的信賴、讚美與正向期待，即使是一位失敗者也會因此受感動，而再接再厲的努力邁向成功；反面觀之，若為人父母者不能給自己孩子適當的鼓勵與讚美，不就等於表示對他的失望與嫌棄，在此情況下還能期望他做出什麼正面的成就呢！

第三節　召開民主式的家庭會議

　　家庭會議（family meeting）是一種全家人定期舉行的聚會，其目的在於討論家中全體成員的想法、願望、委屈、疑問及建議等，並可同時計畫全家的消遣娛樂活動，以及分享彼此愉快的經驗及相互之間正向的感受。另外，透過家庭會議，可讓全家人彼此有機會聽到其他成員對於家裡發生之各種爭論及問題的意見。

　　當然，定期家庭會議的聚集，也提供了時機來建立全家一起遵守的規則，達成重要的共同決策。藉此亦可表揚家裡的好人好事，指出個別成員的優點，進而增加家庭的和諧度。同時，應把握定期舉行家庭會議的原則，促使全家每一成員對此均有明確的承諾，願意共同分享或分擔家裡的相關事宜。而家庭會議的時間也應對每一位成員都是方便的，如果有任何成員決定不參加家庭會議，其必須接受缺席帶來的合理行為後果。

　　召開家庭會議是阿德勒學派針對教育父母的主要貢獻之一，透過此一方式可增進親子之間彼此的了解與接納，並改善親子間的關係（李茂興譯，民85）。同時，家庭中若能實施家庭會議，不但可以增進親子之間的溝通，並由其中學會相互尊重其他家庭成員，且增進溝通、協調能力及對自己行為負責的機會，強化個體適應社會生活及符應人際社會關係之要求。

　　針對家庭會議的召開，歸納出以下八點的指導原則（王以仁等，民85；陳淑惠、王慧姚編譯，民73）：

一、定期舉行會議、把握時效。何時或是間隔多久召開一次家庭會議，
　　應該有一個共同的約定，以便每位成員都能事先預作安排，並且可
　　以預期什麼時候會討論到他認為相當重要的問題。當然，每次家庭
　　會議所需的時間，應維持在一小時以內為原則，但針對年幼的孩童
　　則不宜超過三十分鐘。

二、家庭會議的內容要有變化。開會最忌諱流於表面形式，每次家庭會議要能盡量把握重點；依實際需要分別可以採用鼓勵表揚、家規訂定或修正、計畫全家旅遊或休閒活動，作為不同家庭會議的進行重點，才不會使家中成員對家庭會議產生冷感。

三、全家輪流當主席共同負責。一般而言，父母可以先當主席以示範會議的正規程序，而後再與孩子們一起計畫全家如何輪流當主席。當主席者須依照事先約定的時間開始和結束會議，且使所有的相關意見都有機會表達出來；只要已入學的孩童，在成人的指導之下便足以勝任家庭會議的主席角色。

四、共同訂定並遵守議事規則。任何的會議都須有其議事規則，包括：發言時間長短的規定，有不同的看法時如何折衷或表決，針對拒絕出席家庭會議或無故遲到的成員如何處置等方面。通常家庭會議的議事規則可比照一般性會議的規定，特別的議事規則可由與會的全體成員共同訂定，同時在家庭會議中要能遵守相關之議事規則。

五、尊重每位成員的自我表達。在家庭會議中每位家人在能遵守議事規則的前提下，均能充分享有自我表達的權利；對於正在討論的問題，每個成員都有機會提出個人的意見。尤其當孩子發言時，父母應予以尊重，不宜再加上自己的說明或修改。特別是在早期開始實施家庭會議中，父母應讓孩子有機會完整地表示意見而不被打斷，這是很重要的基本原則。一旦民主的氣氛建立起來後，彼此才能更活潑有生氣地在家庭會議中產生良性的互動。

六、家庭會議中若無法達成共識時可採多數決。家庭會議當中所討論的任何一項議案，若無法達到全體家人完全一致地同意者，最後可考慮以投票方式來議決，但仍需要遵守吾人常論到的「少數服從多數，多數尊重少數」原則。

七、家庭會議的決議大家應遵守。家庭會議所決定的任何協議或決議，到下一次召開家庭會議以前都是有效的。當孩子們不遵守協議時，父母可以運用自然合理的行為後果等方式來加以處理。當然，父母

同時也應以身作則，確實遵守家庭會議所作的決議與任何相關之承諾。

八、家庭會議應有完整的紀錄。如此可使家庭會議中的討論重點、計畫與決議留下一份紀錄，且每次公布上次的會議紀錄，有助於提醒家庭成員已經達成的協議及承諾。記錄的角色如同主席一樣，可由家人輪流擔任（年齡太小而無法擔任記錄的幼兒可免）。

　　其次，針對家庭會議召開之注意要點、發揮的功能，及主要內容與步驟等方面，亦作一扼要的介紹如後（王以仁等，民82）。

一、家庭會議召開之注意要點

㈠計畫每次開會所需要的時間，按照事先約定來開會，並應留出時間來表揚家庭中發生的好事，成員彼此間相互地鼓勵。原則上每月固定召開一次會議。

㈡家庭會議中所有參加的成員一律平等，可輪流擔任會議主席及記錄；且人人均應遵守會議達成的協議。

㈢家庭會議是一個解決問題的資源，應將重點放在全家可以做些什麼，而非要求某一個成員應該做什麼；家庭會議的目標在於增進溝通與達成協議。

㈣在家庭會議中父母應多利用溝通技巧中之反映傾聽及「我……」的語氣等技巧，使孩子能學習以更有效的方法與人溝通。

二、家庭會議發揮的功能

㈠聽到家人彼此的意見。

㈡公平分派該做的家事。

㈢計畫全家的消遣娛樂。

㈣彼此相互表達正向的感受與鼓勵。

㈤表達個人的想法、願望、疑問和牢騷。

㈥解決家人之間的衝突,處理家中一再發生的爭論與問題。

三、召開家庭會議的主要內容與步驟

㈠宣讀前次的會議記錄,回顧前次會議的討論主題及其決議(會議開始
可先唱家歌)。

㈡討論前次會議留下來尚未解決的問題,以及需要加以修改的決議。

㈢表揚家庭中發生的好人好事。

㈣討論新的主題與事務,並計畫全家的消遣娛樂或旅遊。

㈤總結所討論的要點做成決議,並清楚地徵得全家人實際實行的承諾。

筆者在此提出個人多年來的相關經驗與看法,作為國人實施家庭會議的相關參考。家庭會議在我家至今已進行了八年之久,基本上的成效十分良好,當然其中也曾中斷過一段時間;本人覺得最重要的是能有規律地按時召開家庭會議,且成員能共同一致投入會議之中,並能維持具有民主尊重的會議氣氛。

筆者家中最初的家庭會議是配合著基督教家庭崇拜的聚會共同進行,每個月原則上有二次家庭聚會,也就同時召開二次家庭會議,通常利用週末或假日時間進行,由各次主席來做相關議程與內容安排,主席則由家中四位成員輪流擔任;八年前兒子十歲、女兒六歲,但當起家庭會議主席時依然有板有眼。整個會議過程大約四十分鐘到一個小時,前半段是家庭聚會(有唱詩、讀聖經、彼此分享與互相代禱),後半段則參考前述相關內容召開家庭會議。經過數年來的努力,配合著家庭崇拜聚會與家庭會議的共同舉行,在筆者家中確實發揮了某些功效;深切期盼能有更多的國內家庭,亦能嘗試著去召開民主式的家庭會議,將可更進一步地增進家中親子間良性的互動關係。

> 一個人民主素質的基本涵養，源自於童年的家庭生活之中。
>
> 和諧家庭是孩童成長的搖籃，而家庭幸福亦操在父母手中。

本章摘要

　　親子關係是雙向的互動，須從兩方立場去看待；親子關係的態度特性可分為：(1)父母對子女的態度——是指接納性的程度；(2)子女對父母的態度——是指獨立性的程度。許多心理學家相當強調早期親子關係的重要性，因那是個人最早接觸到的人際關係，其適應的良好與否，不僅影響其往後人格發展，且關係著日後更廣泛的人際溝通與適應。由此可知，在個體成長過程中，父母的角色與影響，確實是無可取代的！

　　通常親子之間美好關係的維繫，不能僅是仰賴彼此間先天的血緣遺傳，還需要加上後天親子互動產生之心理與社會關係。親子間良好的心理關係，包括：相互喜悅、信任、接納、談心與共同分享等。此類正向親密關係的建立，主要是建立在父母能多與孩子接觸、關心他、尊重他，並能懂得如何做好有效的親子溝通，以及採用民主式的管教方式等。

　　人類是很明顯的社會群居動物，在個人發展中亦包含著社會學習在內。一個孩子在他自幼開始學習成長的過程之中，藉由與父母（或監護人）的接觸與相處，展開了其一生中「人我社會關係」的學習，當然也是其中最重要的一部分學習。

　　每個人都渴望能被他人接納與尊重，孩子們自然也不可能例外。為人父母者，若能不要急於自我表達或要求子女凡事接受其安排，而學習先去傾聽、接納和同理孩子，給與孩子適切的支持與鼓勵，然後才表達父母個人的感受、想法及反應。如此這般良好的溝通技巧才能走入孩子的心靈世

界，導引子女有正確判斷和思考能力，勇於面對自己、肯定自我，並發揮其開創美好未來的充分潛能。

綜觀國內外相關研究，發現許多研究皆明顯表示家庭氣氛對兒童人格發展的影響，而此人格特質將反應在個人行為、態度及與人的互動關係上。負面的家庭氣氛環境使孩子發展為一個對人不信任、有敵意的個體，甚至對別人要求甚多且不滿，在家庭關係中首當其衝當然是與父母或手足之間的關係，如果其將此些特質反應在親子互動關係上，可能將影響親子關係。

在一般人際溝通的歷程中，可以找出四項人際溝通的原則，並以此延伸到親子間的溝通與互動。其具體內容包含：人際溝通具有持續性、人際溝通具有目的性、人際溝通具有關係性，以及人際關係必須經由學習而獲得。

一個在社會關係方面適應正常的小孩，其表現通常會符合以下的八項標準：(1)有歸屬感，且至少能夠歸屬於一個團體；(2)精神振作、全力以赴；(3)肯定負責且能尊重別人的權利；(4)能在適當的情境表現適當的行為；(5)行為目的能夠被社會所接受；(6)對他人有興趣也能鼓勵別人；(7)容忍別人且能與他人合作；(8)對自己存在的價值有真實的感覺，自我肯定。

二人之間溝通的基本要件，不外乎是「聽」與「說」二方面。傾聽係仔細聆聽別人對你所說的話，以了解其話中的含意，並能體會出他說話當時的心情。也可說是在溝通過程中，藉由自己專心仔細的聆聽對方的語意、語調，且觀察接收他的行為語言。所以，在傾聽別人說話時，還應加上點頭、微笑、輕拍他的肩膀、以關懷的眼神凝視對方等行為語言，以便讓對方知道自己確實了解他表達的意思。

在家人之間相互溝通時，往往因彼此過於熟識而忽略了「傾聽」的技巧。當其他家庭成員在講話時，不要隨意地插嘴；無緣無故打斷他人的說話，將會引起對方的反感，甚至造成對方拒絕與你談話。父母可藉由傾聽技巧，表達出對孩子的關切；父母或許不完全同意孩子的想法、態度或行為，然而若能透過有效傾聽的態度，則可充分表達出對孩子的接納與尊

重。

當我們在傾聽完了之後，通常會做適當的反應。在做反應時，我們會從接收訊息者轉換成發送訊息者。在其中最常使用的是同理的反應，在此反應中有二項要點必須加以把握，包括：要能站在對方的立場，去完全體會他的情緒與感覺；要能以這種體認爲基礎，以便做出合宜的反應。

高明的溝通者有時也會因反應不當而產生問題，但他們在說錯話的時候能很快的察覺而加以修正，也會在未來的溝通中避免再犯相同的錯誤。會導致人們強烈防衛或自尊受傷，以及不能有效達成溝通目標的反應，都是不適當的反應；在溝通中最常見的不適當反應，分別是：不切題的反應、轉移話題的反應、不一致的反應，與打斷式的反應。

初層次同理心係指：以自己扼要的言詞、話語說出來，以表達自己已十分了解對方所明白表示出來的意思與感覺。爲了加強初層次同理心的表達及運用，可先以固定的句型加以練習；正如：「你會覺得……（感覺、情緒字眼），因爲……（事實字眼）」的標準句型來表示。而後再以較自然的口吻，將自己所了解的感覺與意思以口語方式表達出來。

在維繫良好的親子關係中，有效的溝通是絕對必要的。這其中除了傾聽的技巧以外，另一項「反映」的技巧，亦爲親子有效溝通的重要基礎。反映係指：當父母藉由傾聽技巧，抓住及明瞭孩子的感受與令他耿耿於懷的事情後，給與孩子適當的「回饋」，使其覺得被接納、被了解。

綜合有效的反映與傾聽二項技術，爲人父母者應多採取「開放式反應」，而應避免「封閉式反應」。此二者最大的差異在於：開放式反應是指聽者（父母）以接納孩子所說的話與感受來肯定孩子擁有個人感受的權利。而封閉式反應則是聽者（父母）以不接納、不了解的態度來否定孩子擁有個人感受的權利。

在有效的人際溝通過程中，有時亦需要有某種程度的自我表露。通常自我表露即爲分享坦露屬於個人過去的成長經驗、思想與情感。這種表露個人原來不爲他人知曉的自我，最能讓對方洞察自己，也可因此拉近二人間的距離。

通常並不是孩子的行為本身使你不愉快，而是這個行為帶給你的影響。它干擾了你的需要或權利，而造成你的不愉快。因此，可將我的訊息分解成：行為、感受與後果三個要素。「我的訊息」之三個要素，可套入以下簡單的公式中：當你……（指出行為），我覺得……（提出感受），因為……（指出後果）。綜合歸納來看，當父母對孩子做各種回應之前，應試著針對其問題情境，先判斷是誰的問題？若是孩子的問題，父母可以「反映傾聽」的技巧來表達；若係父母的問題，則可以「我的訊息」來表示。

其實，孩子們最需要父母用愛心與體諒之情來教養他們。大人給的讚美愈多，其未來成功的可能性也愈大；尤其是曾經遭受過挫折和失敗的孩子，更迫切需要安慰、鼓勵與讚美。可是，有些父母認為孩子學好、做好，完全是盡其本分都是應該的，沒什麼值得稱讚與鼓勵。如此這般吝於讚賞的結果，容易讓孩童誤認為父母不關心他而自暴自棄；所以，父母也應把握適當時機發揮正面的「比馬龍效應」於家庭中。

家庭會議是一種全家人定期舉行的聚會。定期性家庭會議的聚集，也提供了時機來建立全家一起遵守的規則，達成重要的共同決策。藉此亦可表揚家裡的好人好事，指出個別成員的優點，進而增加家庭的和諧度。針對家庭會議的召開，歸納出八點指導原則，分別是：定期舉行會議並把握時效、家庭會議的內容要有變化、全家輪流當主席共同負責、共同訂定並遵守議事規則、尊重每位成員的自我表達、家庭會議中若無法達成共識時可採多數決、家庭會議的決議大家應遵守，以及家庭會議應有完整的紀錄。

家庭會議召開之時，應該注意到：按照事先約定來開會，並應留出時間來表揚家庭中發生的好事，原則上每月固定召開一次會議；家庭會議所有參加的成員一律平等，可輪流擔任會議主席及記錄。家庭會議所發揮的功能，包括：聽到家人彼此的意見，公平分派該做的家事，計畫全家的消遣娛樂，彼此相互表達正向的感受與鼓勵，表達個人的想法、願望、疑問和牢騷，解決家人之間的衝突，以及處理家中一再發生的爭論與問題。

研討問題

一、假設您是一位父親（母親），將會利用哪些時段及具體活動方式，以
　　增進親子間的親密相處。

二、針對下列的情境，請分別以⑴標準句型；⑵較自然的口吻，分別做初
　　層次同理心的練習。

　　甲：「每次下課時，我總是自己一個人，沒有人要跟我一塊兒玩，我
　　　　　不知自己哪一點討人厭，同學們都不理我。」

　　乙：「我這次考試因粗心大意考得不好，大概又得在班上墊底啦！」

三、試針對下列每一句孩子的談話，分別寫下一個封閉式反應與一個開放
　　式反應。

　　甲：「今天老師說我的成績比他想像的還要好，我一直認為只要真的
　　　　　用功，一定會得到好成績的。」

　　乙：「我不喜歡賽跑也不喜歡打球，在那種場合我簡直就像個低能兒
　　　　　般地差勁。」

四、試針對下列的情境，請你以父母的角度先判斷問題的所有權誰屬，然
　　後再選擇採用反映傾聽或我的訊息（「我……」的語氣）來表達。

　　「當父親正在客廳中與朋友打電話時，孩子們卻在一旁高聲笑鬧，使
　　他聽不清楚電話中的聲音……。」

五、您認為在今天台灣社會多數的家庭中，要召開民主式的家庭會議，其

中最大的障礙與困難是些什麼？您個人對此有何進一步的改進建議？
請一併加以說明探究之。

參考文獻

一、中文部分

王以仁、林本喬、鄭翠娟（民85）：國小親職教育小團體輔導方案之研究。**嘉義師院學報**，10，83-118。

王以仁、林本喬、鄭翠娟、呂奕熹（民82）：**以團體互動方式進行國小學童稱職父母的系統訓練方案之研究**。行政院國科會補助專案研究報告。

王以仁、陳芳玲、林本喬（民81）：**教師心理衛生**。台北：心理出版社。

吳永裕（民85）：單親兒童之親子關係、行為困擾與學習適應之研究。國立台北師範學院研究所碩士論文。

吳佳玲（民84）：家庭結構親子互動關係與青少年子女行為表現之研究──繼親家庭與生親家庭之比較。私立中國文化大學家政研究所碩士論文。

吳武典、林繼盛（民74）：加強家庭聯繫對兒童學習效果與家庭氣氛的影響。**師大教育心理學報**，18，97-116。

李月櫻（民83）：親子關係與青少年竊盜行為之研究。私立東海大學社會工作研究所碩士論文。

李美瑩（民83）：學齡兒童氣質、家庭氣氛與學業成績之關係。國立政治大學教育研究所碩士論文。

李茂興譯（民85）：**諮商與心理治療的理論與實務**。台北：揚智文化事業股份有限公司。

林月琴（民80）：繼親親子家庭關係與子女生活。私立中國文化大學家政學研究所碩士論文。

林妙娟（民78）：鄉村家庭親職角色與親子關係之研究。私立中國文化大學家政研究所碩士論文。

馬傳鎮（民71）：少年犯的親子關係、家長社經地位、家庭背景與學校背景之調查研究。**教育與心理研究**，5，177-224。

高明珠（民87）：國小兒童親子關係、內外控人格特質、社會支持與其生活及學習適應相關之研究。國立台南師範學院國民教育研究所碩士論文。

張麗梅（民82）：家庭氣氛、父母管教態度與兒童偏差行為關係之研究。私立文化大學兒童福利研究所碩士論文。

許心華（民72）：親子關係。高雄文獻，13，201-262。

許維素（民81）：家庭組型、家庭氣氛對兒童自卑感、社會興趣、生活型態形成之研究。國立台灣師範大學教育心理與輔導研究所碩士論文。

陳三興（民78）：同理心訓練對親子關係效果之研究。國立高雄師範大學教育研究所碩士論文。

陳春秀（民90）：國小中高年級學童親子溝通、家庭氣氛與親子關係之研究。國立嘉義大學家庭教育研究所碩士論文。

陳淑惠、王慧姚編譯（民73）：父母難為──稱職父母的系統訓練。台北：大洋出版社。

曾端真、曾玲泯譯（民85）：人際關係與溝通。台北：揚智文化事業股份有限公司。

黃春枝（民69）：社會變遷與親子關係適應。張老師月刊，5（4），34-40。

黃春枝（民75）：青少年親子關係適應與父母管教態度之研究。政大教育與心理研究，9，85-96。

黃煌鏞（民77）：家庭內聚形態與貧童行為困擾、生活適應之相關研究。私立文化大學兒童福利研究所碩士論文。

溫毓麒（民81）：從影響生活型態的因素談親子關係。國民教育，32（7/8），47-49。

廖榮利（民69）：對非行少年父母之專業服務。台北：張老師文化事業股份有限公司。

劉焜輝（民75）：親子關係診斷測驗。台北：天馬出版社。

蔡英媛譯著（民73）：教導孩子不用掉眼淚。台北：大洋出版社。

蔡曉慧（民81）：青少年逃學問題之診斷與分析。大家健康月刊，82，22-23。

賴嘉凰（民88）：青少年氣質與父母管教態度對親子關係之影響。國立政治大

學心理研究所碩士論文。

謝品蘭（民81）：單親家庭親子關係與生活適應之分析研究——以離婚分居家庭為例。私立東吳大學社會工作研究所碩士論文。

鍾思嘉（民75）：家庭氣氛與管教態度對青少年偏差行為之影響。加強家庭教育——促進社會和諧學術研討會論文集。行政院研究發展考核委員會。

二、英文部分

Denton, R. E., & Kampfe, C. M. (1994). The relationship between family variables and adolescent substance abuse: A literature review. *Adolescent, 29*(114), 475-495.

Dewey, E. A. (1991). *Basic applications of Adlerian psychology for self-understanding and human relationships*. Coral Spring, FL: CMTI.

Gestwicki, C. (1992). *Home, school and community relations*. New York: Delmar.

Moos, R. H., & Moos, B. S. (1986). *Family environment scale manual*.(2nd ed.). Palo Alto, CA: Consulting Psychologists Press.

Olson, D., Russell, C. S., & Sprinkle, D. H. (1983). Circumplex modle of marriage and family system. *Family Process, 6*(22), 69-83.

Olson, D., Sprinkle, D. H., & Russell, C. S. (1979). Circumplex modle of marriage and family system: Cohesion and adaptability dimensions, family types and clinical applications. *Family Process, 1*(18), 3-28.

Rosenthal, R., & Jacobson, L. (1968). *Pygmalion in the classroom: Teacher expectation and pupils' intellectual development*. New York: Holt Rinehart & Winston.

Sandy S., Fran M., Roy M. K., & Greg B. (1999). An Adlerian model for the etiology of aggression in adjudicated adolescents. *Family Journal, 7*(2), 135-147.

第十章　家族與夫妻治療

　　人類屬於一種群居的動物，其思想、行爲莫不受到周遭他人的影響。然而個體如果有了心理或行爲上的困擾，不論他是孩童或成年人，以往大都採用個別的方式，針對個體本身的症狀去進行輔導、諮商，其效果難免會有所限制。其實，這樣的考量基本上是不夠周延的；因爲個體之所以會產生困擾，主要是起源於其與環境的互動，而家庭更是個人生活中最根本也最重要的一環。

　　家族治療（family therapy）認爲家庭是個體第一個接觸到的社會組織，對個體的思想、行爲有著深遠的影響力。因此，欲了解個體的困擾，必不能忽視探究其家庭成員間的互動關係。這樣的觀點，在美國的社會引起很大的迴響。而近年來張老師文化事業股份有限公司出版的一本暢銷書——《熱鍋上的家庭》（李瑞玲譯，民80），其原文書名是：*The Family Crucible*，由 Napier 和 Whitaker 二人所著，於一九七八出版。該書是在描寫一個瀕臨破碎的家，接受家庭治療的過程及其成員的心路歷程。從這本書中可以使人深刻的體認到，家庭原本是個人最溫暖的避風港，然而一旦經營不善，也可能成爲危害個體人格發展的最大殺手。

　　當代家族治療的重要理論，包括有：心理動力治療取向、經驗與人本治療取向、鮑溫治療取向（Bowen's Approach）、結構治療取向、溝通與

策略治療取向、米蘭系統治療取向，以及行為認知治療取向等方面。在本章中因篇幅限制，僅能針對鮑溫治療取向、結構治療取向，以及米蘭系統治療取向等三大最具影響力的家族治療派別，並分別在第二節中加以扼要地說明探討之。同時，在本章第一節則先介紹家庭治療的緣起與基本觀念，以作為步入第二節探討的基礎，另外，第三節則是再進一步，將家族治療如何落實於婚姻與家庭治療中予以說明。

> 家庭會成為個人嚮往的溫馨避風港，或是令人遠離的殘酷戰爭地？
> 這完全都取決於您個人要如何去面對與經營，要怎樣收先怎樣種。

第一節　家族治療的緣起與基本觀念

家族治療（亦稱家庭治療）的理論與技術，是一個複雜而處於發展中的領域。美國的家庭治療一直到四○年代起才開始萌芽，五○年代家族治療法初嶄頭角但仍被視為演進中的治療取向；時至今日，家族治療各種的治療取向紛紛崛起，代表著一種治療風的轉變。諮商與臨床心理治療由過去的心理動力、行為學派、人本取向的三大勢力，轉進到現今的「第四大勢力」──家族系統治療（李茂興譯，民 85；Goldenberg & Goldenberg, 1996）。

家族治療者視個人行為問題的出現，由過去個別化的直線因果觀點，進而強調了解行為的背景脈絡與彼此間交互作用之影響。同時，認為家庭是個體第一個接觸到的社會組織，對個體的思想、行為有著深遠之影響力。因此，欲深入了解個體的困擾，必不能忽視探究其家庭成員間的互動關係。這樣的觀點，在近半個世紀的美國社會引起了很大的迴響。

　　所有的家族治療法都同意的一項原理是，當事人與一個活生生的系統連結著，而這個系統某個部分發生改變時就會引起其他部分的回應。因此，治療者的方向除要處理「被指認」的當事人（Identified Patient, IP）之外，同時也應處理當事人的其他家族成員與範圍更大的背景因素。因為家族本身是一個互動的單元，所以會有其一組獨特的特質。未能了解家庭成員間的互動情形與範圍更大的背景因素，就不能正確的評鑑出個體內心的顧慮。因此，只研究個體內心的動力，而未能充分考慮其人際動力，會產生不完整的描述。

　　從家庭系統觀點來看，要想深入了解某個當事人，最好能透過評鑑其整個家族成員之間的相互關係，並將其妥當地放置於家庭脈絡中去定位。各種問題症狀常被視為家族內功能運作不良的一種表徵，並認為這種形態會代代相傳。這種較新角度的看法認為，從當事人身上偵查到的問題，可能是家族如何運作的一種表徵，而不只是個人歷史、個體適應不良，以及心理社會化發展過程所顯現的症候。

　　一般說來，家族治療的主要目標在於改變家庭整個系統（system），並認為這將進而使個體成員產生改變。家族治療法旨在協助家庭成員改變功能不良的關係形態，以建立功能良好的互動方式。然而，家庭往往有維持靜態不變的傾向，甚而抗拒改變。故家族治療的過程中，家庭系統的改變歷程有時相當緩慢，需要耐心與詳細計畫的介入（intervention）措施。

　　關於家庭系統與次系統等觀點，在本書第一章緒論中，就有相當詳盡的說明。其中針對家族治療十分重要的三項基本概念，分別是：(1)直線因果論對循環因果論；(2)靜態不變對動態改變；(3)內容對過程等，都必須先詳細地加以閱讀。因此，在家族治療的範疇內，強調家庭整個系統必定遠大於各個成員部分的累加總和，同時在其治療過程中亦較重視循環因果論與過程的形成原因，當然適時的動態改變對家族治療介入後功能的發揮，亦有其不可或缺的必要性。

第二節　家族治療的三大派別探討

本節將針對鮑溫治療取向、結構治療取向，及米蘭系統治療取向等三大家族治療派別，分別扼要探討如下；其中的大部分內容介紹，主要係參考 Goldenberg 及 Goldenberg（1996），與李茂興譯（民 85）等國內外的論述（詳如本章末之參考文獻）。

一、鮑溫家庭治療取向

鮑溫（Murray Bowen）把家庭視爲一個情感的單位、一個相互關連密切的網狀組織，他認爲在多世代或家族史的參考架構下分析家庭，將可獲得最佳且深入的了解，他也被視爲是家庭系統治療理論最先的原創者之一。

鮑溫認爲個體情緒的困擾，來自於個人與他人關係的連結，他採用系統科學的構念與用語，以較寬廣的觀點看人類的功能，背離他個人所接受傳統精神醫學訓練的一貫立場──強調情緒困擾根源於個人的主張。他的理論係來自於視家庭如同一個自然系統的觀點，同時認爲家庭治療是巨大人類行爲理論的一個副產品，人類行爲理論才是他眞正要發展的任務。

鮑溫提出的家族系統理論是一套自然系統理論，視每個家庭均爲一個系統，這是自然界發展進化的結果，成員與家庭的相互關係也像自然系統一樣，被平衡生命的力量所控制，都依循一般的自然法則。爲了與大家已熟悉的系統理論有所區隔，鮑溫特別把他的家庭系統理論更名爲鮑溫理論（Bowen Theory）。

有關鮑溫理論中的家族治療觀點與技術，將進一步分爲以下五項，一一加以說明（李茂興譯，民 85；翁樹澍、謝大維譯，民 88；Goldenberg & Goldenberg, 1996）。

(一)鮑溫理論的發展與形成過程

鮑溫一九四六年起在梅寧格診所（Menninger Clinic），從事治療嚴重精神分裂症患者的工作。一九五一年他採用新的研究方法，讓精神分裂患者與其母親一同住進療養院，以檢視兩者的關係，探討母子的共生情形（mother-child symbiosis）。

一九五四年他將研究工作移往位於馬里蘭州的「全國心理健康中心」（National Institute of Mental Health, NIMH），並把家庭互動的觀念加入臨床實務中，讓所有患者的家人一同住進研究病房，進一步觀察患者與家人間的互動情形。

一九五九年鮑溫在 NIMH 的研究計畫結束後，移往喬治城大學從事較輕微病患的治療工作；並繼續發展出一套可適用來處理發生在所有家庭（包括正常與功能失調家庭）問題的理論，亦即往後所稱的鮑溫家庭系統理論。

一九七五年鮑溫將其家庭系統概念擴大至整體社會網，把社會亦視為一個情感體系。鮑溫一九七八年出版的《家族治療在臨床實務上的運用》（*Family therapy in clinical practice*）一書，即詳載其理論的形成與提供相關治療技術。

(二)鮑溫理論中八個相互連鎖的主要概念

1. 自我分化（differentiation of self）

自我分化是鮑溫理論中重要的基礎，這是指自我在感情與心智上適度地與整個家庭脫離及獨立（所謂有點兒黏又不太黏）。依家庭系統理論，要成為一個健全的人，需同時擁有對家庭的歸屬感及脫離家庭的自我個體。分化後的個體能選擇接受自己感覺的指揮，或自己想法的指揮。

未分化的個體自主性低，反應相當容易情緒化，對事情亦無自己清楚的立場。二個分別未分化的個體往往會尋求與自己類同者結為夫妻，經由此種婚姻的方式，功能不良的家族動力將會代代沿襲相傳下去。

2.三角關係（triangles）

鮑溫提到在親密的二人關係中容易產生焦慮，且在有壓力的情境下，二人也許會引進一個第三者來減低焦慮與增進其穩定性，此一現象稱之為「三角化關係」（triangulation）。一般說來，分化程度愈低的人愈容易被扯入三角關係中，或者說愈低分化的人愈能提高三角化關係的可能性；在依靠三角化關係解決問題時，也正協助某個成員維持其低分化的自我。

根據鮑溫的看法，若是諮商員與家庭的任一成員有情感的牽扯時，就會喪失其中性的立場，並成為三角關係中的一部分。鮑溫認為諮商員應有非常高的自我分化，才不至於不自覺的被個案家庭扯入三角關係的糾葛中。同時，諮商員應該具有相當的自覺能力（self-awareness），假如仍有部分個人自己未解決的家庭問題，或尚有情緒性反彈的品　則在家族治療過程中恐會產生某些偏差的反應。

3.核心家庭的情緒系統（nuclear family emotional system）

低自我分化的人婚後會產生一個相同特徵的家庭，這樣的核心家庭系統將會是不穩定，而企圖以各種方式減少緊張以維持穩定；包括愈喜歡以爭吵、分離，或過度關心孩子來解決夫妻間的衝突與問題。進一步而言，當配偶的功能失調時，在互補作用上可能出現過量或不足的現象。譬如：一方負全責，而另一方則扮演無法負責的角色；此時，問題的重心會被單純歸咎到不足的一方，而忽視了夫妻彼此間互動關係的問題。

核心家庭情緒系統是一種多世代的概念，鮑溫相信個體會從原生家庭（original family）中，學習到諸如人我關係的形態、婚姻選擇的觀念等，再加以複製並把相似的類型傳給下一代。是故，鮑溫認為解決現有家庭問題最有效的方法，就是改變個體與原生家庭的關係與互動方式。

4.家庭投射過程（family projection process）

家庭投射過程係指父母會將自己本身未分化的自我或婚姻關係，透過父、母、子女三角關係投射到子女身上。鮑溫相信自我分化低的父母本身不成熟，會從其孩子當中選擇一個在心智或身體上最幼稚的子女，作為他們投射的目標。當孩子依附父母最深時，其自我分化程度最低，最難從家

庭中分開。

在這類家庭中孩子通常會焦慮地回應母親的焦慮，當感到孩子有問題時，母親便驚慌失措而過度保護；母親將孩子幼稚化，使得孩子自身的功能減弱，一個惡性循環就此產生。家庭三角化的另一成員父親，因擔心妻子的焦慮而不敢干涉她，反而扮演出支持的角色；夫妻雙方合力使孩子「有問題」，以穩固他們的婚姻關係，也使得家庭三角化更穩定而不變。

5. 感情截斷（emotional cutoff）

這是指個體脫離對家庭的依賴或控制，而開始尋求獨立。孩子會透過離開父母或停止與父母交談或切斷與家庭的接觸等方法，在情緒上完全的冷漠與隔離，或在外表上保持距離疏於來往，嘗試脫離家庭而獨立，以免彼此在情緒上糾葛不清。

鮑溫以為感情截斷只是假想的自由，而非真實的切斷。感情截斷發生在大部分有高焦慮或情感依賴的家庭之中，家庭愈被期望有高的凝聚力，成員間衝突愈容易被偽裝與隱藏。鮑溫認為當感情截斷存在於父母與其上一代父母之間，則下一代的父母與孩子間感情截斷的可能性也會提高。

6. 多世代傳遞過程（multigenerational transmission process）

鮑溫認為一個嚴重失功能的家庭，乃是家庭感情系統經過多世代操作的結果。其傳遞過程的關鍵在於個體選擇相同分化程度的人為其配偶，且家庭投射過程會造成比父母分化程度還要低的後代。

在此情況下，後代子女自我分化程度比父母還低，其選擇的配偶與自己亦有相同的低分化程度，這樣一代傳一代下去，最後將會產生一個自我分化低到足以失去功能的個體（大約八代就會出現精神分裂個案）。

7. 手足地位（sibling position）

鮑溫認為婚姻中配偶愈接近童年時手足地位的複製，愈有機會獲得成功。如：老大配老二，老么配產序較前一位者；他甚至指出如果配偶的童年是與異性手足一同成長的，則其婚姻成功的機會較大。

同時他也體認到配偶的互動類型可能與個體自身在其原生家庭的地位有關，因依產序可以預測其個人在家庭感情系統中的角色與功能。譬如：

老大與老么結婚，老大可能被期望要承擔較多的責任；但此處的老大或老么是指個體在家庭系統的地位，而非真實的產序。

8.社會退化（societal regression）

鮑溫把他的理論擴展到社會，主張社會如同家庭，也有維持集體性與傾向個別化的二股力量。社會在長期的壓力下，也會形成焦慮的社會氣氛，在此情形下社會可能形成保守而集體性的風潮，並腐蝕其個別化的力量。

鮑溫悲觀的認為分化的社會功能在過去幾十年來已明顯降低，但他期待社會在理性與情感之間有較好的分化，社會能做較理性的決策而非僅依情感行事，更非選擇短期或補救式的解決方案。

㈢鮑溫家庭系統理論的治療目標

鮑溫理論在其治療實務方面，有以下二項主要目標：⑴消除家庭個案的焦慮與減輕其症狀；⑵提高各個家庭成員之自我分化程度。

㈣世代圖（genogram）的使用

鮑溫相信多世代的類型與功能，是影響核心家庭功能決定性的因素。因此，他發展出一種能跨越多個世代的家庭圖，其中記載了每個人的家庭背景資料，包括：姓名、年齡、排行關係、婚姻狀態、職業、社經背景等等，先後至少三個世代的資料；可用來協助調查問題的起源，並進一步了解期間的情感涉入與演變，且以此作為一種工具，用來評鑑各配偶融入延伸家族（extended family）和彼此融入的程度。

㈤總結分析

1.鮑溫的家族系統理論可視為傳統心理動力取向與嚴格的系統觀點之間的橋梁。

2.鮑溫的理論奠基於自我分化的概念，個體分化程度高者，能區分理性與感情功能，避免扯入受情緒支配的家庭感情過程中。

3. 在家庭系統中承受壓力的二人，傾向於尋找第三人組成三角關係來減輕緊張而恢復平衡。

4. 核心家庭感情系統經常由相類同自我分化程度的婚姻關係所建立，父母在原生家庭的手足地位，可明顯推估出哪位子女將被扯入成三角關係化的對象。

5. 鮑溫用感情截斷的概念來描述家庭成員，設法從融合中孤立出來；而愈來愈低的自我分化，尤其經多世代傳遞過程的結果，會導致嚴重的失調現象。

6. 鮑溫再把他的理論延伸到社會，認為長期外在的壓力將降低社會自我分化的功能水準，造成社會退化。

7. 從鮑溫的治療觀點，強調治療者要客觀中立，且以世代圖的方式至少提供三代以上的家庭關係。

8. 鮑溫的家庭系理論以小心而不捲入三角關係的方式，從事婚姻家庭治療；其目標是為了減少焦慮、解決症狀，最後擴及每個成員在核心家庭與原生家庭中適度地自我分化。

二、家庭結構治療取向

家庭結構治療取向是 Salvador Minuchin 於一九七四年發展出來的。他認為家庭可算是一個社會單位，隨著不同的發展階段前進；同時每一發展階段都必須面對新的作業或挑戰，而促使每個階段家庭體系的重組與成員間彼此功能的改變。

Minuchin 相當重視個體所處的脈絡情境（context），以及個人與環境間的回饋過程。從家庭組織系統來看，特定較有問題的家庭組織與生理上較弱之小孩，彼此之間會發展和維持某類身心症狀，且小孩症狀對於維持整個家庭平衡扮演極重要的角色；因每個家庭成員的行為，往往會影響到家庭其他成員的反應。譬如一對夫妻結婚之後，在很多日常生活的細節上必須學習彼此適應，也藉此發展出一套互動的溝通型態；但在孩子出生

後，這個家庭組織也會因而改變，且需分別扮演父母的角色與發揮其功能，使得夫妻間原有的溝通型態亦隨之改變。

　　有關家庭結構治療中的相關論點與技術，將進一步分為以下六項，一一加以說明（李茂興譯，民85；翁樹澍、謝大維譯，民88；劉瓊瑛譯，民88；Goldenberg & Goldenberg, 1996; Horne, 2000）。

(一)家庭結構治療的發展與形成過程

1. Minuchin於六〇年代初期，在紐約市的一所學校（Wiltwyck School）分析一些貧窮家庭出來的犯罪青少年，並由此發展出一套較直接、具體而行動取向的家族治療干預過程。

2. Minuchin於七〇年代開始，與他的同事設立「費城兒童臨床診所」（Philadelphia Child Guidance Clinic），後又擴展為賓州大學的兒童醫院；此一單位亦成為全美第一個以家庭治療作主軸的診所醫院。

3. 一九七四年 Minuchin 出版他的大作《家庭與家族治療》（*Family and family therapy*），將其家庭結構治療理論與技術完整的呈現。

(二)家庭結構治療的重要概念

1. 家庭結構（family structure）

　　依據Minuchin的觀點，「家庭結構」是一組看不到的功能要求或規定（demands or rules），藉此掌握著家庭成員們彼此間互動的形式。經由觀察家庭的活動或家庭成員在治療中互動的情形，尤其是在治療中重複出現的某些相同之家庭歷程，則可大致了解整個家庭之結構型態。

2. 家庭次系統（family subsystems）

　　每個家庭都是由不同的次系統所組成，如：父母次系統（父親與母親）、配偶次系統（丈夫與妻子）、手足次系統（孩子們），以及其他延伸的次系統（祖父母次系統或其他親戚次系統）等。設法確保父母次系統能妥當地隔離兒女次系統，是家庭結構治療法的重心。每個家庭成員在其所屬的不同次系統中，各有其應扮演的角色，而各個次系統亦有其各自的

功能及任務；當某一個次系統的家庭成員，侵犯或占據另一個他不屬於的次系統時，經常會因此造成頗大的問題發生。

3.界域（boundary）

所謂的「界域」或「邊界」，指的是為保護家庭中的個體、次系統或全家之完整性的感情障礙（或區隔）。事實上，大自然中萬事萬物各有其「界域」，如：河流與兩岸或大海與沙灘，均各有其界域而彼此間區隔得十分清楚。界域在家庭中掌控著每個成員與其他家人之間的接觸量，這些人際間的界域在概念上類似光譜的呈現，其中的一端是傾向於「僵硬」（rigid）的界域而會造成疏離的狀態（disengagement），另一端則是傾向「擴散」（diffuse）的界域而造成黏在一塊兒的狀態（enmeshment）。而光譜的中央地帶，才是清楚而健康的界域，融合了僵硬與擴散界域的特點，一方面使個體在家中得到統合的隸屬感，另一方面亦滿足了每個家庭成員各自成長的需求（家庭界域在本書第二章中有詳細說明）。

4.聯盟（coalition）與結盟（alignment）

所謂「聯盟」是指在家庭結構中，某種較長期聯合行事的情況；譬如：母親與獨生的女兒聯合起來，處處與父親作對。而「結盟」卻是指為因應某一問題而實際採取短期單一合作的行動，例如：父母合作共同反對小學六年級的兒子去參加畢業旅行。

㈢家庭結構學派的治療目標

家庭結構治療法有二個目標：(1)減少功能不良的症狀；(2)藉由調整家庭的互動規則及建立更適當的邊界來導引家庭結構之改變。透過使家庭成員從刻板的角色與功能解放出來，家庭這個系統會變得更能夠動員其資源，及提升應付壓力與衝突的能力。

一般而言，此派對家庭的治療目標在於創造一個更有效的層級結構；然其治療者所採取的干預措施不以家庭為限，他們對於社區的影響力也很有興趣。因為更大的社會結構會影響到家庭的組織，所以社區對家庭的影響亦須加以考慮。

㈣治療者的角色、功能與努力

　　本治療學派中的治療者應發揮三項功能：⑴以領導者的姿態，投入受輔導治療的家庭中促其改變。⑵詳細探討個案家庭的整體結構與互動形態。⑶採取適當的干預措施，以轉化其不良的家庭結構。

　　家庭結構治療者在其治療過程中，往往會扮演較積極的介入角色，以挑戰家庭中僵硬的互動形態，而這些互動型態往往是為應付各種家庭壓力情況而形成的。治療者的工作是融入受治療的家庭，阻擋僵硬刻板的互動型態，同時促成更富彈性的家庭互動關係；其治療上的重點為建立家人間適當的界域、增進互動關係的彈性，並修正功能不良的家庭結構。

㈤家庭結構治療技術

　　家庭結構治療法不只是施用一套技術而已，還需理出一個脈絡來檢視家庭，以及清楚說明健康的家庭應如何運作。Minuchin的治療法是行動導向，而非洞察導向者。其治療技術具有主動、指導，以及思慮周全等特性，他的典型風格是果斷與率直。有時為了改變不良的家庭結構，他會從頭即開始掌控直到完成改變為止。以下就其中二項技術，分別扼要地介紹如下。

1.家庭圖（family mapping）

　　這是Minuchin標示家庭結構所採用的方法。在畫出一張家庭地圖時，治療者會確認其界域是屬於僵硬的、擴散的，或暢通的；並指出其家人互動形態是屬於疏離或緊黏狀態。有各種家庭地圖可顯示，家庭中互動關係的功能運作與性質，在治療過程中可以發揮很好的效果。

2.重新命名（reframing）

　　此為治療者針對家庭中的問題情況，提出較新且積極的詮釋。以此方式來探討現存問題，可使家庭成員從不同的角度去了解原先的情況。譬如：一個拒絕上學的孩子，可解說成想留在家中陪伴母親。在此情況下，每一位家庭成員都不必為某項問題，承擔所有的責難與責備。

㈥總結分析

1. Minuchin 強調整個家庭結構的重要性，若能適當地改變家庭結構與互動形式，則可有效去除家庭中困擾個案的明顯症狀。

2. 保持家庭結構組織的彈性，使其能維持介於「穩定」與「變遷」之中，而做適當的調整。

3. 妥當處理家庭成員間的「界域」，使其不會過於僵硬、冷淡而漠不關心，也不至於過度緊黏不可分而失去自我分化的功能。

4. 整個社會大組織的情形，將明顯地影響到家庭小組織成員間關係的發展。

5. 有時家中個案的身心疾病症狀之改變，對家庭組織平衡的維持有相當重大的影響。

6. 家庭結構治療理論之重點在於：減輕家庭個案之症狀，改變或重組家庭之結構，並發展出家中成員彼此之間較佳的界域。

三、米蘭系統治療取向

米蘭系統化的家族治療（Milan Systemic Family Therapy），亦被稱之為「米蘭模式」（Milan Model）。係一群家族治療師在義大利米蘭成立，由 Mara Selvini-Palazzoli 所領導者。米蘭模式相當強調「循環理論」（circular epistemology），並以系統化的研究導向來探討家庭中的諸多差異（differences）與如何達成整體的平衡，如：在其行為、關係及不同家庭成員對同一事件「知覺」上的差異等，亦即是「系統化的家族治療」。

米蘭模式認為家庭問題源自於其本身規則（rules）過於僵硬，允許成員活動的空間非常狹窄；故由成員間的溝通互動方式，及維持家規的過程中，就會造成了個案的症狀產生。因此，治療者應設法去發現、介入及改變家庭的相關規則，方能真正加以治癒。

有關米蘭系統化的家族治療理論與技術，將進一步分為以下八項，一

一加以說明（李茂興譯，民 85；翁樹澍、謝大維譯，民 88；Goldenberg & Goldenberg, 1996）。

㈠米蘭小組的發展與組合過程

Selvini-Palazzoli 在六〇年代後期，曾組一個八人小組，以心理分析治療取向去治療嚴重行為困擾的兒童，但效果不佳；其後由其中四位，包括：Selvini-Palazzoli、Boscolo、Cecchin 以及 Prata 等，共同組成另一小組，轉為探討家庭策略理論與技巧，並應用於家族治療中。

一九七一年，前述四人正式設立「米蘭家庭研究中心」，朝向成立以各種策略技巧介入家庭治療的新模式，此時亦被稱之為「米蘭模式」。他們相當強調「詭辯」與「反詭辯」二種形式的運用（paradoxical & counter-paradoxical patterns），以及使用「治療性的正反二面發問」（therapeutic double binds）方式進行。

一九八〇年以後，上述四人又進一步一分為二：(1) Selvini-Palazzoli 與 Prata 投入家庭系統之研究，尤其是針對精神病患及其家庭問題；(2) Boscolo 與 Cecchin 組成了「米蘭聯盟」（Milan Associates），並將重點放在訓練與推廣方面，向全世界（如在紐約亦成立其家族治療機構）推展其家族治療理論與模式。

㈡米蘭系統化家族治療的二大特色

1. 進行較長時期的短期（簡潔）治療（long brief therapy），最初一個月治療一次，十次即幾乎要持續一年時間。
2. 針對一個家庭個案，由數位家族治療師組成一個小組（team）來進行。

㈢米蘭系統化家族治療小組的進行

在其家族治療進行中，通常由一位或二位（一男一女）治療者，面對全體家庭成員；而其他的小組治療者，則隔一單面鏡在旁室觀察。

在治療過程中會適時叫出其中一位治療者，以觀察所得建議或修正其治療方針，此過程亦稱之爲「策略性的會議」（strategy conference）。而後該治療者再次回去加入家族治療。在治療結束前，亦會交付個案家庭相關的家庭作業（task），如一些「詭辯」問題的敍寫。

㈣米蘭家族治療晤談過程的五個階段

1.晤談前階段（presession）

從第一通聯絡電話開始，接電話的治療者即應做詳細的電話交談記錄，並隨後展開此一階段的全體治療小組會議，且提出相關假設問題及方向（往後每一次進行家族治療晤談前，也會召開類似的小組會議，以提出治療的策略與方式）。

2.晤談開始階段（session）

家族治療晤談正式開始。

3.晤談中階段（intersession）

在晤談過程中，其他成員藉由單面鏡的觀察與硏討，將修正的假設性策略與方針帶入治療中。

4.介入階段（intervention）

將前述新修正的策略、方法提出，以介入治療改變過程中。

5.晤談後階段（postsession）

晤談結束後，全體小組成員共同討論、分析家庭成員的反應，以及介入策略、方法的適切性，以供下一次晤談修正之參考。

㈤米蘭模式治療晤談技巧（Milan Interviewing Techniques）

1.正向的表達（positive connotation）

此一技巧如同「重新命名」（reframing），即從正面角度來看個案的問題症狀行爲。如：將孩子的「拒學」行爲，解釋成留在家中陪伴母親。同時，當以正面表達方式看待家庭成員的行爲時，家人間是彼此合作之良好關係，有助於他們順利投入治療過程，而減少往後介入改變時的抗拒行

爲。

2.家庭典禮儀式（family rituals）

例如生日、婚禮、葬禮、浸禮及畢業典禮等（亦可自立名目），在整個家庭中扮演著極重要的角色，因它可能帶來家庭發展的重大改變；治療者亦可藉此機會，來改變家人間的關係與想法。治療者直接提出某些家規改變的要求容易遭到抗拒，但在各種家庭儀式背景下（在晤談階段中來進行），要改變就容易多了。

3.提出假設（hypothesizing）

(1)針對治療的家庭，在晤談前階段即由治療小組成員分別提出相關的假設（係以家庭成員互動關係陳述中，所呈現各種家規的循環模式問題），並在晤談過程中一一加以檢核，而建構出家庭問題的全貌圖。

(2)這些系統假設的整體結構，是一項繼續不停的過程，經由家庭成員對這些問題假設的反應，再不斷地修正所提出的假設。

(3)提出假設的晤談技巧，可讓治療者對某一家庭成員行爲表現的不同加以探討，而不直接論斷其是對或錯，亦不歸類爲某一症狀行爲。

(4)藉著治療者主動投入家庭的討論，可引發家庭成員以一個新的角度來看待其家庭生活與相關困擾。而提出假設可使家庭成員多一選擇、思考的機會，也可由此帶出一些積極正向的觀點（擴大家庭視野，產生新的改變）。

4.循環式的發問（circular questioning）

針對家庭成員間的互動，採用循環式的因果互動論（而非單一直線的因果關係）。這類循環式的發問，強調應探討家人間關係的「差異」程度，並比較思考某些情況不存在時的差異爲何。如：兒子與女兒，誰與父親比較親近？且在一個十點量表上分別標明出來。如果女兒沒有出生，你們今日的婚姻關係會有何不同？循環式問題的重點在於家人間的互動關係（包括語言與非語言的表達），而非個人的問題症狀；以相同問題詢問每一位家人，藉由成員們不同的觀點陳述，可帶出某些改變性的新觀點。如對於「拒食」的女兒，家人們有何不同的反應？

5.治療者的中立態度（neutrality）

治療者在晤談過程中應保持中立，其治療目標應該是協助這個家庭在其所具備改變之能力範圍內，達成改變之目的。然在治療過程中，絕不會與某一家庭成員關係較佳，抑或是明顯地站在他這一方而去對抗其他家庭成員，保持中立不代表治療者不會主動地投入；治療者應積極傾聽，並提出循環式的問題來討論，但卻不宜太急於投入家庭的「改變」（吳就君、鄭玉英，民 76；Simon, 1987）。

㈥米蘭家族治療介入的運作

使用「詭辯」與「反詭辯」技術去改變。喪失功能家庭常出現這個情形——家中某問題人物需要被改變，但其他成員都自認很好不需要配合改變。但從系統的觀點來看：在整體之中不可能僅要求其中一部分改變，而其餘的部分不隨著做互補式的改變。

改變家庭中現有的信念系統（belief system）為治療者藉由正向的表達（positive connotation）、家庭典禮儀式（family rituals）等，帶入一些新的訊息與觀念，並由循環式問題的探討過程中，產生改變而出現新的信念系統與彼此互動方式。治療過程中，治療者僅提供各種機會與刺激，但強調由家人自己找出適合他們的解決問題新模式，來加以改變。

㈦最近十年的治療新趨勢

Selvini-Palazzoli 試著去找出這些年輕慢性精神病患家庭的「共同點」，擬出有效介入促其改變的策略。並認為所有精神分裂症者的家庭，往往起因於父母雙方的對立（強勢一方與弱勢一方的衝突），孩子不知不覺捲入二人的戰爭遊戲中。

她認為治療者將提供這對夫妻某些共同完成的作業或須遵守的原則，並要求詳細記錄在此過程中其他成員的反應（要保密不讓其他家人知道）。而藉由父母雙方的改變，可以帶動整個家庭困擾問題的改善。

(八)總結分析

1.米蘭模式治療亦是屬於系統策略取向的家族治療學派。

2.米蘭模式家庭治療特別強調小組團隊合作的方式。

3.此派運用各種策略與技巧，主動介入家庭之中，以引發其改變在認知、行為與家人的互動關係等方面。

4.米蘭模式家族治療發展至今已相當的實用而企業化，除了有不同的「套裝組合」（packages），適合各種家庭困擾問題，在不同治療期間來使用之外，同時並提供了許多相關的訓練方案。

> 沒有人能替你選出人生中最有利的捷徑，或是告訴你最有效的方法；
> 你只能參考他人的建議作出自己的抉擇，並獨自去面對與承擔後果。

第三節　夫妻治療

本節主要提及有關夫妻治療的歷史回顧，並簡述夫妻結構、發展的主要概念，再根據夫妻治療評估之觀點加以討論，最後透過實例說明夫妻治療介入的理論和方法。

一、歷史發展

夫妻治療的系統分析乃為家族治療行動之延伸，但兩者之發展歷史實有密不可分的關係。就許多關於家族治療早期之描述，均將重點放在觀察數對或至少是一對夫妻的模式（Watzlawick. Beavin. & Jackson, 1967）。而

且，多數家族治療的臨床治療師（therapist）通常只做成人夫妻的治療（Kerr & Bowen, 1988）。

雖然夫妻治療常因其特殊的問題，而和家族治療分開討論，但兩者實際上卻是相同概念和方法的一體兩面。就方法來說，夫妻治療爲廣義家族治療的一個面向，因此夫妻治療和家族治療是分不開的。事實上，系統治療師有一共識，即進行家族治療時，當家庭中的問題孩子或其他家庭成員成爲焦點時，夫妻間的關係即可因此而得到改善。所以家族中這對夫妻將會成爲改變的重點所在。

從系統觀點來看，「人在環境中」即意謂著，社會環境因素可能會讓問題持續，但也可能是促使改變的資源。因此在夫妻治療中，非常重要的一點是，須考慮社會環境所有面向會如何涉入。而夫妻間的互動、信念和對關係的期待，或是夫妻之間及大環境某些觀點的面向中之任何的干預都可能是可以改變的目標。

二、夫妻發展與夫妻結構之概念

以下係針對夫妻治療中的基本概念加以陳述之。

㈠夫妻發展：家庭生命週期與異質轉換

對夫妻系統來說，系統之所以會改變和發展的動力主要是來自於生命週期各階段的困境（Carter & McGoldrick, 1989）。夫妻的發展歷程，一般都是由求愛到建立婚姻關係，有些得以終生廝守、生養幼兒、照顧青少年孩子、促使孩子能夠更獨立地生活、且調整其中年以後的夫妻關係（吳就君、鄭玉英，民76；郭麗安譯，民88），家庭生命週期詳細內容可參閱第一章。家庭生命週期的階段中有許多不同的變數，其中可知的因素如：民族、階級、種族和其他差異，還有社會趨勢，如：美國社會的高離婚率；另外個人的需求、期望和夫妻的能力等，亦是影響家庭生命週期的來源。

不管夫妻經歷什麼樣的過程，他們都須努力在成長與改變的需求下維

持平衡。譬如，許多研究記載很多夫妻經歷「親子關係改變」的難題（Bradt, 1988）。在這個階段，夫妻通常必須重新安排他們的各種活動時間，如一起從事休閒活動或獨處、工作和謀職、與朋友和家人共處以及扮演好父母的角色等。夫妻若想要試著對這個階段的難題做調整或改變，可能會冒著陷入威脅未來婚姻的危險當中。

(二)夫妻結構之概念：權力與連結

在夫妻結構中最基本的兩種互動面向，構成所謂的「夫妻模式」，如下說明之：

*1.*權力、控制、階級。

*2.*連結、共同性、接近程度、交集、親密程度、凝聚力。

觀察夫妻的互動，以及在治療室外面聽他們談話等，通常此時系統導向治療師會做記錄，如觀察在特定活動和環境下誰是誰的陪伴者、雙方如何描述他們和他人之間情緒品質，以及在特定活動或是一般的人際關係中，誰的控制或權力比較大等。總而言之，夫妻問題涉及權力平衡和親密程度的掙扎，而且不僅是夫妻之間，常常還包括他們和生活中其他人之間的掙扎。

三、評估

就夫妻治療的評估提出以下三項，試臚列於下。

(一)概觀

對大多數的系統導向臨床治療師來說，「訪談」為夫妻治療評估的唯一形式。有關系統導向夫妻評估的書籍和論述，一般都強調訪談的細節及其重要性，但很少或根本沒有提及標準化的評估工具之使用；關於最近的調查結果指出，臨床治療師比較少使用評估工具在他們的婚姻和家族治療

實務上，但事實上卻有超過一千種婚姻與家族評估工具和方法可供使用，而這些測量方法中有許多都同時建構出相關的系統研究（Haley, 1987; Selvini-Palazzoli et. al, 1980）。

㈡團體治療中標準化評估的應用

在系統導向的夫妻治療評估中，就發展標準化工具的研究者與臨床治療師而言，對標準化工具的低度使用，兩者之看法頗爲分歧（Liddle, 1991）。然而之所以造成低度使用標準化工具的原因是，思考方式多樣化，包括研究者和臨床治療師間觀念的差異，特別是在夫妻或家庭功能標準上，這乃是形成標準化工具的主軸，但透過標準化工具的使用是否足以顯示出特定夫妻或家庭的關聯事務？因爲究竟要了解多少對夫妻對某些情況、經驗或刺激的反應，才可以在評估一對特定夫妻反應的意義上有幫助？而特定夫妻的反應是否也可以用來修正及擴大關於一般夫妻的認知基礎？這些都是有待商確的問題。

所謂「標準化工具」，包括自我評價問卷（self-report questionnaire）、投射工具（projective instrument）、行爲評估量表（behavior rating scale）和觀察記錄系統（observational coding systems），這些標準化工具，可以提供一套既定的方法來比較特定夫妻和其他夫妻的問題和能力上的差異，特別是可以建立一套標準資料。此外，標準化評估的明顯價值爲，理論架構可以透過標準化工具之使用而明確地運用。但因尚缺清楚、標準化的主要系統架構運用，所以臨床治療師在判斷夫妻的「界域」、「僵硬－擴散」程度、「分化」程度和「三角關係」時，通常是根據他們自己獨特、可能爲異質的架構來定義。再者，臨床治療師也會依賴他們的「內在規範」（internal norms），即完全視經驗和教育程度與層次來區分一對夫妻問題的理論面向。

選擇提供主觀（自我評價）和更「客觀」或觀察的資料，並發展系統（個人、雙方、整個家庭、大系統的家族）不同層次的多種評估工具之正確性，目前已有詳細的論述（Gurman & Kniskern, 1981: Gurman, Kniskern

& Pinsof, 1986: Wynne, 1988）。然而，夫妻治療的評估和演變，在研究上立基於哲學基礎，長期以來與近來由結構主義者和社會建構理論學者提出的觀念是一致的，其主張爲「……並沒有單純的『客觀』事實存在，只有複合的事實」（Gurman, Kniskern, & Pinsof, 1986, p.607）。

(三)藉由訪談確定先前的假設

理論可以爲夫妻功能表現和功能失調提供一組假設，治療師將這樣的假設當作是構成訪談問題的指引。夫妻對於問題的回答，讓治療師可以確定、修改或駁斥以解釋夫妻模式和問題的特定假設之有效性或「適當（fit）」處（Selvini-Palazzoli et. al, 1980）。以下的架構可以爲訪談過程中假設檢定的指引：

1. 夫妻問題的類型歸類於X、Y和Z變數（以特定的系統理論來界定）。這對夫妻的說明和行爲（包括對治療師介入的回答）如何將 X、Y 和 Z 變數反應出來？其他的理論觀點是否可以進一步說明這對夫妻的問題？

2. 採用開放式的問題，以便引導他們敘述生活中特殊或重複發生的事件。臨床治療師可以徹底整理出來，以支持或是修正他們的情況。當臨床治療師直接詢問假設的問題時，夫妻通常只會提供「是」或「不是」這種答案，不會說出重要的細節來幫助臨床治療師知曉他們生活中互動和特殊經驗的模式，而這些卻都是他們所發生問題的表現。典型的開放式問題以這種句子開頭：「請告訴我當時……」，接著再以探究的問題：「然後發生了什麼事？」鼓勵夫妻說得更詳細一點。例如，若是臨床治療師希望探究夫妻在父母次系統中共同工作的程度時，應該不要問「你們兩人總是一起照顧孩子，還是有一方和孩子形成同一陣線來排擠另一方？」這種假設性的問題，可以換句話說如：「能否請你們告訴我哪些時候孩子會有不禮貌的行爲出現？」藉著引導他們描述許多生活中的細節，臨床治療師就可以得到初步的資料，以測定該對夫妻扮演父母親的方式。

除以上兩點所提之外，在進行訪談時仍須注意他們敘述的內容，且要觀察彼此間和臨床治療師的互動情形，因爲從中可以讓臨床治療師對夫妻間的親密度和權力關係做出更有依據且有系統的假設。

四、改變的技巧

臨床治療師透過與夫妻雙方針對問題的評估之後，就夫妻治療的介入層面而言，在臨床治療上，以下十項重點技巧可供參考。

(一)介入的原則

每一種特殊的系統分析各自有一套治療介入的哲學語言和方法，其中的差異和爭論也很多（Nichols & Schwartz, 1995）。然而，還是有其共通的理論與做法：如強調力量、資源和健康，注重治療系統的形成與維持，注意模式的確認、中斷和取代，問題重塑爲改變的第一步，以及努力使治療更經濟（economical），以及特殊系統、現在導向、歷史導向、未來導向等技巧。

(二)能力和資源

系統分析理論認爲夫妻各自及整體的運作基礎都健康，才有能力和資源可以解決他們的問題，並達成其個人和關係的目標。治療初期，治療師可能會先詢問有關個人的興趣與能力，從中找出可用的資源，而不是討論他們所帶來的問題。如「在我們討論你們帶來的問題之前，我希望先知道一些你們生活中除了這些問題以外的事情」。通常了解夫妻的興趣和能力之後，得以提供一些可以用來改變結果的暗示或線索。

譬如一位成功的女企業家覺得自己不被婆婆及小姑接受，即使先生努力幫她仍無法如願；當她被問及如果婆婆及小姑是她的潛在客戶，她會怎麼辦時，她立刻找到了答案。如此藉由討論問題時，治療師可以從他們的

興趣和專業中得到暗示，並幫助他們用更熟悉的語言和思考方式來思索有威脅性的論題。另外，爲了了解他們熟悉的專業或暗喻性語言，治療師可以准許他們修正治療師特殊用語使用的錯誤，並告訴治療師他們的知識範疇等，如此比較不會讓他們面對「專業」治療師和治療過程時覺得有「不平衡」（one-down）地位之互動模式。

㈢治療系統的形成與維持

　　爲了有效介入一對夫妻，治療師必須從事一些活動和他們建立關係，讓這對夫妻覺得很有安全感，而且受到治療師尊重爲獨立個體，又可視治療師爲有能力協助他們的人。Minuchin（1974）提出「連結」（joining）一詞，象徵建立「治療系統」這些活動。連結的技巧包括：「成爲殷勤的主人」、「追蹤」（tracking）（傾聽和簡述兩人所說的語意）、「維持」（maintenance）（提供支持與效率）、「模擬」（mimesis），以配合該夫妻的口語與非口語表現等。

　　雖然「連結」爲家庭結構治療的特殊用語，但所有的系統治療師都強調發展和維持治療系統的重要性，並連結爲「治療的基準點」。這是所有有效治療的基礎，不只是在開始時重要，而是必須貫穿於整個過程之中。

㈣模式確認、中斷與取代

　　所有的系統治療師都同意，改變的發生是經由確認及中止僵化的互動模式，和除去阻礙運用夫妻資源的原因，並且以新的及更有彈性的模式取代。一般來說，系統治療師協助夫妻啓動最根本的改變，以便在他們過去的關係品質中產生不同於以往的正面差異；其假設爲夫妻關係中小小的變化將會因系統自然的「回饋」（feedback）循環而增強。

　　例如，有一對夫妻，兩人都抱怨對方未先表達情感，可採用米蘭（Milan）策略學派發展出來的「隔日」（odd days-even days）處方（Selvini-Palazzoli et. al., 1980）。其做法是，治療師建議他們在一週內有幾天要表達一些親密的舉動（有一天則順其自然）。

　　當這對夫妻跟著活動前行時，通常會幫助他們又對彼此充滿希望、承諾和信任，然後又會促進其他改變。另外，也開始以更調和的模式取代他們以前習慣的相互依存問題模式，即在某些夫妻活動範圍中一方功能過度，另一方功能不足的模式。當夫妻（或其中一人）不完全執行他們同意可能對他們有效而提出的活動時，就為他們的問題模式提供了更多的訊息及改變的可能性，且可以促使他們更詳細的考慮兩人對該主題的感覺、信念與期望。這是一個說明介入與評估是無法避免連結的例子。

㈤治療經濟化

　　系統分析的前提為：治療應該要盡量簡潔。這個信念是指，扼要的治療方式可以省時、省力和省錢外，且可減少夫妻依賴治療師的可能性（Cade & O'Hanlon, 1993）。另外，在溝通想法的過程中，治療師若採簡潔式的短期治療，就可能增加他們集中在改變希望上的力量。

㈥問題重塑為改變的第一步

　　首先要以更容易激起改變的方式，重新說明所呈現出來的問題。大致上來說，這意味著要重新描述問題，使其不再被認為是歸因於一方或雙方長久不變的裂縫關係所致使，而可能是因為改變的特定信念、互動過程或環境的原因。重新說明特定內容，要視所使用的特定系統研究和問題對夫妻的特殊意義而定。例如，在策略學派理論中，「沮喪」（depression）可能會被重新解釋為某一方的「不負責任」（irresponsibility），而會要求另一方來過度負責（Haley, 1987; Madanes, 1981）。在敘述學派理論中（White & Epston, 1990），「沮喪」可能會被看成是經驗的強制描述，其力量來自占優勢的精神病學專門術語文化之影響與過度運用，而且夫妻可能會受到鼓勵去發現其他更具變化的方式，以描述這個經驗。

　　此外，進行夫妻治療時，當治療師就接受治療的夫妻提出建議活動時，很重要的是，治療師不要以專家的姿態來強迫或堅持特定的問題重述，反而需要提供新的嘗試性想法，心態上則應為「試著用不同的方式思

考」，且必須積極地參與夫妻思考與修正這些想法的過程，直到雙方都認同並對有效的問題重新定義為止。

㈦特殊系統技巧

在系統介入中，要建構出短期的治療有一個有效的方法，即以時間架構（time-frame）焦點方式來組合這些技巧。某些技巧主要在直接改變現有的模式上可產生作用；有的則集中於夫妻現有及各自過去的人際關係上；有的將注意力轉移至未來，以改變現有情況。在實用主義、統合研究中，當一個架構無法刺激出假設與改變時，治療師可以在這些時間架構間尋求改變。

㈧現在導向技巧

早期的 MRI 和策略派理論最先提出現在導向（present-oriented）介入方法。「重塑」談到的是重新界定問題狀態，使其顯著程度（意義和重點）改變；當其顯著程度改變時，夫妻就可以採新的方式自由互動，不用再受到問題的限制。

有效且很尊重的重塑關鍵在於這樣的重塑必須由夫妻「眞實」（true）的體驗，從另一方面來說，夫妻可能會在重塑的過程中感到離題甚至有被冒犯的地方。但系統治療師指出，這個方法中無論看來多具破壞性或病態，每個家庭成員的行為背後都有一些正面的意向。

像那些早期的 MRI 和策略學派一樣，家族結構治療理論（Colapinto, 1991; Minuchin & Fishman, 1981）嘗試改變現有的權力與親密度模式，不過在治療期間比較少依賴要夫妻進行的指令和任務，而是經常依賴在治療室中引發的改變。「規定」（enactment）包括要求夫妻表現出有問題的互動模式，且嘗試由治療師建議的新互動方式來進行，這當中會阻止一般的親密和權力模式而鼓勵新的模式產生。其次如改變姿態、言語特色（如聲調、音量和速度），曼陀羅式（mantra-like）的反覆默唸，隱喻或其他有效的想像，以及改變治療師與任何一方的肢體接近等。規則建立方法之目

的是要為治療製造出治療室中難忘和新奇的經驗，以便讓這種感受於治療期間一直伴隨著他們，並期望刺激出一連串的改變。

㈨歷史導向技巧

要將焦點從夫妻現有的問題模式轉變為雙方各自原生家庭經驗的可能來源之假設，有以下幾個有效的方法：

1.降低責難（reducing blame）

當夫妻雙方都更了解對方的敏感和行為歷史根源時，責難就會被重新歸因於由其原生家庭的不幸層面所造成的。另外，自責與他人的責難會因夫妻了解他們自己來自原生家庭的行為而減少。雙方都會開始於不經意中將他們特有的家庭問題轉變成現有關係，負起更多責任。

2.治療期間降低衝突強度（decreasing conflict intensity in the session）

在這段期間內，當夫妻兩人非常憤怒及不斷升高衝突時，絕對不要直接將他們現有的問題和家庭歷史一起討論，這樣才能減少衝突的強度。治療師可以要求他們一人說、一人聽，並要求聽者不要以沒有建設性的方式插嘴。如果緊張情況持續升高，治療師就必須與他們個別談話，或者，讓一方躲在單面鏡（one-way mirror）旁聆聽。

3.將架構擴及信念和期望（widening the frame to include beliefs and expectation）

每個人對原生家庭的探究，通常會顯現出對隱藏在現有衝突下權力和親密度的未知想法和期望。根據鮑溫家族治療取向（Kerr & Bowen, 1988）認為，人們通常會與家人使用「感情截斷」（emotional cutoff），以努力遠離三角關係和其他使其不安的過去經驗之關係；這種表現方式可能是否定現有信念和其父母信念的關聯等。無論如何，即使夫妻努力讓自己遠離這些信念，但探究原生家庭確實可以讓夫妻確認他們在這些隱藏信念基礎下的互動方式。有時候現有行為來自原生家庭經驗的翻版；有時夫妻會在有意或無意間嘗試去除來自他們家庭的想法和價值觀。

㈩未來導向技巧

有的家族治療師指出，過於注重過去和現在問題的連結或是過去問題的細節，這會妨礙了夫妻治療的成效。對於具有特色的未來導向方法，包括：要求夫妻仔細考慮，未來他們希望維持或者是需要加強的關係是什麼（不是只注意他們期望改變的）；檢視及凸顯「例外情況」（exceptions）在處理他們的問題上已經有效、或在未來可能有效的策略；以及「奇蹟問題」（miracle question）的運用，譬如當他們早上醒來發現問題在一夜之間神奇地消失了的時候，會被問及：「有什麼不同？你是怎麼知道的？」一般來說，這些採用焦點解決（solution-focused）或解決導向（solution-oriented）的治療師，會遠離先前討論的夫妻結構和全然功能失調理論，同時這些治療師會嘗試了解夫妻想要在短、長期的未來時間內有什麼不同，以及如何去達成（de Shazer, 1991; Horne, 2000）。

未來導向方法的重點在於要讓夫妻對於問題消失後產生改變的情形有清楚的印象，這些印象至少要和他們現在描述的問題生活一樣清晰。這種特定、未來導向的心像描述會增加被治療者希望，並成為刺激和指引夫妻嘗試開始改變的計畫。

五、介入方法選擇的指引

這是指藉由家庭來呈現掌握治療的方向，亦即「治療調色盤」（therapeutic palette）。從一九八〇年代初以還，系統分析的治療者通常都會表示忠於某種治療學派（結構、策略、鮑溫家族取向治療），並努力嘗試他們特定學派介入方法的限度（Nichols & Schwartz, 1995）。在此領域受到後現代思潮的影響，鬆動了這種對某治療學派的忠貞程度；因為治療者開始覺察到沒有一種理論可以完全抓住家庭的「真義」（truth）。於是注意力就轉移到在治療時期，治療師治療夫妻時所使用的方法，也就面對了這個更實際的問題——「效率」（effectiveness）。

　　有一種對這類選擇有組織的發現式教學法，對於實務與教學都很有效，即「治療調色盤」的想法。譬如說，各種特定系統分析及其相關的實務都代表一種「色彩」（color），任何一種方法本身都不比其他的好或差；每種研究都是在特定時候基於特定「藝術家」（artist）畫一幅特定「圖畫」（painting）的需求而被採用的，且其有效性是根據這位藝術家繪畫當時眼光所產生的效果來決定。換句話說，所有的治療研究與技巧都可能有用，且都能在達到特定夫妻治療目的時得到其價值。

　　治療師可以選擇適合夫妻現今的問題與須改變概念的方式介入開始治療，另外治療師也可以決定從開始即提出，亦可和夫妻的思考方式對照的研究。治療師的選擇是依照夫妻任何一方對於需要多少新意，和在特定時刻能處理的情況之評估而定。有一個比較能使治療簡潔的方法，即從現在和未來導向技巧著手，當這些技巧都無法刺激夫妻產生足夠的改變時，再採用比較費時的原生家庭研究方法。

　　治療師愈容易讓夫妻從他們自己的經驗和習慣的思考、領會、感覺和行動方式找到問題的解決方法，就愈不需要引進新的方式，治療也會愈簡潔。此外，專心找出夫妻已經可以做的，也符合此一領域的倫理，即治療師必須尊重夫妻的信念、價值觀和能力，而且當沒有需要時，應該避免過度的指揮。

　　因此，治療師要以比較不具有指揮性的方式開始，像凸顯問題的例外點、探出隱藏的信念等，並提供有支持性又正面的重塑法。如果這些介入方式所產生的改變很少，治療師可能就要進行更具挑戰的策略和結構技巧，例如矛盾指令和不平衡法等。即使在使用比較能面質的方法時，治療師也必須要尊重及維持整體的合作感覺。再回到藝術的比喻來說，治療為治療師與夫妻共同創作的一幅畫，治療師應該要盡量找機會將畫筆交給夫妻才是。

本章摘要

　　家族治療理論與技術，是一個複雜而處於發展中的領域。美國的家族治療一直到四〇年代才開始萌芽，五〇年代家族治療初展頭角但仍被視爲演進中的治療取向；時至今日，家族治療各種的治療取向紛紛崛起，代表療風的巨大變化。

　　家族治療者視個人行爲問題的出現，由過去個別化的直線因果觀點，進而強調了解行爲的背景脈絡與彼此間交互作用之影響。同時，認爲家庭是個體第一個接觸的社會組織，對個體思想、行爲有著深遠之影響力。因此，欲深入了解個體的困擾，必不能忽視探究其家庭成員間的互動關係。

　　家庭系統觀點認爲，透過評鑑一個人與家族成員之間的相互關係，最能夠了解這個人。各種問題症狀常被視爲家族內功能運作不良的一種表徵，並認爲這種形態會代代相傳。這種革命性的看法認爲，從當事人身上偵查到的問題，可能是家族如何運作的一種表徵，而不只是個體適應不良、個人歷史，以及心理社會化發展過程所顯現的症候。

　　一般說來，家族治療的主要目標在於改變家庭整個系統，並認爲這將進而使個體成員產生改變。家族治療旨在協助家庭成員改變功能不良的關係形態，以建立功能良好的互動方式。然而，家庭往往有維持靜態不變的傾向，甚而抗拒改變。故家族治療的過程中，家庭系統的改變歷程有時相當緩慢，需要耐心與詳細計畫的介入措施。

　　除了所強調的家族系統觀點之外，家族治療還有三項基本概念，分別是：直線因果論對循環因果論，靜態不變對動態改變，及內容對過程。同時，在家族治療的範疇內，強調家庭整個系統必定遠大於各個成員部分的累加總和，且在其治療過程中亦較重視循環因果論與過程的形成原因，適時地動態改變對家族治療介入後功能的發揮，亦有其不可或缺的必要性。

　　鮑溫把家庭視爲一個情感的單位，一個相互關聯密切的網狀組織，他

認為在多世代或家族史的參考架構下分析家庭，將可獲得最佳且深入的了解，他被視為是家庭系統治療理論最先的原創者之一。他提出的理論是一套自然系統理論，視每個家庭均為一個系統，這是自然界發展進化的結果，成員與家庭的相互關係也像自然系統一樣，被平衡生命的力量所控制，都依循一般的自然法則。

鮑溫家族系統治療理論中，包括八個相互連鎖的主要概念，分別是：自我分化、三角關係、核心家庭的情緒系統、家庭投射過程、感情截斷、多世代傳遞過程、手足地位，以及社會退化。在其治療實務方面，有二項主要目標：消除家庭個案的焦慮與減輕其症狀，與提高各個家庭成員之自我分化程度。另外，在治療中也經常運用世代圖（先後至少三個世代的資料），他相信多世代的類型與功能，是影響核心家庭功能決定性的因素。

家族結構治療取向是Minuchin於一九七四年發展出來者，他強調整個家庭結構的重要性，若能適當地改變家庭結構與互動形式，則可有效去除家庭中困擾個案的明顯症狀。他也相當重視個體所處的脈絡情境，以及個人與環境間的回饋過程。從家庭組織體系來看，特定形態的家庭組織與生理上較弱之小孩，彼此間會發展和維持某類身心症狀，小孩的身心症狀對於維持整個家庭平衡扮演極重要的角色。

在家族結構治療理論中，有四項重要的概念分別是：家庭結構、家庭次系統、邊界（或稱為界域），以及聯盟與結盟。而家庭結構治療的目標則是：減少功能不良的症狀，與藉由調整家庭的互動規則及建立更適當的邊界來導引家庭結構之改變。

家庭結構治療法不只是施用一套技術（常用的技術如家庭圖、重新命名），還需理出一個脈絡來檢視家庭，以及清楚說明健康的家庭應如何運作。Minuchin的治療法是行動導向，而非洞察導向者。他的治療技術具有主動、指導，以及思慮周全等特性，他的典型風格是果斷與率直。

米蘭系統治療取向亦是屬於系統策略取向的家族治療學派。米蘭模式家族治療特別強調小組團隊合作的方式。此派運用各種策略與技巧，主動介入家庭之中，以引發其在認知、行為與家人的互動關係等層面之改變。

米蘭模式認為家庭問題源自於其本身規則過於僵硬，允許成員活動的空間非常狹窄；故由成員間的溝通互動方式，及維持家規的過程中，就會造成了個案的症狀產生。因此，治療者應設法去發現、介入及改變家庭的相關規則，方能真正加以治癒。其治療的二大特色是：進行較長時期的短期（簡潔）治療，最初一個月治療一次，十次即幾乎要持續一年時間；且針對一個家庭個案，會由數位家庭治療師組成一個小組來進行。

米蘭家族治療晤談過程有五個階段，分別是：晤談前階段、晤談開始階段、晤談中階段、介入階段，以及晤談後階段。通常在晤談結束後，全體小組成員共同討論、分析家庭成員的反應，以及介入策略、方法的適切性，以供下一次晤談修正之參考。

米蘭模式治療晤談中，常用的五項技巧是：正向的表達、家庭典禮儀式、提出假設、循環式的發問，以及治療者的中立態度。另外，在米蘭家族治療介入運作時，也會使用「詭辯」與「反詭辯」技術去改變，以及改變家庭中現有的信念系統。在治療過程中治療者僅提供各種機會與刺激，必須由家人自己找出適合他們的解決問題新模式，來加以改變。米蘭模式家庭治療發展至今已相當的實用而企業化，除了有不同「套裝組合」，適合各種家庭問題在不同治療期間來使用外，並提供許多相關的訓練方案。

從婚姻治療的歷史回顧中可得知，婚姻治療與家族治療兩者之發展歷史息息相關，因為兩者事實上是相同概念和方法的一體兩面。有關夫妻發展與結構的概念，針對夫妻發展來看，主要論及家庭生命週期的困境會導致夫妻系統的發展和改變；而夫妻結構中最重要的因素則為權力與連結，至於探討家庭結構最具影響力的是家庭結構治療及跨世代研究，另外最具代表性的則為鮑溫家族系統治療理論。

關於婚姻治療評估主要有三項：首先多數的系統導向婚姻治療以訪談為主要的評估方式。但就標準化的評估工具而言，卻產生低度使用的情況，主要的原因為評估標準上的差異，以及臨床治療師難免介入主觀的評定標準，致使標準化工具之使用的可靠性及有效度令人懷疑。最後，治療師會藉由訪談以確定先前的假設受到支持或駁斥，以作為夫妻雙方是否須

做適度調整的依據。

　　至於婚姻治療介入層面，共有十項技巧，分別是：介入的原則、能力和資源、治療系統的形成與維持、模式確認、中斷與取代、治療經濟化、問題重塑爲改變的第一步、特殊系統技巧、現在導向技巧、歷史導向技巧，及未來導向技巧。

　　在介入方法選擇的指引上，可藉由家庭呈現掌握治療的方向。有一種對這類選擇有組織的發現式教學法，對於實務與教學都很有效，即「治療調色盤」的想法。治療師可以選擇適合夫妻現今的問題與須改變概念的方式介入開始治療，另外治療師也可以決定從開始即提出可和夫妻的思考方式對照的研究。治療師的選擇是依照夫妻任何一方對於需要多少新意，和在特定時刻能治療師要以比較不具有指揮的方式開始，像凸顯問題的例外點、探出隱藏的信念等，並提供有支持性又正面的重塑法。

研討問題

一、請舉出一生活實例，並嘗試以「直線因果論」與「循環因果論」的不同觀點，來分別加以探討之。

二、何謂「三角化關係」？試舉出一項您個人生活中的案例，來加以申述探究之。

三、想想看在與家人的生活接觸中，您有哪些邊界（界域）的設定？這些是否能有效達成您個人期待的自我分化與獨立發展？

四、承續上題，再進一步分析自己與家庭其他成員的關係為何？是屬於「疏離冷漠」或「緊黏不分」？到如今是否有需要改進之處？請一一加以說明。

五、對於米蘭模式治療中，採用「小組團隊」及召開「策略性的會議」二方面，請分別提出您的看法來加以評述之。

六、在夫妻治療過程中，其困擾是否大多係來自個別之原生家庭？要將焦點從夫妻現有的問題模式轉變為雙方各自原生家庭經驗的可能來源之假設為何？試扼要討論之。

七、在本章所介紹的鮑溫治療取向、結構治療取向，及米蘭系統治療取向等三大家族治療派別中，您個人認為哪一學派較適合於台灣來運用與發展？並請詳細說明其原因為何？

參考文獻

一、中文部分

李茂興譯（民 85）：諮商與心理治療的理論與實務。台北：揚智文化事業股份
　　有限公司。

李瑞玲譯（民 80）：熱鍋上的家庭——一個家庭治療的心路歷程。台北：張老
　　師文化事業股份有限公司。

吳就君、鄭玉英（民 76）：家庭與婚姻諮商。台北：國立空中大學。

翁樹澍、謝大維譯（民 88）：家族治療理論與技術。台北：揚智文化事業股份
　　有限公司。

郭麗安主編校閱（民 88）：家族諮商實務與歷程。台北：心理出版社。

劉瓊瑛譯（民 88）：結構派家族治療技術。台北：心理出版社。

二、英文部分

Bradt, J. O. (1988). Becoming parents: Families with young children. In B. Carter &
　　M. McGoldrick(Eds.), *The changing life cycle: A framework for family therapy*
　　(2nd ed.). New York: Gardner Press.

Cade, B., & O'Hanlon, W. H. (1993). *A brief guide to brief therapy*. New York: Norton.

Carter, B., & McGoldrick, M. (1989). *The changing family life cycle — A framework
　　for family therapy*. Boston: Allyn & Bacon.

Colapinto, J. (1991). Structural family therapy. In A. S. Gurman & D. P. Kniskern
　　(Eds.), *Handbook of family therapy*(Vol.II). New York: Brunner/Mazel.

de Shazer, S. (1991). *Putting difference to work*. New York: Norton.

Goldenberg, I. & Goldenberg, H.(1996). *Family therapy—An overview*(4th ed). Paci-
　　fic Grove, CA: Brooks/Cole.

Gurman, A. S., & Kniskern, D. P. (1981). *Handbook of family therapy*. New York:

Brunner/Mazel.

Gurman, A. S., Kniskern, D. P. & Pinsof, W. N. (1986). Research on the process and outcome of family therapy. In S. L. Garfield & A. E. Bergin(Eds.), *Handbook of psychotherapy and behavior change*. New York: Wiley.

Haley, J. (1987). *Problem-solving therapy: New strategies for effective family therapy* (2nd ed.). San Francisco: Jossey-Bass.

Horne, A. M. (2000). *Family counseling and therapy*(3rd ed.). Itasca, Illinois: F. E. Peacock Publishers.

Kerr, M. E., & Bowen, M. (1988). *Family evaluation: An approach based on Bowen theory*. New York: Norton.

Liddle, H. A. (1991). Training and supervision in family therapy: A comprehensive and critical analysis. In A. S. Gurman & D. P. Kniskern(Eds.), *Handbook of family therapy* (Vol.II). New York: Brunner /Mazel.

Madanes, C. (1981). *Strategic family therapy*. San Francisco: Jossey-Bass,

Minuchin, S. (1974). *Families and family therapy*. Cambridge, MA: Harvard University Press.

Minuchin, S. & Fishman, H. C. (1981). *Family therapy techniques*. Cambridge, MA: Harvard University Press.

Nicols, M. P., & Schwartz, R. C. (1995). *Family therapy: Concepts and methods*(3rd ed.). Boston: Allyn & Bacon.

Selvini-Palazzoli, M., Boscolo, L., Cecchin, G. F. & Prata. G. (1980). Hypothesizing - circularity-neutrality: Three guidelines for the conductor of the session. *Family Process, 19*, 3-12.

Simon, R. (1987). Goodbye paradox, hello invariant prescription: An interview with Mara Selvini-Palazzoli. *The Family Therapy* Networker, *11*(5) , 16-33.

Watzlawick, P., Beavin, J., & Jackson, D. D. (1967). *Pragmatics of human communication*. New York: Norton.

White, M., & Epston, D. (1990). *Narrative means to therapeutic ends*. New York: Norton.

Worden, M. (1994). *Family therapy basics*. Pacific Grove, CA: Brooks/Cole.

Wynne, L. C. (1988). *The state of the art in family therapy research: Controversies and recommendations*. New York: Family Process Press.

Young, M. E. (1992). *Counseling methods and techniques: Aneclectic approach*. New York: Macmillian.

第十一章 工作、休閒與家庭關懷

　　每一個人幾乎天天都在忙碌中度過，有人是為工作而努力，另有些人則忙於家務的料理；更有所謂的職業婦女，既要工作還得分心來照顧家庭。

　　工作對人而言十分地重要，除了賺錢維生的經濟作用外，同時也有促進社會整體發展與肯定個人自我價值的心理功能。但人不能像機器一般，一天二十四小時不停的運轉；人工作一段時間之後，需要放下手邊工作進行休閒活動，以獲得充分之休息，而後才能走更長遠的路！同時，不論是工作或休閒都會與家庭和家人發生某種程度的交互影響，甚至有家族企業、家庭工廠，或是全家休閒旅遊者，更是有著密不可分的關係。

　　在本章內容方面，將分別針對工作的意義、女性工作與家庭、休閒活動的安排，以及如何維持個人工作、休閒與家庭間之平衡等部分，一一加以探討如后。

第一節　工作對個人的意義及其影響

一、工作的意義

　　有的人認為工作只不過是一種賺錢餬口的工具，以此來維持個人及家庭生活之所需。但對另一些人而言，工作就絕非僅是為了金錢的獲得；工作同時也主宰了其個人平日的思想，以及每天生活之重心。每個人對工作的觀念與態度均不相同，相對的亦會造成工作的結果是帶給人喜悅與聲望，或是無聊和挫折。

　　工作對於個人而言，具有滿足多方面需求之功能。其中最主要的是工作能提供個人物質需求的滿足，而從事不同工作的待遇自然亦會有所差異。工作所獲薪資的多少，必會直接影響到生活的許多層面，如：居住的房屋與社區、孩子能進哪類型的學校就讀、休假時到哪兒度假，以及個人在社區及鄰居間所獲得的尊重等方面。有工作且能認真工作，是個人心理健康的重要指標之一；事實上，工作往往是個人生活的重心，及其自我實現的必經過程。

　　工作對人生的確有極深遠的影響，根據相關調查分析：平均來說，每個人一生之中有三分之一的時間（大約八萬個小時）在工作（Kaplan & Stein, 1984）。同時，工作不但關係到個人的經濟收入，更會影響一個人的自我概念（self-concept）、自我認同（self-identity），以及人際關係。所以，工作不但對個人有重大之意義，同時也具有相當的社會功能，在此分別說明如下。

㈠工作之個人意義

　　綜合國內外針對工作意義之相關研究發現，工作本身可帶給個人至少

以下五方面的滿足（黃堅厚，民 74；Neff, 1968）：(1)自尊的需求：在工作中可使自我覺得更成熟且有價值感；(2)親和的需求：藉由工作可以結交一些好朋友；(3)創造的需求：工作中會產生一些不錯的新點子；(4)獨立生存的需求：工作能賺錢且有安全感；(5)活動的需求：工作時可以免於無聊。

　　不是每一項工作或每一個工作者，都能同時從工作中獲得以上幾方面需求的滿足。因為有些人辛苦工作只是為了掙錢養家，或是餬一口飯吃罷了！所以，個人在工作環境中若沒有較佳的安排與調適，工作也就有可能會成為其生活中挫折的一項主要來源。

(二)工作的社會功能

　　如上面所討論的，個人藉由工作可以獲得物質方面之享受與心理需求的滿足。此外，若是每個人都能各盡心力在其工作中，就能夠發揮服務社會、國家，甚至全人類的廣大功能。先總統　蔣公曾經說過：「生活的目的在增進人類全體之生活，生命的意義在創造宇宙繼起之生命。」我們的國父也曾大力提倡「服務的人生觀」，這些都可說是個人於其工作中發揮了最大社會功能的表現（王以仁等，民 86）。

　　在整體工作環境中，強調分工與合作確有其必要性。在規畫人類面對二十一新世紀之工作發展時，有人特別提倡合作（collaboration）生產工作方式之重要性（Marshall, 1995）。在合作的工作過程中，相關人員共同計畫、執行、評估與作決策，結合每個人的工作能力及付出，創造了整體組織的生產和利益，同時可由每位成員來共同分享此一豐碩之成果。

　　若要使社會繁榮進步，就需要每個人都盡力工作，同時亦能夠發揮服務的精神，如此方能確保我們的社會必能明天更美好。而服務的本質就是個人能站在他的工作崗位上，憑著自己的能力盡心竭力地去做，只要有心，每個人都能對社會有所貢獻。人類社會的進步，就是依靠互助與合作；只有幫助別人才能得到別人的幫助，也唯有得到他人的幫助，自己的工作才得以順利進行。

二、工作的態度

依據個人對所從事工作賦予意義與評價之不同,而產生不同的工作態度(work attitudes)。一般研究是按照與個人工作相關之期待、價值和需要,將工作態度加以區分成為:滿足(satisfaction)及承諾(commitment)兩大類(Kalleberg & Berg, 1987)。

工作滿足又可分為內在滿足與外在滿足兩種。其中,由工作本身產生的滿足感稱為內在滿足,如工作本身富於變化或刺激,頗能滿足其個人內在刺激尋求的動機。而外在滿足僅與工作的報酬有關,如金錢、名望、權力或安全有保障等。一般而言,對工作的內外在條件都滿足的人能有最好的適應,其次是對工作產生內在滿足的人,再其次為外在滿足的人,倘若內外都不滿足,則工作對個人便成為一種重擔了!

根據Ouinn、Staines與McCullough(1974)進行的一項全美工作者調查發現,評估工作滿意度時有五個重要條件,分別是:㈠可利用的資源;㈡金錢酬勞;㈢工作的挑戰性;㈣與同事的關係;㈤工作環境的舒適度。

前面提到的滿足主要是在描述工作者的個人感覺,較傾向於情感導向(affective orientation),其中最常被探討的就屬於工作上的滿足(job satisfaction),這是指個人對其目前工作角色是否滿意的綜合評價;而承諾則係指一個人對其工作實際投入的程度。因此,在工作態度是否滿意的評估中,不須具備任何行動的產生;而在工作承諾中則必須同時具備態度與行為二個部分,也就是說在工作承諾之中亦包含了對工作組織的忠誠度(loyalty)。

一個工作態度滿意而良好的個人及組織環境,必然是生氣蓬勃且充滿著信心和希望;反之,置身於一個工作意願低落且士氣消沈的環境中,自然會覺得工作中如同背負重擔,不但使人難以承擔,更令人急於去設法逃避工作。因此,個人工作態度的積極與否,不但會影響到整體的工作士氣和效率;同時對於個人日常心理健康的維護,亦有極重大之影響。

三、工作的壓力及其調適

在前面第六章第一節談到「家庭壓力與危機」中，曾提及工作、家庭與壓力間的關係。在此，要針對工作的壓力與調適層面，做進一步的探討。

當個人對其工作感到不愉快、不想去做時，就表示他可能已有了工作壓力；人們生活在此忙碌的工商社會中，比起過去傳統農業社會更容易感受到工作的壓力。一個人過久過多的工作壓力，往往會造成其個人的情緒困擾，例如：憂鬱、焦慮、不安、煩躁、易怒、倦怠等；同時，因著超重的工作壓力，會產生一些對個人健康相當不利的「身心症疾病」（psychosomatic diseases），如：頭痛、耳鳴、胸痛、心悸、失眠、肌肉酸痛和胃腸疾病等（王以仁等，民 81；鄭泰安，民 75）。

㈠工作壓力的來源

造成工作壓力常見的因素歸納為以下六項：

1. 工作環境不良。如：工作環境光線不足、空氣污濁、噪音太大、溫度濕度不宜、空間太小或太大、盥洗設備不良等。
2. 工作性質不佳。如：工作的目標不明、責任不清、難度太高、時間太長、分量太重、報酬太低等。
3. 工作期望過高。如：自己、家人、朋友、長官對工作者個人之期望過多或過高等。
4. 人際關係不睦。如：同事之間或長官與部屬之間彼此猜忌、歧視等。
5. 身體狀況不好。如：身體健康欠佳、意外造成身體殘障等。
6. 家庭問題困擾。如：夫妻關係、親子關係、婆媳關係發生衝突與失調現象等。

(二)工作壓力的調適

面對工作中的各種壓力，我們不該以消極的方式去設法逃避，而應以積極的態度設法因應與化解工作壓力。茲提出以下四種調適工作壓力的途徑，分別說明如后（王以仁等，民 81；王以仁等，民 86）。

1. 設法調整目前的工作

更換適當的工作環境，往往可以立即減輕部分或全部的工作壓力。至於工作環境的變動又可分爲局部與全面二種，前者是指在原機構中調整到其他較適合的工作部門，後者則爲完全更換到一個全新的工作機構（甚至是與過去完全不同類型之工作）。

2. 建立合理的工作期待

面對工作中各種不同的挑戰與壓力，個人應先了解自己的相關能力與個性，並設法找出自己的優、缺點，以此基礎建立一個合理的工作期待和發展計畫，再經過與周圍重要他人良好的溝通後，則可朝此方向去努力。

3. 學習自我鬆弛的技巧

當個人在工作環境中突然遭遇較大的工作壓力而感到驚恐時，多作幾次深呼吸可使情緒立刻穩定下來；亦可藉著肌肉鬆弛或安靜冥想等方法，來紓解因壓力而造成個人緊繃的神經。

4. 以適當的休閒來調和

利用閒暇時間從事適當的休閒娛樂，是最常見化解工作壓力的活動。若能安排適於全家人的休閒活動，亦可同時解決一些家庭問題的困擾；至於如何安排適當的休閒娛樂，在本章以下第三、四節中會有十分詳細的說明。

第二節　今日女性的工作與家庭

近半世紀以來，全球在兩性方面的議題產生了革命性的改變，也就是

多數女性走出廚房而投入工作的職場中，連帶著亦會衝擊到原有的家庭制度、家人關係，以及家庭的功能。在本節中將分為以下三大主題，來分別加以探究之。

一、一九六〇年代以後女性的改變

女性走出廚房而投入職場過程的大變動，其發生的主因與隨後產生的變化，可扼要分為以下六項來說明（Gelles, 1995）。

㈠女性自覺與兩性平權

在一九六〇年時女性口服避孕藥正式在美國上市，但因缺乏相關規定條例，所以女性的權利僅流於文字形式，致使當時無法掌握自己生育權的女性往往喪失許多權利和機會。然而貝蒂（Batty）於一九六三年出版了《女性奧秘》一書，試圖喚起女性的自覺，並在時勢的推波助瀾之下，女性解放運動在全美國蔚為風潮。而一九六三年國會亦明文規定男女要同工同酬，並頒訂民權法案，禁止資方使用性別歧視的徵才文宣，同時也禁止對女性在信用方面的歧視，於是已婚女性也能辦理信用卡及恢復原來姓氏，另外也可以向銀行申辦抵押或借貸。

㈡出生率的下降

從一九五七到一九七三年間，每戶孩子的平均數從 3.8 人降到 1.8 人，這是因為沈重的育兒開銷，加上女性外出工作的豐富收入，以及延後生育年齡等因素造成的。直到一九八九年出生率微幅上揚 0.1~1.9%，學者認為這是因為一些延遲生孕的女性決定在生理狀態尚允許前，趕快生孩子所造成的；然而出生率下降並非意味小家庭在美國是普遍的。例如在一九八九年，有 18%西裔美人家庭、15%黑人家庭，以及 9%的白人家庭都還擁有 3 個以上的小孩。

㈢結婚率的下降

女性延後結婚的情形在一九六〇年代有了戲劇性的增加，例如二十四歲的女性在一九六五年時只有三分之一尚未結婚，到了一九八九年時這個年齡的女性卻多達三分之二未結婚。

㈣離婚率的上揚

離婚率從一九六五至一九七五年間成倍數的成長，在一九七九年達到空前的高峰後，開始趨於緩慢的增加，其中以年輕配偶的離婚較常見，而學者在一九八七年時估計約有62%的初婚者會以分居或離婚收場，此外再婚者的離婚率也會顯著地高於初婚者。

㈤單身女性的增加

由於離婚率的增加以及結婚率的減少情況下，促使單身女性人數的激增，這其中包括未婚、離婚及寡居的女性。

㈥職場女性比例的增加

從一九六〇年到一九九〇年，女性在職場的比率分別是38%、50%至68%。此外工作的女性不再以貧困人家為主，相反地，更多接受高等教育的妻子比其他婦女外出工作。九〇年代女性就業的情況達到頂峰，並引起了一些學者建議要提高婦女就業門檻，這意味著社會仍多少期望女性將撫育孩子視為第一要務。

二、今日女性的工作困境

雖然多數女性投入工作職場，然在今日的整體大環境下，仍易發生以下六項女性工作的困境與難題。

㈠男女在薪水上的差異

　　雖然女性漸漸跨入工作領域中，但是過長的工作時數卻剝奪了她們照顧小孩及休閒的時間。此外從一八二〇年一直到近年，男女一直處在同工不同酬（男多於女）的情況中，雖然這樣的差距逐漸在縮小中，但無可避免的還是存在於今日社會中。

㈡對於女性的守舊觀念

　　即便是在二十一世紀初的現代，一般人對於職業女性仍存有些許的偏見，如：認為女性沒有男性聰明、理性、有邏輯，所以早期限制女性不得參與投票選舉，認定女性無法理解這些公共議題，並對女性教師制訂出一些不合理的規範。雖然這些偏見與歧視在今日社會並不會那麼明顯，但實際上仍是存在的，就連一些學術機構也無可避免，就像性別歧視在醫學院中尤其明顯，女學生常被迫居於劣勢的地位。如果這種情形不能獲得改善，就根本無法奢求兩性真正的平等。

㈢對體格與強壯身軀的迷思

　　在職業領域中，女性常會因體格與力氣上的先天不足，而在職場中吃悶虧。然而，如果體格與力氣真是財富的來源，那是否所有的猛男都應是財大權重者呢？今日某些專門職業的成員，如：足球隊仍由男性擔綱，但某一些粗重工作對某些女性而言是可以勝任的。可是在文化模式的迷思下，女性仍無法與男性在工作上平起平坐。

㈣單親家庭中的女性

　　近十年來，單親家庭的形態日益增多，這些家庭多半來自弱勢族群，因而有超過半數的單親母處於貧窮狀態（75%黑人；46%西裔美人；43%白人），即使這些母親兼差兩份工作，仍無法滿足基本的生活所需，這種單親母親身兼多職的情況十分嚴重。

㈤單親的未婚母親

從一九八八年開始，非婚生子女的數量明顯增多，這些來自弱勢團體的母親，往往因為懷孕而輟學，所以較低的學歷背景常使她們無法獲得較好的工作待遇。此外這些母親的孩子也常重蹈她們的覆轍。

㈥單親的離婚母親

和未婚母親一樣，離婚的女性在經濟上也陷入困窘的處境中，因為近半數的男性在離婚後不再負擔原來家庭的生活開銷，這也是為什麼多數的女性（73%）離婚後生活水準下降，而離婚男性相對提高的原因。

三、現代職業婦女與家庭之調適

近來婦女就業人口比率快速成長，其主要原因是女性的教育水準不斷地提高與其自我的覺醒，因此紛紛走出廚房投入生產行列；其次是一般家庭如果僅靠丈夫一份薪水的收入，實難以維持現代生活高水平之需求。雙生涯家庭（dual-earner family）就是指這類夫妻二人都同時外出上班的家庭。

根據研究，在本世紀七〇年代以後，不論是美國或台灣的劇烈社會變遷中，婦女地位的改變是其中最重要的特色之一，尤其是在婦女就業狀況這方面；根據最近調查發現（Apter,1993）：美國整體工作勞動力（workforce）將近有半數是女性在從事工作。相較於二十世紀初期女性成年人口中，就業者僅僅不到 20％，一九七七年增加到 32％，一九八八年則為 52％，而至一九九三年幾乎到達 60％。而台灣婦女就業人口百分比的成長，也與美國的情形大致類似。

雙生涯家庭者要想同時兼顧到家庭與工作，且想在此二方面維持某一程度的均衡，確實不是一件容易的事。尤其是外出工作的婦女，下班回家後仍然同樣需要擔負處裡家務和照顧小孩的主要責任。根據相關研究指

出：職業婦女往往抱怨她們實在沒有足夠的時間與心力，同時去充分完成工作與家庭二方面的職責（Apter, 1993; Kaplan & Stein, 1984）。

因此，婦女就業固然可促進其個人之自我實現，增加家庭的經濟收入，提升社會整體的工作生產勞動力。然而在此同時，雙生涯家庭中難免會產生較多的子女養育、家務分擔、夫妻間和諧相處等問題（在本書第十四章第一節中亦有討論），在在都可能會影響其家庭成員彼此間之關係及心理健康。在此，僅針對雙生涯家庭中的兩大難題，扼要分析如下（吳就君、鄭玉英，民 76）。

(一)家事的分工

夫妻二人都上班，繁雜的家事如何解決？尤其當孩子幼小時，沈重的育兒工作如何能顧及是最大的挑戰。雙方工作壓力，身體的疲憊，因疲憊而來的耐心不足，性生活受影響等都可能發生。事實上，雙生涯家庭能否運轉得當，職業婦女能不能有效地兼顧自己的工作與家庭，端視丈夫在家事分工上的參與度如何而定。

(二)能力的競爭

雙生涯家庭中，妻子可能走出傳統發揮潛能，積極地自我實現。許多雙生涯家庭中，妻子的工作能力、收入、職位等相關表現，都有可能超越丈夫。一般雙生涯家庭中的丈夫，能否接受這種情況，其男性自尊會不會受到威脅，都是需要慎重考慮的事。

第三節　　如何安排個人與家人的休閒活動

在過去傳統農業社會中，不論中外均將「休閒」視為有錢有閒貴族階級的專利品；一般老百姓整年都在忙碌之中，根本談不上什麼休閒活動。而在中國人的古老觀念裡，總是認為「業精於勤，荒於嬉」、「少小不努

力，老大徒傷悲」。這些教導代代相傳，使得中國人成爲世界上少見的勤勞工作者，但也因此而成爲最不懂得休閒情趣的民族。在面對人類已步入高度工業化、科技化與電腦資訊化的二十一世紀，個人工作時間勢必更加減少，而相對的閒暇時間會隨之增多；同時因著工商社會人們生活的競爭、壓力與繁忙，更需要較多休閒活動來加以調劑。因此，個人乃至於全家的休閒活動在今日生活中，都是一個非常值得深入探討的課題。

一、休閒的意義

簡單而言，休閒（leisure）可以定義成在沒有工作情形下，從事讓個人想要去做且感覺愉快的活動。休閒時間（leisure time）則是個人在沒有固定義務和責任下，而可進行自由活動的時段（Roberts, 1970）。在牛津字典中提到：休閒是在工作之餘，個體有機會自由做一些事情；亦即在餘暇時間中，個人能純粹爲自己作計畫、安排的情形。

在此綜合國內一些學者專家對休閒的看法（林一眞，民 76；柯永河，民 80；蕭文，民 78），而提出一個統整性的名詞詮釋：「休閒」就是指一個人可以按照自己的意思去支配時間，經由個人自願從事或參與某些活動後獲得生理、心理的滿足，暫時離開煩惱、焦慮、忿恨、不安，以此放鬆身心去享受一下輕鬆的時光。

在國外，美國人對於工作與遊戲優先順序的排列正在轉變之中，根據意見調查結果發現：五分之四的美國人從休閒活動中獲得的滿足，超過從工作中獲得的滿足；另外，他們也強調應可從以下三種不同的角度來定義休閒（Gray, 1973; Yankelovich, 1978）。

(一)哲學的觀點

視休閒爲思考活動的時間。古希臘哲學即將休閒看做個人學習與內省的時間，含有追求自我了解的意味。

㈡自由裁斷時間的觀點

將休閒視爲當工作與生存的基本需求滿足之後，剩下來可隨己意自由支配的時間，在此時段內個人可隨心所欲地度過。

㈢自我實現的觀點

把休閒當做享受遊戲與娛樂活動的時間，否認每種活動都需擁有經濟價值的看法，並將休閒活動本身即視爲一種目的。

綜合上述休閒的意義，吾人可以得知休閒活動是人類日常生活中，運用閒暇時段所進行的活動，這些活動可使我們輕鬆、愉快而滿足，並可調和個人情感、豐富生活經驗、促進身心健康。因此，休閒是人生的潤滑劑，足以滋潤生活、平衡身心、充實知能並進而創造新的契機。

二、休閒的類型

在休閒的分類方面，往往會依照活動性質或時間長短來分（吳武典、洪有義，民 76；姚榮齡，民 75）。以休閒活動內容性質的不同可分爲：益智性活動（如：閱讀書報雜誌、蒐集郵票），娛樂性活動（如：看電影、看電視、打牌），健身性活動（如：打球、游泳、露營），創造性活動（如：寫作、繪畫、攝影），社團性活動（如：扶輪社、同學會、教會），服務性活動（如：義務勞動、慰問孤殘、義警）。根據休閒時間的長短可分爲：片刻休閒（如：伸伸懶腰、韻律操、散步），日常休閒（如：公園烤肉、看電影），週末休閒（如：造訪國家公園、名勝古蹟），長假期休閒（如：出國觀光、度假）。

根據過去調查研究發現（Roberts, 1970），英、美二國人民於週末或夜晚自由活動的閒暇時間（free time），大約有七、八成以上的人，都是待在家中與家人一起共同度過，而他們在家中的主要休閒活動則爲看電視

（watching television）。另外，依據近十年的相關研究發現：今日百分之九十九的美國家庭擁有電視，每天平均看電視的時間為六小時，同時電視對個人行為發展影響甚鉅（Liebert, Sprafkin, & Davidson, 1988 ）。

在台灣的個人休閒活動調查統計中，看電視也同樣占了極高的百分比，且其對未成年孩子的影響頗為深遠。同時，休閒活動亦是一個社會文化的表現（leisure as expressive of culture），以此可直接反應出社會大眾的涵養。國人在其大部分的休閒時間係從事藝文活動還是去花天酒地、打麻將、觀看暴力色情錄影帶，這的確是值得吾人加以深思的問題！

三、休閒的功能

傳統社會對休閒的看法，常局限在暫停工作全心休息來恢復體能的消極觀點，而較少涉及休閒活動之積極層面。其實，休閒活動的主要功能，不但有助於個人現在的生活，還有其積極正面的經驗，對個人一生的發展也有決定性的影響。

綜合國內學者（陳彰儀，民 77；黃堅厚，民 74）的觀點，可知休閒活動的主要功能有以下四項：㈠休閒活動能使個人身心獲得鬆弛與休息；㈡休閒活動可以使我們在工作以外獲得多方需求的滿足；㈢休閒活動可以擴展我們的生活知識及經驗；㈣休閒活動可以促進個人身體的健康發展。

參考王以仁等（民 81）綜合許多學者專家的意見，進一步將休閒活動之功能詳細陳述如下：

㈠休閒活動可鬆弛個人緊張的情緒，增進其身心健全之發展。

㈡休閒活動可使我們在工作以外滿足個人成就，並肯定其價值。

㈢休閒活動可以使人滿足親和需求，增進家人及人際間非正式的溝通。

㈣休閒活動可以擴展我們的社會經驗，促進個人的社會化。

㈤休閒活動可以增加消費量和生產力。

㈥休閒活動可以培養獨處能力，激發個人的創造力。

㈦休閒活動可逃離現實壓力、調節生活步調，並使人親近大自然。

(八)休閒活動可以使個人獲得新知能，並開發其次專長。

(九)休閒活動可以使人享受視覺、聽覺、味覺、觸覺等感官之美。

(十)休閒活動可使我們更認識本土及其他的文化。

四、個人與全家休閒活動的安排

生活在忙碌社會中的多數人雖然都喜歡休閒活動，卻往往不知如何適當地加以安排，使得原本休閒的美意最後成了空談。因此，如何妥善選擇與安排休閒活動，已是現代人生活中不可忽視的重要課題。一般人都知道不同的休閒活動會帶來不同的功能，但針對人類如何選擇休閒活動的相關理論，至今仍不十分完整，大致上可分為以下四端（王以仁等，民 81；林一真，民 76）。

(一)相似說

認為當個人有充分選擇自由時，他多半會選擇與自己日常熟悉事務有關的活動做為休閒。工作者的任務若是愈簡單，他所從事的娛樂也會愈單調。

(二)補償說

主張個人如果有自由選擇娛樂的機會，他一定會去選擇與工作顯著不同的休閒活動，以避免因過分單調、無聊、繁重而使個人精神崩潰。譬如：都市工作者在假日常湧向鄉村從事休閒活動。

(三)交換論

個人會選擇自己能從中獲得最大滿足或利益的休閒活動，倘若一種活動經常能使人得到高報償，當事人比較可能再選擇這種活動。但由於饜足（satiation）的原理，當某一種活動的報償到達最高潮時，個人參加率就會有下降趨勢。個人對某種娛樂型態投入得愈多，就愈不容易轉移至其他類

型的娛樂活動，而會在相同類型的休閒活動中求變化。

㈣參照團體論

認為大多數人是根據家人、同事及朋友的活動，來篩選或引導自己的活動。換句話說，此一理論認為個人的休閒選擇，會受到社會價值與規範頗大的影響。

每個人的生活作息習慣有很大的差異，在考慮休閒活動的安排時，必須依據個人不同的情況，選擇較能滿足其本身需要及促進家人間親密互動的休閒生活，方能從中體會到更多的樂趣。在此參考王以仁等（民81）及王以仁等（民86）的觀點，提出如何妥善安排設計個人與全家休閒活動之八項參考原則，臚列於后：

㈠實施休閒活動要能善用平日餘暇、週末假日、寒暑假等，把握時間的特性完善地加以規畫。同時若能善用零碎時間，亦會平添不少生活的驚奇與樂趣。

㈡所有的休閒活動都應顧及本身及家人的興趣和意願，千萬不要勉強或限制自己，使得休閒反成為身心的沈重負擔，而產生本末倒置現象。

㈢休閒活動最好與日常作息、工作的性質有互補作用，以產生對立的鬆弛，充分發揮調節的功能，拓展多樣性的生活經驗。

㈣休閒活動亦可配合正式工作的需要，延伸個人的內在興趣，使休閒與工作能加以統整，促進專業知能的升級。

㈤休閒活動計畫的實施，必須學習說做就做，切勿考慮太多而拖延時日，尤其是全家性質的旅遊，一定要設法達成絕對不可黃牛。

㈥實施休閒活動應慎重考慮安全措施，唯有在不危害自己與家人身心健康的狀況下，休閒活動才有真正的意義。要注意避免涉足不良場所，以及進行一些危險性較高的活動，否則難免造成樂極生悲的結果。

㈦休閒活動的實施種類可考慮一種以上，最好同時能有動態與靜態的活動；若能調和不同性質的活動項目，更可獲得多樣性的休閒效果。

(八)實施休閒活動可採個別或團體的方式，一方面享受獨處的樂趣，另一方面可參與同儕團體或是家族活動，以增進親人或人際社會之關係，不但造福自己也把歡笑分享眾人。

第四節　將工作、休閒與家人的需求相互結合

隨著社會不斷的進步，生產機械化、管理自動化，每個人需要工作的時間日趨減少；相對之下，個人的休閒時間亦隨之增加。因此，如何安排休閒時段進行有意義的休閒活動，以及如何維持生涯與工作、工作與休閒、休閒與事業、事業與家庭間之平衡，就成為現今社會中極為重要的一些課題。

一、生涯發展、工作、家庭及休閒之統整

生涯（career）是指在個人工作生命中，一系列的職業與位置，且其整體發展將指引個人產生正面而往上的變遷；但是職業則是以賺取薪資為其主要目標的一份工作。由此可知，生涯與職業二者所從事的雖然均為工作，但生涯當中的不同工作能彼此前後連貫且息息相關；而職業僅僅是指為了單一的賺錢目的而去工作，同時亦無向上發展之系列取向。再者，生涯本身相當強調其發展性，生涯發展包含了個人一生之過程，其中自我、家庭、職業及工作環境、社會政治和經濟條件等，均會影響生涯發展的整體過程。因此，一個成年人的生涯發展和生活，可說是將其身體發展、家人關係、人際關係與其所從事的工作和休閒活動等加以整體組合的呈現。

在此參考一九九五年全美國最暢銷的一本書《新出路——好好規畫你的人生》（*New passages: Mapping your life across time*）（Sheehy, 1995），將人生從成年到老年作了以下的時間分段與發展重點歸整，分別臚列說明於后。

㈠臨時的成年期（provisional adulthood）：十八到三十歲

此一時期可稱為「嘗試的二十」（tryout twenties）。個人會在交友、感情、婚姻、學業與工作等方面，進行一連串的嘗試。亦可視為一個人青春期的延伸。

㈡成年前期（first adulthood）：三十到四十五歲

此一時期包含：擾攘不定的三十（turbulent thirties），以及前段部分繁盛的四十（flourishing forties）。三十人生正值壯年時期，忙於生養子女、照顧家庭、投入工作及購屋置產等方面。四十出頭雖屬個人精通練達之年（the age of mastery），但也開始面臨「早期中年危機」（early midlife crisis）。

㈢成年後期（second adulthood）：四十五歲以後

此一時期包含：後段部分繁盛的四十（flourishing forties）、炙熱的五十（flaming fifties）、平靜的六十（serene sixties）、賢能的七十（sage seventies）、不受限制的八十（uninhibited eighties）、莊嚴的九十（nobility of the nineties），以及最終進入人生最值得慶賀的百歲（celebratory centenarians）。

年過四十五的女性在生理上，開始進入「更年期」（menopause）。絢爛的五十歲開始，屬於成年後期的全然誕生（birth of second adulthood），在此踏入一個全新領域（new territory），個人成為自己新一段人生的拓荒者（pioneers）。但在此也同時會遭遇到死亡危機（mortality crisis），以及存在意義危機（meaning crisis）；而男性亦會面臨所謂的「男人更年期」（male menopause）。

六十歲之後進入人生的完全之年（the age of integrity）。雖會面臨工作上的退休關卡，但此時卻能擁有更多的自由閒暇時間，積極計畫新的生活方式、休閒活動及四處旅遊，且可享受含飴弄孫與夫妻間鶼鰈情深的成

熟之愛（mature love），滿足無憾地逐步走完人生。

二、如何維持工作、休閒及家庭間之平衡

　　工作、家庭與休閒之間有其密不可分的關係。工作類型的不同，往往會直接影響到個人家居生活型態休閒時間之運用。譬如：一個在擔任一天三班制輪班工作者，就無法每天回家用晚餐，或是參加每週固定在某一晚上舉辦的社區活動。同時，工作內容與性質的不同，亦會影響個人下班後所從事的休閒活動。一個以勞力工作者，下工之後往往只想坐下來看電視、聽音樂或睡大覺；但一位坐辦公桌的工作者，下班後則可能會選擇某些舒展筋骨的體能活動。

　　在每個人的生涯發展中，要想同時兼顧工作與休閒、事業與家庭，且在這些方面均能維持某一程度之平衡，就有如「魚與熊掌」不可兼得之「雙趨衝突」一般的不容易。因此，在人生或每一天生活中可運用的有限時間上，如何作有效的時間分配，並分別排定其優先順序，都是值得慎重考慮和學習的。

　　另外，曾有人以打棒球的概念，來說明在個人生活中家庭、事業（工作）與休閒間的關係，條列如下（Conrad, 1990）：

(一)家庭是人們生活的根基，當個人能照顧好自己的家時，就如同打擊者站上了一壘板。

(二)當個人能有效地經營、發展其事業或工作時，就如同打擊者已站上了二壘板。

(三)若能充分地享受個人的休閒時間並使其重新得力時，就如同打擊者站上了三壘板。

(四)當個人能同時兼顧到家庭、事業與休閒三方面，且能達成它們之間的平衡時，就如同打擊者奔回了本壘板而得分啦！

　　因此，個人必須懂得依據其所處的環境，針對其工作、家庭與休閒活

動做一適當之調配，以促使其個人身心健康與整體家庭生活能更加滿意，並達到自我最佳的發展。在設法達到工作和休閒間能彼此平衡的過程中，應同時考慮以下六方面（王以仁等，民 86；Cherrington, 1980）。

(一)身體的活動

人們需要藉由某些身體活動，來維持個體的健康。醫生們建議每個人一週至少要有三次三十分鐘以上的運動時間，以增進心跳與呼吸之心肺功能。因現代人從事坐辦公桌工作的人數激增，休閒活動則宜以身體運動配合之。

(二)社會的互動

就個人而言，建立朋友間相互往來的人際網絡相當地重要，以藉此提供真誠的友誼與社會支持之所需。工作環境中，可擁有一些工作夥伴，同時經由此一歷練增進社交能力，懂得如何較自然地面對陌生人。然而，工作之中所花費的時間與固定的活動場所，也必然會限制了人際關係的發展。因而要多多利用工作以外的時間，藉由休閒活動之過程，結交其他新朋友來擴大其人際圈子。

(三)情緒的穩定

社會規範（social norms）常會限制個人不得在大庭廣眾之下，任意地表達出自己的情緒。如此對情緒的抑制，在人群中自有其正面功效（譬如：任何人不能因生氣，就隨意打人）；但過度地壓抑個人的情緒，對於其心理健康必會產生負面影響。有些工作環境中，可有較多自我調整和緩衝情緒的時間（如：藝術家、教師等）；但另外一些工作者，在工作或執勤時根本就無暇顧及情緒問題（如：空軍飛行員、機場塔臺導航員等）。

因此，要能隨時懂得利用閒暇機會，做些釣魚、爬山及海邊散步等休閒活動，來紓解與平衡個人波動的情緒。

㈣家人關係的親密

　　無論個人在學業或工作上如何的衝突與受挫，家庭一直是個最佳的避風港，但其前提是必須先能經營一個溫馨的家庭與和諧的家人關係。所以，個人不能把全部的精力都只放在成就動機的追逐上，要常常停下腳步去關心周圍的家人；若能利用週末假日全家一同出外運動、露營、旅遊，不但達到了休閒功效，同時也能凝聚全家的向心力。

㈤智力的發展

　　人生可說是一連串學習和成長的過程。在工作或休閒活動中，常常會遭遇各種挑戰，必須動動頭腦才得解決。就如平日生活上所碰到者：如何申報所得稅、外出旅遊、購買房屋、投資置產及修理家中的東西等，都是對個人智力的一種挑戰。在學習和解決問題之初，往往會遭遇一些挫折而感到不舒服，但當有所成果時則會帶來莫大的鼓勵。在工作環境中常有機會接受智力挑戰者，在休閒時就可避免做太花腦筋的活動；而對於工作環境中缺乏智力挑戰者，則應多做些有助於智能發展的休閒活動。

㈥文化的優雅

　　不論是欣賞戲劇、舞蹈、音樂、繪畫與雕刻等藝術活動，都可以豐富一個人生活的品質。但要懂得如何去欣賞這些藝術活動，就需要多多接觸和不斷地加以培養鑑賞力。然而，在絕大多數的工作場合，都無法提供這些優良文化環境；人們必須懂得多多利用休閒時間，進行各項藝術欣賞活動，以提升其生活中之文化氣息。

　　任何人都只能過一生，其中工作與家庭孰重？忙碌與休閒如何平衡？都值得深入地加以思考！人的生活貴乎自己個人的抉擇和安排，工作與休閒、家庭間相互影響，若能調適得當，多彩多姿的人生會在我們面前不斷地開展！個人每天生活中都可能會面對事業、工作、休閒與家庭等問題，

如何能同時兼顧而不悖呢？各位不妨參考中國儒家不偏不倚的「中庸之道」，並根據自己主、客觀之相關環境來加以因應和安排，切忌「過之與不及」，如此必能達到「雖不中，亦不遠矣」之整體平衡生活（王以仁等，民86）。

本章摘要

工作對於個人而言，具有滿足多方面需求之功能。其中最主要的是工作能提供個人物質需求的滿足，而從事不同工作的待遇自然亦會有所差異。工作所獲薪資的多少，必會直接影響到生活的許多層面。有工作且能認真工作，是個人心理健康的重要指標之一；事實上工作往往是個人生活的重心，及其自我實現的必經過程。

工作本身可帶給個人五方面具體的滿足：(1)自尊的需求：在工作中可使自我覺得更成熟且有價值感；(2)親和的需求：藉由工作可以結交一些好朋友；(3)創造的需求：工作中會產生一些不錯的新點子；(4)獨立生存的需求：工作能賺錢且有安全感；(5)活動的需求：工作時可以免於無聊。

按照與個人工作相關之期待、價值和需要，將工作態度分為：滿足及承諾兩大類別。滿足主要在描述工作者的個人感覺，較傾向於情感導向，其中最常被探討的就是工作滿足，這是指個人對其目前工作角色是否滿意的綜合評價；而承諾則指一個人對其工作實際所投入的程度。

近半世紀以來，全球在兩性方面的議題產生了革命性的改變，也就是多數女性走出廚房而投入工作的職場中，連帶著亦會衝擊到原有的家庭制度、家人關係，以及家庭的功能。女性走出廚房而投入職場過程的大變動，其發生的主因與隨後產生的變化，可分為以下六項：(1)女性自覺與兩性平權；(2)出生率的下降；(3)結婚率的下降；(4)離婚率的上揚；(5)單身女性的增加；(6)職場女性比例的增加。

雖然多數女性投入工作職場，然在今日的整體大環境下，仍易發生以

下六項女性工作的困境與難題：(1)男女在薪水上的差異；(2)對於女性的守舊觀念；(3)對體格與強壯身軀的迷思；(4)單親家庭中的女性；(6)單親的未婚母親；(6)單親的離婚母親。

　　外出工作的婦女，下班回家後仍然需要擔負處裡家務和照顧小孩的責任，致使職業婦女往往抱怨實在沒有足夠的能力，同時去完成工作與家庭二種職責。雙生涯家庭除了夫妻在家事方面的分工外，彼此在工作能力上的競爭，也需要相互努力去加以調適。

　　當個人對其工作感到不愉快、不想去做時，就表示他可能已有了工作壓力。工作壓力來源包括：工作環境不良、工作性質不佳、工作期望過高、人際關係不睦、身體狀況不好與家庭問題困擾等方面。四種調適工作壓力的可能途徑為：(1)設法調整目前的工作；(2)建立合理的工作期待；(3)學習自我鬆弛的技巧；(4)以適當的休閒來調和。

　　簡單而言，休閒可以定義成在沒有工作情形下，從事讓個人想要去做且感覺愉快的活動。綜合國內一些學者專家對休閒的看法，提出一個統整性的名詞詮釋：「休閒」就是指一個人可以按照自己的意思去支配時間，經由個人自願從事或參與某些活動後獲得生理、心理的滿足，暫時離開煩惱、焦慮、忿恨、不安，以此放鬆身心去享受一下輕鬆的時光。

　　休閒活動依據其性質可分為益智性、娛樂性、健身性、創造性、社團性與服務性等類活動。根據休閒時間的長短分為片刻休閒、日常休閒、週末休閒及長假期休閒。休閒活動可具有鬆弛個人緊張的情緒、使我們在工作以外滿足個人成就、增進人際間非正式的溝通、擴展我們的社會經驗、增加消費量和生產力、激發個人的創造力、調節生活步調、開發次專長、享受感官之美，以及使我們認識本土及其他的文化等多項功能。

　　一個成年人的生涯發展和生活，可說是將其身體發展、人際關係與其所從事的工作和休閒活動等加以整體組合的呈現。人生從成年到老年可分為：(1)臨時的成年期（十八到三十歲）；(2)成年前期（三十到四十五歲）；(3)成年後期（四十五歲以後到死亡）。

　　個人必須懂得依據他所處的環境，針對其工作與休閒活動做一適當之

調配，以促使其整體生活更有意義，並作自我最佳的發展。在設法達到工作和休閒間彼此平衡的過程中，應同時考慮以下六點：(1)身體的活動；(2)社會的互動；(3)情緒的穩定；(4)家人關係的親密；(5)智力的發展；(6)文化的優雅。

　　人的生活貴乎自己的安排，個人在每天生活中都可能會面對事業、工作、休閒與家庭等問題。若能採取中國儒家不偏不倚的「中庸之道」，並根據自己各方面主、客觀之相關環境來加以因應和安排，必能達到整體之平衡生活。

研討問題

一、試列出您理想中最適合自己的三項工作，並一一分析它們對您個人所具有的意義與功能為何？

二、假設您是現代雙生涯家庭中的一員（丈夫或妻子），請提出您個人認為自己和配偶，應該分別對這個家庭所付出的責任與貢獻有哪些？

三、忙碌的工商社會中，在工作、家庭與休閒之間應如何來作有效而平衡之規畫？試暢述您個人的意見，並以您自己的家庭為例來說明之。

四、請條列您在週末假日經常從事的休閒活動，並依據本章第三節介紹的休閒類型、功能及如何妥善安排休閒活動之原則，來評估您日常進行的休閒活動是否妥當？

五、試針對寒暑假、年假等長期假期，提出七天以上適合您個人或全家的國外或國內之旅遊計畫，其內容應包括：旅遊地圖、交通工具、食宿安排、經費預算等，並評估其可行性及如何能具體地加以實施。

參考文獻

一、中文部分

王以仁、林淑玲、駱芳美（民 86）：**心理衛生與適應**。台北：心理出版社。

王以仁、陳芳玲、林本喬（民 81）：**教師心理衛生**。台北：心理出版社。

吳武典、洪有義（民 76）：**心理衛生**。台北：國立空中大學。

吳就君、鄭玉英（民 76）：**家庭與婚姻諮商**。台北：國立空中大學。

林一眞（民 76）：休閒輔導。載於**國民教育輔導論叢**，5，103-123。台北：教育部國教司。

柯永河（民 80）：忙裡偸閒——休閒生活與身心調適。載於張小鳳等著：**心戰——現代人的掙扎與突破**，61-88。台北：聯經出版社。

姚榮齡（民 75）：青年以休閒促進工作、老人以工作調劑休閒。載於社會處、中華日報社印行：**老人的休閒活動**，193-199。

陳彰儀（民 77）：休閒滿足二因子理論驗證——工作滿足之二因子理論應用於休閒滿足之適切性探討。**教育與心理研究**，11，89-112。

黃堅厚（民 74）：**青年的心理健康**。台北：心理出版社。

鄭泰安（民 75）：工作壓力的成因與適應。**張老師月刊**，102，51-53。

蕭文（民 78）：休閒出軌——談青少年的休閒輔導。**學生輔導通訊**，14，82-83。

二、英文部分

Apter, T. (1993). *Working women don't have wives*. New York: St. Martin's Press.

Cherrington, D. J. (1980). *The work ethic: Working values and values that work*. New York: A division of American Management Associations.

Conrad, P. J. (1990). *Balancing home and career: Skills for successful life management*. Los Altos, Ca: Crisp.

Gelles, R. J. (1995). *Contemporary families*. Thousand Oaks, CA: SAGE.

Gray, D. (1973). This alien thing called leisure. In V. L. Boyak(Ed.), *Time on our hands*. Los Angeles, CA: Andrus Gerontology Center Publications Office.

Kalleberg, A. L., & Berg, I. (1987). *Work and industry*. New York: Plenum.

Kaplan, P. S., & Stein, J. (1984). *Psychology of adjustment*. Belmont, Ca: Wadsworth.

Liebert, R. M., Sprafkin, J. N., & Davidson, E. (1988). *The early widow*. Elmsford, New York: Pergamon.

Marshall, E. M. (1995). *Transforming the way we work*. New York: AMACOM.

Neff, W. S. (1968). *The meaning of work*. New York: New York University.

Ouinn, R. P., Staines, G. L., & McCullough, R. M. (1974). *Job satisfaction: Is there a trend?* Washington, DC: Government Printing Office.

Roberts, K. (1970). *Leisure*. London: Longman Group Limited.

Sheehy, G. (1995). *New passages: Mapping your life across time*. New York: Random House.

Yankelovich, D. (1978). The new psychological contract at work. *Psychology Today*, 46-47.

對家人多方面的照顧

第十二章　當前青少年的問題與教養

　　「人不輕狂枉少年」，而當今的青少年問題，又豈是「輕狂」兩字了得。邇近以來，青少年問題一而再、再而三的震驚了社會；從各式各樣的犯罪案例以及問題個案中，顯示了青少年愛冒險、求刺激的種種現狀。青少年期介於兒童及成人發展之間的過渡期，是個非常獨特的時期，充滿風暴與壓力的解放年代。此刻的孩子，一方面希望獨立，學習孤獨，另一方面又希望得到別人認同。

　　當今的青少年們有許多專屬於他們又炫又酷的「別號」，如 Z 世代、新新人類、電視奶瓶族、草莓族、電腦遊牧族及 e 世代等，他們具有高度的個人主義，對性及享樂更重於政治以及公共事務。傳統的節目已逐漸被淘汰，他們最喜歡充滿現場感及刺激感的「Call in」和「Show in」節目。彭懷真（民 85）曾指出，青少年如同溫室中的花朵，雖然外表光鮮亮麗，卻無法經歷任何風霜；喜歡生活充滿刺激，哪裡有好玩、高薪或有趣的事就往哪裡鑽，而快速變動的電腦資訊正符合青少年的口味，虛擬式的網路交友或網路戀情正好捕捉新新人類的胃口。

　　青少年到底是怎樣的一個族群？在家庭發展任務中，扮演怎樣的角色？父母又應該如何教養與溝通？茲就以上問題一一探討。

第一節　從生理、心理論青少年發展任務

一、青少年的特徵與發展任務

對父母而言，青少年正處於最難以管教與溝通的狂飆期階段。Havighurst（1970）、張春興（民73）曾對青少年時期的特徵與發展任務有諸多的描述：

㈠發展的特徵

1.一般性

青少年在心理及身體上快速改變、自我意識高、與父母及其他成人易產生衝突、喜歡刺激及冒險、與同儕關係日益增加、保有理想化的態度及價值；在身體技巧方面：女孩因性及生育能力的成熟，在身體發展快於男孩，而男孩對粗重事務的負荷高於女性，身體成熟的形象也慢慢建立。

2.社會、心理的轉變

著重於自我形象認同，且重視個別化以及個人的自由；對於團體的目標有高度的認同，重視同儕對個人的想法及影響；漸漸對性別角色認同，並且能夠使用邏輯、彈性以及科學的思考方式。

㈡發展任務

「發展任務」的意思是指在青年期結束後，可以達到某些行為上的表現，才能說是成熟。綜合 Havighurst（1970）的觀點，發展任務有以下七點：

1.與同儕或異性間建立更純熟的新關係。
2.能夠扮演男性化及女性化的社會性角色。

3. 接受自己的外貌與身體，並能發揮最大的潛力。

4. 準備選擇適當的工作，在情感上能夠脫離父母或其他的成人而獨立，情緒表達逐漸成熟。

5. 能認真考慮結婚的對象，並準備成立家庭生活。

6. 對自己的行為負責並且樂於參加社會性的活動，發展公民應有的知識、技能及觀念，並達到所需的標準。

7. 建立一套個人行為的標準及方針。

二、青少年生理的改變

青少年問題多為生理因素影響心理（華意容，民76；潘婉茹，民88）。由於青少年的身體機能快速成長，若心理發展無法配合，則易產生認知上失調的問題。因此青少年時期有許多矛盾點，如一方面覺得自己已像個小大人，但實際上仍依靠父母，因此產生了合法性的逃家——到外地求學，但一遇假日又想要回家，無法真正獨立；同時青少年的自我意識也非常強烈，很在乎別人的想法，特別重視身高、外表和體重，因而其自我形象和外表有高度的相關。當身體結構和機能的變化呈現不穩定時，是青少年困擾的來源，由於青少年的性機能日漸成熟，也導致其對異性的渴望，因此他們容易產生婚前性行為、過度自慰、未婚懷孕等問題。

青少年在發展上，由於內在器官系統的改變，身高與體重、身體比例與兒童時期有很大的差別。據研究發現（Bigner, 1993），少女思春期約在十歲，平均年齡是七至十四歲；而男性在十二歲，平均年齡是九至十六歲。在賀爾蒙的作用下，男女性徵快速成長，男性第一次射精的年齡約十四至十五歲，而女性第一次月經的時間也大概在十三歲左右。而外在的體態（body image）也是青少年判斷漂亮、具吸引力、是否優雅的主要象徵。

三、青少年社會、心理的改變

青少年社會、心理的改變究竟受到哪些因素影響呢？中外學者（張春興，民73；Bigner, 1993）對此都有一番見解：

(一)青少年社會與心理的特徵

1. 喜歡成群結黨，並且有幾位較要好的死黨。

2. 對性別取向的認同及解放。

3. 喜歡跳舞、搖滾以及節奏性的音樂等劇烈性的遊戲及運動。

4. 喜歡使用青少年的用語與其他人溝通。如你好「賢慧」——閒閒在家什麼都不會；你很「芭樂」——不守信用，或開空頭支票。

5. 對嗑藥、酒精、香煙以及性行為等刺激性的事物充滿好奇。

6. 道德發展與認知發展有強烈的關連性。

7. 能使用邏輯及合理的抽象思考，思考方式具有彈性，但有時仍會有自我中心的傾向。

(二)有關認同的問題

自我認同是青少年對自己的想法與自我本身信念的一致性，不但對自己的能力、外觀有所了解，也能依內在的動機建立合理的生活目標。自我認同的人，知道自己在做什麼，也知道自己的限制為何，因此較能適應變動的社會環境。由於青少年時期的智力與認知發展已經進入抽象思考的新境界，因此開始質疑成人所建構的行為模式，並且在同儕間發展自己的想法及概念，形成次文化，以對抗成人世界。

青少年因次文化的過度影響，在認同的過程中，漸漸疏遠親子及師生關係，進入了親師最擔心的反抗期。但由於青少年次文化組織思想並不成熟，若加上錯誤認同，則容易產生認同上的迷思（張春興，民73）。青少年的認同問題包含：

1.角色認同

　　在角色認同的過程中，青少年會以自我表現來認同自己的價值、態度並覺知如何控制自己。而社會化的經驗是角色認同上的重要關鍵。有三個重要他人在青少年角色認同上扮演重要的角色，一為與家人互動的關係，如父母是否嚴格控制或鼓勵其自由發展，常會影響孩子未來是否有良好的分化；其次是學校老師，教師的教學行為，會因比馬龍效應，而導致學生的學習行為；最重要的是與同儕的關係，同儕對某些事物的崇拜也會影響青少年的價值觀及自我形象。據研究發現（Hunter & Younis, 1982），青少年自我概念和早年嬰兒時期的自主性、父母及孩子的界域關係有很大的相關，如果界域不明顯，則孩子從小依附父母，長大則會過度依附同儕，無法與別人真正分離。在成長過程中，父母的不斷回饋與刺激建立了青少年自我的概念及形象；此外青少年所建構出的「who am I」也會來自手足、社會、媒體以及生活經驗而完成。

2.角色混淆

　　當家庭成員的界線太不明顯時，青少年無法自我控制價值觀、生涯以及自我信念，處處需依靠父母，形成共依存的現象。

3.缺乏自我的導向

　　當個人的三個「我」（個人具備的條件如性別、年齡、外貌、家世、能力等形成一個實際我；別人對待自己形成一個社會我；自己對未來的憧憬形成了一個理想我）失去協調時，則易產生迷失。如當今許多剛畢業的學子欲尋求錢多、事少、離家近的工作，但偏偏其能力與實際狀況相互違背，而形成青少年不斷換工作，失業率攀高，產生了工作認同上的迷失。

㈢青少年的人際關係

　　青少年時期，個人漸漸走出家庭，運用較多時間在社會化及與人相處上，以同儕的影響最為可觀。Csikszentmibalyi 與 Larson（1984）調查發現，青少年花費在與同儕相處的時間約 52 %（同班同學 23%、朋友團體 29%）；與家人相處上約占 19%；單獨自處約 27%；最後與其他成人，如

打工的老闆、同事約 2%。

在人際關係上，兒童時期雖有男女分盟的狀況，但到青少年時，男女混和玩樂的比率逐漸升高。這個階段的青少年希望受到同儕的喜愛，不喜歡與眾不同。在選擇朋友上也會因性別不同，所重視的特徵也會不同，如女孩多半喜歡和善者、有較好性格者，並且有一兩個知心的朋友，密友群中的同質性均相當高；而男性喜歡結交的對象，多半是有個性、自信、好相處等特徵。

學者專家（黃厚堅，民 81）分析青少年的友伴關係中認為，人際交往受到認同的動力所影響，主要原因有：

1. 是一種安全感的表現

對青少年而言，隸屬一個團體是重要的，他希望自己具有受到友伴的重視與讚美的特徵與本質。當大家認同他時，心中自然就有強烈的安全感。

2. 有助自我形象的建立

青年時期「我是誰？」「我有什麼長處，有哪些短處？」「我這樣做對不對？」一直是其尋找人生方向的目標。在這段時間裡，需要與更多的朋友交往，才能得到更可靠的資訊，以確定自我形象。

3. 朋友是模仿、表同的對象

當青少年認為父母、師長的思考已跟不上社會的潮流時，青少年間所形成的次文化，便是其發展並相互模仿的重心。

㈣獨立與解放

青少年時期是一個從家庭中解放的時代，在自我追尋的過程中，慢慢學會分擔責任，而這些發展均有助其自我統合的能力。

1. 工作與受僱

在經濟上青少年已有獨立自主的機會，他們從中慢慢學會自我管理、自我資源掌控的能力，也從學校與工作間達到一個平衡點。另外父母對孩子選擇工作的態度也很重要，研究中發現，當父母與孩子愈常談論有關未

來的職業選擇，不僅增強孩子在工作上的責任感，也對未來選擇職業上有較佳的影響。

2.性別角色的認同

性別的認同是從幼兒時期即開始，隨著社會化的過程，再從父母或其他重要他人身上學到角色的行為態度，有時也藉由性別遊戲中逐漸產生角色認同。

3.手淫

研究中指出大部分的男孩都曾有手淫的經驗，這不僅是一種紓發壓力的正常管道，也包含了性的反應、驅力及對性器官的認識。

4.約會與性關係

當前約會的方式繁雜多變，非單純只是兩人見見面，藉此了解異性的方法。隨著約會率的增加，性行為產生的比率也逐漸增多。性行為的開放與社會日漸多元化有高度相關，接踵而來的則是有關性病的傳遞問題。

㈤認知改變

青少年在認知上的改變多半受其生活環境的理解所形成。在 Piaget 與 Inhelder（1969）的理論中，青少年可以達到抽象思考且去除自我中心、彈性思考、科學的推理，並可以從假想遊戲環境中體認抽象事物；且認為自己是大家眼中的焦點，因此特別在乎外表的形象、認為自己是完美的；壞事情永遠不會降臨在自己身上，因而敢去冒險。當與父母爭吵時往往責怪父母不懂其感受，卻忽略了自己是否曾替父母著想。而在社會認知及後設認知上，青少年因自我概念超強，所以勇於反抗權威。

㈥發展道德哲學

青少年此時正處 Kohlberg（1969）理論中人際關係和諧及法律秩序導向階段，在是非判斷上，已經具有成人法治的觀念，但卻因為反抗意識強又缺少生活經驗，以致無法對道德意識做有效的判斷。

綜合上述，青少年發展具有以下三種特徵：

1. 是一快速生理、社會、心理的轉變時期。

2. 是一個體解放的時刻。

3. 是一充滿嘗試、意識型態、衝突，以及不確定等的矛盾時期。

　　當青少年在心理發展無法與身體發展相互配合及調節之下，常常不知如何把持自己、克服誘惑，導致種種問題的產生。下一節將介紹較常見的青少年問題並探討解決之道。

第二節　當前青少年常見的問題

　　在認知、身心發展以及與家庭、同儕關係諸多衝突下，青少年有意或無意的對自己造成傷害，形成當前的青少年問題。美國的研究（Steiner, 1990）發現，十五到十九歲是青少年最常犯罪的階段。在高中畢業以前，四分之一的年輕人曾有過性行為；有五分之一的高中男生，會帶武器到學校；百分之五十的青年人有飲酒的經驗，而這些導因多半來自內心的沮喪。因此青少年問題包括：健康問題、藥物濫用、自殺、性困擾、未成年父母以及青少年暴力等問題。

一、健康的考量

　　青少年身心的快速發展，需要足夠的營養、活動及休息，但是青少年的偏差行為卻往往影響其正常飲食活動的攝取，如嗑藥、懷孕、過度濫交及 AIDS。

　　對於卡洛里的需求，男孩一天需要三千卡，而女生需要二千四百卡，但當今青少年最常攝取的食物多為薯條、漢堡、披薩等造成肥胖的高熱量食物，這些都容易導致高血壓、心臟病等疾病。青少年常見的營養問題包括不正常的飲食、厭食症、貪食，較嚴重者均須靠治療才能痊癒。而其常

見的飲食問題包含：

㈠厭食症

由於想「瘦下來」的動力，導致當青少年感覺自己過胖時，就會開始沒有安全感、退縮、沮喪、孤單或難以適應，並且會藉由節食來消除這種緊張。

㈡拒食症

不同於厭食症，這些孩子雖自知此種的減肥方式並不適當，但為了顧及自我形象，常使用腹瀉、催吐或是一些減肥的藥物來達到目的，常常過度使用而影響到自身的安全。邇近以來，不難發現愛美的少男少女不惜花費大把的金錢塑身或者買一些來路不明的減肥藥而造成生命的危險，而肥胖所引起的無信心、自我貶低等均是青少年最大的隱憂。

二、藥物濫用

青少年使用藥物的主因往往是為了減輕疏離感、孤獨感或不良適應的方法，或藉由家庭環境的學習或同儕間互相模仿所形成的行為。而吸毒的青少年多半是因為父母疏於管教。青少年在藥物濫用上包含酒精、大麻及古柯鹼。

㈠酒精

酒精、咖啡因的濫用是青少年最常見的問題。當家庭中有成員酗酒時，青少年由於容易有喝酒的習慣，也易形成未來酗酒的傾向；雖然喝酒並不一定代表酗酒，但是因喝酒所產生的問題，如酒後駕車或是酒後亂性等暴力衝突，均是因喝酒所造成。前些日子暴走族因喝酒而胡亂持刀傷人的事件，對整個台灣社會而言，就如同一顆不定時的炸彈，常讓半夜出門的人不寒而慄。

㈡吸煙

　　家中如果有人抽煙，則孩子嘗試抽煙的比率也會比其他家庭還多，而女學生吸煙的比率似乎有愈來愈多的現象。香煙市場的開放更形成青少年男女人手一煙的現狀。早期青少年吸煙純粹是好奇及充滿刺激的因素（Ary & Biglan, 1988），但當對尼古丁一旦上癮之後，持續使用將形成身體上的依賴，一旦中斷尼古丁的補給，即會發生與其他藥物一樣的「戒斷徵候群」。曹乃怡、劉麗容（民 88）指出，其實大部分的青少年都知道吸煙對身體是有害的，但知識並不一定替他們帶來行動的力量，特別是受到環境或同儕誘發時，此刻博取同學們的認同比擔心幾年後會發生的事情更為重要。因此在煙害防治上，對於拒煙問題有「知之卻無法行之的困擾」。

　　要真正戒除香煙，並不是一件容易的事，但若能幫助孩子增進自信心，訓練有能力抵抗外在誘惑力的預防教育，或許可以在青少年煩躁時，開啟另一扇窗，多一個解決問題的方法。

㈢毒品

　　吸食毒品是學生挑戰權威的一種方式，比率上男生高於女生。青少年吸食毒品的目的多半是對現實生活的不滿意，或者是因為好奇而受同儕的誘惑所致。曹乃怡、劉麗容（民 88）提醒家長應了解可能會促使青少年吸毒的危險因子，並和教育單位合作，在預防孩子濫用毒品的行動上扮演積極正向的角色，對孩子一些奇怪的行動不用過度的反應，但要多加注意，看看孩子只是一時興起或是有特別的原因。

　　當孩子有些奇怪的轉變時，或許就是他們發出求助訊號的方式，因此父母宜以開放式的交談方式，就事論事，先讓其敞開心胸，告知其父母擔心的原因並且約法三章。而父母對約法三章的事，應貫徹始終好好遵守，若不如此，可信度將會降低。

　　在美國各州，雖然部分的學校都贊同開設有關使用藥物的課程，但真正有效的課程仍在少數，因此鼓勵、幫助青少年尋找解除壓力的方法，會

比全面禁止他們更有效（Newcomb, Fahy, & Skager, 1990）。而在台灣，影響青少年藥物濫用的問題常是來自家庭系統及社會的失功能，若社會尚未了解這一層限制時，反毒的課程並不能達到預期效果，因此在課程中加入問題解決、社會溝通，以及父母與孩子間關係的改善是有所必要的。

三、自殺

除了意外死亡之外，青少年自殺比率在美國十五至二十一歲青少年死亡率中占第二位，而當今有關青少年的死亡率是三十年前的三倍之多，有11%的青少年至少有一次想自殺的企圖；在台灣十五至十九歲青少年死因中自殺占第三位，二十至二十四歲中占第二位（中華民國衛生統計，民85）。據研究發現，在自殺時所使用的手法依性別而有所不同，女性使用較溫和的方式，如服用大量的安眠藥；而男生多半是以較激烈的手段，如上吊或使用槍枝，因此統計上顯示男性在自殺上的死亡率高於女性。

為什麼有那麼多的人在青春最年華燦爛的時候，結束他們的生命？主要原因來自沮喪、非理性的行為與想法，或受虐待加上情緒困擾所致（Levy & Deykin, 1989）。而許多青少年的壓力是來自父母、教師、同儕團體的價值觀與其相互違背，如同性戀；或者當與他人過度競爭時，青少年會寧願選擇自殺而害怕去面對家人、朋友向他們提出自己的意見（Savin-Williams, 1989）。

因此青少年自殺事件的增加可能有幾點相關因素（曹乃怡、劉麗容，民88；胡慧嫈，民86；歐素汝，民84）：

㈠精神病的發作年齡逐漸下降，曾經診斷患有精神病、躁鬱症、重鬱症以及人格異常的青少年是自殺的高危險群。

㈡社會結構的變遷，家庭的解組，親子關係不良，同伴關係影響，青少年缺乏有力的情感支持網路。

㈢青少年的生活壓力增加，升學及就業機會的競爭日漸趨多，讓他們容易沮喪，而因性行為的開放所帶來諸如懷孕、同性戀或三角關係都是

壓力的來源。

㈣同儕團體所傳遞的次文化訊息，因而容易造成集體自殺現象。

㈤青少年自我評價低、自我價值滿足感不足，不喜歡、無法信任自己，也無法自我認同。

因此，如何幫助青少年從沮喪的情緒中回復，導引他們以更積極的觀點看事情才是首要之道。隨著每年聯考將近，打開報章電視，不難發現許多莘莘學子，常因壓力太大或一時想不開而結束花樣般的歲月，令父母及師長們錯愕及惋惜，在聲聲的後悔中，年輕的生命已不再回頭。

結束生命的孩子，通常是生活中發生了危機，在不知如何是好的情況之下，唯有以自殺的方式來結束這段痛苦。此種自殺的念頭會在腦海中反反覆覆的出現，他們會不斷的詢問周遭人的意見，若周遭親朋能及時抓住這蛛絲馬跡，或許就可助其打消念頭。自殺常在一念之間，如何在這一念之間，拉孩子一把，需要周遭的成人多用一點心思。

四、因性所產生的問題

現代的青少年也有許多因為性而導致的問題，諸如感染的疾病、未婚懷孕、約會強暴等等，茲就詳情說明如后：

㈠因性所感染的疾病

因性交所感染的疾病最常見的有梅毒、淋病或 AIDS。前面二種以發生在成人身上較多，但 AIDS 則發生在十五到十九歲者較多（Brooks-Gunn, Boyer & Hein, 1988）。大部分的青少年容易感染到有關性方面的疾病，是因為他們在性生活上較少使用自我防衛的措施，與成人比較之下，他們較不喜歡使用保險套。

青少年常常自詡自己身體強健、百病不侵，且喜歡冒險、追求刺激，因此在了解及預防性病時，至少要先讓他了解以下的事實（曹乃怡、劉麗

容，民 88；U.S. Bureau of the Census, 1990）：

　　1.即使只有一次性接觸，也有可能感染性病。

　　2.性病有可能重複感染，且一次會感染一種以上的性病。

　　3.並不能光從一個人的外貌來得知此人是否有性病。

　　4.絕對不和不熟悉的人發生性關係。

(二)懷孕

　　青少年在做決定上常會面臨很多的挑戰，當他們所做出的決定有誤時，就必須嚐到苦果，如性行為所衍生的問題──未婚懷孕。青少年在身心不成熟下要面對懷孕生子與教養的問題，確實不是一件簡單的事，而一般社會也期望他們能在完成學業、經濟穩定，及思想成熟後再結婚生子。據研究（U.S. Bureau of the Census, 1990）發現，美國一年之中有一百萬個未婚媽媽，而大部分的女孩還是決定墮胎或交由別人領養，只有大約一半的人是靠自己來撫養。

　　影響青少年懷孕增加的主要趨勢：第一是成人的態度愈來愈能夠接受性開放、家庭對於未婚懷孕的容忍力也愈來愈大；其次是在性交的時候，青少年不喜歡使用保險套，並且男孩認為避孕是女生的責任；最後是青少年認為社會的改變，婚前性行為已見怪不怪，再加上家長疏於管教所形成（Black & DeBlassie, 1985）。

　　有關青少年懷孕的原因，依學者（Bigner, 1989; Miller & Moore, 1990）綜觀解釋，有以下幾種因素：

　　1.有嚴重的社會適應以及情緒困擾的問題，常常會覺得孤單、疏離。

　　2.對於「性事」感到害羞不便啟齒，而只有粗略的了解。

　　3.男孩拒絕用更多的時間了解與女孩性交所會發生的後果。

　　4.希望藉由未婚懷孕對父母施予一種懲罰。

　　5.藉由不斷的性交來尋求自我價值的建立。

　　6.以性交的方式來建立男性雄風或是女性魅力，藉此界定自己已成人的地位。

7. 希望以此來抓住伴侶。

　　從學者（Bode, 1980）的研究之中，未婚懷孕的比率之所以漸漸提升，主要是因為青少年在性交時，常存有某些迷思，使他們忽略了一些該有的的保護，而其迷思包含：

1. 站著性交，是不會懷孕的。

2. 女性要到十六歲才會懷孕，而且在第一次性交的時候是不會懷孕的。

3. 只有男女之間產生高潮，才有可能會引起懷孕。

4. 如果在性交前服用避孕藥，就可以避免懷孕。

5. 在月經來時，是不可能懷孕的，且如果常常有性行為，也較不會懷孕。

6. 如果男性在射精前，即時抽出，女性則比較不易懷孕，在性交後快速沖澡，則不會懷孕。

7. 性關係發生後，上下跳動或是跳舞則不會懷孕。

　　這些迷思使青少年誤以為可以避免懷孕的發生，因此在無正確的避孕方法下卻進行性行為，自然未婚懷孕的頻率也就愈來愈高。

㈢約會強暴

　　男女在彼此的交往愈來愈頻繁之後，因約會所造成的強暴事件也愈來愈多見。對青少年而言，除了對身心發展有巨大的影響外，也會對未來的婚姻生活造成很大的傷害。而在強暴事件中，多半為認識的人所為，更會讓受害者對彼此之間的情誼全盤否定。

　　除此之外，近年的暑期也流行援助交際、伴遊等另類打工族，不僅標榜錢多、事少，還可兼玩樂，雖然名為陪伴客人出遊，但此類約會強暴事件仍不時可見。

㈣同性戀

　　青少年階段期較難辨識出其性別取向為何——同性戀或是異性戀，而早期青少年多為同性取向，他們有自己的連帶關係，並且藉此了解與認同所屬的性別角色。性別與早期的經驗有關，小女孩經由母親了解其模仿的特質，而小男孩則藉由父親了解，而錯誤的認同對象，易產生性別的混淆。現在大部分的年輕人均不認為同性戀是一件可恥的事，而有些人早期是同性戀者，但到最後也多轉換為異性戀；有些人因先天、後天的因素，使他們在不可改變下形成同性戀者，而目前同性戀者也漸漸被一般社會大眾所認同。

五、未成年父母的問題

　　所謂的「未成年父母」（teenager parent），就是指孩子於青少年期即成為父母。試就其婚姻狀況與孩子的關係加以說明之：

㈠青少年的婚姻狀況

　　青少年懷孕過早建立家庭，容易對父母角色與家庭功能產生不認同的現象，其所衍生的問題包含：健康問題、經濟問題、過早承受婚姻的壓力、情緒與社會發展的不成熟、性關係的滿意度低、人際關係的處理困難、未成年父母撫養孩子的能力以及教養孩子等問題。其次是青少年因撫養孩子所造成輟學的情況，所從事的工作只限於低收入，學業與家庭社經水準的低下，對生活、婚姻及工作的滿意度就會降低。所以學者（黃德祥，民 84；Bigner, 1989）發現早婚的未成年父母往往較不快樂、不滿意現狀，對婚姻的忠誠及穩定度也較低，容易離婚；在成為父母方面，年輕人因較不成熟，對於養育孩子的技巧、耐心及功能上也較為缺乏。除此之外，青少年父親在學階段即有較多的性行為，在學校裡也多半是成績不佳者、家中社經地位較差者，故若此狀況不加改善，則易造成不斷的惡性循

環。

(二)孩子與未成年父母的關係

Bigner（1989）在研究中發現，來自未成年父母家庭的孩子比一般家庭有較多身心方面的疾病，他們較不成熟、體重太輕，或是腦力損傷、適應力較差，而因來自低社經地位，他們並不認同自己的出生背景、也易忽略在學校工作的表現。

為了矯正此項問題，美國社區有許多防治青少年懷孕的課程，其重點為幫助懷孕女孩繼續完成學業及訓練教養孩子上的技巧。隨著漸漸開放的社會風氣，台灣教育界應剔除「性不應該拿上檯面」的窠臼思想，早些建立正確的兩性教育，以早期預防，來代替事後的懊惱。

如何教導青少年接受自我生理發育，對自己的性別有較正向的看法，並在成長的過程中經歷良好的人際關係，充滿彈性與自主性，在資訊充分的狀況下，以個人自我的內在價值為自己負責，是青少年建立成熟親密關係的重要因素。近年來，許多懵懂的少女自行生產，在心理、身體及各方面承受極大壓力，甚至會成為一輩子的夢魘，久久揮之不去，如果她們對這些知識有更深一層的了解，許多的悲劇就不會發生。

六、青少年的暴力行為

青少年的孩子正值血氣方剛，隨時都有可能因一時的衝動，而犯下滔天的大禍。研究發現（曹乃怡、劉麗容，民88；陳家成，民84），具有暴力傾向的青少年所有的特徵包含：兒童時期即已有較強的侵略性；來自失功能的家庭；家庭物質無法提供一個良好的環境；情緒上的問題，如外表顯得煩躁、心神不定；長期在具有暴力的家庭中成長；加入幫派或是在學業成績上表現不佳者。

㈠犯罪的類型

從案類的分析中可以發現，竊盜案件位居首位，而又以竊取摩托車為主。近來拜金主義猖狂，名牌充斥，在得不到之下，只好用偷、用搶的方式，如某大學法律系學生為求一隻大哥大不惜打劫獨行女子，更有懷孕少女帶著小男友飛車強劫；其次是麻醉藥品的濫用，其中包括嗎啡、大麻、安非他命、強力膠等，藉由麻醉藥品，他們可以先忘掉現實中的矛盾及不愉快，關在自我的世界中，不去面對擾人的問題；第三是暴力事件，包含殺人、強盜搶奪、擄人勒索、強姦、輪姦等，青少年正處於初了解性的尷尬期，加上學校缺乏正確教導，若再有同儕鼓吹，就更容易造成性衝動而犯下罪行。而許多殺人的原因，則多半為爭風吃醋所致。此外如煙毒、槍砲、彈藥等案件，不但沒有量的減少，還有質的增加等趨勢（潘婉茹，民88）。

㈡性別與年齡的分析

以十三歲至十五歲最多，而此階段正處於國中時期，缺少成就感，只有在逞兇鬥狠時，才能受到同儕的敬重。由於處在青少年發展前期，價值觀混淆，情緒不穩定，若情緒無發洩的出口，則易醞釀其爆發的危險；在性別方面，女生有日漸升高的趨向。據八十五年行政院委託「台灣地區女性少年犯罪相關研究中」結果發現，女性犯罪已成長九倍，犯罪已非男性的專利，而女性多半是以賣淫為主，更有多位大學生為求更好的生活下海賺錢，性觀念的薄弱，以「只要我喜歡，有什麼不可以」為藉口（潘婉茹，民88）。

㈢原因分析

台灣高等法院統計室（民83）調查發現，在影響青少年犯罪的原因中，以家庭為首位，其次為社會、心理、生理、學校等因素。

1.家庭因素占總數的 39-43%：以父母管教不當高居首位（72.85）；其

次是破碎家庭（25.27）；再來是父母不和（1.11）。

2. 排行第二為社會因素，占總數 20-25%：以交友不慎（96.73）、環境不良（2.21）、失業者（0.66）為主。

3. 排行第三為心理因素，占總數的 7-10%：包含意志薄弱（74.28）、個性頑固（23.05）、智力不足（2.29）。

4. 排行第四為生理因素，占總數的 0.3-1%：其中包括，性衝動（73.08）、精力過剩（17.91）。

5. 最後為學校因素，占 0.4-0.7%：包括適應不良（47.14）、曠課逃學（45.71）、處理不當（7.14）。

其他因素如好奇心、缺乏法律知識、懶惰、愛慕虛榮，都為犯罪的因素。

青少年的問題始於家庭，深植於社會環境，因此唯有注重家庭教育，才能減少青少年問題事件的產生，因此如何建構一個良好的家庭環境，的確需要家庭中的每一位成員共同努力，尤其是青少年的重要他人。下一節就針對家庭中對青少年教養方式應努力的部分，做一簡單介紹。

第三節　與青少年子女的相處之道

家庭是青少年問題的主要根源，大多數的問題來自父母及子女溝通不良，或者是父母疏忽所致。雖然青少年時期是脫離家庭，尋求獨立的階段，但唯有從小擁有良好依附的孩子，長大之後，才能對學校、朋友建立更好的人際關係。

一、從家庭系統看青少年階段

隨著孩子的年齡增長，家庭系統中的角色也會隨時轉變。而有青少年

孩子的家庭發展任務包括：

㈠提供各種彈性的需求

　　Duvall 與 Miller（1985）認為，家庭應賦予青少年一些家庭責任，以建立新的親子關係模式。

　　*1.*要求青少年負擔一些家庭中的責任。

　　*2.*讓青少年對成人婚姻關係有一系列的了解。

　　*3.*在親子的代溝間建起一座橋梁。

　　*4.*親子關係間應有更多的彈性。

　　*5.*重新思考並建構個人的生活哲學。

㈡重構親子間的關係

　　*1.*了解青少年孩子的問題與想法：因身心的轉變，再加上自我意識的建立，家庭成員可能會驚覺，我的孩子跟以前不一樣了！若用相同的管教方式，勢必會產生衝突，而形成更緊張的關係。青少年與父母常見的衝突包含孩子在學校表現以及平常的行為態度，如道德價值觀：有關對性、年齡、政治觀點、未來生涯目標及對朋友的看法；與家人的互動關係：青少年是否常為家中成員著想、對父母所交代的事情是否負責；社會行為及日常生活，包括髮型、服飾、外表、應有的禮貌及態度等。因此，了解每個孩子的發展階段，傾聽他們的需求，體諒他們的煩惱是家庭中最首要的任務。

　　*2.*改變與孩子間的關係：「孩子的教養一旦建立，就不易改變」是親子關係中一個很大的迷思。而父母與孩子之間最常溝通的方法包含：討價還價型：以酬賞或是去除懲罰，來要求孩子服從。共同一致型：親子共同制定一套屬於彼此的規則。契約型：契約代表一種暗示，其中包含了自由與責任、抱負與支持，以及忠誠與承諾（Elkind, 1974）。然而隨孩子年紀增長，家長應施予不同的教養方式，並且幫助孩子自己做決定，而溝通與耐心是此時此刻的不二法則。

(三)省思自己的教養方式

學者（Becker, 1964; Elder, 1962; Maccoby & Martin, 1983; Schaefer, 1959）歸納了許多不同的教養方式，讀者可以趁機檢視自己的親子關係，並自我做一番省思。

1. Elder（1962）的七種教養方式

(1)獨斷型（autocratic）：孩子沒有表達自己意見的自由，只有完全服從。父母只會告訴孩子要怎麼做，很少讓其有自由表達或肯定自己的機會。

(2)權威型（authoritarian）：孩子可以表達自己的意見，父母多半也會傾聽，但大多數仍是父母告訴孩子該怎麼做。

(3)民主型（democratic）：成人與孩子一起分享權力，父母給孩子極大自我做決定的能力，但最後決定權仍在父母。

(4)平等型（equalitarian）：依照不同的情況，經由溝通與分享，父母與孩子從彼此的意見中找出一個平衡點。

(5)寬容型（permissive）：孩子自己做較多的決定，父母只是傾聽孩子的意見，並提供建議。

(6)放任型（laissez-faire）：青少年對自己的生活充滿自主性，而父母的意見孩子根本不考慮。

(7)忽視型（ignoring）：子女自己決定，且父母也忽視孩子的意見與興趣。

依研究發現（Elder, 1962），在低社經地位、單親、低收入，或大家庭中，父親較常以控制的手段來教養孩子。之所以使用嚴格的教養方式主要是因為在社會化的過程中父親本已代表權威性的角色，而在孩子較多的家庭中，為節省時間與精力也多半使用權威式的手法。而教養態度與父母的社經階層也呈現高度相關，在中社經地位的家庭較常使用討論的方式，低社經地位的家庭則多半使用權威式。最近青少年問題逐漸增加的趨勢，

是因為青少年的自我決定權愈來愈多，但由於身心不成熟，若不參考成人的意見，一意孤行，就容易形成青少年問題（Snyder, Dishionn, & Patterson, 1986）。

2. Becker 的教養三個層面

Becker（1964）將教養行為區分成為三個層面，其為限制對寬容（restrictive vs. permissive）、情緒焦慮對冷淡疏離（anxious vs. calm detachment）、溫暖對敵意（warmth vs. hostility）。

3. Schaefer 兩層面四向度的教養觀

Schaefer（1959）也以兩個層面、四個向度的方式，提出父母的管教類型。第一個層面為控制或權威（control or authority），並分為高控制及高自主兩個極端；第二個層面為情感與愛（affection and love），也分為高敵意及高情感兩個極端，且在這四個極端中，又包含六類教養方式，其為寬容、民主與權威、溺愛、占有、權威、疏離與冷漠。

4. Maccoby 與 Martin 的四個教養基本型

Maccoby 與 Martin（1983）綜合各種學派，將父母的教養分為四個基本型：

(1)權威教養型（authoritative parenting）：此類父母對於孩子的教養，給與充分的自由，但也以合理的親權管教孩子。父母會將管教的規則告訴孩子，並且也與孩子一起協商其中的規條。因此在這種家庭中成長的孩子，較能自我控制，並以負責的態度，面對自己的表現。

(2)獨斷教養型（authoritarian parenting）：父母以獨斷的方式控制孩子，包含體罰、威脅，其目的是要求孩子順從父母，因而容易忽略孩子內在的需求，在做決定的過程中，也較少和孩子協商。此種家庭的孩子常常表現出過度順從、依賴或叛逆，也較依賴外在的權威。

(3)寬容溺愛型（permissive indulgent parenting）：傾聽和接受孩子的反應，但卻給與過度的自由，導致青少年呈現「被寵壞」的負向行為。而父母常常以收回愛的方式對孩子進行要脅，因此孩子常有被遺棄的感覺。故在寬容溺愛家庭中長大的孩子，較不會遵守規則，自我控制

力也較低。

(4)寬容冷漠型（permissive indifferent parenting）：此類家庭的功能並不
健全，漠視孩子的需求，比較不做反應，對孩子的行為也較常視而不
見，故在此類家庭成長的孩子，有比較多的偏差行為。

在多變的社會壓力下，家長常常害怕無法有效的控制孩子，並擔心若
無法依自己熟悉的方法教養孩子，當孩子不在自己的控制範圍下時，親子
關係將會瓦解，彼此間形成一種弔詭的拉鋸戰。若家長能在孩子的成長過
程中，多使用同理心、親密，以及自我揭露，則與青少年的關係就可能得
到改善（Boss, 1980）。因此，從家長與孩子之間找出一個兩者共同了解的
原則，均有助於相處品質的提升。

㈣培養建立獨立自我的人生觀

追求獨立自主是青少年證明長大的最好證據。他知道什麼樣的決定對
自己最好，如何學習成長，並從跌倒中爬起。

1.青少年的個體化

在青少年要求與父母建立更平等的關係時，就是其尋求自我認同與獨
立自主的開始，也就是欲脫離對父母的依賴，進入真正的成人世界。據研
究發現（Hill, 1986），親子之間所形成的早年情感依附，會一直延續到青
少年時期，當彼此為安全依附時，可以與父母正常的分離，在社會發展與
人際關係上，亦能建立較良好的關係。但相反的，非安全依附的孩子，會
與父母之間形成共依存的現象，無法真正獨立，對社會人群感到疏離，無
法正確的建立親密關係。

2.衛星理論（satellite）

黃德祥（民84）認為，在發展的過程中，孩子就如同一顆衛星般，繞
著父母運行，接受一連串的社會化。但到了青少年之後，衛星逐漸脫離軌
道運行，稱之為「脫離衛星化」（destabilization），青少年自主性提高，
慢慢脫離依賴父母的軌道，直到「重新衛星化」（resatellization）。但並

不是每一個人都可以達到重新衛星化的關係，需視個體早年的家庭生活，如低度價值化的家庭，從小就被父母所拒絕，因此會一而再、再而三的順從父母，進而在獨立之後，也以此種方式與其友伴相處；而過度價值化者，自小生長在有條件的家庭中，父母只是滿足其需求的工具，因此他們受到父母過度的溺愛，擁有控制父母的能力。

㈤其實我想了解你──青少年教養面面觀

1.傾聽

　　社會上有太多傳統的應該和不應該，青少年在未認清前，就被道德規範所束縛，失去方向，當他們的想法和家長不同時，就以叛逆、逃家等激進行為抗議。然而他們卻最需要父母的真正關懷、真正傾聽。很多人對孩子一而再、再而三的犯錯摸不著頭緒，卻沒有想過他們真正需要的是什麼。建議每天晚上都要有一家人相處的時間，即使在雙薪家庭中，也要有與孩子聊天的時間。在這段時間裡，孩子可以將學校發生的問題、困難拋出，供親子腦力激盪，一起想方法解決。

　　在這個時候，父母真心的傾聽、不加入個人的批判是非常重要的，應了解孩子每句話真正的需求是什麼？並適時提醒孩子所做的是什麼？這麼做是有效的嗎？以及是否願為自己的行為負責等等。

2.陪孩子談情說愛

　　如果父母常常隱藏自己的感覺與想法，容易壓迫孩子抑制自己的感覺，故一旦在青春期墮入情網後，就易不可自拔。曾昭旭（民87）與任潔芳（民88）都覺得父母應教導孩子開放自己，在與人接觸時一一釋放出感覺，去品嚐什麼是喜歡與不喜歡，而兩者又有何不同？即使感情多變不定，也無所謂！因為年輕的生命本來就要嚐遍各種滋味，以作為人格塑造形成與正確兩性關係的基礎，長大後戀愛，才能認清對象是不是真正所愛，也容易辨別對方對自己的好感是真是假？而不至於造成傷害與不幸。

　　在中國的社會中，父母從小耳提面命的告訴孩子不可太早談戀愛，一旦發現孩子讀書時期就墮入情網，大部分父母都會暴跳如雷，要求孩子馬

上與之分手，卻引起孩子更大的反彈。親子之間的衝突，常常是因為雙方站在對立的關係，父母認為孩子還不懂事，缺乏判斷能力，但孩子卻不以為然，而形成彼此的間隙愈來愈深。

因此當發現孩子有戀愛的對象時，先不要妄下斷語，認為孩子一定會變壞，可先澄清孩子的疑問及想法，引導其檢視自己真正需要的是什麼？為什麼喜歡這個異性？結交男女朋友對自己的影響？將會付出怎樣的代價？以及父母所擔心的問題與期望所在。與其嚴格限制其行動，不如敞開心胸和孩子溝通，因為僵化式的教條教育，只會形成更大的反抗及偷偷摸摸下所衍生的問題。

3.性教育的重視

近來未婚懷孕的比率升高，主要是因為在保守與開放界線的混淆，青少年無所適從，只有藉媒體或一些書籍得知有關性方面的訊息。前些日子某國小發生小情侶在校園中偷嚐禁果的事件，可能是受了國內第四台色情影片的影響。此類事件對於當今的家庭、學校與社會，有如當頭棒喝。

當今社會環境日益複雜，父母如果無法掌控孩子在外的交友狀況，就應教他們安全的預防措施，將性教育列入不可缺少的家庭教育之中，及早教導孩子正確的性觀念。

4.教青少年如何說「不」

許多青少年問題的產生，常起因於青少年不知道如何說「不」。不知道向性說「不」、向毒品說「不」，以及向同儕團體說「不」。因為害怕說「不」所造成的一些負面後果，往往付出了極大的代價。青少年為何不能說「不」的原因，有以下幾項：

(1)說「不」對人際關係的傷害：說「不」會被人排斥，如果說「不」的話，大家都不喜歡我了，況且常常說「不」總是破壞關係，尤其讓人家討厭你。

(2)說「好」比較容易：對一般人而言，扮演好人比扮演壞人的角色要容易。

(3)說「不」出口：說「不」會使人覺得在為難別人，對人可能有些不好

意思。

(4)同儕壓力：說「不」很沒禮貌，何況大家都沒有拒絕。

　　因此，Bengston（1975）提出父母從小就應該教導孩子正確的表達他們自己的意見：

(1)在答覆時，盡早說「不」這個字，如果可能，最好在一開始就說。如：「不，我不……，謝謝。」

(2)簡而有力的解釋。「不，今晚我不過去了，因為我還有很多事要做。」

(3)說明理由，但不是找藉口。如果你拒絕的理由是有功課要做，那就明白的說出來。

(4)不必不停的道歉！只要說：很可惜，這一次我幫不上忙。不斷的說對不起，會被別人誤會，「既然你那麼抱歉，為何還不幫我？」

(5)不要中途改變心意。當朋友因你的拒絕而發怒或說重話，不要因此而改變心意，這樣會讓他覺得只要一點點威脅，你就可以照做。

(6)不要感到罪惡。如果覺得那是一件不對的事，就不要因為說「不」而感到罪惡，因為唯有違背自己的良知，才應感到罪惡。

　　在性的方面，許多男孩或女孩，常常無法忍受對方以「你不愛我？」「你不可以讓我失望」而要求與他發生性關係。需堅決的告訴對方，「我真的很喜歡你，但我還沒有準備好；我很喜歡現在的感覺，我不想破壞它」，適時的說「不」是很重要的。

㈥幫助孩子建立良好的人際關係

　　同儕參照團體對青少年時期的影響極大，因此如何幫助孩子管理自已的情緒，面對新朋友、給孩子成長的空間，是十分重要的。給孩子一個適當的空間，學習和朋友交往，同時在一旁陪伴他們，可以幫助孩子走得更穩。隨著社會變遷的快速，孩子的交往狀況，實在很難掌握；在視線所及

之下，讓孩子有自由探索的機會，幫助他們選擇朋友，也聽聽他們的想法，了解他喜歡怎樣的朋友，適時的提供意見，都是孩子建立良好人際關係所需要的。

故此，張老師（民84）建議父母宜學習做孩子的諮商者而非批判者、以鼓勵及關懷引導其正向發展、注意孩子交友過程中所面對的問題、協助子女找到可信賴的朋友、多一點時間與孩子做朋友。

二、非典型家庭的青少年教育

隨著個人主義以及女性主義聲浪的抬頭，離婚比率逐漸增加，非典型家庭有日漸增多的趨勢。青少年時期是成長的風暴期，此時若父母離異，孩子容易自我否定，而有偏差行為。

Beck（1991）提出，在離婚的家庭中，如與手足及一方父母的分離、轉校，或面對經濟上及照顧上的問題，對青春期的孩子而言，都是一種很大的壓力。而當家庭系統改變後又倉促加入新系統，如父母再婚或其他手足的加入，則將造成更多適應上的問題。而面對家庭的重組，單親父母要如何教養孩子呢？

㈠單親父母教養孩子之道

1. 向孩子解釋有關分離與離婚的事實。幫孩子了解離婚不是他們所引起的，他們不用為父母的事情負責，這是父母兩人的事，與他們乖不乖並無關。幫助孩子接受父母離婚的事實，並且避免讓孩子在父母之間作抉擇，如果再婚，需先了解孩子的感受。

2. 給孩子情緒上的安慰、關懷與電話、書信的聯絡。讓孩子知道父母了解他們的情緒，並保證父母永遠愛他們，不因分開而有所改變。這時一方父母要花更多的時間與孩子共處，對即將面臨的改變予以說明，並幫助孩子接受事實。

3. 不要將仇恨投射到孩子身上，也不要當孩子的面爭吵、批評前任配

偶，更不可把孩子當作傳聲筒或偵測器。單親家庭如果沒有模仿的對象，對性別角色的認同會有很大的影響，家中如果沒有異性可以模仿，就不應該摧毀父母親在孩子心裡的印象。

4. 每次探視不需要以外利誘惑或特別款待孩子，因孩子真正要的是父母關愛，而非身外的物質享受。

5. 為孩子訂定該有的規定。不要因離婚對孩子有所愧疚而不加設限，並鼓勵孩子參加課外的活動以協助他們心靈的重建。

離婚家庭的孩子在心理方面，比正常家庭的孩子更脆弱，更需要父母的關愛，這樣才能使他們還有勇氣面對未來的生活與挑戰，故家長需注意子女的心理教育，培養健全的愛情觀及性心理，允許小孩能自由表達對另一方的愛，及其來探視的權利，並建立良好的親子關係。

(二)重新建構新的家庭系統

在父母重組新的家庭系統後，也需要關懷青少年子女心理的變化與感受。Bigner（1993）認為繼親家庭很難達到統合的因素有以下幾點：

1. 過度急迫建立新成員間的關係。繼親家庭父母雖然在婚前已建立良好的關係，但孩子實質上卻未建立任何關係，因此在短時間內要求重組兩家孩子的關係，並非容易的事。

2. 父母希望在新的家庭系統中建立良好的關係，因而往往將欲求獨立的孩子重新推入親密關係中。

3. 前夫（妻）及前祖父母、親戚仍會影響新的家庭關係。

4. 夫妻會對此次婚姻產生過度期望。希望在前一次婚姻中所受到的創傷，能在下一次中獲得補償。

5. 孩子與成人容易將忠誠與罪惡感混淆，故不願意對新的家庭付出心力及努力。孩子對其親生父母有高度的忠誠度，將阻礙其與繼父母的關係，而繼父母也會因為對親生孩子的虧欠，而不敢對繼子付出多一點的愛。

*6.*新家庭系統中容易造成多重角色的混淆。

　　據研究發現（Ganong & Coleman, 1984），在充滿關懷的重組家庭中長大的孩子，其學業成績、自我意識、社會適應並不會比在一般的家庭中成長的孩子還差。而那些行為有所偏差的孩子，並非因為其家庭結構的改變及不同，而是家庭本身的病態表現（Borrinne, Handal, Brown, & Searight, 1991）。因此隨著家庭結構的轉變，我們並不期待力挽狂瀾，正面接受家庭改變的事實，才能給青少年孩子一個充滿愛的環境，即使它是一個另類家庭。

　　綜觀所述，青少年問題除了家庭教育外，還需學校、社會、警政、司法等機關共同協力、相互配合，才能真正杜絕問題。社會問題常始於家庭，將有問題的小孩交還給有問題的家庭處理，將無法真正地予以改善。積極正面的作法，應對懷孕父母施以正確的親職教育，肯定父母親的角色與地位，培養融洽的家庭氣氛，讓家庭具備更高的彈性，且平日多注意子女的言行、學業、情緒，以及行為的變化等；同時家長們若能安排時間，好好聽聽孩子的心聲，青少年問題應可減少許多。

本章摘要

　　青少年是一個充滿危險及風暴的時期，也最容易受同儕的影響而誤入歧途。當今的青少年喜歡追求刺激、愛好冒險，常常迷失在社會的大染缸中。青少年發展的特徵包含：(1)是一快速生理、社會、心理的轉變時期；(2)是一個體解放的時刻；(3)是一充滿嘗試、意識型態、衝突，以及不確定等的矛盾時期。

　　欲了解青少年，可先從生理、心理中，了解此一時期的發展任務及特徵。此時青少年具有以下的特徵：(1)達到與同儕或異性間更純熟的新關係；(2)能夠扮演男性化及女性化的社會性角色；(3)接受自己的外貌與身

體，並以自己的身體條件去發揮最大的潛力；(4)在情感上能夠脫離父母或其他的成人而獨立，情緒表達逐漸成熟；(5)選擇並準備適當的工作；(6)認真考慮結婚的對象，並開始準備成家過自立的家庭生活；(7)發展公民應有的知識、技能及觀念，並達到一個現代公民所需的標準；(8)樂於參加社會性的活動並且對自己的行為負責；(9)建立一套個人行為的標準以及行為的方針準則。

在生理特徵方面，青少年因第二性徵的出現，開始注意自己的外表以及自我形象的特徵，而當其身體結構與機能變化呈現不穩定時，則是青少年困擾的來源。

在社會及心理的改變方面，除了有關青少年的社會及心理特徵外，尚包括(1)認同的問題：如角色認同、角色混淆、缺乏自我導向；(2)人際關係；(3)獨立與解放：包含工作與受僱、性別與角色、手淫、約會與性關係；(4)認知上的改變；以及(5)發展道德哲學上的轉變。

當前青少年較常見的問題包含：(1)健康考量因素下的營養、不正當飲食的問題，包括厭食症、拒食症；(2)藥物濫用中的酒精、吸煙以及毒品問題；(3)自殺；(4)因性所產生的問題，如性病、**AIDS** 的感染、懷孕、約會強暴、同性戀；(5)因懷孕所產生的青少年父母的問題；(6)青少年暴力的問題。

針對青少年發展，家庭應有的措施，必須先從家庭的系統了解家庭的生態觀，以及父母教養孩子的方式有哪些類型，其次是如何培養符合獨立需求的青少年，然後在教導青少年方面，以傾聽、陪伴、性教育的教導、教孩子說「不」，並幫助孩子建立良好的人際關係等方面來陪伴孩子成長。

對於非典型家庭，如離婚及再婚家庭的青少年，因外在壓力及變動而充滿不確定性，因此唯有父母及重要他人付出更多的關懷，才能減少青少年問題的產生。

研討問題

一、爲何青少年時期是一充滿不確定的狂飆期？此時與兒童時期有何不同？試說明之。

二、青少年常見的問題有哪些？當面對的孩子或學生有這些問題時，您會怎麼做？請舉例說明。

三、您如何跟您的青少年學生與孩子溝通？溝通時曾發生哪些困難，您又是怎麼解決的？而在各類的教養方式中，您的教養方式又是屬於哪一類？

四、單親或重組家庭的孩子，眞的比較容易發生問題嗎？如果您是這樣一個家庭孩子的老師或輔導人員，您會怎麼幫他？

參考文獻

一、中文部分

中華民國衛生統計（民 85）：台灣地區主要死亡原因百分比按年齡及性別分析。青少年白皮書。

台灣高等法院統計室〈民 84〉1712-06-08-05 表 1712-06-13-05。

任潔芳（民 88）：請你不要太驚慌。康軒教育雜誌，33，17-20

胡慧嫈（民 86）：社會工作處遇對青少年自殺防治之探討。東海學報，38(5)，43-61。

張老師主編（民 84）：孩子，你在想什麼？。台北：張老師文化股份有限公司。

張春興（民 73）：青年的認同及迷失。台北：東華書局。

曹乃怡、劉麗容（民 88）：狂飆少年。台北：遠流出版社。

陳家成（民 84）：當前青少年問題發生原因與因應策略。師說，84，30-33。

彭懷眞（民 85）：新新人類新話題。台北：希代出版社。

曾昭旭（民 87.12.17）：青春的生命要嘗遍各種滋味。中國時報，38 版。

華意容譯（民 76）：現代青年心理學。台北：五洲出版社。

黃堅厚（民 81）：青年的心理健康。台北：心理出版社。

黃德祥（民 84）：青少年發展與輔導。台北：五南圖書出版公司。

新苗編譯小組主編（民 87）：青少年友情白皮書。台北：新苗出版社。

歐素汝（民 84）：生命不能承受之重？──青少年自殺意念發展之探討。台灣大學社會學研究所碩士論文。

潘婉茹（民 88）：變調的少年十五二十時──談當今的青少年問題。兩岸大學文化交流──校園論壇論文集，450-462。

二、英文部分

Ary, D.V. & Biglan, A. (1988). Longitudinal changes in adolescent cigarette smoking behavior: Onset and cessation. *Journal of Behavior Medicine, 11*, 361-382.

Beck, L. E. (1991). *Child Development*. Boston: Allyn & Bacon.

Becker, W. C. (1964). Consequences of different kinds of parental discipline. In M. L. Hoffman & L.W. Hoffman (Eds.), *Review of child development research* (vol. 1). New York: Russell Sage Foundation.

Bengston, A. (1975). Generation and family effects in value socialization. *American Sociological Review, 40*, 358-371.

Bigner, J. J. (1993). *Individual and family development*. New Jersey: Human.

Black, C., & DeBlassie, R. R. (1985). Adolescent pregnancy: Contributing factors, consequence, treatment, and plausible, solution. *Adolescence, 47*, 617-678.

Bode, J. (1980). *Kids having kids*. New York: Franklin.

Borrinne, Handal, Brown, & Searight (1991). Family conflict and adolescent adjustment in intact, divorced, and blended families. *Journal of consulting and clinical psychology, 59*, 753-755.

Boss, P. (1980). Normative family stress: Boundary changes across the life span. *Family Relation, 29*, 445-452.

Brooks-Gunn, J., Boyer, C. & Hein, K. (1988). Preventing HIV infection and AIDS in children and adolescents. *American Psychologist, 43*, 958-964.

Csikszentmibalyi, M., & Larson, R. (1984). Being adolescent: Conflict and growth in the teenage years. New York: Basic Books.

Duvall, E. M. & Miller, B. (1985). *Marriage and family development* (6th ed.). New York: Harper & Row.

Elder, G. (1962). Structural variations in the childbearing relationship. *Sociometry, 25*, 233-245.

Elkind, D. (1974). *Children and adolescent: Interpretative essays on Jean Piaget*. New York: Oxford University Press.

Ganong, L. H. & Coleman, M. (1984). The effects of remarriage on children: A review of the empirical literature. *Family Relations, 33*, 389-406

Havighurst, R. J. (1970). *Developmental tasks and education*. New York: David Mckay.

Hill, J. P. (1986). Attachment and autonomy during adolescence. In G. Whitehurst (Ed.), *Annals of child Development* (Vol. 3, pp.145-189). Greenwich, CT: JAI.

Hunter, F. T. & Younis, J. (1982). Change in functions of three relations during adolescence. *Developmental Psychology, 18*, 806-811.

Kohlberg, L. (1969). *Stages in development of moral thought and action*. New York: Holt, Rinehart & Winston.

Levy, J. C. & Deykin, E. Y. (1989). Suicidality, depression, and substance abuse in adolescence. *American Journal of Psychiatry, 146,* 1462-1467.

Maccoby, E. E., & Martin, J. A. (1983). *Socialization in the parent-child interaction*. In P.H. Muusen (Ed.), Hardback of chile psychology(Vol. 4). New York: John Wiley & Sons.

Miller, B. C. & Moore, K. A. (1990). Adolescent sexual behavior, pregnancy, and parenting: Research through the 1980s. *Journal of Marriage and the Family, 52*, 1025-1044.

Newcomb, M. D., Fahy, B., & Skager (1990). Reasons to avoid drug use among teenager: Associations with actual drug use and implications for prevention among different demographic groups. *Journal of Alcohol and Drug Education, 36*, 53-81.

Piaget , J., & Inhelder, B. (1969). *The psychology of the child*. New York:Masic Books.

Savin-Williams, R. (1989). Gay and lesbian adolescents. *Marriage and Family Review, 14*, 197-216.

Schaefer, E. S. (1959). A circupler model for maternal behavior. *Journal of Abnormal and Social Psychology, 59*, 226-235.

Snyder, J., Dishionn, T., & Patterson, G. (1986). Determinants and consequences of associating with deviant peers during preadolescence and adolescence. *Journal of Early Adolescence, 6*, 29-43.

Steiner, H. (1990). Defense styles in eating disorders. *International Journal of Eating*

Disorders, 9, 141-151.

U.S. Bureau of the Census (1990). *Statistical abstract of the United States* (110th ed). Washington, DC: US Government Printing Office.

第十三章　銀髮族的生活與調適

　　隨著醫藥的日新月異，世界人口已有逐漸老化的趨勢，銀髮族的生活
也漸漸被大眾所重視，當政府制定社會政策時，老人托養、老人活動、老
人年金更是重要的指標。觀乎近年社會問題，老人棄養、獨居老人病死等
事件層出不窮，凸顯了當前老人缺少關懷、照顧，缺少自尊與自信等問
題。除此之外，老人虐待、惡意遺棄、老人照顧等事件，也打破了「家有
一老如有一寶」的敬老尊賢傳統，而「老人無用論」早已在社會中出現。
然而弔詭的是，在醫藥進步及生育率降低的同時，人口卻朝向倒金字塔成
長，將來社會必定呈現老年化的趨向。

　　因而老人本身若未隨著時代的變遷而有所調整，適應因退休後所帶來
的衝擊，則年衰體邁將會與死亡畫上等號。（就以近來養老院因老人無法
自我調適，接連發生自殘與互相殘害的血案等事件，的確讓逐漸老化的社
會亮起了紅燈。）

　　故此，本文首先陳述老年人身心、社會及人際關係上的轉變與適應；
其次探討在面對老化問題時，老人將如何學習調適，而社會資源可以提供
哪些防老的措施；最後當子女相繼離去後，應如何面對家庭生活的轉變以
及面對死亡的恐懼，將會在本文中一一探討。

第一節　老年人身心、社會與人際關係的轉變

　　隨著高齡化社會的來臨，對現代人而言，長壽已不再是遙不可及的夢想。在一九五〇年時，六十歲以上的世界人口僅有兩億，預估到公元二〇二〇年將增爲十億，而二〇二五年後將爲十二億（Saluter, 1989）。在這逐漸老化的現代社會中，老年人該如何自處？其身心、社會人際關係會出現哪些轉化？以下將針對這些問題做一個概括性的探討。

一、一般人對老年人的刻板印象

　　社會常常會對老年人有一些負面的刻板印象，認爲老人家就是不具吸引力、不友善、不健康以及身體上有疾病。綜合黃富順（民84a）、Averyt（1987）和 Harris 與 Cole（1980）等人的看法，一般人對老人的刻板印象包括：

㈠大部分的老人都應該住在安養院，並且體弱多病

　　長久以來，老人總是跟「病」和「衰老」等字連結在一起，但事實並非如此。據一份美國的報告顯示（Averyt, 1987），有三分之二的七十五歲老人，身體都相當健康，因而老也可以活得很健康、很有活力。

㈡老年人的心智能力漸漸退化

　　許多人認爲心智能力會隨著年齡的增長而逐漸退化。其實人的智力可分爲晶體智力與流體智力，流體智力在青少年期達到高峰後，的確會有緩慢衰退的現象，但晶體智力卻會隨著年齡而有逐漸增長的情況，因此老年人的心智成熟、常識豐富、解決問題的能力佳等，正是晶體智力成長的結果。

(三)老年人的性能力差並對性已無任何興趣

Master 與 Johnson（1966）發現，人類的性反應並不會在某一個年齡時突然消失，性的表現可以一直持續到七十或八十歲之後。而性能力是自我形象的要素，如果個人覺得自己年紀大了，不宜、不能再有性的活動，就可能在某一個年紀喪失性的能力，但這是一種人為的剝奪，而非年老所致。

(四)老年人大多數是寂寞、孤獨的且喜歡依賴家人

一般人認為，老人家總是希望子女能夠服侍他們，且「收取」比「付出」多。但最近的研究顯示，老人與家人的關係是彼此付出與依賴，並非只是單單一方付出或給與。如老年人在身強力壯時，幫忙雙薪家庭的兒女照顧孩子，等他們老的時候，也希望能得到子女的照顧。但實際上，大部分的老年人並沒有孤獨的問題，他們經常與家人、親友、朋友、宗教及社會組織接觸，並從社區與宗教組織所提供的支持與服務中，找到了他們心靈的寄託。

(五)老年人大多固執、暴躁，表現行為非常類似

我們常常可以聽到當有人談論家中的老人時，其他人也會相互應和，而將體弱多病、固執、糊塗、依賴性大等，都視為老人的專有形容詞，且愈老行為模式愈相同。但事實並非如此，一般人覺得年紀大的人普遍較為固執及僵化，但這類特徵也會出現在兒童、青少年、中年人的身上，而這些脾氣可能是從年輕時期所持續下來的，並非單單只專屬於老年人。老年人由於收入、經濟、個性，以及經驗的不同，造成每個人都是一個獨特的個體，活得愈久，彼此間的差異性也就愈大。

(六)老人的工作效率低

實際上，老年人與年輕人有相同的工作效率，老年人在工作上較少請

假、離職率低且較忠於雇主；再加上具有豐富的經驗，工作品質提高，工作傷害率也較低。

當社會愈趨向老化時，年輕人應修正對老年人的刻版印象，體認每一個人一定都會老，都必須經歷這樣的階段，了解老年人內心的失落與徬徨，並多與老年人接觸，了解與其溝通之道。

二、老年期的發展階段及發展任務

老年期也如同人生其他階段一般，有其必須面對的議題及發展任務，分別陳述如下。

(一)老年期的發展階段

怎樣的年紀才叫做「老」，不同的階段是否有不同的分別？Bigner（1994）指出老年期的年齡劃分分為下列幾階段。

1.老年前期（young old；60-69 歲）

仍是充滿活力、責任以及能獨立自主的階段，因為在經濟壓力的解除之下，老人生活更充滿自信心，他們從事義工工作，回到學校進修，培養多樣的興趣以及不同的生活方式，是一個充滿活力的時期。

2.老年中期（middle old；70-79 歲）

此時老年人必須面對配偶以及周遭朋友死亡的問題，且慢慢地從社會活動中退休下來，還得調適退休後病痛纏身的生活。

3.老年後期（the old old；80-89 歲）

八十幾歲老人家的思想常被過去的回憶所占領，變得不愛講話，並且常常發呆，由於身體日漸衰老，因此大部分的老人因體弱多病，多半會選擇進入養老院。

4.非常老（90+ year；90 歲以上）

雖然這群人在社交活動與身體活動均受到極大的限制，可是此時他們心中卻是充滿快樂、感謝以及滿足。

㈡老年時期的發展任務

面對老化以及死亡時間的漸漸逼近，老年人除了要面對心理、家庭角色以及身體健康的改變之外，適應老年生活是此時重要的發展任務。Havighurst（1972）指出老年人所要面對的適應問題包含：

1. 日漸衰退的身體健康

老年的衰退狀況多為視覺與聽覺功能的衰退，再加上身體大不如前，因此必須隨時了解身體狀況，並且適時保養。

2. 適應退休後漸減的收入

由於很少老人在六十五歲以後還繼續工作，因此美國大部分老人的生活，除了是靠自己的退休金之外，仍必須倚靠政府的養老金。因而他們必須慢慢節制平常的花費習慣，甚至改變消費方式。

3. 適應並面對配偶死亡的問題

對老年人而言，配偶死亡是一個嚴重的心理打擊，夫妻雙方在長期的共同生活中養成對彼此的依賴感，當一方配偶先行離去，對另一位而言，都是一場情何以堪的慘痛經驗。

4. 與老人團體建立親密關係

老年人所從事的休閒活動多為整理花圃、看電影、散步或參加社團活動等休閒活動，活動的地點與項目多半偏近鄰近地區以及一些不花腦力的工作。因此，與同儕老人團體建立親密的關係就顯得特別重要。

5. 滿足目前的身心狀況

由於每個人對於老年期來臨的適應並不相同，Neugarter、Havighurst 與 Tobin（1968）將老年人格分為以下八種類型。

(1)重組型（the reorganizer）：即使年老了之後，仍生命力豐富，且充滿幹勁地處理日常生活，並且能在退休後重組自己的生活，以新生活來代替舊生活，將自己老年的生活經營得多采多姿。

(2)集中型（the focused）：活動量居中，隨著年齡的升高，將力量集中於一、兩種有用的角色，並且從中獲得滿足。例如退休的男性改以家

庭角色為第一優先，在家裡含飴弄孫。

(3)撤退型（the disengaged）：這類的人具有獨特的性格、自尊心強，但是活動量較低。他們自動從原來喜好的工作或活動中退出，過一個恬靜自得的晚年。

(4)固守型（the bolding-on）：他們不認為自己已經步入老年期，自我防禦性強，並且認為退化是生活中的一大威脅，盡量不改變自己的生活型態，是鞠躬盡瘁、死而後已的一種。

(5)縮緊型（the constricted）：年齡漸長後所帶來的某些角色的喪失與缺陷，也間接限制了生活範圍。他們努力對抗老化、活動程度適中，生活滿意度為中高水準。

(6)求援依賴型（the succorance seeking）：依賴性很高，只要有幾個值得依賴、能夠滿足自己生活需求的人，就能適應良好。活動及生活滿意度則屬於中高程度者。

(7)冷漠型（the apathetic）：這類人的個性相當被動，活動量低、對生活要求不高，人格結構是屬於依賴被動型。

(8)解組型（the disoraganized）：他們的心理運作功能有所缺陷，情緒常常失控，生活能力最為惡化。

在這八種類型中，以重組型者最能適應社會的生活，而其他類型的老人，若能對現狀感覺滿足，並了解自己的個性與限制，也將會有良好的適應。

三、老年期的身心轉變

個體由於年紀漸長、經驗累積，加上身體功能的改變，進入高齡期後，身體與心理上都會有一些狀況出現，進而影響行為的表現。茲就老年人相關的身體狀況、心理特徵及行為模式簡述如下。

(一)身體衰退方面（牛格正，民 84; Hegner, 1991）

在身體方面，老年人最容易感受到健康衰退、行動遲緩、慢性病如心臟病、高血壓、糖尿病等折磨，以及感官知覺的失落，如聽力減弱、視力模糊等。這對老年人而言，無疑是一種痛苦的適應。與家人的關係上，也因為身體大不如從前，進而拖累家人，彼此漸形疏遠。加上聽力模糊，家人必須大聲說話，說話如同吵架，因此溝通的動力也會愈來愈少。因此老人家要有自知之明，需知歲月不留人的自然法則，了解自己身體變化後所導致的疾病、了解各方面的需要，如視力減退需配戴眼鏡，聽覺不靈就裝上助聽器，就能耳聰目明，慢性病的出現就需定期就醫檢查，按時服藥，仍可保持健康。進一步說明如下。

1.腦部器官衰退的特徵

容易健忘、短期記憶不佳、抽象思考以及邏輯推理能力消退、判斷能力變差、常會出現情緒失控或不適當的情緒反應。

2.衰退的警訊

臉部、腿部及手臂肌肉突然暫時性的鬆弛；說話能力、說話語言的喪失；單眼視覺的喪失、雙重視覺；無法檢視的頭痛以及持續增加的病痛、暫時性暈眩等。

3.老年人的生活習慣

平均睡七到八個小時、幾乎每天早上吃早餐、很少吃零食、控制體重、有規律的運動、對酒精消耗的限制、不再抽煙。

4.認知的改變

晶體智力增加，而流體智力消弱。晶體智力包括經驗、教育以及社會經驗，而流體智力是包含記憶或處理資訊的過程。這是因為腦細胞在青年期以後就不會被取代，因此老人家有較佳的長期記憶，對以往的回憶都記得相當清楚；但由於短期記憶的欠缺，所以容易忘東忘西，甚至有記憶力衰退的現象。

(二)老年人的心理與社會改變方面

除了身體衰退外，老年人還需要面對退休後心理與社會的改變。以下
幾個理論，正可解釋老年人的心理狀況以及社會行爲所需面對的轉變。

1. 老年生活適應理論

(1)「減少參與」理論（the theory of disengagement）：Cumming 與 Herry
（1963）指出，老年人要有愉快的生活，必須先減少工作上的交際活
動，避免情緒過度涉入，留下時間與情緒以安享晚年。老人家的社會
性退縮包括心理、社會以及生理三個方面。

(2)活動理論（active theory）：Maddox（1968）指出，老人家的成就感
建立在對社會的積極參與、與別人的互動及對生活的積極適應。若退
休後仍繼續參與社會活動，與社會繼續保持聯繫，則較容易順利的老
化。因此老年人若維持固定的活動量，仍可從退休後、配偶死亡或是
子女的離去轉變中，尋求適當角色的代替，以達到自我調適的功能。

(3)邊際理論（theory of margin）：McClusky 在一九七一年研究指出，老
年人的能量與精力應維持在某種邊際的程度上，也就是負擔不得超過
能量的限度，必須是自己身心狀況所能適應與負荷的。例如老年人教
育不再是向上流動的基礎，而應改以教導老年人參與社會服務，以增
進老年人的自尊，激發成長、維持幸福感，進而自我實現（黃富順，
民 89）。

(4)角色轉變理論（Role exit theory）：Blau（1973）發現，由於配偶、朋
友的死亡及孩子的離去，都將影響老人家生活的變動及角色的改變，
因此尋找合理的代替性角色是發展中的重點。首先，從工作崗位中退
出後，收入減少，其生活型態就要跟著改變；此外，還要轉換因健康
或心理的衰退、退出社交圈後的人際關係，以及隨時面對親友死亡的
心態。

2. 心理上的改變

Erikson（1964）與 Peck（1968）提出老人心理適應的幾個觀點，包

括：

(1)整合以及絕望：整合是對人類群體的認同，對自我價值感以及社會產生高度的認識與認同，並從中了解自己的限制為何。擁有健康的社會心理以及對自我的整體感，認識自己是誰、對社會有什麼新看法、生活的彈性化、滿足當前的生活。反觀絕望者存有較多的懺悔及抱歉，對以前做錯的事充滿後悔、對生活失望、感覺消逝，因此他們的老年生活通常會選擇關在家中，鬱鬱而終。

(2) Peck 的個人適應觀點：Peck（1968）以 Eriksion 的理論為基礎，發展出幾個老年的發展階段。

　a. 自我區別 vs.工作角色的退出（ego differentiation vs. work-role pre-occupation）：脫離工作環境後，退下個人的工作角色，進而找出個人的價值，讓自我的價值，重新建立在非工作角色之上。

　b. 超然存在 vs.全神貫注（body transcendence vs. body preoccupa-tion）：與同儕團體間建立心理上的親密感，重視心靈的接觸而非身體的競爭。

　c. 自我超越 vs. 自我集中（ego transcendence vs. ego preoccupation）：認識並且了解死亡的意義，接受死亡以及生命的變數，積極接受挫折並增加生活的滿意度，安享晚年的生活。

四、退休後的適應

退休後除了收入減少外，還需要個人心境上的轉換，始能開始享受生活。而經濟總是老年人退休後最擔憂也是最重要的要素，若沒在事先存得一筆錢，往往成為子女的包袱，以後得靠子女的臉色來過日子。因此有關退休後的經濟生活，應在中年時期就有良好的計畫。

㈠退休後的幾個階段

根據Atchley（1976）的研究發現，退休是一段不斷發展的歷程，如何

讓退休後的生活過得有意義，除了良好的適應外，每個階段皆有其發展的任務：

1.退休之前的準備（preretirement）

由於老年人對退休存有較多負面的想法，也不願意去面對退休後將會發生的問題，往往在退休後不知所措而適應不良。此時人們可以多去參加有關退休的討論會，並且從別人經驗中得到退休後的生活之道。

2.退休蜜月期（honeymoon phase）

剛剛退休時，退休者有如釋重負的輕鬆感。他們認為退休是快樂的，並對日後的生活充滿期望，開始參與或計畫年輕時未完成的活動。

3.魔法解除階段（the dischantment stage）

退休蜜月期一過之後，不適應的問題開始接踵而來。由於生活常規驟然改變，情緒開始進入低潮期，再加上收入的遞減，必須每天在家裡面對妻兒，當認清自己角色後，許多人開始覺得自己無用。

4.重新定位階段（reorientation stage）

大多數的人在經過一段憂鬱期之後，便會開始重組自己，以更實際的態度去面對未來的生活。有的人會對義工生活充滿興趣，或是重組新的社交生活圈，發展自己真正的興趣以適應生活。

5.穩定階段（stability stage）

當一個人重新評估自己的未來並做好安排，就能從生活規範中建立常規性，開始安定下來，認同並接受新的角色、新的行為標準、社會常規，以及期望。

6.終止階段（termination phase）

角色的改變會因工作的第二春或是年紀增長、身體日漸衰退而終止。

然而 Atchley 也指出，並不是每個人的退休過程都要經過上面的每一個階段，有人根本沒有蜜月期，有的人也有可能從蜜月期直接進入穩定期。因此須視個人的性格而異。

㈡影響退休是否成功的因素

有關於個體是否能夠成功的從工作崗位中退休下來，並且從中獲得良好的適應，Atchley（1976）、黃富順（民84b）提出下列幾點影響因素。

1.經濟的支援

退休金以及其他固定的收入是否充裕，是否足以適應退休後的生活，是影響退休族是否仍會快樂的主要原因。

2.自信

卸下工作的角色轉變對個人適應與家庭角色有很大的影響。是否仍能保有當初的自信感並對未來生活充滿信心及希望，是支持快樂退休的動力來源。

3.與工作關係相關的社會聯繫

如果退休後仍持續與工作網絡有密切的聯繫，則個人對退休的適應會快速增加。

4.保有具有意義的工作任務

若個體從工作角色退出後，能對家事或家庭角色負起另一種責任，較能補足工作上的失落。

5.擁有相關的參照團體

若有一群相同年紀的夥伴互相分享退休後的苦悶，則個人也會提早適應退休後的生活。

因此，綜合整理老年人的相關文獻（黃富順，民84a、b；Atchley, 1976；Neugarter, Havighurst & Tobin, 1968），可將老年人的心理特徵歸納成以下數項。

㈠自尊心強、自信心低

自尊心會隨著年齡與成就而有所增長，在個體的經驗增加、事業成功時，成就愈來愈大，自尊心也就愈來愈強。然而隨著身心功能的衰退、怯

於冒險、遇事退縮，導致自己的信心也愈來愈不足。

㈡維持自主獨立的需求

由於身體功能的逐漸衰老，年老之後必須依賴他人，才能完成生活起居，且容易產生孤獨感，而失去活下去的力量。故在日常生活中，應多尊重老人的想法與看法，鼓勵自我決定，使其有獨立行為的機會，以維持自主及獨立的需求。因此即使老年人年紀再大，若為其可做之事，不宜一昧代勞，應讓老人家在自己處世的過程中，享受到生活的尊嚴。

㈢需要友誼的互相慰藉

隨著生命週期的轉換，老年人的配偶、子女漸漸都不在身邊，或是有彼此溝通不良現象，因此他們往往缺乏分享心事的對象。此時，對友誼的需求格外強烈。所謂老年人的五要，就是包含了「老伴」、「老友」、「老本」、「老健」、「老興」，則老友是生活中不可欠缺的要素。在子女相繼離去之後，尋找年紀相同、背景相同的朋友，是件不可欠缺的任務。

㈣心理情緒常容易支配身體健康

身體健康本來就會因心理情緒而互相影響。當心理情緒不佳，如遇配偶死亡、與子孫溝通不良、財物遭受到損失，則身體機能也會間接受到影響。故年紀大的人，要注意心理及身體機能的狀態，盡量不要有過多的壓力。

㈤反應時間增長而飲食、作息也容易改變

年紀愈大，感覺器官與中樞神經也漸漸地退化，再加上肌肉、骨骼、心肺功能的衰減，使得年紀大的人反應較慢、動作較為遲緩。面對這樣的事件，應提供老年人足夠的反應刺激，除了多練習與運動之外，還需避免過度運動所帶來的強烈刺激。另外，由於老年人在做決定時需花費較多的

時間，強調決定的正確性而非速度，面對老年人反應較慢時，需了解可能是反應心向所致。除此之外，由於老年人嗅味覺不如年輕時靈敏，飲食方面，可以重口味的天然食品代替，以增加食慾。

　　清楚的了解老年的心理與行為特性之後，對於即將面對「後生命期」的老年生活，是否應早先做準備？並且應以怎樣的心情來面對外在的人、事、物呢？綜合多位學者（黃富順，民 84b；林振春，民 89）的看法，老年人的生涯規畫應包含：

㈠對老有正確的觀念

　　了解老是人生必經的歷程，老了有好處，也有壞處。明瞭其好處與即將失去的東西，積極的面對生活，以更成熟、更睿智的心態，去了解自己及面對他人。

㈡能對老年生活預作規畫與安排

　　老年生活要過得充實及有趣，必須先做適當的規畫與安排。今野信雄（1991）指出，退休的前五年就應該要做良好的規畫。退休的前五年宜重新挖掘自己年輕時候的興趣及研究，創造自我獨特的見解，並接觸更多的朋友；退休前四年：積極培養研究的興趣，並且進行再確認的工作，參與有興趣的活動及聚會，加深與朋友間的關係；退休前三年：回復以夫妻為中心的生活；前兩年：對自己的規畫做一深度的檢查：包括經濟上的安全、朋友關係的擴張與加深興趣的培養等；退休前一年：選擇特定的運動，持之以恆。

㈢只做短期的安排

　　由於社會變遷，人、事、物日新月異的變化，無法隨時掌握與控制，因此老年的生涯規畫雖然可做概括性大範圍的規畫，但每次的規畫應做短期的安排，二到五年檢視一次，以適應自己的體力與生活，並順應社會的變遷。

㈣進行自己獨特的生活規畫

由於每個人的經驗、社經地位、身體狀況的不同,因此應該規畫屬於自己的生涯課程。唯有自己最了解自己,並且知道在剩下的人生中,想要完成的事情是什麼。

第二節　老人的生活調適與老人教育

老人問題隨著家庭結構的改變而日漸不同,由於雙薪家庭的增加,許多老人家就必須進入養老院或看護機關。傳統家庭養老功能日漸式微,在家庭結構的轉變下,育兒以及養老的功能已逐漸由家庭以外的專門機構所取代。因而有關老人安置的問題也逐漸增加。此外,對於老年人的教育更不可忽略。教育部將民國八十七年定為終身學習年,並列出與高齡者教育與社區終身教育有關的方案,如社區大學、長青學苑,欲藉由社區學習與老人教育相互配合,提供社區學習活動以滿足其需求(林振春,民89)並與老人生活相互結合。

因而有關老人安置與適應以及老人教育等議題,將是以下論述的重點。

一、老人的安置與適應方面

在老人安置方面,諸多學者認為除了家庭之外,應結合社區、醫療單位、政府政策,並參考先進國家的安置計畫,才能達到多重整合之效。

㈠社區中尋求幫助

每個社區應建構良好聯絡網站,提供臨時托老所,並有良善的醫療機構,隨時幫老人們做健康檢查。此外,提供安全的休閒中心及各項課程,

如屏東仁愛之家的日間托老，其中包括交通服務、膳食服務、午休服務、護理服務，及休閒服務——外丹功、太極拳、中國結、土風舞、日語、國畫、KTV、象棋等（吳長勝，民 82）。由於當前家庭功能已逐漸喪失，唯有整合社會中相關的機構，加強各部門與家庭之間的連繫，是當今家庭結合社區資源之重要課題。

(二)醫療單位

政府為了提高國民的生活水準，特別重視老人的保健醫療，目前先進國家都以社會保險的方式提供醫療給付，或以財產預算提供老人免費醫療，例如在各大診所或醫院都有減少老人家的掛號費，或醫藥費的情形。但有時也容易造成過度使用醫療資源而形成浪費狀況。

(三)資深國民的安養計畫

陳燕禎（民 84）指出未來安養計畫的實施，必須朝以下五個目標（見表 13-1），加以努力。

表 13-1　關懷資深國民的安老計畫

安養	鼓勵家庭奉養、公費安養、自費安養、中低收入戶老人的津貼
服務	日間托老、居間托老、敬老午餐、老人諮詢服務、老人保護服務
康樂	文教康樂設施、優待搭乘交通工具、參觀與籌組老人社團、普設老人休閒機構、舉辦敬老活動
志趣	長青學苑、長青志願服務、老人人力銀行、表揚長青楷模
健康	醫療補助老人養護、居家護理充實、生活輔助及復健器材、推廣老人運動、老人重病住院、看護費用補助

資料來源：轉引自陳燕禎（民 84）

(四)各國老人居家安養的形態

今後老人居住安養宜朝向多元方向努力發展，尤應重視居家安養、社區安養以及機構安養三者，以下就以先進國家的安養計畫做一個參考，如表 13-2。

表 13-2　先進國家的安養計畫

輔導措施 國別	在宅安養	社區安養	機構安養
瑞典	提供住宅津貼 住宅改造補助及貸款 老人家庭服務	房租補助 專用公寓興建補助 老人家庭服務	老人之家 老人療養院
英國	老人家事服務 提供食物服務	老人家事服務 提供食物服務	養老院、療養之家 老人招待所
美國		提供低租金住宅 提供住宅貸款 房屋補助 興建老人公寓 興建老人社區	老人之家 療養之家
日本	設立居家看護支援中心 提供家事服務 設立日間托老中心 提供食物服務 提供家庭護理		日間托老中心 療養之家 安養之家 短期看護中心
新加坡	優先購置住宅 多代家庭組屋 優先貸款 優先分配單房租賃 日間中心 提供食物服務 提供家庭護理		日間中心 公立老人之家 私立老人之家 老人病患中心 短期護理服務
香港	提供家事服務 提供膳食服務 提供交通就醫	老人租屋租金津貼 老人宿舍 庇護住宅 提供家事服務 提供膳食服務 提供交通就醫	老人之家 療養院 短期居住服務 老人過度住宿措施 老人綜合服務中心 日間照顧中心

資料來源：內政部建研所，《老人安養機構建築規畫設計準則研究報告》，1993；引自白秀雄，民85。

而當前台灣政府所做的努力包括一九九一年行政院經建會所提出的「國家建設六年計畫：1991-1997」，列有鼓勵家庭奉養、老人住宅服務、居家護理、老人日托等（白秀雄，民85）。至於社會福利行政部門，從內政部（社會司）、省市政府社會局及縣市政府均致力推廣老人在宅服務、日間托老、營養午餐、充實老人日常照顧等具體措施（白秀雄，民84）。許多社區照顧等方案已漸漸萌芽，而民間機構的加入，使社區服務漸趨多樣化。

二、學習型社區的老人教育

老人教育最重要的目的在使其選擇一種適合自己的生活方式，安排自己滿意的生活型態，進而促進個人成長，使自己的生活更具意義。

㈠社區老人教育的基礎

台灣的人口逐漸地老化，但社區裡的老人人口，卻是發展老人潛能第二春的重要資源。這不僅對社區發展有力，也降低了老人對家庭的依賴性，使老人更受到尊重。再加上老人家經驗豐富、時間多、意願強、熱度高，不僅切合老人教育的核心，也為社區與家庭帶來新的契機（呂玉珍，民83）。郭淑芳（民89）提出建構學習型教育的新契機包括：

1.切合老人的需求

老人教育應結合其社會經驗、參與學習活動，貢獻其知能，促進社區的發展，滿足其安全感、歸屬感，乃至自我實現的需求。

2.實踐本土化的教育理論

社區老人教育，以「本社區」為中心，有不同的社區背景類型及特色，滿足個別的需求，而發展適性的教育。

3.運用社區組織資源

社區資源廣闊，包含各種有形與無形的資源，因此開發老年人的潛能，運用組織資源，將有形的社區資源做無形的運用。

4. 建構學習型社會的有力基礎

　　老人教育深入每一個組織之中，可帶動每一顆螺絲釘，是展現社區的學習動力，並實現學習社會的要務之一。

5. 解決社會的老人問題

　　工業化與都市化帶來了人際之間的疏離感，社區意識可使居民有認同歸屬的感覺。

(二)社區老人教育具體實施的策略

　　良好的基礎應有具體的配套措施，方案始能有效推廣，林振春（民89）與郭淑芳（民89）提及社區老人教育宜包含：

1. 建置以老人為中心的學習型組織

　　學習型組織能讓學習活動動了起來，老人教育可以多從社區組織中成立各種不同的策略與途徑：包含試辦社區學院、發展社區讀書會、成立社區諮詢組織、結合圖書館推動讀書會、設立社區高齡者圖書館。

2. 建立高齡者的人力銀行

　　以高齡圖書館及社區學院做為人力銀行的基地，透過義工團、種籽人才、社區學苑、讀書會等人才鍵入人力檔中。

3. 運用教育科技

　　將教育科技、多媒體的教材運用在社區老人教育的範疇，以發展多面向的教育型態，提升教學效能及品質，結合社區媒體的力量，在把握資源共享、多管齊下、互助合作及永續經營的原則下，以達到活潑、有趣、生動，以提升社區居民的生活品質。

　　此外，老人社區教育的宗旨，都是為了保障老人的生活權利，並且養成其正確的生活觀（吳明烈，民89；王連生，民81），其中包含：

1. 獨立

　　老年人可以獲得適當的健康照顧，能夠自由參與並決定何時退出工作，並且生活在一個安全、個人喜愛或適合自己的環境，並獲得適當的教

育與訓練課程。生活上的人事物處理，盡量要求簡單、清淡高雅，並達到「自制、自樂、自律」的境地。

2.參與

能積極參與老年福利相關政策的討論與推動，與年輕世代分享他們的知識與技能，從中依據自己的興趣與能力，開創為社會服務的機會，以促進社會的統合。老年的生活並不是清閒空蕩，即使年老了之後，也應該要讓自己的生活充滿樂趣與價值。

3.照料

根據每種文化價值與社會系統，獲得家庭與社區的照顧與保護，並獲得社會與法律的服務，並享有人權、基本自由。

4.自我實現

增進充分發展潛力的機會，獲得教育、文化、精神、休閒等社會資源。生活在尊嚴與安全中，並自由發展個人的身心，凡事以平常心看待，放開自己，看開人生。

故維持一至兩種的興趣、全心投入興趣或公益活動，是當今老人教育未來的重要方向，不然當社會疏離感愈來愈嚴重，寂寞感也會愈大，老人們更無法釋懷。因此要建立達觀的人生觀，照顧好自己，當個快樂的老人、年輕的老人以及充滿智慧的老人。

而社區老人教育的重要意義，除了消極成功協助老人老化，減少老人問題外，更積極的運用社區發展的策略，建構學習型的社區。相信在人口老化的趨勢之下，結合社區的資源將是二十一世紀的重要之途。

第三節　老年人的家庭生活與面對死亡

隨著多元化世紀的來臨，老年人的角色也有所轉變，自然在家庭中也不再是養尊處優、讓每個人心中生畏的對象。因此，親屬關係及如何與老

年人溝通為此時家庭中的重要發展任務。本節將對老人家庭生活的轉化與調適，以及如何面對死亡等過程做一論述。

一、家庭系統的轉變

㈠老年家庭的發展任務

　　Duvall（1977）提及，老年家庭的發展任務應該包含：

1. 環境方面：替逐漸年老的生活，安排適當的居住環境。

2. 收入方面：重新適應退休後的收入。

3. 生活作息方面：重構一個舒適的生活表，對有興趣的活動繼續保持活力。

4. 身體健康方面：當一個自己的心理與身體健康的守門員。

5. 與其他家人相處方面：持續維持充滿愛與性的婚姻關係，與其他的家庭成員建立良好的溝通網絡。

6. 生命價值方面：尋找生命的意義。

㈡國內外老人居住方式及與親屬互動關係之比較

　　在這樣的發展任務下，學者整理當前老年人的居住狀況，及與親屬的互動情形（施教裕，民 83；賴惠玲，民 83；張美珠，民 85；林如萍，民 85），並與其他各國的老人居住方式做一個比較，如表 13-3 至表 13-6。

表 13-3　國內老人居住方式

	75 年	80 年
與子女同住	72.2%	62.9%
獨居或僅與配偶同住	25.5%	33.2%

表 13-4　國內老人與家屬互動關係

	配偶	子女	其他親友
老人照顧方面 （短期）	31.4%	29.4%	最少
老人照顧方面 （長期）	35.8%	39.1%	最少
金錢	8%	50.4%	甚少
日常照料 （衣服換洗）	30.3%	27.8%	甚少
住屋打掃、購 物、交通接送	28%、25.4%、7.8%	31.3%、31.8%、34.9%	甚少
閒聊的心理慰藉	17%	32%	44%

表 13-5　各國老人與子女、孫輩的相處方式

	日本	泰國	美國	英國	法國
經常生活在一起才好	59.1%	58.6%	6.5%	6.1%	11.6%
有時候聚餐聊天	30.1%	15.1%	65.5%	40.3%	81.8%
偶爾晤談	7.1%	16.8%	25.0%	43.8%	4.9%
完全各自生活	1.1%	2.7%	0.4%	1.1%	0.6%

表 13-6　各國老人與子女家庭距離所需要時間表

時間	日本	丹麥	英國	美國
10 分鐘以內	子 28 女 28	子 39 女 43	子 39 女 42	子 46 女 45
11-30 分鐘內	子 19 女 21	子 32 女 27	子 28 女 26	子 20 女 25
31 以上	子 52 女 50	子 31 女 30	子 33 女 32	子 34 女 30

　　由此可以發現，老年人未與子女同住的比例已逐漸增高，但家庭親屬間的聯繫並無特別的改變。而在國內照料老人的日常生活上，家屬互動占

了大半的比例，但心理慰藉上，親友的支持非常重要。家中的親屬關係
中，兒子、媳婦比女兒、女婿更為重要，而兒子在金錢支持、交通的接
送，比媳婦更重要，然而在照顧者的角色中，仍以女性占大多數。而國外
相關研究也發現（Brubaker, 1990; Mancini & Bleiszner, 1991），女性步入
中年後，也多半成為年老父母生活適應上的照顧者。在與兒孫輩相處方式
中我們也可以發現：東方老人與西方老人對於兒孫的態度方式也不同，亞
洲老人希望與兒孫同住的比例較高，歐美則慣於保持分居而有適當的接觸
者較多。

㈢老年人與家人親屬的關係與問題

1.照顧的問題

　　雖然大部分的美國老人家都有自給自足的能力，但仍有四分之一的老
人還是需要成年子女的照顧，其中包括精神的支柱、金錢的給與，以及一
般生活的例行照顧。有三分之二的非美裔以及三分之一的美裔家庭，仍希
望他們的成年子女能負起照顧之責。雖然子女大部分都願意負起照顧之
責，但仍有一些衝突所在。如彼此觀念不合、無能力負擔父母愈來愈不能
照顧自己的責任、自己婚姻家庭與父母間的衝突、無法控制父母的脾氣、
對財產分配不均，以及長期照顧所衍生出的種種問題。因此若每個家庭成
員能以反哺知恩的心態，以互相幫助、輪替的方式分擔照顧之責，再加上
相關支持性社會團體所提供的在家照顧以及養護系統支援，的確可以減輕
照顧者的壓力（Brubaker, 1990; Mancini & Bleiszner, 1991）。

2.如何與年長的父母溝通問題

　　由於現代的家庭受到西方個人價值的影響，開始強調自我的重要性，
父母與子女間的差距愈來愈大，溝通也就愈來愈困難。許多父母曾抱怨與
子女無話可說、子女不了解自己、不受尊重、要養子女還要養孫、覺得自
己無用等，而子女也會抱怨父母總是喜歡嘮叨、說教、偏心、固執、管得
太多，沒有自己的生活空間、永遠把自己當作小孩等等。諸多學者（楊中
芳，民 81；鍾思嘉，民 86）探討其主要的原因包含：

⑴在中國的文化中，父母與孩子的關係通常不是獨立的、平等的，溝通
　方式常常是間接的，再加上「你我不分」、「你好就是我好」，彼此
　的界域模糊。

⑵父母與子女的關係永遠是上對下，而非平等的關係。而當父母要求子
　女唯命是從時，子女就應該確實做到，若無法達到其所願，就會很失
　望、難過。

⑶中國人習慣間接式的溝通，常常藉其他的理由來達到暗示的目的，不
　願表明。父母經常不願直接表達自己的意見，期望子女能夠自己發
　覺，而子女為了盡量達到父母的標準，每天挖空心思猜想，也是件很
　累的事情。

　　在如何與年老父母相處的方法中，楊中芳（民81）認為唯有父母、子
女共同努力建立雙贏的溝通模式，才能締造家庭中的和諧。

⑴溝通是雙面的，不能期待對方改變或企圖改變對方。應把溝通當作一
　件有範圍、有目的的事情來處理。

⑵對彼此有正確的認識，體諒處境，不要有過度的期望。試著了解對方
　的處境，以角色互換的原則，相互體諒。

⑶發展自己的空間，避免過度依賴對方。

⑷適當的見面時間，享受與對方相處的時間，關心對方、聆聽對方的傾
　訴。

⑸把對方視為一個能夠獨立思考的人，有自己的優缺點及喜怒哀樂。

㈣老年性生活

　　許多迷思認為老年人沒有愉悅的性生活，對性生活也毫無興趣，大部
分的年輕人對老人性生活均持有負面的態度，認為性是屬於年輕人的產
物。但Bretschneider與McCoy（1988）針對八〇至一〇二歲的老人研究中
發現，他們的性生活狀況並不如想像中的單調、乏味，大致情形如表
13-7。

表 13-7　老人的性生活狀況

類型	男（比例）	女（比例）
持續的愛撫而無性交	60 %	80 %
手淫	40 %	70 %
性交	35 %	65 %
性幻想	50 %	70 %
對性無興趣	45 %	25 %

資料來源：轉引自 Bretschneider & McCoy（1988）

　　研究中發現，六十五歲老年人的性生活並不因此而減退，只是性生活必須在身體健康，以及配偶願意配合下才能進行，而有些老人並不是因為他們不想，而是因為配偶已經死亡。在性行為方面，除了性交以外，彼此的撫慰、關懷的接觸也因此而增加。

　　因此老年人與家屬的關係應該細心培養，但這也是最難與最不易解決的課題。老年人需要有人長期的陪伴以解寂寞之苦，但是每位家屬都有其尚未完成的工作與任務，在溝通不良之下，摩擦就容易產生，因而唯有雙方同時改變，都願意為對方著想，才能從中尋找解決之道。

二、面對死亡──生，燦如夏花；死，美如秋葉

　　英國的小說家佛斯特曾說，「人的一生是從一個他已經忘記的經驗開始，到一個他必須參與卻不能了解的經驗結束」。當死亡輕敲後門時，我們明白這是一條不得不走的路，但又該如何面對呢？躺在床上的病人，疼痛、無助、害怕、孤立，在旁邊照顧的家屬，無能為力、不知所措、憂慮不安、精疲力盡、心有不捨。這些心情與感受將是人生所面對的最大問題及最後的課題。

㈠什麼是死亡？

死亡的定義可以是客觀的、醫學的，也可以就生命週期的發展任務斷定之。許多學者（Black, 1953; Neugarten, 1968; Stevens-Long, 1979）對於死亡，提出了以下不同的想法和觀點。

1.死亡的定義

死亡是對各種刺激毫無反應的現象：缺少活動、呼吸，没有反應及知覺；缺少反射現象：眼睛對光線無反射以及無吞食的反應；腦波對電療没有任何反應且經過二十四小時的各種檢驗後，仍呈現負向的反應；社會的死亡：社會以及親朋好友認定其已經死亡。

2.發展任務中的終結

接受死亡並了解死亡所代表的意義與現狀。人們第一次擔心死亡是中年時期，並且覺知死亡並不遙遠。起初是排斥，爾後在心中慢慢接受死亡。

㈡從家庭生命週期看死亡

1.對於去世與死亡的態度

May（1958）認為每個人面對死亡時，均存有焦慮，這是因為害怕未來茫然不知的世界。因此尋找生命的意義、了解死亡是必經的過程等認知，均有助於對死亡焦慮的減少。

2.生命週期與死亡態度的改變

Kalish（1981）述及，中年時期由於身體逐漸衰退，加上朋友以及配偶相繼去世，這些刺激均會促使其更努力完成想要達到的目標。老年期之後，由於愈來愈接近死亡，開始產生死亡的焦慮，而害怕面對死亡者多為自我整合不完全者。

㈢老年人的死亡態度

從心理學的發展角度來看，老年時期是處於 Erikson 的統整階段，在

這個階段中人們會開始回顧一生。如果在回顧的過程中，認為自己的一生充滿意義時，就較能坦然面對死亡，若對這一生還有許多遺憾，又覺得時間太過匆促，沒有機會選擇理想的生活時，個體就會害怕面對死亡，並覺得悲觀與絕望（蔡明昌，民84）。

由於老年期是人生的最後階段，對死亡多少有一些心理準備，但面對死亡時仍有許多擔心與焦慮；許多老人認為死亡是一個「無聲的恐懼」，隨時感到害怕。綜合國內外學者（鍾思嘉，民75；Kastenbaum, 1976）發現，老年人對於死亡的恐懼，受到下列兩種因素的影響。

1.解脫理論（disengagement theory）

進入老年期之後，眼見子女漸漸長大，也開始盡社會責任，此時他會決定為自己做一些事情，但由於時間有限，選擇的標準多是「為自己而做」而非符合他人的期望。對自己的束縛也相對的減少，再加上對死亡將至有所知覺，因此老年期較能從社會責任、他人期望中解脫出來。

2.生命回顧概念（life review）

老人一旦發現自己所剩的時間有限，他們會開始檢視自己的生活，企圖從中發現自己的價值；若回顧中只有悔恨，則死亡將令他覺得難以忍受。這與Erickson心理社會論的第八個階段——完美無憾對悲觀絕望相符。

㈣死亡的過程

當死亡在門後輕叩，已經是不可忽視的存在時，到底，我們面對的是怎樣的處境？以下分別就經歷死亡的幾個階段、接近死亡的經驗，及對於生命的回顧等方面探討於后。

1.經歷死亡的五個階段（Kubler, 1969）

　(1)否認與孤離（denial & isolation）：個體在面對這種經驗時，首先是不自覺、不相信的接受即將死亡的事實。剛開始會否認，「搞錯了吧！應該不會是我吧！」暫時性的否認是一種緩衝的功能，能讓病人與家屬有多一點時間去做心理的準備。

　(2)憤怒（anger）：接下來伴隨著生氣、絕望的情緒：「為什麼是我？為

什麼我這麼倒楣？」個體通常表現出怨天尤人等負向情緒，常常會遷怒於家屬、醫護人員身上。

(3)討價還價（bargaining）：「如果老天給我多一點的時間，我一定會多做善事，多積陰德……」此時個體會乞求奇蹟出現，這個階段個體通常還存有希望，也較配合醫療措施。

(4)沮喪（depression）：個體發現自己討價還價無效之後，最後會表示無奈的接受。此時人們不失去生氣、失望及害怕等反應，他們感到情緒相當低落，有可能走向自殺一途。

(5)接納（acceptance）：此階段相當平靜，由於知道自己已經盡力，也幾乎沒有任何情緒可言。

2.接近死亡的經驗（near-death experience）

Moody（1975）指出接近死亡的經驗包括：感覺上聽到醫生或其他的人談到死亡事件、經歷安靜及安詳、聽到一些吵鬧的聲音包括鐘聲或是吼叫聲、視覺的幻動、靈魂的出竅、突然見到一道極光、看見生活與死亡間有一道清楚的界線、一種無法用言語所描述的經驗與感受。

3.對於生命的回顧

快接近死亡者會為自己生活的歷史事件做一個總回顧，而圓融整合與頹敗絕望者對自我的回顧上也會有所不同。

㈤對死亡及去世的處遇

1.正確死亡知識的告知

Kimmel（1980）提出有十分之九的老人，希望被告知有關死亡的訊息，因此病人與醫生的良好溝通以及家人的支持是很重要的。

2.死亡的權利

沒有一個人可以剝奪另一個人的生命，因此安樂死的問題，仍為大家所爭議。對死亡的尊重，是人自我處理生命的抉擇，即使在美國，大部分的州政府仍不主張有關安樂死的議題。

3.對將死者的照顧

　　對病人而言，家人的支持系統是相當重要的，但用心陪伴的家人並不多。家人對病人的照顧包括精神上支持、專業的幫助、一些特別的器材、居家照顧等特別需求，以及當死亡發生時的處遇與處理。秦素眞（民89）指出對臨終病人的關懷應包括：

　　(1)付出眞誠的愛心，與病人建立支持性的關係。

　　(2)了解病人心中衝突的問題，並且完成未完成的心願。

　　(3)耐心地成爲病人中心的傾聽者。

㈥對悲傷的處理

　　Spangler 與 Demi（1988）發展了悲傷之輪（grief wheel）的理論，並清楚的描述關於悲傷處理的經驗與過程。

1.震驚階段（shock）

　　麻木、否認、困惑、激動、不安的睡眠。突然獲悉親屬死亡，帶給親人的第一個反應是震驚，並拒絕接受事實。

2.防衛（protest）

　　接下來會生氣、難過、沮喪。而這些情緒正是紓發情緒的方式。如果人們願意藉由管道發洩失落的痛苦，則復原的機會就會大增。

3.瓦解（disorganization）

　　在震驚之後，個人可能在不知所措的情況下，無法做出理性的選擇。

4.反覆無常的情緒（volatile emotions）

　　除了對死感到憤怒、怨恨之外，對自己也會有無助、痛苦和挫折的感覺。

5.罪惡感（guilt）

　　覺得應該在死者生前好好對待他，覺得要對死者負責。

6.失落與寂寞（loss & loneliness）

　　無助、絕望、退縮、無意志、寂寞、疏離、腦筋遲鈍，常常去掃墓、對其房間的保留，或是對衣物的懷念。

7.解脫（relief）

過度的失落與悲傷之後，個體認清逝者已逝，折磨已過去後，自己漸漸釋懷，死亡不僅是對病人的解脫，也是對照顧者的解脫。

8.重新定位生活（reorganization）

對生命及死亡重新定位、接受自我、改變態度、內在的安詳與安靜，重新與家人、朋友接觸。

㈦悲傷治療

Cook 與 Oltjenbruns（1989）指出，親人去世是一件極為悲痛的事情，如何幫助家屬重新站起來、面對新的生活，是在悲慟之後所要面對的問題。以下有幾種處理悲傷情緒的方法：

1. 提供個案發洩情緒，及提供適當的支持方案。
2. 提供適合案主處理悲傷的工作。
3. 對情緒的表達給與適當的認知。
4. 幫助案主接受事實。
5. 傾聽案主對於自我處理上的進度。
6. 指定對個案有意義的工作，如照顧孩子或整理家務。

老年時期是生命週期的最後一個階段，這些人曾經風光、也曾經沒落過，經歷過人生的大風大浪後，在人生的最後一個階段裡，除了要習慣世界的轉換，還要面對死亡的恐懼。因而家人與朋友的陪伴，就顯得格外的重要。因此，老人問題須從家庭、社會結構、價值觀及老人本身共同解決。除此之外，老人的價值觀也應當隨著時代而改變，不可再將養兒防老的傳統觀念，強灌在下一代身上。應先存好老本，不妨礙子女未來的生活為準則，因為唯有依靠自己，才是最安全的保障。

本章摘要

　　今日世界人口已有逐漸老化的趨勢，銀髮族的生活也漸漸被大眾所重視，當政府制定社會政策時，老人托養、老人活動更是重要的指標。老年人所要面對的適應問題包含：(1)日漸衰退的身體健康；(2)適應退休後漸減的收入；(3)適應並面對配偶死亡的問題；(4)與老人團體建立親密關係；(5)滿足目前的身心狀況。

　　在身體方面，老年人最容易感受到身體已不如從前般健康，行動遲緩加上慢性病如心臟病、高血壓、糖尿病等折磨，以及感官知覺的失落，如聽力減弱、視力的模糊等。這對老年人而言，無疑的是一種痛苦的適應。與家人的關係上，也因為身體大不如從前，進而拖累家人，而漸形疏遠。在了解自己身體變化後所導致的疾病、了解各方面的需要，視力減退便需配戴眼鏡，聽覺不靈就裝上助聽器，就能耳聰目明，慢性病的出現就需定期就醫檢查，按時服藥，仍可保持健康。

　　個體是否能夠成功的從工作崗位中退休下來，並且從中獲得良好的適應，需要考慮到以下幾點：(1)經濟的支援；(2)自我的信心；(3)與工作關係相關的社會聯繫；(4)保有具有意義的工作；(5)擁有相關的參照團體。

　　在家庭結構的轉變下，育兒以及養老的功能已逐漸由家庭以外的專門機構所取代，因而有關老人安置的問題也逐漸增加。此外，對於老年人的教育更不可忽略。教育部將民國八十七年定為終身學習年，並列出與高齡者教育與社區終身教育有關的方案，如社區大學、長青學苑，欲藉由社區學習與老人教育相互配合，提供社區學習活動以滿足其需求，並與老人生活相互結合。

　　在老人安置方面，諸多學者認為除了家庭之外，應結合社區、醫療單位、政府政策，並應參考先進國家的安置計畫，才能達到多重整合之效。其要點包含：(1)社區中尋求幫助；(2)以社會保險的方式提供醫療給付或以

財產預算提供老人免費醫療；(3)訂定資深國民的安養計畫；(4)參考各國老人居家安養的形態，並應重視居家安養、社區安養以及機構安養三者。

　　老人教育最重要的在選擇一種適合自己的生活方式，安排自己滿意的生活型態，進而促進個人成長，使自己的生活更具意義。社區老人教育的推展，宜考慮到：(1)切合老人的需求；(2)實踐本土化的教育理論；(3)運用社區組織資源；(4)建構學習型社會的有力基磐；(5)解決社會的老人問題。

　　此外，老人社區教育的宗旨都是為了保障老人的生活權利，並養成正確的生活觀，其中包括了：(1)獨立；(2)參與；(3)照料；(4)自我實現。社區老人教育的重要意義，除了消極成功協助老人老化、減少老人問題，更應積極的運用社區發展的策略，建構學習型的社區。相信在人口老化的趨勢之下，結合社區的資源將是二十一世紀的重要之途。

　　老年家庭的發展任務應該包含六個方面：(1)居住環境方面；(2)收入方面；(3)作息方面；(4)身體健康方面；(5)與家人相處方面；(6)生命價值方面。

　　各國老年人未與子女同住的比率已逐漸增高，但家庭親屬間的聯繫並無特別的改變。而在國內照料老人的日常生活上，家屬互動占了大半的比例，但心理慰藉上，親友的支持非常重要。家中的親屬關係中，兒子、媳婦比女兒、女婿更為重要，而兒子在金錢支持、交通的接送，比媳婦更重要，然而在照顧者的角色中，仍以女性占大多數。在各國老人與子女、孫輩的相處方式中我們也可以發現：東方老人與西方老人對於兒孫的態度方式也不同，亞洲老人希望與兒孫同住的比率較高，歐美則慣於保持分居而有適當的接觸者較多。

　　中國人習慣間接式的溝通，常常藉其他的理由來達到暗示的目的，不願清楚表明。父母經常不願直接表達自己的意見，期望子女能夠自己發覺，而子女為了盡量達到父母的標準，每天挖空心思猜想，也是件很累的事情。有幾點係父母、子女可共同努力的溝通方式：(1)溝通是雙面的，不能期待對方改變或企圖改變對方；(2)對彼此有正確的認識，體諒處境，不要有過度的期望；(3)發展自己的空間，避免過度依賴對方；(4)適當的見面

時間，享受與對方相處的時間，關心對方、聆聽對方的傾訴；(5)把對方視爲一個能夠獨立思考的人，有自己的優缺點及喜怒哀樂。

有許多迷思認爲老年人沒有愉悅的性生活，對性生活也毫無興趣，大部分的年輕人對老人性生活均持負面的態度，認爲性是屬於年輕人的產物。但據研究發現，六十五歲老年人的性生活並不因此而減退，只是性生活必須在身體健康，以及配偶願意配合下才能進行；有些老人並不是不想，而是因爲配偶已經死亡。在性行爲方面，除了性交以外，彼此的撫慰、關懷的接觸也因此而增加。

每個人面對死亡時，均存有焦慮，這是因爲害怕未來茫然不可知的世界。因此尋找生命的意義、了解死亡是必經的過程等認知，均有助於對死亡焦慮的減少。

中年時期由於身體逐漸衰退，加上朋友以及配偶相繼去世，這些刺激均會促使其更努力完成想要達到的目標。老年期之後，由於愈來愈接近死亡，開始產生死亡的焦慮，而害怕面對死亡者多爲自我整合不完全者。

當死亡在門後輕叩，已經是不可忽視的存在時，到底我們面對的是怎樣的處境？而經歷死亡有五個階段：(1)否認與孤離；(2)憤怒；(3)討價還價；(4)沮喪；(5)接納。對年老臨終病人的關懷也應付出眞誠的愛心，與病人建立支持性的關係，了解病人心中衝突的問題並完成其未完成的心願，以及耐心地成爲病人中心的傾聽者。

老年時期是生命週期的最後一個階段，這些人曾經風光、也曾經沒落過，經歷過人生的大風大浪後，在人生的最後一個階段裡，除了要習慣世界的轉換，還要面對死亡的恐懼。因而家人與朋友的陪伴，就顯得格外重要。因此，老人問題須從家庭、社會結構、價值觀及老人本身共同解決。

研討問題

一、老年期的生活與青壯年期有何不同？有何需要調適與適應的地方？請
　　一一說明之。

二、近來終身學習被視為廿一世紀家庭、學校與社會的發展目標，請試述
　　如何將學習型的理念與老人教育相互結合？

三、與老年人溝通是一件困難的事嗎？您如何與家中的老人溝通？

四、年老是每一個人必經的過程，您曾想過如何規畫年老後的生活嗎？您
　　會如何規畫老年生涯？請分別述明之。

參考文獻

一、中文部分

今野信雄（民80）：退休五年。台北：中央日報。

牛格正（民84）：銀髮族退休後的生活及身心適應。社教資料雜誌，205，1-4。

王連生（民81）：老人生活的情懷、觀念與態度。老人教育，1，18-24。

白秀雄（民84）：民生主義福利社會之理論實踐。國立編譯館主編，台北：中正書局。

白秀雄（民85）：老人福利。台北：三民書局。

吳明烈（民89）：一九九九國際老人年與聯合國高齡者教育。成人教育，49，3-7。

吳長勝（民84）：省立屏東仁愛之家——日間托老老人生活滿意程度調查報告。社會福利，120，54-56。

呂玉珍（民83）：推展暇齡志願服務。福利社會，119，29-30。

林如萍（民85）：老年人與成年子女之代間關係——代間交換研究。中華家政，25，77-85。

林振春（民89）：學習型社區中的高齡者學習方案。成人教育，49，12-22。

施教裕（民83）：老人對機構安養之抉擇及使用的探討——以老年適應方式三種理論模式為例。經社法制論叢，14，101-125。

秦素真（民89）：靈魂也要安寧！屏基院訊，145，21-23。

張美珠（民85）：從居家照顧服務談現代老人問題。老人教育，8，17-21。

郭淑芳（民89）：建構學習型社會的要務——社區老人教育的實施策略芻議。成人教育，49，23-28。

陳燕禎（民84）：老人問題與安老計畫之理論與實證——台灣省之經驗。社會福利，120，22-26。

黃富順（民84a）：老人心理與行為模式。成人教育，28，11-17。

黃富順（民 84b）：銀髮生涯的規畫。成人教育，26，7-15。

楊中芳（民 81）：如何與年長的父母溝通。老人教育，1，10-17。

蔡明昌（民 84）：老人對死亡及死亡教育態度之研究。高雄師範大學成人教育研究所碩士論文。

賴惠玲（民 83）：美國護理之家現況及相關議題。護理雜誌，41（3），73-78。

鍾思嘉（民 75）：老人死亡態度之調查研究。行政院國科會專題研究。

鍾思嘉（民 86）：親子 EQ。台北：希代出版社。

二、英文部分

Atchley, R. C. (1976). *The sociology of retirement*. Cambridge, MA: Achenkman.

Averyt, A. C. (1987). *Successful aging*. New York: Balantine.

Bigner, J. J. (1994). *Individual and family development: A life span interdisciplinary approach*. Englewood Cliffs. NJ: Prentice Hall.

Black, H. (1953). *Black's law dictionary*(4th ed.). St. Paul , MN: West.

Blau, Z. S. (1973). *Old age in a changing society*. New York: Franklin Watts.

Bretschneider, J. G., & McCoy, N. L. (1988). Sexual interest and behavior in healthy 80-102 years old. *Archives of Sexual Behavior, 14*, 303-317.

Brubaker, T. H. (1990). Life events of adolescents in relation to personal and parental substance abuse. *American Journal of Psychiatry, 146*, 484-489.

Cook, A. S., & Oltjenbruns, K. A. (1989). *Dying and grieving: Life span and family perspective.* New York: Holt, Rinehart, Winston.

Cumming, E. & Herry, W. E. (1961). *Growing old: The process of disengagement.* New York: Basic Books.

Duvall, E. (1977). *Marriage and fame development*(5th ed.). Phiadephia: Lippincott.

Erikson, E. (1964). *Insight and responsibility*. New York: Norton.

Harris, D. K. & Cole, W. E. (1980). *Sociology of aging*. Boston: Houghton-Mifflin.

Havighurst, R. J. (1972). *Developmental tasks and education*(3rd ed.). New York: David Mckay.

Hegner, B. R. (1991). *Geriatrics : A study of maturity*. Albany, NY: Delmar.

Kalish, R. (1981). *Death, grief, and caring relationships*. Monterey, CA: Brooks/Cole.

Kastenbaum, R. J. (1976). *The psychology of death*. New York: Springer.

Kimmel, D. C. (1980). *Adulthood and aging* (2nd ed.). New York: Wiley.

Kubler, R. E. (1969). *On death and dying*. New York: Macmillan .

Maddox, G. L. (1968). *Persistence of life style among the elderly: A longitudinal duty of patterns of social activity in relation to life satisfaction*. In B.L. Neugarten(Ed.), Middle age and aging. Chicago: University of Chicago Press.

Mancini, J., & Bleiszner, R. (1991). *Aging parents and adult children: Research themes in intergenerational relations*. In A Booth(Ed.), Contemporary families: looking forward, looking back. Minneapolis, MN: National Council on Family Relations.

Master, W. H., & Johnson, V. E. (1966). *Human sexual response*. Boston: Little, Brown.

May, R. (1958). *Contributions to existential psychotherapy*. In R. May ,E.(Ed.), Antence: A new dimension in psychiatry and psychology. New York: Basic Books.

Moody, R. A. (1975). *Life after life*. New York: Bantam.

Neugarten, B. L. (1968). *The awareness of middle age*. In Bernice L. Neugarten(Ed.), Middle age and aging: A reader in social psychology, 93-98. Chicago: University of Chicago Press.

Neugarten, B. L., Havighurst, R. J., & Tobin, S. S. (1968). *Personality and patterns of aging*. In B.L. Neugarten(Ed.), Middle age and aging. Chicago: University of Chicago Press.

Peck, R. D. (1968). *Psychological developments in the second half of life*. In B..L. Neugarten(Ed.), Middle age and aging. Chicago: University of Chicago Press.

Saluter, A. F. (1989). *Changes in American family life*. Current Population Report, Series p.23, No.163. Washington, DC: U.S. Bureau of the Census.

Spangler, J., & Demi, E. (1988). *Bereavement support groups: Leadership manual* (3rd ed.). Demer, CO: Grief Education Institute.

Stevens-Long, J. (1979). *Adult life: Developmental processes*. Palo Alto, CA: Mayfield.

第十四章　未來的家庭發展與親職教育

　　時代正在快速地變遷，家庭結構與形式也隨之而有頗大的改變。但是，家庭對個人發展之影響，卻仍是十分地重要。有些學者更將家庭比喻為「造人的工廠」，以強調家庭因素對人類發展的鉅大影響。家庭因素包含的變項甚多，學者們的分類也不一樣；然深入其中加以分析，無不涉及父母管教態度、方法等相關變項，可見家庭中係以父母為影響之核心。

　　從許多研究中得知父母管教態度及方法對子女的影響頗大，是否大多數的父母都已具備了良好的相關知能呢？答案是否定的。從輔導機構、少年法庭眾多的個案中發現，多數父母對教育子女的方法感到困惑，有的甚至已有明顯地偏差。所以，透過各種教育方式，協助人們善盡父母職責的「親職教育」便應運而生。

　　父母對孩子一生發展有重大的影響，親子間的關係亦如此地密不可分，同時彼此間的互動溝通模式與家庭觀念也會代代相傳下去。然而面對資訊快速發展的二十一世紀，在家庭中應如何進行適合新世紀潮流的「親職教育」，實在值得吾人深入探究之。本章將針對現代社會所存在的家庭問題、新世紀親職教育的挑戰與父母如何同時扮演孩子的啟蒙老師與好朋友等方面，分別一一加以討論如后。

第一節　現代社會所存在的家庭問題

　　二十世紀是人類發展中變化劇烈且快速的百年，社會的主體形式由農業轉變到工商業，人們的聚集由鄉村部落散居進入大都會區的人口密集，家庭型態由數代同堂的大家庭轉變成人口簡單的核心家庭。隨著時代腳步跨入二十一世紀，資訊科學的蓬勃發展與個人自我追求的極端需求，必然導致在這新的世紀中，家庭產生的問題與困擾將更趨嚴重。

　　參酌前面第五、六章，所討論現代社會中各類家庭的家事分工、壓力、衝突等困擾，可以扼要地進一步探討、歸納出現代社會所存在的家庭問題（或問題家庭），分為以下數端並一一加以討論之。

一、雙生涯家庭夫妻間的困擾

　　近年來因多數婦女都投入工作市場，產生了所謂的「雙生涯夫妻」（dual-career couples）。根據行政院主計處有關臺灣地區人力運用調查發現，民國六十四至七十四年間，國內女性人口占總就業人口的比率，由百分之三十二緩緩上升至百分之三十六。由民國七十五年行政院主計處所作的調查顯示：已婚職業婦女占女性就業人口數的百分之六十四，而至民國八十五年則已超過百分之七十以上。從已婚婦女參與勞動的比例來看，無論子女在哪一個年齡階段中，已婚婦女參與的勞動力均在明顯上升；雙生涯家庭的普遍，由此可見一斑。

　　隨著以單一男性為主的家庭經濟結構式微，社會對女性就業的情形愈來愈重視，而造成男性為單一家庭經濟來源的家庭結構比例亦隨之降低。雙生涯家庭具有特殊的時代意義，它代表著打破傳統「男主外，女主內」的性別角色及家庭分工的意識型態。相關研究中發現：雙生涯家庭中無論丈夫或妻子，都必須同時面臨來自家庭與工作之雙重壓力及多重角

色，夫妻二人都感到有太多的任務要去完成，卻往往沒有足夠的時間可用
（Hansen, 1991）；同時，雙生涯家庭無可避免的會受到職場本質與家庭
特色之間交互作用所影響，而這二個互有關聯的體系，常會造成彼此負面
的干擾而產生個人或家庭壓力，甚至會影響工作品質及生活的滿意度（Sea-
rs & Galambos, 1992）。

　　這種社會變遷的事實，使得家庭研究者對女性就業在家庭生活所產生
的影響加以重視。早期的研究多半站在女性就業對家庭所產生的負面影響
來討論，認為女性就業對其婚姻關係及子女發展有不良的影響（Spitze,
1988）。然而，近期的研究則較從女性就業正面的影響觀之，認為女性就
業對其家庭並不絕然是負面的。如對母親就業的孩子而言，不論是兒子或
女兒皆有較平權的性別角色態度，且認為女性是有能力的；而就業母親的
女兒也較獨立自主，並以其母親為角色模仿的對象（Hoffman, 1989）。

　　當丈夫與妻子都投身於勞動市場，就會要求重新定義家庭的角色和分
工；如夫妻雙方婚後好一陣子沒人洗衣服，才意識到必須規定由誰來洗衣
服及分擔其他家務。當夫妻雙方都外出工作時，兩人的假期可能不同，他
們工作和在家的時間也可能不一致。往往妻子被期望多做些家事、照料孩
子，並擔負其他一些傳統女性角色，凡此種種常導致妻子精疲力盡或對婚
姻生活大為不滿。

　　雙生涯家庭與傳統家庭之成員，所扮演的角色有相當的差異。尤其是
針對職業婦女，使其由傳統經濟及精神等各方面依賴的角色，轉變成現今
獨立、自我期許和對人生理想的追求等較主動且積極的取向。然而矛盾的
是，隨著時勢潮流所趨，婦女一方面被鼓勵積極參與工作，但另一方面由
於社會對家庭婦女角色的傳統期待與束縛，現代婦女必須兼具妻子、母
親、主婦、工作者的角色於一身。然而一個人的時間、精力極其有限，凡
此種種實際問題的困擾，造成雙生涯家庭中成員的過多壓力。

　　針對以雙生涯家庭與婚姻行之多年的美國所作過的相關調查分析主要
發現，討論說明如下：

　㈠對婚姻的滿意程度：滿意與否和夫妻彼此間的態度、信念有關。通常

傳統性別角色愈濃厚的夫妻，所感受到的緊張和壓力愈大。

(二)在同行中找終身伴侶的影響：與不找同事結婚的女性相比，與丈夫專業領域相同的妻子其成就較高些（當然不如丈夫的成就來得令人滿意）。

(三)對家中家務分擔的影響：雙生涯家庭的夫婦雙方，會更主動地分擔傳統上由女性承擔的家中事務。

(四)地理流動性的影響：流動性對妻子的事業有不良影響，因她的需求通常不會成為流動抉擇中的主要決定因素。

同時，根據相關研究發現，高品質的雙生涯婚姻與家庭，大致具有十項的特點（引自王以仁等，民 86）：(1)收入適中，且丈夫賺得比妻子多；(2)夫妻倆一致認為：應以丈夫的職業優先；(3)丈夫支持妻子的職業；(4)孩子已長得較大些；(5)令人滿意的社會生活；(6)丈夫對妻子的壓力體貼入微；(7)彼此間的性關係良好；(8)討論與工作有關的問題；(9)角色互補和分享。(10)共同的活動和朋友關係。

隨著以單一男性為主的家庭經濟結構式微，社會對女性就業的情形愈來愈重視，而造成男性為單一家庭經濟來源的家庭結構比例亦隨之降低。同時，近年來研究者在女性就業所產生的影響方面相當地有興趣，但仍然以女性就業對夫妻間婚姻和權力結構，以及女性就業對子女發展與子女關係方面的研究最多（黃迺毓等，民 84）。但不可否認的，女性就業對子女最重要的影響因素，是來自對子女的照顧問題。在這方面，只有少數的就業母親，能同時兼顧工作與照顧孩子；有些是將父親與母親的工作時間設法分開。但多數雙生涯家庭在尋求子女照顧問題的解決時，多半是仰賴第三者，其中包括：幼兒中心的群體照顧方式、親戚的照顧方式（主要來自祖父母的協助）及雇請褓姆的照顧方式。但多數家庭對子女的照顧方式係多樣性的，就如平時對幼兒的照顧是以褓姆為主，但當褓姆有事或請假時則請祖父母幫忙。

至於母親就業對子女的發展是否必有負面的影響？經研究證實，母親

就業對子女發展和學業成績的影響並無一致性的結論，同時母親就業對子女發展的影響也受到其他中介變數之影響，如母親本身的感情狀況、子女養育的技巧及子女的角色模仿對象等（Spitze, 1988）。此外，母親就業對子女的影響，也因子女性別不同而有差異，雖然就業母親的子女其性別角色態度上較平等，但似乎對女兒的影響大於兒子。

二、夫妻失和離婚的困擾

隨著今日社會的快速變遷，除了在家庭結構方面產生了頗大的改變外，離婚率也在不斷地升高。根據研究顯示：台灣地區平均每八對新人結婚中，將會有一對夫妻離婚；有超過百分之八的兒童生活在單親家庭（徐良熙、林忠正，民73）。近來國內離婚率更是快速竄升中，根據內政部戶政司公布的統計數字，台灣在民國七十七、七十八年，每年只有二萬五千對離婚，但隨後每年以增加近一千對的速度一路攀升，到了八十二年首度突破三萬對。到了民國八十五年更超過三萬五千對離婚（35,875），比八十四年度增加 7.55%，平均每 14.7 分鐘就有一對夫妻離婚而民國八十六年更計有三萬八千九百八十六對夫妻離婚，可說平均每 13.5 分鐘就有一對怨偶離婚，且其年齡分配爲：二十九歲以下者占離婚總人數的 9%，三十至四十四歲者占 54%，四十五至六十四歲者占 30%，六十五歲以上者占 7%。隨後到民國八十七年突破四萬對夫妻離婚（43,603），民國八十九年更有超過五萬對夫妻離婚（52,670）。

而從西方國家相關的統計數字來看，美國離婚的情形更是令人驚訝。現今約有一半的美國家庭最後會以離婚收場，有將近百分之五十的兒童，在其成年之前會居住在單親家庭中（Shaffer, 1989）。

根據藍采風（民75）以「離婚的原因爲何？」進行調查訪問，發現國人離婚最大的原因在於溝通不良，其次依比率順序分別爲：外遇與遺棄、失去愛情、厭倦、虐待、酗酒、個性不合、吸毒或施打藥品等。其中比較

特別的一點是國外男女離婚的主因，經常是以性生活不協調居榜首；但這項原因卻在國內相關調查中未見出現，或許是因隱藏於國人保守風氣之下不便直接表達吧！

今日，在探討離婚對家庭成員的影響研究領域中，應針對不同離婚率的社會加以比較，同時過去對離婚調適的研究多半限於一個向度，如社會適應、經濟問題或心理壓力等。事實上，這許多向度是相互影響的，應建構一個多重向度的模型，以了解離婚後的影響及各向度間的關係。此外，應針對離婚的一群人深入地了解其未離婚前的家庭特質、夫妻的互動情形、親子間的關係等，以及這群人在離婚後適應的差別，如此才能真正找出其間的因果關係。

透過婚姻所建立的家庭可能是一個人最溫暖的窩，也有可能是最殘酷的地獄。美滿的婚姻與幸福的家庭需要長期而有心地經營，否則難免造成婚姻是愛情的墳墓之後果。丈夫在外受氣或工作不順遂，沒有理由（或不便於）對別人發脾氣，只好回去罵太太、孩子，情緒變得十分激動，一個小小的事件，往往能釀成大禍。家是最危險、殘酷的地方，也可能是最溫暖的地方；每當看到小孩子的成長，或跑過來要求抱抱時，那種感覺真好。當你發現家的殘酷大於溫暖時，應趕緊找人傾訴、協談，設法尋求解決之道，以免問題加深；等到家庭發生不幸的悲劇再後悔，可就來不及了！

同時，正在考慮是否要以離婚來解決問題的夫妻，應先仔細考慮以下幾項後再作定奪：

㈠冷靜地思考。走出婚姻和走入婚姻一樣是件重大的抉擇，切勿在一時衝動的情況下匆匆定案。冷靜地思考包括在情緒上適度的處理和疏導，對離婚的後果十分清楚，並願意自我負責而不後悔等。

㈡妥善安排子女。父母離婚勢必會對孩子造成某種傷害，若考慮到與其讓孩子在爭吵中生活，不如讓他們在單親的撫養下安定成長，那就需要幫助孩子去了解他們沒有任何責任，父母絕不是因為其不乖或犯錯而分手。此外，離婚是夫妻關係的分手，但不是親子關係的結束；對

於日後要如何安排探視子女的方式，也應一併考慮在內。

㈢考慮經濟因素。離婚後如何使雙方和孩子都能在往後的日子不虞匱乏，而維持某一水準的生活，這些都是必須優先考慮者，特別是針對負有監護權的一方。

㈣是否再給眼前的婚姻一個機會。有不少的婚姻，在面臨離婚情境時，雙方再給彼此一次機會，而使婚姻獲得了轉機。特別是把握最後機會，向專業輔導機構或諮商專家求助。因此，在簽下離婚協議書或步上法庭之前，如果也能夠考慮在專業人員的協助下，再做一番協調與努力，可能是值得的！

離婚之後，當事人受傷的程度，要看是誰提出離婚的要求。若非出於自己意願，而在無可奈何之下離婚的一方，固然在感情上受到很大的傷害，但是另外一方也會在離婚前後，承受相當程度的壓力、煩惱與受傷。

我們可以說離婚的雙方都是犧牲者，二人在適應上都要做些努力。離婚也會影響當事人，對自我形象產生較負面的觀點。許多離婚的人，都感到自己是個失敗者，覺得自己在婚姻中沒有能夠成功地讓自己及對方滿意，而這種失敗的感受，往往需要一段時間來紓解才可能康復。若他們的婚姻中已有了孩子，則單親家庭帶給孩子的衝擊，又是另一個嚴重問題。

三、單親家庭的問題

在競爭激烈的社會裡，功利主義大為盛行，人們追逐金錢之風日烈，一味地尋求物質生活的享受，而忽視了精神生活方面的充實。所以，傳統的社會倫理規範不再被重視，加上婦女走出廚房進入社會工作，在經濟上亦可自己獨立，外遇問題不斷的產生等，造成夫婦不和離婚的情況日益嚴重；如此一來，必定產生更多的單親家庭（single-parent family）與單親兒童。

事實上，單親家庭因發生原因的不同，可分為以下五種類型：

㈠離婚所造成的單親家庭。

㈡外遇所造成的單親家庭。

㈢分居所造成的單親家庭。

㈣喪偶所造成的單親家庭。

㈤入監服刑所造成的單親家庭。

在以上五種不同原因所造成的單親家庭中，以前述三種與婚姻生活有
問題和夫妻感情不睦等相關因素者，所占的比例最高。伴隨著離婚率的揚
升，帶來大量單親家庭的產生。近一、二十年來，單親家庭在台灣及美國
等高度現代化國家的社會，均相當快速的增加中。其中，絕大多數屬於以
女性為主（female-headed）的單親家庭，根據調查，此類單親家占
88％，而以男性為主（male-headed）的單親家庭只占 12％
（Greif, 1985）。

同時，以女性為主的單親家庭在財務方面較不穩定，且其平均收入往
往只有以男性為主單親家庭收入的一半（Moore, Peterson, & Zill, 1985）。
因此，單親媽媽通常較正常雙親家庭中的母親，缺乏可以用來教養子女的
資源；而在贍養制度未健全得足以保護母子免於挨餓時，其所面臨之經濟
困境是可想而知的。因經濟問題的考量，單親媽媽必須上班，而將年幼孩
子交給他人廉價白天照顧（day care）。在此情形下，對親子關係與孩子的
發展，都會造成相當嚴重的負面影響。

在單親家庭中，除了離婚與感情不睦所造成的單親家庭外，近來另有
新興的一大類型，即是青少年未婚媽媽所組成的單親家庭。由於青少年階
段還未有成家的打算，也沒有養家的能力，其懷孕生子多屬意料外的事
情，而後果也多半由女性承擔；這些未婚媽媽在經濟上尚無法獨立，人格
方面亦不夠成熟到足以為人母親，因此其壓力往往較年長有經濟基礎的母
親來得大。

在國內單親家庭的比率也在快速上升中，相關的調查研究因對單親家
庭的定義模糊，資料來源亦不一致，迄今仍無合理的正確推估。筆者所接

觸的許多國小老師反應，在一個班上大約有五分之一的學生來自單親家庭。同樣，其中也以單親媽媽的情形來得較為嚴重，包括：經濟問題、感情困擾、孩子的人格發展與生活管教等，在在都是難以擺平的窘境及困惑。同時，這群單親兒童由於缺乏完整的愛與歸屬感，在與同儕相處的生活中，往往顯得孤僻、冷漠與自卑，不僅不熱中參與各項活動，其人際關係亦不佳；甚至有部分單親兒童經常遲到、逃學、衣著不整、蓄意破壞等問題行為，確實令人頗為憂心。

從上述現代社會所存在的家庭問題（或問題家庭）分析中，也可讓吾人以另一個角度從個體互動的觀點來進一步思考。人類本屬一種群居的動物，其思想、行為莫不受到周遭他人的影響。家庭是社會的一小部分，家庭當然也是一個系統，每個成員都在系統的支持下運作，且每一成員都會主動地尋找自己的搭檔，作為擋箭牌以保護自己在家庭中的地位，這些被當作擋箭牌的人可能就成為「被認定的個案」。也許他會鬧得家庭不可開交，也有可能是靜靜地自生自滅，通常家中也經常會看到這些哭鬧上吊的人，以自殺、離家出走來向周遭的人求救。但是，也應同時注意那些不做聲響的人，他們往往才是最危險的份子，身為夫妻和父母者應隨時注意自己的另一半及家中的每一位成員（王以仁等，民86）。

四、另類家庭隱然成型造成的衝擊

在本書第一章緒論中，曾經談過有關家庭的類型，其中的雙生涯家庭、單親家庭、重組家庭等，都是二十世紀末期一、二十年間，因著社會及經濟制度的重大改變，因應而生之家庭型態。

然而，隨著時代快速的變遷，加上資訊與價值理念的多樣化，進入二十一世紀之後，在家庭的形態上會有更大的變異性出現。所謂擁有雙薪而不願生育之「頂客族」（Double Incomes, No Kid；DINK）的「自願不生育孩子家庭」、同性戀家庭，以及單身者家庭等新類型，所占的比例必定會迅速地竄升。

國內外的頂客族家庭，絕大多數都是高社經地位人士，他們追求更高品質的生活享受，二人獨善其身而拒絕生養孩子的重責大任，將家庭中繁衍子嗣的典型功能，完全置諸腦後。

　　國內，近年來「同志們」勇於站出來表達其情感，積極大聲呼籲期望能被社會接受其婚姻與繼承上的合法地位；同時，台灣近十年在這方面的研究與論述，也陸續不斷地出現（曾寶瑩，民 89；廖國寶，民 86；鄭美里，民 86）。國外的同志更是設法爭取收養孩子，使其家庭也能親子同處，享受天倫之樂。

　　這些新類型的家庭大多不願或不能生育兒女，對於國家整體人口數必然會造成頗大的影響；同時這類家庭組合所散發出來的思想觀念，也會嚴重衝擊固有的家庭價值及功能，進而影響青少年對其個人未來婚姻與家庭的整體生涯規畫。

> 有時父母親一句無心的話，會在孩子小小心田中，留下深深的烙痕。
>
> 這難道真的就是：船過水無痕嗎？事實是裂過的水痕已記憶在腦中！

第二節　二十一世紀親職教育的挑戰與因應

　　在後現代（postmodern）的二十一世紀，強調個人所擁有的知識，都是從其社會脈絡中發展出來的。也就是說，任何一個人的信念或對於現實的看法，不能由客觀的詞彙來定義，而是由社會所建構出來，並與特殊的歷史情境及個人經驗有密切的關聯性（李茂興譯，民 85；翁樹澍、謝大維譯，民 88）。

　　針對明日世界發展，根據相關學者觀點（林麗寬譯，民 86；廖永靜，

民 89）可列出十三項的未來發展大趨勢：即時通訊的資訊時代、經濟無國界的世界、邁向全球單一經濟體、新的服務型社會、從大到小的組織型態、新休閒時代的來臨、工作型態的改變、女性領導、文化民族主義、低下階層的增加、人口的老化、合作型企業、個人時代的勝利。

二十一世紀整體社會價值與發展之特性，本人將其歸納整理成以下七項，分別扼要說明如下：(1)多變與多樣性——極度自由開放的社會，多元及多樣性的呈現與選擇，使人眼花撩亂、不知所措；(2)資訊透明性——透過電子媒體、網路連線，各種資訊將快速而完全的被接收及使用；(3)通訊快速性——電話、大哥大、電子郵件、快遞及傳真等，使得人與人間的通訊十分快速；(4)兩性的開放性——性觀念、性態度、性行為的開放，儼然成為目前兩性相處與夫妻家庭生活最大的衝突點；(5)地球村的國際性——通訊與交通的發達造就了地球村，國際共通外語的熟諳，跨越國界的互動，都是生活中必備的要件；(6)價值的相對性——是非、好壞、對錯，都將不再是絕對和單一的選項，要學習尊重他人並從不同的角度去思考；(7)休閒娛樂調適性——緊張、忙碌、壓力，將對個人的身心健康造成嚴重的威脅，家庭生活中的娛樂與休閒活動，更應做適當的安排與調整。

分析了明日世界發展新趨勢及二十一世紀社會價值與發展的種種特性之後，接著要提出在此新世紀中，面對親職教育將遭遇的七大挑戰，分別臚列於后。

一、傳統父母親角色的改變與因應

在以往傳統上，父親扮演的角色偏向於維持家計及聯繫家庭與外界大社會的工具性角色，而母親則傾向於處理家中事務及教養子女的情感性角色之扮演，這也就是中國人多年來的「父養家，母持家」之刻板角色形象。

二十世紀的後半期，由於台灣經濟蓬勃發展帶動了社會的轉型，促使大量婦女在經濟因素與自身條件的考量下，走出家庭進入就業市場。根據

主計處民國八十六年的統計，在八十五年育有六歲以下子女的婦女勞動參與率為 48%（民國八十一年為 42%），而育有六至十七歲子女的婦女勞動參與率為 59%（民國八十一年為 54%）。這就顯示有偶婦女撫育子女之勞動參與率有逐年增加的趨勢。

　　婦女大量就業所帶來的影響，已使得現代的母親角色，由過去單一的家庭角色，擴展為雙重的家庭及職業角色；同時，也帶動了現代父親在家庭角色上的轉變，由過去單一的職業角色，逐漸投入家事育兒的角色中。可見現代社會上父母角色的區分，不再過分強調以性別為分配指標；母親也被期待擔負外出賺錢的職業角色，而父親在家庭角色上，亦被期待由過去的「配角」轉為密切積極參與的角色。因而呈現出現代的父母親被期待要能彼此合作、共同分擔家庭與職業雙重角色的社會趨勢。

　　基於上述時代社會的變遷，家庭中父母親的角色與標準也隨之產生了頗大的變化。在此參酌黃迺毓（民 81）之觀點，將所謂好父親與母親標準的舊觀念和新改變，分別整理說明於后。

(一)好父親的標準

1.傳統的舊概念

　　包括為子女訂定目標、替子女做事或給與東西、知道什麼對子女是好的、希望子女服從、堅強及認為自己永遠是對的、有責任感等六類。

2.發展的新概念

　　包括重視子女的自主行為、試著去了解子女和自己、承認自己和子女的個別性、提高子女成熟的行為、樂意為父親等五項。

(二)好母親的標準

1.傳統的舊概念

　　包括會作家事（煮飯、洗衣、清掃等）、滿足子女的生理需要（吃、喝、穿等）、訓練子女日常生活習慣、德行的教育、管教子女等五項。

2.發展的新概念

　　包括訓練子女自立自主、滿足子女情感的需求、鼓勵子女的社會發展、促進子女的智力發展、提供較豐富的環境、照顧個別發展的需要、以了解的態度管教子女等七項。

　　在此多元社會型態下，父母親二人就其個人意願與選擇自由，以彈性和協商的方式來做角色分工。因此，各種父母角色分工的情形都會同時存在於現代社會，包括「父養家、母持家」，「父母共同養家、持家」，「父持家、母養家」等形態。同時，父母親在親職教育進行中之角色扮演，也必須共同承擔起某些任務；諸如林慈航（民81）針對到達學齡將就學子女之父母「親職角色扮演」的內容，區分為以下五個向度：

(一)照顧子女身體安全與健康方面

　　父母能提供子女生長所需的均衡營養、健康維護、環境衛生、從事就業生產等方面的行為與態度。

(二)關心子女的心理發展

　　父母能給與子女嘗試獨立及負責的學習機會、聆聽子女的心聲、適時給與鼓勵、支持、讚美與撫慰等的行為與態度。

(三)引導子女社會化

　　父母在生活常規、交友、管教及為人處世等方面協助指導子女，並能以身作則的示範某些行為與態度。

(四)協助子女智能發展

　　父母提供孩子各種學習刺激、滿足其好奇心、解決學習困擾，並提升其學業成就等行為。

(五)擔任子女在家庭與外界之間的聯繫

父母作爲子女與外在世界的中介，代表家庭介入學校、社會資源的運用，以保障子女權益等方面的行爲。

二、新世紀對親職教育的殷切需求

在社會變遷快速的今日，教導子女成爲愈來愈困難的一件事。有些學者專家強調應在小學和國中教育階段，安排親職教育強迫每位學生從小就學習，如此方能協助每位結婚後生養孩子的父母，均能扮演稱職的父親或母親角色；甚至對於日漸增多的未婚媽媽，及其帶來的社會問題，亦可因此而大量減少。比起生育與養育子女，教育子女長大能夠成爲一個有用的人，確實不是一件自然而容易的事情。多數的教育專家都呼籲，爲人父母者都應接受一系列的「親職教育」或「有效父母之訓練」（黃迺毓，民81；Anastasiow, 1988）。

在急劇變遷的社會中，研究調查得知：頗多的父母正從其應擔當的親職教育中推卸責任，這並不一定代表他們不關心，而是因其不知道如何對當前快速變化的世界做適當的反應。同時，研究者綜合相關學者的分析（廖永靜，民89；魏清蓮，民76），得知社會快速變遷所產生家庭組織結構與教育功能的改變，分別歸納說明如下。

(一)家庭組織結構方面的改變

1. 大家庭減少，小家庭增多，加上住所搬遷機會大，使得年輕父母不易獲得長輩的育兒指導。
2. 社會上女權的提升，使家庭中的權力結構趨向夫妻平等，連帶影響了對子女的教育；加上民主教育的主流發展，使父母產生以民主、尊重的態度，來薰陶子女民主素養的覺醒。
3. 離婚率的大幅增高，使得子女受此負向經驗傷害的機會，亦隨之大爲

提升。

4.單親家庭漸增，單親個人不易兼顧雙親角色，親子關係也需再做調適。

㈡家庭教育功能方面的改變

1.產業工業化、科技化，減少了勞力的需求，延長了青少年受扶養、受教育的年限，使父母遭遇子女教育問題的種類增多。

2.親子共同工作的機會比農業社會減少很多，加上對學校教育的依賴逐漸增加，使現代家庭失去許多自然的生活教育功能；不但親子距離拉遠，亦無法與學校教育做好連貫。

3.社會變動太快，使現代孩子有許多父母未曾有的經驗，包括學校新的教育內容，使得親子易生隔閡，促使孩子朝向家庭外的活動發展。

4.商品、科技等知識日新月異，父母和子女在共享各方新知的過程中，親子關係由權威轉變為友誼，因而家中成員均須做新的調適。

5.就業的母親人數增加，相對會減少其教養子女的時間。

由以上的討論看來，快速變遷社會中的父母確實需要親職教育。親職教育是父母因應時代需要，為求成功扮演親職角色所作的自我教育；它是經由教育或學習的方式，培養父母教育子女的能力，並努力學習如何去教好子女的新方法，以達成其適當職份的教育。因此，藉由親職教育可使父母獲得有效的教養知識，以因應各種實際發生的子女教養問題。

三、系統觀點的親職教育方案

參考有關親職教育基本相關理論，可以了解傳統中無論是阿德勒個體諮商學派、行為管理學派、人本心理學派或父母效能訓練的親職教育方案，其焦點都在強調個體（individual）的改變，而忽略了個體與其周遭重要家屬和環境間的互動關係。因而近來親職教育專家均強調，應該以一個

整體系統觀點（a system perspective）來推動親職教育方案，以發揮其實際而具體的功效（王以仁、林本喬、鄭翠娟，民 85；Osborne, 1989）。

雖然，以系統觀點來評估親職教育的成效時，很難有適當的工具來測出家庭功能和家人之間的互動情形。但傳統上強調教導父母如何來教養孩子的狹義親職教育，應擴大到針對整體的家庭教育（family education），也就是相關訓練至少應包含了父母及兄弟姊妹在內（Osborne, 1989）。在此特別強調一種循環模式（circular model），認為父母與孩子之間以及孩子相互之間，都會彼此互相影響而產生其循環性（Getz & Gunn, 1988）；現代父母所接受的親職教育訓練，應能配合兒女的特殊需求，亦即個體的行為必須符合其本人的家庭生態（family ecosystem）。

在國內外系統觀點的親職教育方案，有逐漸被多方運用的趨勢（王以仁、林本喬、鄭翠娟，民 85；Roberts, 1994）。這類方案模式通常以團體的方式進行，為期十二週、每週二個半小時的單元內容，但在其過程中最多僅限制五個家庭加入，不過每個家庭的全體成員，都應該出席每週一次的活動。這個方案的目標是希望透過家人之間關係的改善，來增進整個家庭功能的發揮。針對此一方案的評鑑，應考慮整體生態之情形，包括：孩子、父母、家庭及社區文化等因素。此類模式包括以下三個階段，扼要介紹如下：

㈠分別和每一個參與的家庭成員進行初次晤談（initial interview），藉此搜集每個家庭的相關背景資料，並評估其家庭力量和設定目標，期使訓練結果能夠更符合各個家庭的特殊需求。

㈡正式為期十二週、每週二個半小時的團體訓練內容，分別針對如何了解家人間的彼此互動，介紹個人在生理與認知方面的發展、道德發展理論、溝通和問題解決技巧、改善夫妻與手足之關係、討論家人之間關係的維持與改變、設定家人彼此間的界域（family boundaries）、討論家人的角色與家庭的規則、將遊戲帶入家族治療與家人的學習中、學習將說故事引入親職教育改進中、全家人討論並評估此一方案是否達到了起初所定之家庭目標。

㈢進行追蹤評量（follow-up evaluation），自此一模式結束訓練後的六個月起，到一年期間。

總之，現今的親職教育方案，應考慮到以整個家庭爲目標，改進整體家庭之功能；同時，家中所有成員均應參與此一訓練，其目標焦點鎖定在彼此更能了解自己的家，以及懂得如何有效地解決自家的問題。

四、父職教育的重要與推展

父職教育係爲了協助父親扮演良好的父職（fatherhood）角色，而提供父親有效的相關教育方案。在早期的社會學家與親職教育學者，都認爲父親應扮演功能性的角色，個性堅強、工作認眞、賺錢打拼、解決問題等；而母親則扮演表達性的角色，溫暖、愛心、持家、照顧子女等（Adams, 1995）。

即使現今父親在孩子的成長過程中，似乎仍是在旁的觀察員與財力提供者，只負責賺錢養家，對於孩子的照顧與教育方面，其涉入的程度十分有限（Nord et al., 1997）。

在一份相關研究中發現（LeMasters & DeFrain, 1989），針對八〇年代美國社會一本非常暢銷的關於孩子社會化的手册，在其超過一千頁的內容當中，只有五處特別談到父親，其他對孩子成長過程的影響，有關父母的部分完全來自於母親。

平心而論，在孩子的發展與學習過程中，父親是不能也不應該缺席的。今日諸多的家庭問題和青少年偏差行爲等方面，往往與父親的父職功能不彰或是缺乏此方面的認識，有其密切的關聯（夏以玲，民 87；陳琦茂，民 89；Kaplan, 2000）。

然而，美國近來 Levin 和 Pittinsky（1997）新出版的《職場上的父親》（Working fathers: New strategies for balancing work and family），其中論述的一個焦點提到對男人而言，工作和家庭兩個角色已無法再分開，他除了

要扮演職場上的強人之外,也應同時考慮到如何與妻子相互配合,以完成父親在家中所應盡的義務。

　　根據國內最新的父職方面的研究發現(郭佳華,民90),針對父職教育之需求、父職教育活動方式,及父職教育方案之成效略述於下。

(一)父職教育課題與學習需求

　　(1)父親須學習自我的心靈探索,有助於自我成長;(2)父親須學習溝通技巧,學會對家人適當的表達方法;(3)父親的學習,可以增進親子、夫妻間和諧的關係。

(二)父職教育活動方式

　　(1)父職教育方案以成長團體的方式進行,較能引發父親參與的動機;(2)父職團體的進行以角色扮演、實際演練的方法較能引起其學習及分享的興趣;(3)父職團體的氣氛應保持輕鬆、沒有壓力,如此父親參與的動力才會持續。

(三)父職教育方案之成效

　　(1)以團體方式進行的父職教育方案,父親的參與動機提高,並宣示其有持續學習的意願;(2)父職教育方案能協助父親主動談論個人內心感受,增進溝通的技巧;(3)從參與父親臉上笑容的增加,表示其具有願意改變的態度;(4)團體中動態活潑的活動,有助於父親在同儕支持的學習環境下,發揮從做中學、從樂中學的正面效果。

五、父母須不斷的成長與終身學習

　　二十一世紀要想擁有成功的社會,其主要的條件將是全體人民積極主動地參與相關學習,以各種方式進行終身學習(lifelong learning)(Spours, 1995)。近年,聯合國教科文組織提出「學習無國界:建構終身學習的開

放學習社區」專題報告，其中特別強調身處現今複雜紛亂的世界，個人及其社區都必須能持續發展及運用各種不同的知識架構、價值體系，以及相關之技能。針對終身學習需要採較為寬廣的觀點，並賦予其全新的意義；學習不再是一種儀式，也不只是與職場工作有關而已（UNESCO, 1999）。

　　同樣的道理，隨著時代快速之變遷，家庭這個小社會及其居於領導地位的雙親，也有必要藉由終身學習，來強化其個人不斷的自我成長。在這領域內的學習活動，又可分為以下五項來分別加以說明。

㈠參加相關的讀書會

　　在相關社區經常舉辦媽媽讀書會、企業爸爸讀書會，以及學校舉辦的義工家長讀書會等。

㈡加入學習成長團體

　　由各縣市家庭服務中心、教育局或社教單位所舉辦的父母成長團體等。

㈢投入社區學習營

　　社區常舉辦一些電腦、網路之研習，以及媽媽教室型態的英文班、插花班、拼布班、烹飪班等。

㈣利用網路資訊的學習

　　e 世代電腦網路特別的發達，父母們可透過網路資訊的學習，經常到一些教育與新知型的網站，去多多吸收與學習。

㈤實施親子共學

　　利用機會安排一些全家一起的親子共同學習，除了知性內容以外，亦可進行全家人一起的體能與休閒活動。

六、民主開放社會對父母管教子女的衝擊

　　今日的社會已從傳統權威的生活型態，轉變成自由民主的型態；這種轉變不僅發生在政治、經濟等大環境中，亦發生在家庭、親子互動的小環境裡。過去強調長幼有序、尊卑有別的威權式人際關係，已轉變為彼此尊重、各自平等的民主式人際關係。也因為如此，今日的孩子已不再願意接受昔日順從的角色，在其生長的環境中，所見所聞都是講求平等，如：男女之間爭取平等、族群之間爭取平等、黨派之間爭取平等及媒體報導上的抗爭事件等。凡此種種均說明現代的孩子們呼吸著民主氣息，學習著民主的風範。

　　尤其現代資訊如此發達，孩童透過漫畫雜誌、電視、錄影帶及電腦網路系統等方式，很容易獲得各式各樣的不同訊息，父母幾乎無法運用過去傳統圍堵、禁絕的方式，來達到徹底封殺之成效。因此，為人父母者應擴展自己的生活觸角，多去了解孩童經常在看些什麼、談些什麼或做（玩）些什麼才是。

　　令人遺憾的是，一般父母對孩童期子女的管教方式，均採用較多的控制與要求。不少的父母對孩子仍然使用懲罰、訓誡、威脅等傳統管教方式，卻不知這些方式在講求平等的今天已逐漸失效。另外有一部分父母，雖被迫了解到權威方式在管教子女上不再有效，然而在管教子女方面應如何正確有效的進行，卻依然感到不知所措。有時是不知孩子有什麼問題，有時是管教的寬嚴不一、前後矛盾，造成了對子女管教上的頗大衝突。

七、父母扮演孩童的「嚴師兼好友」雙重角色之挑戰

　　在兒童發展相關理論的探討中，經常強調：家中每一個體受其先天遺傳與後天環境不同之影響，而擁有其個人的獨特想法、個性、情緒與期待。父母與孩童都可說是家中的一份子，雖然是朝夕相處且有某種程度的

感情或血緣之親，但仍應學習彼此相互尊重與理性地探討問題。

在今天高度工業化、資訊化的時代中，家庭與鄰居往來的時間減少，且核心與雙生涯家庭夫妻所生的孩子亦限於一、二個。因此，為人父母者不但要能把握平日生活接觸時的機會教育，教導孩童許多做人處事的道理，塑造其良好的生活常規與修養外；也應同時與孩子聊在一塊、玩在一起，舉凡一同看電視、玩電視遊樂器（電腦遊戲）、打球運動、家電修理與清洗車子等。

嚴師與好友這二個角色，乍看之下似乎相互排斥、格格不入，但仔細推敲起來二者兼顧並無太大困難，問題在於為人父母者能否體認到在孩子面前扮演「嚴師兼好友」的重要性。這也就像平日吾人常提到的「扮黑臉與唱白臉」，只要轉換合宜，一個人未必不能同時加以兼顧。在家中夫妻的分工上，難免會有一位傾向於黑臉的「嚴師」角色，另一位則相對於扮白臉的「好友」角色；但較理想的情形是「嚴師」者亦能不時出現「好友」的行為，而「好友」者也應適時表現「嚴師」的要求。

針對現代父母面對孩童時，要如何同時扮演好「嚴師兼好友」的雙重角色，筆者在此就個人多年來的相關經驗與看法，列舉以下七項管教孩童的技巧與態度，以供參考。

㈠經常保有基本的三心 ── 細心、耐心與同理心

孩童在發展、學習的階段中，他們所能了解與自我表達的能力均不足。為人父母者，必須適時適度地引導、教導他，並隨時細心觀察孩童的行為舉止，耐心的溝通、勸說，且能以同理心感同身受的態度，來對待孩子。若能具備細心、耐心及同理心，也就包括吾人常提的「愛心」了！有了愛的接觸與關懷，孩童自然能在積極而正向的環境中成長。

㈡多多接近孩童，並傾聽其意見

我們要想多了解孩子，就必須常常接近他，尤其是年幼的兒童特別需要成人鼓勵與親密的擁抱。做父母的應多接觸孩子，聽聽他的看法與意見

（雖然多半是不夠成熟），重視他所發出的問題，如此一來必可形成一種良性互動關係；一旦父母對其有所勸誡與忠告時，孩童也較容易去接受。

㈢掌握獎懲的時效與原則

在管教孩童的諸多方式中，獎懲一項是被運用得最多也最受爭議者。在此僅就筆者個人認為管教孩童時，運用獎懲的幾項要點分述如下。

1. 獎勵時盡可能地公開。獎勵是人人所盼望獲得者，孩童也無法例外。若能把握「揚善於公堂」的原則，獎勵時盡量地公開，不但對當事人發揮的增強效果更大，亦可成為其他兄弟姊妹模倣的好對象。

2. 懲罰時應私下進行。懲罰往往是針對孩童做錯的某件事情，加以處分以收嚇阻之效，並有提醒其不可再犯的意思。私下懲罰於私室，以保留孩童的自尊，使其能自我警惕、改過遷善。

3. 獎懲的時間要與事實發生的時間盡量接近。針對幼兒的良好表現或過犯誤失，要進行適當獎懲時，應盡可能地緊接在事情發生之後，以免延遲過久使孩童記不清楚他是為何受獎勵或因何事而遭到處罰。

4. 重視獎懲所發揮的功效。這裡所強調的是：獎勵的內容必須是孩童最為喜愛而渴望獲得者，而處罰卻是孩童所逃避與害怕者。如此的獎懲才能收到其應有的功效。

㈣對於孩童的要求不可過高

孩童尚年幼時，經常會調皮而好動，這時父母不應對其要求過高，或將他當成一個「小大人」一般地加以管理。過高的要求不要說孩子不易做到而遭遇挫折或受處罰，就算勉力達成亦會養成他凡事要求完美的不合理性之企求。

㈤不要惹孩童生氣，更不可將他當作替罪羔羊

每個人都有他自己的個性與喜好，孩童也是如此。家長應懂得去尊重孩子的某些決定與做法，不要任由自己的高興，隨意去刺激孩子惹其生

氣。同時，大人更不可以將自身的挫折與不滿，發洩轉移到孩童身上，使他成了出氣筒或是替罪羔羊，動輒遭到成人的責罵或處罰。

㈥信守對孩童的承諾，事事以身作則

我們經常可以看見有些家長，要求孩子不可這樣不可那樣（譬如：不可以罵髒話，吃飯時口中有飯不要說話等），但大人自己卻可以毫不在乎的一犯再犯，孩童如果注意而提起來，卻被反駁道：「小孩子不要管大人的事……」。切記「身教重於言教」，成年人應該時時儆醒，凡事都要以身作則。尤其是答應孩童的事，一定要盡可能的實現；萬一眞有困難（不要隨便的找藉口），也應很眞誠的與孩童說明。絕不可以因自己是大人，就表現出一副我愛怎麼樣就怎麼樣的態度。

㈦雙親間的管教方式應盡可能地協調一致

每個人對孩童的管教要求，都各有其不同之標準。往往在一個家庭中，父母之間或隔代之間對孩童的寬嚴規定不一，管教的方式自然也不相同；如此這般，很容易造成孩童的投機取巧或不知所從。因此，雙親間對孩子的管教方式應盡可能地協調一致，以免造成管教孩童上的某些死角。

在現代的台灣社會中，問題家庭、離婚與破碎家庭的比率雖不像美國那麼驚人，然而卻也有逐年增加的明顯趨勢，這樣的現象實在是相當令人憂心。根據許多研究資料顯示，問題青少年大多是來自於不完整的家庭，尤其是自幼年起就受到破碎家庭風暴侵擾的孩子；同時亦有研究指出，即使家庭結構完整，如果家庭成員間的關係不佳，彼此疏離、冷落與對抗，也會促使幼兒長大後產生問題行為。因此，不但是婚姻諮商、家庭諮商與家族治療在今日社會應廣泛而有系統地大力提倡，更應防微杜漸地從根做起，加強現代親職教育的積極推行與落實，方可期待在溫暖家庭中能自幼即培養出身心健全的個體，同時亦將有效地降低各種家庭問題與困擾的發生。

在鼓勵中成長的孩子，學會自信。 在讚美中成長的孩子，學會感激。

在誠實中成長的孩子，有正義感。 在容忍中成長的孩子，頗有耐心。

在關愛中成長的孩子，學會愛人。 在安全中成長的孩子，學會信任。

在友誼中成長的孩子，世界美好。 在敵對中成長的孩子，常懷敵意。

在嘲笑中成長的孩子，畏首畏尾。 在譏評中成長的孩子，苛於責人。

本章摘要

　　有些學者將家庭比喻為「造人的工廠」，以強調家庭因素對於人類發展的鉅大影響。深入其中加以分析，無不涉及父母管教態度、方法等相關變項，可見家庭中係以父母為影響之核心。父母對孩子一生發展有重大的影響，親子間的關係亦如此地密不可分，同時彼此間的互動溝通模式與家庭觀念也會代代相傳下去。面對資訊快速發展的二十一世紀，在家庭中應如何進行適合新世紀潮流的「親職教育」，實在值得吾人加以探究。

　　現代社會所存在的家庭問題，包括：雙生涯家庭夫妻間的困擾、夫妻失和離婚的困擾、單親家庭的問題，以及另類家庭隱然成型造成的衝擊。

　　其中，從已婚婦女參與勞動的比例來看，無論子女在哪一個年齡階段中，已婚婦女參與的勞動力均在明顯上升。近些年來，研究者在女性就業所產生的影響方面相當地有興趣，但原則上以女性就業對夫妻間婚姻和權力結構，以及女性就業對子女發展與子女關係方面的研究最多。

　　不可否認的，女性就業對子女最重要的影響因素，是來自對子女的照顧問題。至於母親就業對子女的發展是否會有負面的影響？經研究證實，母親就業對子女發展和學業成績的影響並無一致性的結論，同時母親就業對子女發展的影響也受到其他中介變數之影響，如母親本身的感情狀況、子女養育的技巧及子女的角色模仿對象等。

　　伴隨著離婚率的揚升，產生大量單親家庭。以女性為主的單親家庭在財務方面較不穩定，且其平均收入往往只有以男性為主的單親家庭收入的一半。因此，單親媽媽通常較正常雙親家庭中的母親，缺乏可以用來教養子女的資源；因經濟問題的考量，單親媽媽必須上班，而將年幼孩子交給他人廉價白天照顧，對親子關係與孩子的發展，都會造成相當嚴重的負面影響。

　　單親家庭因其發生原因的不同，可分為五種不同類型：離婚所造成的單親家庭，外遇所造成的單親家庭，分居所造成的單親家庭，喪偶所造成的單親家庭，以及入監服刑所造成的單親家庭。其中以前述三種與婚姻生活有問題和夫妻感情不睦等相關因素所造成者，所占的比例最高。

　　在單親家庭中，除了離婚所造成的單親家庭外，近來新興的另一大類是青少年的未婚媽媽所組成的單親家庭。由於青少年階段還未有成家的打算，其懷孕生子多屬意料外的事情，其後果也多半由女性承擔；這些未婚媽媽在經濟上尚無法獨立，人格方面亦不夠成熟到足以為人母親。

　　然而，隨著時代快速的變遷與價值理念的多樣化，進入二十一世紀之後，在家庭的形態上會有更大的變異性出現；「頂客族」的自願不生育孩子家庭、同性戀家庭，以及單身者家庭等新類型，所占比例將迅速地竄升。他們這些新類型家庭大多不願或不能生育兒女，對於國家整體人口數必然會造成頗大的影響。同時這些另類家庭組合所散發出來的思想觀念，也會嚴重地衝擊到固有的家庭價值及功能，並影響青少年未來的生涯規畫。

　　面對二十一世紀的親職教育，所將面臨的七大挑戰包括：(1)傳統父母親角色的改變與因應；(2)新世紀對親職教育的殷切需求；(3)系統觀點的親職教育方案；(4)父職教育的重要與推展；(5)父母須不斷的成長與終身學習；(6)民主開放社會對父母管教子女的衝擊；(7)父母扮演孩童的「嚴師兼好友」雙重角色之挑戰。

　　在社會變遷快速的今日，教導子女成為愈來愈困難的一件事。比起生育與養育子女而言，教育子女長大後能夠成為一個有用的人，確實不是一

件自然而容易的事情。多數的教育專家都呼籲,為人父母者都應接受一系列的「親職教育」或「有效父母之訓練」;更有學者專家強調應在小學和國中教育階段,安排親職教育強迫每位學生從小就學習起,如此方能協助每位結婚後生養孩子的父母,均能扮演稱職的父親或母親。

快速變遷社會中的父母確實需要親職教育。親職教育是父母因應時代需要,為求成功扮演親職角色所作的自我教育;它是經由教育或學習的方式,培養父母教育子女的能力,並努力學習如何去教好子女的新方法,以形成其適當職份的教育。因此,藉由親職教育使父母獲得有效的教養知識,去因應各種實際發生的子女教養問題。

傳統親職教育基本相關理論,其焦點都在強調個體的改變,而忽略了個體與其周遭重要家屬和環境間的互動關係;因而近來親職教育專家均強調,應該以一個整體系統角度,來推動親職教育方案以發揮實際而具體的功效。其特別強調一種循環模式觀點,認為父母與孩子之間以及孩子相互之間,都會彼此影響而產生其循環性;現代父母所接受的親職教育訓練,應能配合兒女的特殊需求,亦即個體的行為必須符合其本人的家庭生態。

今日的社會已從傳統權威的生活型態,轉變成自由民主型態;這種轉變不僅發生在政治、經濟等大環境中,亦發生在家庭、親子互動的小環境裡。過去強調長幼有序、尊卑有別的威權式人際關係,已轉變為彼此尊重、各自平等的民主式人際關係。但不少的父母對孩子仍使用懲罰、訓誡、威脅等傳統管教方式,卻不知這些方式在講求平等的今天已逐漸失效。

針對現代父母面對孩童時,要如何能同時扮演好嚴師兼好友的雙重角色,為此亦提出七項管教孩童的技巧與態度,分別是:經常保有基本的三心——細心、耐心與同理心;多多接近孩童,並傾聽其意見;掌握獎懲的時效與原則;對於孩童的要求不可過高;不要惹孩童生氣,更不可將他當作替罪羔羊;信守對孩童的承諾,事事以身作則;雙親間的管教方式應盡可能地協調一致。

研討問題

一、您認爲二十一世紀有何主要特色（改變），會導致家庭與親職教育的
　　重大變化？請分別加以說明探究之。

二、假設您是現代雙生涯家庭中的一員（丈夫或妻子），請提出您個人認
　　爲自己和配偶，分別對這個家庭所應付出的責任與貢獻爲何？並請分
　　別加以說明。

三、在新世紀中，如何能減少離婚所帶來的單親家庭之嚴重困擾問題？試
　　提出您個人之卓見，並詳細加以說明。

四、請提出您個人認爲能成爲現代「好父親」與「好母親」的必備標準爲
　　何？同時一一加以說明。

五、如何讓親職教育在二十一世紀的台灣，能確實地「往下紮根，往上結
　　果」？試提出您的高見，並一一加以詳細探討之。

六、請提出您心目中「嚴師兼好友」的理想雙親形象？同時也說明應如何
　　去加以落實。

參考文獻

一、中文部分

王以仁、林本喬、鄭翠娟（民 85）：國小親職教育小團體輔導方案之研究。嘉
　　義師院學報，10，83-118。

王以仁、林淑玲、駱芳美（民 86）：**心理衛生與適應**。台北：心理出版社。

李茂興譯（民 85）：**諮商與心理治療的理論與實務**。台北：揚智文化事業股份
　　有限公司。

林慈航（民 81）：已婚職業婦女角色衝突、社會支持與其親職角色扮演之影響。
　　中國文化大學兒童福利研究所碩士論文。

林麗寬譯（民 86）：**學習革命**。台北：中國生產力中心。

翁樹澍、謝大維譯（民 88）：**家族治療理論與技術**。台北：揚智文化事業股份
　　有限公司。

夏以玲（民 87）：家庭暴力對少年暴力犯罪行為之影響。靜宜大學青少年兒童
　　福利學研究所碩士論文。

徐良熙、林忠正（民 73）：家庭結構與社會變遷——中美單親家庭的比較。**中**
　　國社會學刊，8，11-22。

陳茂琦（民 89）：少年父母教養知覺與親子衝突之研究——未犯罪與犯罪少年
　　之比較。中正大學犯罪防治研究所碩士論文。

郭佳華（民 90）：父親參與父職教育方案相關因素之研究。嘉義大學家庭教育
　　研究所碩士論文。

黃迺毓（民 81）：**家庭教育**。台北：五南圖書出版社。

黃迺毓、黃馨慧、蘇雪玉、唐先梅、李淑娟（民 84）：**家庭概論**。台北：國立
　　空中大學。

曾寶瑩（民 89）：同性戀主體與家庭關係互動歷程探索。輔仁大學應用心理研
　　究所碩士論文。

廖永靜（民 89）：社會變遷、家庭變遷與家庭教育需求。載於中華民國家庭教育學會主編：家庭教育學（35-78）。台北：師大書苑。

廖國寶（民 86）：台灣男同志的家庭與婚姻：從傳統婚姻壓力談起。台灣大學新聞研究所碩士論文。

鄭美里（民 86）：女兒圈──台灣女同志的性別、家庭與圈內生活。台北：女書出版社。

魏清蓮（民 76）：統合式親職訓練方案之效果研究。台灣師範大學輔導研究所碩士論文。

藍采風（民 75）：婚姻關係與適應。台北：張老師文化股份有限公司。

二、英文部分

Adams, B. (1995). *The family: A sociological interpretation*(5th ed.). New York: Harcourt Brace & Company.

Anastasiow, N. (1988). Should parenting education be mandatory? *Topics in Early Childhood Special Education, 8*, 60-72.

Getz, H., & Gunn, W. B. (1988). Parent education from a family-systems perspective. *The School Counselor, 35*, 331-336.

Greif, G. (1985). *Single fathers*. Lexington, MA: Heath.

Hansen, G. L. (1991). Balancing work and family: A literature and resource review. *Family Relations, 40*, 348-353.

Hoffman, L. W. (1989). Effects of maternal employment in the two-parent family. *American Psychologist, 44*, 283-292.

Kaplan, A. (2000). *Father-child relationships in welfare reform*. Available from: www.welfareinfo.org.

LeMasters, E. E., & DeFrain, J. (1989). *Parents in contemporary America: A sympathetic view*(5th ed.). Belmont, CA: Wadsworth.

Levin, J.A. & Pittinsky, T. L. (1997). *Working fathers: New strategies for balancing work and family*. New York: Addison-Wesley.

Macklin, E. (1987). Non-traditional family forms. In M. B., Sussman & S. K. Steinmetz(Eds), *Handbook of Marriage and the Family,* 330-331. New York: Plenum.

Moore, K. A., Peterson, J. L., & Zill, N. (1985). *Social and conomic correlates of family structures: A portrait of U.S. children in 1983*. Washington, DC: Child Trends.

Nord, C. W., Brimhall, D. A., & West, J. (1997). *Father's involvement in their children's school*. Washington, DC: U.S. Department of education, national center for education statistics.

Osborne, P. (1989). *Parenting for the 90s*. Intercourse, PA: Good Books.

Roberts, T. W. (1994). *A systems perspective of parenting*. Pacific Grove, CA: Brooks/ Cole.

Sears, H. A., & Galambos, N. L. (1992). Woman's work conditions and marital adjust ment in two-earner couple: A structural model. *Journal of Marriage and the Family, 54,* 789-797.

Shaffer, D. R. (1989). *Developmental Psychology*(2nd ed.). Pacific Grove, CA: Brooks/Cole.

Spitze, G. (1988). Women's employment and family relations: A review. *Journal of Marriage and the Family, 50*, 595-618.

Spours, K. (1995). Post-16 participation, attainment, and progression. *Post-16 Education Center Working Paper, 17*, ULIE.

UNESCO (1999). *Learning without frontiers: Constructing open learning communities for lifelong learning*. Last updated: 30 January 1999. http://www.unesco.org/ education/lwf. Internet.

國家圖書館出版品預行編目資料

婚姻與家庭生活的適應／王以仁等合著.--初版.
--臺北市：心理、2001（民 90）
面；　　公分.--（輔導諮商；40）

ISBN 978-957-702-486-2（平裝）

1.婚姻　　　　　　2.家庭

544.3　　　　　　　90021657

輔導諮商 40　　**婚姻與家庭生活的適應**

策畫主編：王以仁
作　　者：王以仁、李育奇、林慧芬、洪雅真、連惠君、潘婉茹
總 編 輯：林敬堯
發 行 人：洪有義
出 版 者：心理出版社股份有限公司
社　　址：台北市和平東路一段 180 號 7 樓
總　　機：(02) 23671490　　傳　真：(02) 23671457
郵　　撥：19293172　心理出版社股份有限公司
電子信箱：psychoco@ms15.hinet.net
網　　址：www.psy.com.tw
駐美代表：Lisa Wu　　tel: 973 546-5845　　fax: 973 546-7651
登 記 證：局版北市業字第 1372 號
電腦排版：辰皓國際出版製作有限公司
印 刷 者：玖進印刷有限公司
初版一刷：2001 年 12 月
初版四刷：2007 年 11 月

讀者意見回函卡

No. _____ 填寫日期： 年 月 日

感謝您購買本公司出版品。為提升我們的服務品質，請惠填以下資料寄回本社【或傳真(02)2367-1457】提供我們出書、修訂及辦活動之參考。您將不定期收到本公司最新出版及活動訊息。謝謝您！

姓名：_____ 性別：1□男 2□女

職業：1□教師 2□學生 3□上班族 4□家庭主婦 5□自由業 6□其他____

學歷：1□博士 2□碩士 3□大學 4□專科 5□高中 6□國中 7□國中以下

服務單位：_____ 部門：_____ 職稱：_____

服務地址：_____ 電話：_____ 傳真：_____

住家地址：_____ 電話：_____ 傳真：_____

電子郵件地址：_____

書名：_____

一、您認為本書的優點：（可複選）

　❶□內容 ❷□文筆 ❸□校對 ❹□編排 ❺□封面 ❻□其他____

二、您認為本書需再加強的地方：（可複選）

　❶□內容 ❷□文筆 ❸□校對 ❹□編排 ❺□封面 ❻□其他____

三、您購買本書的消息來源：（請單選）

　❶□本公司 ❷□逛書局⇨_____書局 ❸□老師或親友介紹

　❹□書展⇨____書展 ❺□心理心雜誌 ❻□書評 ❼其他_____

四、您希望我們舉辦何種活動：（可複選）

　❶□作者演講 ❷□研習會 ❸□研討會 ❹□書展 ❺□其他____

五、您購買本書的原因：（可複選）

　❶□對主題感興趣 ❷□上課教材⇨課程名稱_____

　❸□舉辦活動 ❹□其他_____ （請翻頁繼續）

廣	告	回	信
台 北 郵 局 登 記 證
台 北 廣 字 第 940 號

（免貼郵票）

 心理出版社 股份有限公司

台北市 106 和平東路一段 180 號 7 樓

TEL: (02) 2367-1490
FAX: (02) 2367-1457
EMAIL:psychoco@ms15.hinet.net

沿線對折訂好後寄回

六、您希望我們多出版何種類型的書籍

❶□心理 ❷□輔導 ❸□教育 ❹□社工 ❺□測驗 ❻□其他

七、如果您是老師，是否有撰寫教科書的計劃：□有□無

　　書名／課程：＿＿＿＿＿＿＿＿＿＿＿＿＿＿＿＿＿＿＿＿

八、您教授／修習的課程：

上學期：＿＿＿＿＿＿＿＿＿＿＿＿＿＿＿＿＿＿＿＿＿

下學期：＿＿＿＿＿＿＿＿＿＿＿＿＿＿＿＿＿＿＿＿＿

進修班：＿＿＿＿＿＿＿＿＿＿＿＿＿＿＿＿＿＿＿＿＿

暑　假：＿＿＿＿＿＿＿＿＿＿＿＿＿＿＿＿＿＿＿＿＿

寒　假：＿＿＿＿＿＿＿＿＿＿＿＿＿＿＿＿＿＿＿＿＿

學分班：＿＿＿＿＿＿＿＿＿＿＿＿＿＿＿＿＿＿＿＿＿

九、您的其他意見

謝謝您的指教！　　　　　　　　　　　　　　　21040